Knaur

W0059069

Über die Autorin:

Scilla Elworthy, 1943 in Schottland geboren, studierte politische Wissenschaften und promovierte 1993/94 mit einer Arbeit über die britische Atomwaffen-
politik. Derzeit ist sie Geschäftsführerin der weltweit angesehenen »Oxford
Research Group«, einer Gruppe unabhängiger Wissenschaftler, die sich der
Abrüstung und dem Frieden verschrieben haben. Elworthy wurde 1991 und
1992 für den Friedensnobelpreis nominiert.

Scilla
Elworthy

Das
weibliche
Prinzip

Die Kraft zur Veränderung

Aus dem Englischen von
Helga Künzel mit
Theresia Übelhör

Die englische Originalausgabe erschien 1996 unter dem Titel
»Power & Sex« bei Element Books Ltd., Shaftesbury

Besuchen Sie uns im Internet:
www.droemer-knaur.de

Vollständige Taschenbuchausgabe Oktober 1999
Droemersche Verlagsanstalt Th. Knaur Nachf., München
Copyright © 1996 by Scilla Elworthy
Copyright © 1997 der deutschsprachigen Ausgabe bei
Ariston Verlag, Kreuzlingen
Umschlaggestaltung: Agentur ZERO, München
Reproduktion, Druck und Bindung: Clausen & Bosse, Leck
Printed in Germany
ISBN 3-426-77406-2

2 4 5 3 1

Inhalt

Vorwort

zur deutschen Ausgabe

Ich möchte die Leserinnen und Leser der deutschsprachigen Ausgabe meines Buches, ob in Deutschland, Österreich oder der Schweiz, an dieser Stelle sehr herzlich begrüßen. Es freut mich, daß ein so kompetentes Haus wie der Ariston Verlag sich für mein Buch entschieden hat – ein Verlag, der es versteht, zwei für mich sehr wichtige Qualitäten miteinander zu verbinden: hohen professionellen Anspruch *mit* menschlicher Wärme. Nur selten findet sich ein angesehener Verlag, bei dem die Verlegerin nicht die Mühe scheut, sich mit dem Autor oder der Autorin selbst in Verbindung und auseinanderzusetzen, wie die Verlegerin des Ariston Verlages, die mich hier in Oxford besuchte.

Es geht mir in diesem Buch um eine Form von Macht, die nun zum Ende unseres Jahrhunderts schrittweise als ein besserer Weg erkannt wird, Konflikte zu vermeiden und zu lösen – anstatt durch den Einsatz von Gewalt. Das wohl bekannteste Beispiel geht von einem Mann aus, der in hohem Maß sogenannte »weibliche« Qualitäten der Kommunikation, der Zusammenarbeit und des Mitfühlens entwickelt hat. Er war 27 Jahre lang im Gefängnis, weil er versucht hatte, ein ungerechtes politisches Regime gewaltsam abzulösen. Dieser Mann ging mit der Einstellung in das Gefängnis, daß man nur mit Gewalt an die Macht gelangen könne. Und als er ein Vierteljahrhundert später wieder herauskam, war er nicht nur bereit, seinen Richtern und Wärtern zu vergeben, sondern auch mit ihnen zu reden und zu verhandeln, bis eine Einigung erreicht war. Dadurch bewahrte er Millionen von Menschen vor einem grausamen Tod. Sein Name ist Nelson Mandela.

In anderen Teilen dieser Erde gibt es – mitten in den Problemen und Gewalttätigkeiten unserer Zeit – Anzeichen dafür, daß diese Art der inneren Stärke an Boden gewinnt. Ungewöhnliche Wege der Versöhnung bahnen sich durch das in Schutt und Asche gelegte ehemalige Jugoslawien; Männergruppen in Nicaragua veranstalten Workshops zum Thema Gewalt gegen Frauen; tonangebende Firmen in England stellen ihr mittleres Management nur noch aus Frauen zusammen, nachdem sich deren Verhandlungsgeschick als erstklassig erwiesen hat. »Konfliktvermeidung« und »Problemlösung« sind die neuen Hauptwörter in meiner Berufssparte; Verteidigungsforschung tritt an die Stelle der früheren Betonung von Waffenwirksamkeit und militärischer Strategie. Mehr noch, kriegführende »Machthaber« gegnerischer Parteien werden an ruhigen Orten zusammengeführt, um mit Hilfe von Vermittlern, die die Sprache des Herzens verinnerlicht haben, verhandeln zu können. England und Frankreich ziehen mit dem restlichen Europa gleich, indem sie einen höheren Prozentsatz an Frauen in ihre Parlamente wählen.

Aber wir haben noch einen weiten Weg zu gehen. 95 Prozent aller militärischen, wirtschaftlichen und politischen Machtpositionen in der Welt sind nach wie vor von Menschen – egal, ob männlich oder weiblich – besetzt, die sich dem Herrschaftsgebaren verschrieben haben, die Macht *über andere* haben müssen, die an das Überleben der Stärksten glauben und die immer noch in der Vorstellung von »wir« gegen die »anderen« verhaftet sind. Wenn der Zustand der Dinge anhält, ist es nur noch eine Frage von wenigen Jahrzehnten, bis unsere Erde zerstört ist, verschmutzt in einem Ausmaß, daß sie uns nicht mehr erträgt – und bis Milliarden von Menschen schlichtweg in Armut umkommen, während sie zusehen müssen, wie die Reichen auf ihre Kosten noch reicher werden.

Wollen wir als Art überleben, sollten wir schnellstens unsere Vorstellungen von Macht überprüfen und die ihr innewohnende Kraft *mit* anderen und nicht *gegen* andere weiterentwickeln. Diese Macht liegt in uns selbst und beruht nicht auf Waffen, Geld oder Besitztümern.

Ich bin gespannt auf die deutschsprachige Ausgabe, denn ich habe den Eindruck, daß die Menschen im Herzen von Europa, die in diesem Jahrhundert soviel mitgemacht haben, stärker noch als wir englischsprechenden Nationen die Botschaften meines Buches verstehen werden. Also freue ich mich auf die Reaktionen dieser völlig neuen Leserschaft, in der Hoffnung, daß die auf den folgenden Seiten dargelegten Gedanken immer weitere Kreise ziehen werden.

Oxford, August 1997   *Scilla Elworthy*

Teil I

Einführung

Mir wird schlecht, wenn ich Machtmißbrauch erlebe: wenn Geschäftsleute sich dicke Gehaltserhöhungen genehmigen, Kinder für Porno-Videos benutzt werden, Hubschrauberpiloten fliehende Lastwagenfahrer jagen, die Genitalien junger Mädchen von älteren Frauen verstümmelt werden. Mir wird schlecht, und dann erfaßt mich Zorn.

Doch ich bin selbst eine Machtmißbraucherin. Ich habe anderen Leid zugefügt und die Achseln gezuckt. Ich habe die Tränen meines Kindes ignoriert, ich habe andere kontrolliert und sie so manipuliert, daß sie taten, was ich wollte. Ich habe Männer fallenlassen, die mich liebten. Ich habe die Macht, Menschen zu verletzen, und ich tue es.

Andererseits fühle ich mich auch machtlos. Wenn ich mit dem Hunger in Afrika konfrontiert werde oder mit der Widerspenstigkeit von Generälen in Serbien und Bosnien oder mit dem Fischsterben in verschmutzten Meeren oder damit, daß der Mann, den ich liebe, zu einer anderen Frau geht, dann bin ich niedergeschmettert, und ich weiß nicht, was ich tun soll.

Deshalb möchte ich wissen, auf welche Art man Macht besitzen muß, um wirksam auf solche Dinge zu reagieren. Ich möchte stark sein können, ohne Macht zu mißbrauchen. Ich will mich gegen Gewalttäter wehren, ohne selbst zum Gewaltmenschen zu werden. Ich möchte in der Lage sein, gegen einen Tyrannen aufzustehen, ohne zur Mörderin zu werden. Darum geht es in diesem Buch.

Macht wird gewöhnlich mit Kraft, Dominanz, Herrschaft und letzten Endes auch militärischer Macht assoziiert. Der Mißbrauch dieser Art von Macht führte unsere Welt an einen Punkt, wo Gewalt vorherrscht, die Desillusion regiert und wir unsere natürliche Umgebung zerstören. Gibt es eine Macht anderer Art? Und wie würde sie aussehen? Ich schildere hier meine eigenen Erfahrungen aus Studien über die Entscheidungen zum Einsatz von Atom-

waffen – und mit dem Einbringen des weiblichen Standpunkts gegenüber jenen, die die militärischen Entscheidungen treffen. Ich stelle die Frage, die eines der Themen des Buches ist: Wie können Frauen und Männer eine andere Art von Macht entwickeln? Um klarzustellen, was mit diesen Ausdrücken gemeint ist, betrachte ich kurz die Machtkonzepte, die während der letzten Jahrhunderte Gültigkeit hatten; dann stelle ich durch Rückgriffe auf Ureinwohnerkulturen dar, wie diese Macht anderer Art sein kann. Ein eigenes Unterkapitel zeigt auf, was das Buch enthält, für wen und wie es geschrieben worden ist. Die Einführung endet, wie sie beginnt, mit einem persönlichen Erlebnis, in dem die Schlange sich zeigt.

An dem Thema Macht habe ich seit Jahren herumgeknabbert, ich biß ein Stückchen ab, kaute es durch, dachte darüber nach. Ich arbeitete zehn Jahre lang in Südafrika und verbrachte einen Teil dieser Zeit damit, Überschüsse an Agrarprodukten in Hungergebiete zu befördern. Es war unmöglich, die Starre und Festigkeit von Machtverhältnissen nicht wahrzunehmen – nicht nur in Verbindung mit Weiß gegenüber Schwarz, sondern auch mit moderner Geschwindigkeit gegenüber alten Traditionen, Nord gegenüber Süd.

Als mir im Alter von siebenunddreißig Jahren (ich war eine Spätentwicklerin) endlich die Fakten der Atomwaffen bewußt wurden, wollte ich wissen, wer die Macht über sie hatte: wer sie konstruierte, wer sie bestellte, wer die Schecks ausschrieb, wer sie stationierte, wer sie abfeuerte. Außerdem wollte ich wissen, wie diese Menschen waren, was sie über die Welt dachten, ob es sich einfach um normale Menschen handelte, die zufällig Explosivwaffen herstellten, mit denen man die Welt in die Luft jagen konnte. Um dies herauszufinden, gründete ich eine Forschungsgruppe. Sie wuchs rasch, begann gute Bücher zu veröffentlichen und gewann beträchtliches Ansehen. Mir war es möglich, Menschen aufzusuchen, die über Atomwaffen entschieden, und mit ihnen zu sprechen. Jetzt, nach fünfzehnjährigen Untersuchungen der Art, wie Verteidigungsentscheidungen gefällt werden, bin ich überzeugt, daß die Art, in der unsere Gesellschaft Macht ausübt, eine männliche, wenn auch deformierte Art ist. Beispielsweise ist fast jeder der Ranghöchsten, die in den USA, in Rußland, Großbritannien, Frankreich und China über Atomwaffen entscheiden, ein Mann. Religiöse Systeme werden seit Jahrhunderten von Männern gelenkt, ebenso Recht und Regierung.

Paradoxerweise sind die meisten Männer nicht glücklich über die Vorherrschaft der männlichen Macht, und ganz bestimmt sind es auch die meisten Frauen nicht. Unsere Welt ist in Schwierigkeiten. Wir, Frauen wie Männer, sind im Begriff, den Planeten zu ruinieren. Wir haben die Ressourcen der Erde ausgeplündert, so daß fast nichts mehr übrig ist, wir werfen unseren giftigen Müll weg, der unsere Landgebiete und Meere umbringt, wir verderben unser Trinkwasser und vergiften die Luft, die wir atmen. Unser Geist wird erdrückt vom Gewicht des unnützen Plunders, den wir produzieren. Wenn dann jeder ein Mobiltelefon und ein Videospiel besitzt, ist die Erde vielleicht tot.

Im Lauf meiner Forschung entdeckte ich jedoch etwas. Ich fand heraus, daß jene Frauen und Männer, die sich dem ganzen Nuklearzyklus mit größter Klarheit entgegenstellten, eine *innere* Kraft einsetzten. Ich arbeitete mit Frauengruppen, Kirchengruppen, Jugendgruppen, Medizinergruppen und so fort, brachte sie in Kontakt mit den über Atomwaffen entscheidenden Menschen als Einzelpersonen, so daß sich jeder den Standpunkt des anderen anhören konnte. Im allgemeinen waren es Frauen, die die einfachsten, offensten Fragen stellten, Namen nannten, am freimütigsten und hartnäckigsten auftraten. Ende der achtziger Jahre, vor dem Fall der Berliner Mauer, half ich, weibliche Führungskräfte und Parlamentarierinnen aus Ost- und Westeuropa zur NATO zu bringen, wo sie mit ranghohen Personen des militärischen und diplomatischen Personals über Atomwaffen sprechen konnten. Die meisten der NATO-Leute hatten noch nie zuvor gegenüber einem informierten Mitglied der Öffentlichkeit, geschweige denn einer Frau, zum Thema Atomwaffen Stellung nehmen müssen. Ich beobachtete, wie diese Abbilder einer traditionellen hierarchischen Machtstruktur von einer Gruppe entschlossener, klar formulierender, nicht aggressiver Frauen in Verlegenheit gebracht wurden.

Konnte es also eine Macht anderer Art geben, eine Macht, die sich von jener unterschied, an die wir gewohnt sind? Wie war sie? Wie konnte sie wohl sein? Konnten Männer und Frauen sie ausüben? Es gibt unzählige Fragen, auf die ich Antworten haben möchte:

- Gibt es so etwas wie milde, zuträgliche Macht?
- Gibt es eine Art Integrität, die immun ist gegen die Korruptionen der Macht?
- Welche Beziehung besteht zwischen Macht und Verantwortlichkeit?

- Können die menschlichen Werte aus der Privatsphäre in internationalen Beziehungen eingesetzt werden?
- Wie lassen sich Konflikte vermeiden?

Dieses Buch berichtet über meine Versuche, Antworten auf die genannten und andere Fragen zu erhalten. Ausgehend von meinen eigenen Gefühlen der Machtlosigkeit fand ich heraus, daß sich heute viele Frauen und Männer machtlos fühlen, unfähig, das System zu ändern, das sie in Armut gefangenhält, unfähig, sich einer Autorität zu widersetzen, sich selbst und jene, die sie lieben, zu verteidigen, in ihrem Leben einen Sinn zu finden, die Zerstörung der Erde aufzuhalten. Dieses Buch handelt davon, wie man die Macht, solche Dinge zu tun, auf eine Weise entwickeln kann, die nicht wiederum andere beraubt oder machtlos macht.

Eines möchte ich gleich zu Beginn klarstellen, nämlich was gemeint ist mit Frauen und Männern, männlich und weiblich, maskulin und feminin. Das kann wirklich verwirrend sein, weil Männer eine feminine Seite und Frauen eine maskuline Seite haben. Ich möchte aber so klar wie möglich sein, also werde ich versuchen, die Worte »Männer« und »Frauen« zu verwenden, wenn ich Menschen dieser physischen Geschlechter meine, »männlich« und »weiblich«, wenn ich Dinge beschreibe, die sich auf das eine oder andere Geschlecht beziehen, »feminin« und »maskulin«, wenn ich von einer Reaktionsweise spreche, einem charakteristischen Merkmal oder einer bestimmten Art, etwas zu tun.

Wovon dieses Buch *nicht* handelt, das ist der Kampf der Geschlechter. Ich bin nicht daran interessiert, über Macht zu streiten; ich bin daran interessiert, daß beide Geschlechter etwas Neues lernen. Es liegt mir nichts daran, Männer als Geschlecht für das zu tadeln, was einzelne Männer getan haben; und genausowenig möchte ich Frauen als Geschlecht wegen etwas tadeln, das einzelne Frauen getan haben. Eines weiß ich sicher: daß die Dominanz der Männer in unserer Gesellschaft über einen langen Zeitraum hinweg und die Vorherrschaft einer verdrehten männlichen Weise, Dinge zu erledigen, ein schreckliches Ungleichgewicht verursacht haben. Mich interessiert zutiefst, wie das weiblich-männliche Gleichgewicht wiederhergestellt werden kann.

Dieses Buch handelt nicht von Frauen, die gegen Männer kämpfen, um deren Positionen zu bekommen und Dinge so zu erledigen wie Männer, nur eben besser. Das ist phantasielos und gehört auch nicht zur Sache. Entscheidend ist, daß wir, wenn sich Dinge zu einer Krise zuspitzen, gegenwärtig im Westen wirklich nur eine einzige Denkweise über Macht haben, und die lautet: Macht durch Dominanz und Kontrolle. An diesen Vorstellungen von Macht halten wir seit mehr als dreitausend Jahren fest. Sofern nicht die Macht selbst von neuem untersucht wird, befassen wir uns nur mit einem einzigen Machtmodell. Schauen wir uns an, was wir mit »Macht« meinen.

Was Macht bedeutet

Eine gelehrte Debatte darüber, was Macht bedeutet, findet mindestens schon seit Platon statt. Der Philosoph Thomas Hobbes brachte das Argument vor, die Macht (oder der Ruf, die Macht zu haben), andere zu unterwerfen und zu vernichten, sei wichtig für die Sicherheit des Menschen, die persönliche und die seines Besitzes. Nur wenn eine solche Macht existiert, sagte er, können einzelne Menschen ihre Macht realisieren, um ihre Ziele zu erreichen. Diese Vorstellung ist in der amerikanischen Verfassung festgeschrieben in dem »Recht, Waffen zu tragen«. Bertrand Russell definierte Macht als »die Erzeugung von beabsichtigten Wirkungen«. Max Weber und Robert Dahl konzentrierten sich beide auf die Vorstellung von »Macht über«, während Talcott Parsons mit C. Wright Mills darüber stritt, ob Macht ein allgemeines soziales Hilfsmittel oder eine Waffe für einige Gruppen zur Durchsetzung ihrer eigenen Interessen auf Kosten anderer sei. Dennis Wrong unterscheidet, der gleichen Spur folgend, drei Formen der Macht: Stärke, Manipulation und Überzeugung.

Man kann also, ohne in einem Lexikon nachzulesen, mühelos erkennen, daß Macht für die meisten Menschen Kraft, Stärke, Dominanz, Autorität, Herrschaft – und letztlich auch militärische Stärke – bedeutet. Diese Art Macht werde ich als *Herrschaftsmacht* bezeichnen.

In unserer Welt herrscht die grundlegende Annahme, daß man alles in »höher« und »niedriger« unterteilen kann und daß das Höhere »besser« ist. Ich erkenne jetzt, daß dies eine Methode der Ausübung von Kontrolle ist. Das Problem liegt darin, daß man sie für die einzige stabile und natürliche Kontrollmethode hält.

Wenn nicht klar feststeht, wer oder was höher ist, wird ein Wettkampf oder Wettbewerb die Wahrheit offenbaren. So bildet der Machtkampf unter dem Patriarchat die grundlegende Art, Dinge zu entscheiden. Physischer Zwang ist im Patriarchat immer vorhanden, manchmal offen, manchmal verdeckt. (John Rowan, 1987, Seite 9)[*]

Die aufgezeichneten Betrachtungen über Macht und Ausübung von Macht sind androzentrisch, das heißt, sie werden von Männern angestellt und basieren auf männlichen Werten. Selbst heute noch besteht die Tendenz, die männliche Norm und die menschliche Norm als identisch anzusehen. Verzerrte männliche Machtvorstellungen liegen der Art zugrunde, in der Völker agieren, und ihrer Meinung darüber, wie andere Völker reagieren werden. Diese Denkweise fußt auf einer ganzen Reihe von Vorurteilen, einschließlich der Überzeugung, daß Menschen von Natur aus aggressiv sind (sie basiert auf der Vorstellung von der Erbsünde), daß Menschen Einzelwesen und unabhängig sind und es nicht nötig haben, in kollektiver Weise verantwortlich zu sein. Ich werde später auf diese Überzeugungen zurückkommen und die Frage stellen, ob sie noch nützlich sind, ob sie irgendeine Gültigkeit für uns haben.

Meine eigenen Definitionen der Herrschaftsmacht haben genausoviel mit Manipulation und Kontrolle zu tun wie mit physischer Kraft. Ein Aspekt der Herrschaftsmacht ist beispielsweise die Fähigkeit, Menschen daran zu hindern, sich bewußtzuwerden, was mit ihnen geschieht, bis es zu spät ist, so daß sie eine Entscheidung nicht mehr rückgängig machen können. Mich faszinierte es, daß eine kleine Gruppe Menschen, die sich um die eine Zentralvorstellung von der ungeheuren Macht von Atomwaffen geschart hatte, gegen die Interessen der Mehrheit und die Interessen des Planeten handeln konnte und tatsächlich handelte. Die Gruppe tut dies, indem sie der Allgemeinheit jene Informationen vorenthält, die diese brauchen würde, um zu erkennen, was hier geschieht.

Kenneth Boulding ist, neben Stephen Lukes, einer der wenigen Schriftsteller im Westen, die darauf hinweisen, daß es neben militärischer und wirtschaftlicher Macht noch eine andere Art Macht gibt. Boulding nennt sie integrierende Macht. Er definiert sie nicht klar, aber er spricht von Liebe, und die Metapher, die er benutzt, ist die

---

[*] Die ausführlichen bibliographischen Angaben zu den Zitaten finden sich in der Bibliographie ab Seite 379. Auf bestimmte Abschnitte der Bibliographie verweisen die Kürzel wie z.B.: *B4*.

Umarmung (militärische Macht dagegen ist bei ihm der Stock und wirtschaftliche Macht die Karotte). Viele westliche Schriftsteller sind keineswegs fortschrittlich, wenn es darum geht, diese andere Art Macht zu beschreiben. Deshalb können wir uns mit Gewinn den traditionellen Kulturen zuwenden, die eine Menge darüber wissen. Sehen wir uns zuerst die Kogi in Südamerika und dann die Maori von Aotearoa/Neuseeland an.

> *Aluna* enthält alles, was vergangen ist, und alles, was werden kann. *Aluna* ist Intelligenz; es ist das konzentrierte Denken und Gedächtnis, das eine Brücke zwischen dem menschlichen »Geist« und dem Universum schlägt , aber es ist auch die verborgene Welt von Kräften, die die Fruchtbarkeit der Welt regeln. *Aluna* macht Wachstum, Geburt und Sexualität möglich; es ist die spirituelle Energie, die Dinge geschehen läßt. Täte sie das nicht, wäre die Welt steril. Sie hätte nie begonnen... Durch konzentriertes Denken und Meditieren treten die Kogi in die Welt des *Aluna* ein und handeln dort. (Alan Ereira, 1990, Seite 116)

> Marae ist der Ort, wo Menschen groß sein können. Hier sind sie auch fähig, auf der Mutter Erde zu stehen und zu sprechen... Während ich hier auf dir stehe, Mutter Erde, fühle ich mich sicher, denn ich weiß, daß genau an der Stelle andere vor mir gestanden sind – meine Vorfahren... Unsere Körper werden wieder zu dir zurückkehren; du bist es, die sie bewachen und benutzen wird, wie du willst. Mutter Erde, wie stolz wir darauf sind, während unseres Lebens deine Treuhänder zu sein. (Hiwi und Pat Tauroa, 1987, Seiten 6–11)

Das Elementare dieser alten Überzeugungen deutet an, wie diese andersartige Macht ist. Kenneth Boulding greift danach, und alte Kulturen wußten das: Es gibt eine Urkraft, die größer ist als wir kleinen Menschlein allesamt, die zeitlos ist. Gelegentlich können wir sie berühren, manchmal sind unsere Augen für den Bruchteil einer Sekunde offen. Es ist die Macht des Geistes, und Menschen können sie erreichen, wenn sie in sich gehen. Sie ist weder gut noch schlecht, weder hell noch dunkel, weder männlich noch weiblich, weder Engel noch Teufel – sie ist alles das. Sie ist so ungeheuer mächtig, daß sie Armeen wie Ameisen aussehen läßt und Tornado-Düsenjäger wie Schmeißfliegen. Und zu finden ist sie in uns, nicht außerhalb von uns.

Das *Tao Te King*, dieses wahrscheinlich im 6. Jahrhundert v. Chr. von Lao-tse geschriebene esoterische, aber unendlich praktische Buch, fängt die obige Vorstellung in Vers 37 ff. ein:

> Das Tao handelt nie,
> doch durch es geschehen alle Dinge.
> Wenn mächtige Männer und Frauen
> sich in ihm konzentrieren könnten,
> wäre die ganze Welt durch sich selbst
> verwandelt, in ihren natürlichen Rhythmen.
> Die Menschen wären zufrieden
> mit ihrem einfachen Alltagsleben,
> in Harmonie und frei von Begehren.
> Wenn es kein Begehren gibt,
> sind alle Dinge in Frieden.
>
> (*Tao Te King*, Vers 37 ff.)

Was das Buch bietet

Ziel des Buches ist es, zu enträtseln, was und wie diese andersartige Macht sein kann und wie Frauen und Männer sie nutzen können, damit eine bessere Welt entsteht. Im Hinblick darauf ist es hilfreich, mittels einiger Anhaltspunkte aufzuzeigen, wie das Leben war, als Gleichheit zwischen femininen Werten und maskulinen Werten bestand – in den alten, Göttinnen verehrenden Kulturen, die rund ums Mittelmeer jahrtausendelang blühten –, und es ist hilfreich zu erfahren, warum diese Kulturen verschwanden. Das erste Kapitel schildert deshalb eine Welt, in der eine andere Art Macht herrschte, eine Welt, die sehr lange existierte, aber vor so langer Zeit, daß ich sie mir kaum vorstellen kann. Es hat keinen Sinn, jener Welt sehnsüchtig nachzutrauern oder in sie zurückkehren zu wollen, aber wenn wir mehr über sie erfahren, kann sie uns helfen, mit unseren gegenwärtigen Katastrophen fertigzuwerden und zu einer Lebensweise zu finden, die viel reicher und aufregender ist. Das zweite Kapitel stellt dar, was den Frauen seit damals widerfuhr und wie vor allem Frauen Machtlosigkeit erlebten. Darauf folgt ein Kapitel über die heute in den Menschen vorgehenden Veränderungen, die aufzeigen, daß etwas Neues, Grundlegendes stattfindet. Die beiden Kapitel bilden den ersten Teil des Buches.

Der zweite Teil, die Kapitel 4–8, handeln davon, wie wir die anders-artige Macht aufspüren und in uns entwickeln können: durch den Körper, durch mehr Selbstkenntnis, durch Spiritualität und die Seele (Kapitel 4, 5 und 6). Kapitel 7 konzentriert sich auf die Spaltung in ein dualistisches Denken, das wir mittlerweile als normal betrachten – die Polarität von Gut gegen Böse, Schwarz gegen Weiß –, und darauf, wie man diese Dualität aussöhnen kann, damit riesige neue Kraftreserven freiwerden. Kapitel 8 blickt weiter, es schildert, wie diese Macht erlebt wird, besonders von traditionellen Kulturen wie das Große Mysteri-um, und wie wir sie berühren, erfahren können.

Der dritte Teil des Buches stellt alles dies in einen praktischen Kon-text; es beschreibt, wie Menschen die andersartige Macht in ihrem täglichen Leben und in der Umwelt ausüben – beim Aufbau von Kommunikation, beim Meditieren, bei der Erlangung von Gerechtig-keit, der Lösung von Konflikten.

Im ganzen Buch taucht das Thema Sexualität in vielen Formen auf: die Frage, ob körperliche Anziehung und Sinnlichkeit einer Person tatsächlich Macht geben, die Eröffnung der großen Machtspiele, die ablaufen, wenn eine Person sich zu einer anderen hingezogen fühlt, Hinweise auf eine außergewöhnliche Art öffentlicher weiblicher Sexualität in der alten Welt, Einzelheiten darüber, auf welch schreckli-che Arten Frauen in sexueller Gefangenschaft gehalten wurden und heute noch gehalten werden, Vermittlung des Wissens, wie sich der weibliche und auch der männliche Körper für eine erfüllendere Sexualität während des ganzen Lebenszyklus öffnen können und schließlich die latente Macht, die in einer perfekten Vereinigung mit-spielt. Ich habe das Buch nicht gezielt so angelegt; Macht und Sex sind einfach unlösbar miteinander verquickt. Tatsächlich gab mir diese Verbindung einen Anhaltspunkt dafür, was und wie eine neue Art von Macht sein könnte.

Das Buch ist für Frauen und für Männer geschrieben; für alle, die den Feminismus, wie er gegenwärtig erörtert wird, als steril und ober-flächlich empfinden; für alle, die sehen, daß Frauen immer mächtiger werden, und die dabei ein Schauder überfällt; für alle, die sich macht-los in Dingen fühlen, an denen ihnen viel liegt; für alle, die gern in die Politik gehen würden, es aber nicht tun; für alle, denen die Art, wie Entscheidungen getroffen werden, nicht gefällt; für alle, die in ihrem Leben nicht viel Sinn finden und danach suchen; für alle, die fünf-undvierzig und älter sind und das Gefühl haben, ihnen entgleite das

Leben, und die deshalb deprimiert sind; für alle, die sich in Rollen gefangen fühlen, sei es die Rolle des Angreifers oder die des Opfers, und sich daraus befreien möchten; für alle, die Hunger nach innerer Nahrung verspüren, nach etwas, das die Leere füllt.

Über einige dieser Fragen kann man nur schwer sprechen, ohne lammfromm und politisch gefügig zu klingen. Bevor ich fortfahre, muß ich Sie deshalb mit meinem inneren Kritiker bekanntmachen. Er ist der in mir wohnende Skeptiker, er sitzt mir auf der Schulter und nörgelt an mir herum. Zuerst haßte ich ihn, weil er gegenüber fast allem, was ich tue, äußerst kritisch ist. Inzwischen finde ich ihn auch nützlich. Das, worüber ich schreibe, kann leicht einen Anstrich von Sentimentalität bekommen und in eine Art salbaderischer Argumentation abgleiten, bei der mir ein bißchen schlecht wird. Mein Kritiker ist der Stabilisator. Er ist der rationale, intellektuelle, entschieden maskuline Teil von mir. Ich habe einen Verstand, der mir mit hochfliegenden Ideen durchgeht und gern von einer Sache zur anderen springt. Mein Kritiker stellt dann scharfe Fragen, unterbricht, argumentiert. Manchmal bringt er mich zum Lachen, manchmal ärgert er mich, oft hat er schlicht unrecht.

Das Buch enthält eine Mischung aus Tatsache, Erfahrung, Impression, Poesie und Bild – wobei die Bilder bei der Vermittlung von Sinn keineswegs schwächer, sondern vielleicht sogar stärker sind. Spricht man vom Geist, ist jede Sprache sehr unzulänglich. Ich möchte unbedingt das Aufregende dessen vermitteln, was ich entdecke, denn mir ergeht es, wie es George Fox vor dreihundert Jahren ergangen sein muß: »Alle Dinge waren neu, und die ganze Schöpfung sandte für mich einen anderen Geruch aus als zuvor, einen, der hinausging über das, was Worte ausdrücken können.«

Die Poesie ist das geeignetste Mittel zur Erörterung solcher Dinge, weil der Sinn durch die Risse in den Wörtern hervortritt. Das Buch enthält Sagen, die von Generationen weitergetragen und vergeistigt wurden, und es ist voller Geschichten aus dem Leben einzelner Personen. Viele dieser Geschichten handeln von Männern, die meisten aber von Frauen; die innere Macht in beiden ist das, was ich suche.

Möglicherweise erschwert die Mischung von Stilen die Lektüre, aber ich bitte Sie um Nachsicht, denn nüchterne Prosa zieht die Strafe nach sich, daß der eigentliche Sinn seine Leuchtkraft verliert. Jedem Kapitel ist eine Übersicht vorangestellt, die – so hoffe ich – als eine Art Landkarte des darin behandelten Gebiets dient. Mein Wunsch

Illustration mit Schlange zu Miltons »Das verlorene Paradies«,
von Gustave Doré (1866).

wäre, daß das Buch empirisch ist, Erfahrungen vermittelt, daß die
Leserin oder der Leser einige Dinge selbst ausprobieren, innehalten
und einige Augenblicke lang ruhig werden bei der Lektüre, um die
Erkenntnis in sich hineinsinken zu lassen.

Nicht geschrieben habe ich ein gelehrtes Buch. Ich bin sämtlichen
Quellen voll Beharrlichkeit nachgegangen, denn ich wollte die Au-

thentizität dessen, was ich herausfand, kontrollieren und gegenkontrollieren. Weil der Text jedoch glatt fließen soll, habe ich Quellen und Anmerkungen, aus denen hervorgeht, wie ich zu dem Niedergeschriebenen gelangt bin, Kapitel für Kapitel in dem weiter hinten im Buch folgenden Teil »Zusätzliches Material und Anmerkungen« zusammengefaßt, der sich an den Haupttext anschließt. Bei vielen Textzitaten wird auf die entsprechende Quelle verwiesen, aus der sie stammen. Weil ich in vielen von Fällen den Lesern Beschreibungen von Techniken oder Übungen liefern wollte, die mir nützlich erschienen, und auch entsprechende praktische Hinweise für angebracht hielt, gibt es hierfür ebenfalls einen eigenen Abschnitt am Ende des Buches: »Weitere Wege und Möglichkeiten«.

Zum Abschluß dieser Einführung möchte ich etwas über Tabus sagen. Ich habe mich dafür entschieden, über Dinge zu schreiben, die manchen Menschen – Frauen wie Männern – vielleicht widerstreben. Mir widerstrebte es anfangs, sie niederzuschreiben, bis ich erkannte, daß dem so war, weil sie Macht enthalten – keine Macht, wie wir sie gewöhnt sind, sondern Macht einer anderen Art, die ich erforschen möchte. Also nehme ich das Widerstreben ernst, denn es basiert auf dem, womit wir aufgewachsen sind. Die neue Macht, die freilich sehr alt ist, lockt allerlei Tabus und Vorurteile ans Licht. In manchen Fällen schrecken wir davor zurück, weil wir meinen, es handle sich um Hexerei, in anderen Fällen, weil es um Sinnlichkeit und Sexualität geht und man uns gelehrt hat, unserem Körper gegenüber mißtrauisch zu sein, in wieder anderen Fällen, weil man uns von der »Religion« abgebracht hat und wir nicht zwischen ihr und der Spiritualität unterscheiden.

Ich war immer ein pragmatischer, praktischer Mensch. Deshalb fiel es mir im Dezember 1992, als ich in Oxford an einem Flußufer entlangging, überaus schwer, mir einzugestehen, daß ich in dem strömenden Wasser eine riesige Schlange sah. Eines jedoch wußte ich: daß es eine Schlange war. Ich konnte sie sehen, wie sie sich bewegte und schlängelnd ihres Wegs zog. Ich mußte ihr folgen. Ich ging auf einem Pfad direkt am Flußufer, dann blieb ich stehen und beobachtete sie. Die Schlange wand sich um Biegungen, über Baumstämme hinweg und unter ihnen durch, wirbelte mit phänomenaler Kraft dahin. Ich wußte auch, daß sie ein Urwesen war, weiblich und endlos. Ihre Kraft strömte einfach, ging ihr zweifellos nie aus. Ich konnte ihren Kopf sehen, der zurückgebogen war, auch ein furchterregendes Auge, in

dem sich das Weiß zeigte. Ihre Hauptkraft lag in der breiten, gerunde-
ten, majestätischen Brust; die Schuppen, jede einzelne vollendet
schön, breiteten sich auf ihr in einem perfekten Muster aus, wie die
Federn bei einem Pfau. Diese Schlange war für die Tiefe verantwortlich. An den angsterregendsten Orten – im tiefen, dumpfigen, düste-
ren Wasser – gab es nichts, was sie fürchtete. Ein paar Minuten später
erkannte ich, daß sie die Reaktion der inneren Kraft auf das Chaos
war, in das wir die Welt gestürzt haben.

Ich hatte nicht darum gebeten, diese Schlange zu sehen. Sie erschien, und ich sah sie. Man könnte behaupten, daß ich sie nicht gesehen hätte, wäre ich nicht in einer aufgeschlossenen oder »suggesti-
bilen« Geistesverfassung gewesen. Doch die Tatsache bleibt, daß ich in
einem Hochwasser führenden Fluß in Oxford eine Schlange sehen
und gleichzeitig ein normaler, intelligenter Mensch sein konnte.
Diese Dinge schließen sich nicht gegenseitig aus.

Kapitel 1

Vor Gott

Diese Kultur hatte große Freude an den Naturwundern unserer Welt. Ihre Menschen erzeugten keine tödlichen Waffen und bauten keine Festungen an unzugänglichen Orten, wie es ihre Nachfolger taten, obwohl sie durchaus mit der Metallurgie vertraut waren.

Statt dessen bauten sie prächtige Grabmäler und Tempel, bequeme Häuser in Dörfern von bescheidener Größe, und sie schufen großartige Tonwaren und Skulpturen. Es war eine lange während Periode bemerkenswerter Kreativität und Stabilität, ein von Streit freies Zeitalter.

MARIJA GIMBUTAS, 1989

Dieses Kapitel beginnt mit einer wahren Geschichte, die in den sechziger Jahren spielte und die Frage aufwirft, welche Art von Macht Frauen heute haben. Bevor ich die Frage eingehend untersuche – in Kapitel 2 –, gehe ich in der Geschichte zurück. Das Eröffnungszitat von der Archäologin Marija Gimbutas beschreibt die göttinenverehrenden Kulturen, die das ausgeprägteste Charakteristikum archäologischer Aufzeichnungen aus der Altsteinzeit und der Jungsteinzeit sind. Jahrtausendelang existierten allem Anschein nach Gesellschaften, in denen Männer und Frauen die Verantwortung teilten. In diesen Kulturen, die sich über einen großen Teil des Globus erstreckten, wurde die weibliche Macht geschätzt und verehrt. Die Existenz solcher Kulturen war für mich eine Überraschung. Obwohl jetzt, nachdem Archäologen und Historiker ihre Existenz weitgehend akzeptiert haben, täglich neue Informationen über sie ans Licht kommen, fällt es uns immer noch schwer, uns vorzustellen, wie das Leben damals wirklich war. Im folgenden Abschnitt werde ich mir darum einige Phantasien über die Rolle der sogenannten Tempelhuren erlauben, die in Wirklichkeit Priesterinnen waren. Danach biete ich verschiedene Erklärungen dafür, wie und warum diese göttinenverehrenden Gesellschaften verschwanden und durch monotheistische Kriegerreligionen ersetzt wurden. Mein Bericht kehrt dann zum Thema Macht zurück und befaßt sich mit den Schwierigkeiten der neuen Herrscher bei der Erlangung der Kontrolle über Herz und Verstand jener Menschen, die sie unterworfen hatten. Die Geschich-

te von *Adam und Eva kommt zur Sprache und wird untersucht, ebenso die historische symbolische Rolle, die die Schlange darin spielt. Das Kapitel endet mit einer Erörterung der Aufspaltung in dualistisches Denken, die nach dem Ableben der Göttin erfolgte, und mit der Untersuchung, in welcher Weise dies trotz der unangenehmen Folgen für Frauen ein notwendiger Teil der menschlichen Entwicklung sein kann.*

Eine Geschichte von Macht und Sex

Ich sollte die Stellung der Werbe- und Publicity-Managerin eines Einzelhandelsunternehmens antreten, das einer großen Gesellschaft in Südafrika gehörte, und das abschließende Gespräch sollte mit dem Vorsitzenden der gesamten Gesellschaft stattfinden. Ich fuhr mit dem Lift in den zehnten Stock, dort unterzogen mich nacheinander drei Sekretärinnen, von denen jede noch eindrucksvoller gekleidet war als die vorhergehende, einer gründlichen Musterung, bevor ich Zutritt zu seinem Penthouse-Büro erhielt. Die lautlose Annäherung, die vielen Meter Teppich, der große Schreibtisch – ich war gebührend beeindruckt. Er stellte mich zum Doppelten meines vorigen Gehaltes ein. Ich war vierundzwanzig.

Ich engagierte selbst mein Fünferteam, meine Bürosuite war in Blau und Weiß gehalten. Alles lief hervorragend, so daß ich nach kurzer Zeit aufgefordert wurde, sechs Monate in London zu verbringen und die Geschäfte der englischen Kette zu fördern. Als Quartier stellte man mir das Appartement des Vorsitzenden im Zentrum Londons zur Verfügung.

Als ich drei Monate in London war, kam der Vorsitzende zu mehreren Konferenzen aus Südafrika herüber, also räumte ich das Appartement. Am Ende des ersten Konferenztages sagte er zu mir, es gebe einige Dinge, die er beim Abendessen besprechen wolle. Ich solle ihn mit dem Firmenwagen abholen und zu einem Restaurant in Beauchamp Place bringen. Wie sich herausstellte, war es ein Abendessen für zwei. Während des Essens forderte er mich auf, ihn Arnold zu nennen, und legte mir die Hand aufs Knie. Ich nannte ihn Arnold und schob seine Hand weg. Nach der Rückfahrt zum Appartement versuchte er mich im Wagen zu küssen; er wollte, daß ich die Nacht über blieb und nannte als Grund: »Ich weiß nicht, wie man sich selber das Frühstück macht.« Ich sagte nein.

Der Besuch des Vorsitzenden sah auch eine Inspektion der Geschäfte in Nordengland vor. Er wies mich an, für ihn eine Tour durch den Lake District zu organisieren. Zuvor wollte er ein angesehenes Automobilwerk besuchen, wo man seinen neuen Wagen nach seinen speziellen Wünschen baute. Am Morgen vor dem Besuch dort sagte er mir, ich müsse für seine Frau einspringen. Die Folge war, daß man mich als Mrs. Wills ansprach. Rückblickend ist mir natürlich klar, daß ich hätte protestieren sollen, aber ich tat es nicht. Von dem Werk fuhren wir zu einem nahegelegenen Hotel, wo man uns als Mr. und Mrs. Wills eintrug.

Als wir in dem Doppelzimmer allein waren, trat ich vor meinen Arbeitgeber und sagte, ich wolle ein eigenes Zimmer haben. Er lachte. »Eine amüsante Situation, in die wir da hineingeraten sind, aber machen Sie sich nichts draus. Als Mann und Frau können wir *sehr gut* ein Zimmer in Freundschaft teilen. Sie wären ziemlich unreif, wenn Sie das nicht verstünden.«

»Kann schon sein, aber ich möchte trotzdem ein eigenes Zimmer.«

»Es wäre sehr peinlich für mich, jetzt ein zweites Zimmer zu verlangen. Bitte werden Sie ein bißchen erwachsen, dann können wir einen angenehmen Abend verbringen.«

Ich reichte ihm das Telefon. »Wenn es peinlich für Sie ist, können Sie ja sagen, ich hätte eine Erkältung. Bitte rufen Sie jetzt an.« Schließlich bekam ich mein eigenes Zimmer.

Am nächsten Abend, im Lake District, wollte er wieder ein Doppelzimmer für uns buchen. Als ich ablehnte, versuchte er nach dem Essen, in mein Zimmer zu kommen. Ich erklärte ihm, daß ich kein Verhältnis mit ihm haben wolle und auch keinen körperlichen Kontakt wünsche.

Zwei Monate später kehrte ich nach Südafrika zurück. Inzwischen war meine Abteilung aufgelöst und mein Team entlassen worden. Man gab mir ein Loch, in dem ich arbeiten sollte. Meine sämtlichen Aufgaben wurden mir genommen, ich hatte nichts zu tun. Nach drei Monaten kündigte ich. Meine Kündigung wurde sofort angenommen.

In was für eine Lage bringt so etwas eine Frau? Welche Möglichkeiten hat sie?

- Wenn sie eine feste, klare Vorstellung davon hat, wer sie ist, welche Werte sie besitzt und was sie will, wird sie publik machen, was geschehen ist. Das wird natürlich Konsequenzen haben, die sie entweder hinnehmen oder gegen die sie ankämpfen kann. In einem Land, in dem die Menschenrechte geschützt sind und es Rechtsmittel zur Abwendung sexueller Belästigung gibt, könnte sie ihren Arbeitgeber natürlich verklagen.

• Sie kann das Spiel mitspielen. Viele Frauen tun das, selbst wenn der Mann nicht attraktiv ist. Warum? Die Frau hat vielleicht Angst. Vielleicht muß sie für den Unterhalt Abhängiger sorgen. Oder sie sieht einen Weg zu Macht. Eine ehemalige Sekretärin des Vorsitzenden beispielsweise stieg zur Leiterin des Einzelhandelsgeschäftes auf und erhielt regelmäßig seine ausrangierten Autos. Sie hat Macht der gleichen Art wie die schöne Gefährtin eines reichen Mannes. Je nachdem, wie sehr er sie begehrt und wie gut sie es versteht, ihn zu manipulieren, erlangt sie Kontrolle über ihn. Für attraktive Frauen ist dies eine einfache Abkürzung zu einer Machtform: Macht, die durch einen Stellvertreter ausgeübt wird. (Sie kann direkt zu ihm gehen, wenn Staatsminister warten müssen. Er wird ihr alles kaufen, was sie haben will. Sie kann ihn überreden, ihre Freunde und Verwandten zu fördern. Sie kann mit ihm an großartigen Orten groß auftreten. Seine Adlaten werden sie wegen ihres Einflusses auf ihn wie ein rohes Ei behandeln.)

• Sie kann zwischen die beiden Möglichkeiten fallen, wie es mir passierte. Ich sagte einem unattraktiven mächtigen Mann, daß ich sexuell nichts mit ihm zu tun haben wolle, nahm die Konsequenzen auf mich und heiratete einen attraktiven mächtigen Mann. Meine Ehe war zum großen Teil sehr glücklich. Doch in ihr war jedes Gefühl, bedeutend zu sein, nicht mein eigenes. Es wurde auf mich reflektiert. Ich hatte kein Selbstgefühl. Jede Macht, die ich nach meinem Gefühl besaß, rührte daher, daß ich etwas Macht über jemand Mächtigen hatte.

Hat die Frau, die sich für die zweite oder dritte Möglichkeit entscheidet, wirklich irgendwelche Macht? Sie hat eine Art Macht, solange er sie begehrt. Aber hierbei handelt es sich um Macht über – um Herrschaftsmacht in gewisser Weise. Außerdem hängt ihre Macht von seinem Verlangen ab. Wie sind wir nur an den Punkt gelangt, an dem ein großer Teil der Macht, die Frauen haben, vom Verlangen eines Mannes abhängt? Seit vielen Jahrhunderten sind die meisten Frauen in den meisten Gesellschaften entweder machtlos oder, was Macht anbelangt, von Männern abhängig. *Doch das war nicht immer so.*

Rückkehr in die Zeit der Frauen

Wenn wir zu den frühesten Hinweisen auf den Lebensstil der Menschen zurückkehren, stellen wir fest, daß er jahrtausendelang völlig anders war als heute. Die Frauen standen damals im Brennpunkt des Interesses und bildeten den Mittelpunkt ihrer Gesellschaften, weil sie die größte und geheimnisvollste Macht besaßen, die Macht, neues Leben zu schaffen. Seinerzeit brachte man den Sex nicht mit Schwangerschaft und Geburt in Verbindung. Die Frauen wurden einfach dicker und dicker, bis schließlich ein Kind aus ihnen herauskam. Die Zukunft hing für die Menschen also ausschließlich von den Frauen ab.

Darum wurde offenbar auch alles, was man weitergab, durch Frauen weitergegeben. Kontinuität erfolgte über die Frauen: Söhne und Töchter erhielten die Namen ihrer Mütter, Besitz- und Reichtümer gingen von der Mutter auf das Kind über; als sich dann der Ackerbau entwickelte, die Menschen ihr Nomadentum aufgaben und seßhaft wurden, ging auch das Recht zur Nutzung des Bodens von der Mutter auf das Kind über; das gleiche galt für Werkzeug, Geräte und Tiere. Und weil das weibliche Wesen neues Leben erzeugen konnte, war es das weibliche Wesen, das man verehrte, anbetete.

Die Gottheiten bildeten allesamt Variationen eines einzigen Zentralthemas: der Großen Mutter. In jedem der ältesten Siedlungsgebiete unseres Globus finden wir Überreste der Göttinnenverehrung.

> In vorgeschichtlichen und frühgeschichtlichen Perioden der menschlichen Entwicklung gab es Religionen, in denen die Menschen ihre höchste Schöpfergottheit als weiblich verehrten. Die Große Göttin – die Göttliche Ahnfrau – wurde vom Beginn der Jungsteinzeit um 7.000 v. Chr. an bis zur Schließung der letzten Göttinnentempel etwa um 500 n. Chr. verehrt. Einige Autoritäten wollen die Göttinnenverehrung bis weit in die Vergangenheit zurückführen, bis in die jüngere Altsteinzeit von etwa 25.000 v. Chr. (Merlin Stone, 1976, Seite XII., B3)

Die ältesten Darstellungen der Erdenmutter, die man bislang aufspürte, stammen tatsächlich aus der Zeit um 25.000 v. Chr., der Eiszeit. Am berühmtesten sind die beiden hier abgebildeten:

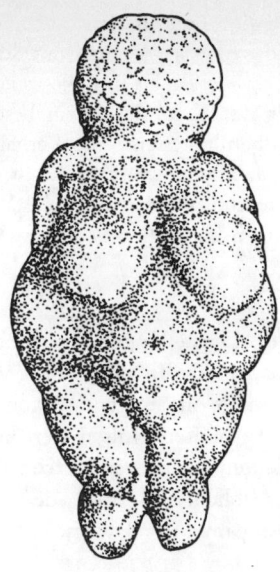 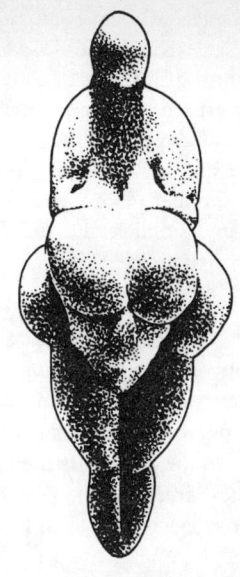

Venus von Willendorf,
um 30.000–25.000 v. Chr.

Frauenstatuette aus Mammut-Elfenbein,
gefunden bei Lespugue, Frankreich,
um 23.000 v. Chr.

Fast zweihundert weibliche Figuren fand man in Wohnstätten von Eiszeitmenschen, und zwar zwischen den Pyrenäen in Westeuropa und dem Baikalsee in Mittelsibirien. Die damalige Form der Verehrung – im Grunde war sie wohl eher eine Lebensweise – erscheint im Licht der Geschichte als Verehrung von Göttinnen mit vielen Namen und Attributen. Historiker und Archäologen wie Jacquetta Hawkes, die ihr ganzes Wissenschaftlerleben der Suche nach dem Verständnis dieser Kulturen widmete, sind der Ansicht, daß man alle Göttinnen als ein und dasselbe ansehen kann: als Mutter-Göttin oder Große Göttin, deren Reich sich sogar bis fast in die Bronzezeit erstreckte.

Die Göttin der Ackerbauern war vermutlich in Südwestasien beheimatet und übte dort in historischen Zeiten als Inanna, Ischtar, Astarte und göttliche Dame mit anderen Namen beträchtliche Macht aus, doch am längsten und mächtigsten regierte sie in den Mittelmeerländern. In Kleinasien, wo jahrtausendelang Darstellungen von ihr geschaffen wurden, erhob sie sich über die Grenzen der Vorgeschichte: als die Kybele der Phrygier und die lydische Artemis, mit deren Verehrung als Geburtsgöttin sich der Apostel Paulus in Ephesus konfrontiert sah. Außerordentlich mächtig war sie auf den Inseln, besonders auf Zypern, wo Aphrodite ihren berühmtesten Tempel erhalten sollte, und auf Malta, wo zwar ihr Name nirgends verzeichnet ist, wo man ihr aber schöne Tempel errichtete und außergewöhnlich stattliche und sinnliche Darstellungen von ihr schuf. (Jacquetta Hawkes, 1968, Seiten 26 – 27)

Die für meinen Geschmack schönsten Darstellungen der Göttin stammen von der Inselgruppe der Kykladen. Die Inselbewohner verwendeten den heimischen Marmor, um sie in einigen Werken als Mutter der Fülle zu gestalten, worauf die breiten Hüften, der dicke Bauch und die hockende Stellung hindeuten. In anderen Werken aber sahen sie bereits andere Aspekte der weiblichen Gottheit, denn sie gestalteten sie groß, schlank, kleinbrüstig und, in Hawkes' Worten:

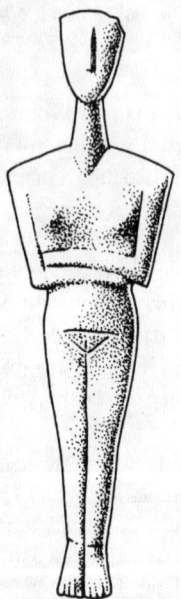

Marmorne Frauenstatuette
aus der frühen Kykladenkultur,
um 2800 – 2300 v. Chr.

»mit einer abstrakten Einfachheit, die kaum zu verstehen war, erst wieder in der gegenwärtigen Zeit«.

Um 4000 v. Chr. erschienen Göttinnenfiguren in der Stadt Ur und dem Stadtstaat Uruk, die beide am südlichen Ende des Euphrat in der Nähe des Persischen Golfs lagen. Entlang des Nils gibt es Hinweise auf die Wichtigkeit der Dorfgöttin, als sich das Dorfleben etablierte; Elise Boulding vertritt die Ansicht, daß »sich zweifellos eine spezielle Priesterinnenklasse für den Dienst in den Kultzentren entwickelte«. In Indien offenbart archäologisches Beweismaterial, vor allem das Werk von Sir John Markham, daß die einheimische Bevölkerung vor den Invasionen der Arier die weibliche Gottheit verehrte.

Über einen Zeitraum von vielen Jahrtausenden scheint die Verehrung weiblicher Gottheiten die zentrale spirituelle Übung der gesamten bewohnten Welt gewesen zu sein. Das Hintergrundmaterial zu diesem Kapitel bietet viele weiteren Einzelheiten. Weil man sich schwer vorstellen kann, wie das Leben in diesen Kulturen gewesen ist, dürfte es hilfreich sein, wenn eine Gelehrte wie Sibylle von Cles-Reden das Innere des großartigen Tempels der Göttin aus dem steinzeitlichen Malta für uns zum Leben erweckt:

> Die Große Göttin, für die das Blut von Tieren floß und das Feuer angezündet wurde, ist durch eine riesige Statue verkörpert, die in dieser Kammer stand. Als die Stätte ausgegraben wurde, erschienen das Fundament und der beschädigte untere Teil eines Werks der Bildhauerkunst. Die Statue selbst muß einst mehr als acht Fuß hoch gewesen sein. Im westlichen Mittelmeer oder sogar im Gebiet der Ägäis ist keine andere so große Statue aus so früher Zeit bekannt. Die übermäßig korpulente Göttin war offenbar auf einem Hocker sitzend dargestellt. Ihre grotesken, birnenförmigen Beine und relativ kleinen Füße ragen unter ihrem mit Volant versehenen, gefalteten Rocksaum heraus, unter dem kleine Menschengestalten Schutz suchen. Auf mittelalterlichen Gemälden sind in ähnlicher Weise dargestellte kleine Christen zu sehen, die betend unter dem Schutzmantel riesiger Madonnen knien. (1961)

In einem anderen Tempel auf Malta, Hal Tarxien, gibt es ähnliche Figurinen. Dank ihnen können wir uns die Göttin vorstellen, »mit ihrem weiten Rock, ihrem anmutigen, ernsten Gesicht, die Hand an die Brust gehoben, wie sie einst im Tempel im Glutschein des Opfer-

feuers saß«. Beim Besuch dieser Tempel überkam mich ein mit Ehrfurcht gemischtes Gefühl der Freude darüber, wie anders unsere
Vorfahren gegenüber Frauen eingestellt waren.

Einen ersten Vorgeschmack darauf bekam ich vor Jahren, als ich in
China ein Dorf aus der Jungsteinzeit besuchte: Pan-Po-Tsun bei
Xian. Der chinesische Führer erklärte ganz lässig, es sei von der
Organisation und der Kultur her völlig matrilinear gewesen.
Tatsächlich waren dort Überreste weiblicher Statuetten mit deutli-
chen Hinweisen auf ihre Verehrung zu sehen. Die Überreste in Pan-
Po-Tsun sind offenbar repräsentativ für die ganze Jang-shau-Kultur
– sie wird als älteste jungsteinzeitliche Kultur definiert und erstreckte sich über die gesamte Region des Gelben Flusses (Hwangko) –
und wurden mit Hilfe der Radiokarbonmethode auf eine Zeit von
mindestens 5000 v. Chr. datiert.

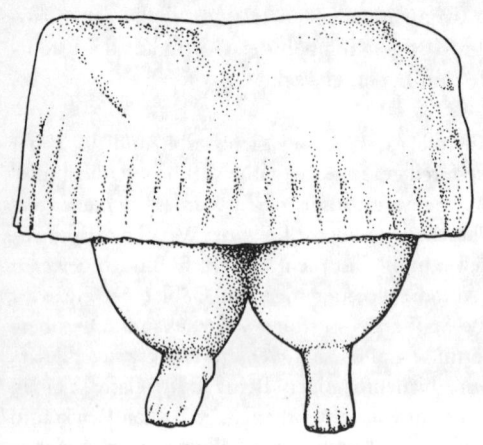

*Die Statue der großen
Erdenmutter aus der
Tempelanlage von
Tarxien auf Malta,
um 2100 v. Chr.*

Überraschung

Die Wiederentdeckung dieser Periode unserer Geschichte als Menschengeschlecht bedeutete für mich eine absolute Überraschung.
Ich begreife nicht, warum sie keine Revolution verursacht hat. Ich
begreife nicht, warum die Zeitungen nicht voll davon waren. Ich

sähe es gern, daß die Periode in den Geschichtsunterricht der Schulen aufgenommen wird; weil das jedoch nicht geschieht, widme ich ihr hier ein Kapitel.

In den letzten dreitausend Jahren erzog man die Kinder zu einer positiven Einstellung gegenüber männlichen Leistungen und Fertigkeiten. Diese halfen uns in vielerlei Hinsicht, voranzukommen, darum ist die Einstellung gerechtfertigt. Sie wird jedoch nicht durch eine Wertschätzung des Weiblichen ausbalanciert. Ich empfand die Entdeckung dieser alten Kulturen als Wiederherstellung des Gleichgewichts.

Zum erstenmal las ich darüber in einem Buch der Kunsthistorikerin Elinor Gadon mit dem Titel *The Once and Future Goddess*. Verblüfft und ein bißchen ungläubig ging ich den Quellen nach, die in dem Buch genannt wurden. Im Lauf der Zeit grub ich voll dokumentierte Berichte über archäologische Funde aus, die ohne jeden Zweifel zeigen, daß im gesamten Mittelmeergebiet und Nahen Osten jahrtausendelang die Göttin verehrt wurde. Um meinen Skeptizismus zufriedenzustellen, prüfte ich nach, ob irgend etwas von dem Beweismaterial oder seiner Deutung widerlegt worden ist. Das war nicht der Fall. Das einzige Gegenargument, das ich finden konnte, stammt von Peter Ucko. Er behauptet, »die akzeptierte Muttergottheit-Interpretation« müsse das anerkennen, was er als logische Folge ihrer eigenen Postulate ansieht, nämlich daß es in prähistorischen Zeiten nicht nur ein großes Pantheon gab, sondern auch einen alleinigen Gottvater. Auf ähnlicher Linie liegt Walter Burkert; er betonte, die Entdeckungen von Göttinnen-Statuetten in Catal Hüyük weise nicht unbedingt auf einen dort herrschenden Mutterkult hin, sondern das gleichzeitige Vorhandensein einiger sitzender männlicher Figuren deute »auf eine patriarchalische Ordnung oder vielleicht auf einen männlichen Gott oder sogar ein göttliches Paar« hin.

Peter Ucko bringt auch noch den Einwand vor, die Auslegung prähistorischer Statuetten als Muttergottheiten lasse mehrere Merkmale unerklärt. Wäre das ein Grund, archäologische Interpretationen in Frage zu stellen, besonders jene der prähistorischen und der frühen historischen Funde, könnte überhaupt keine Interpretation versucht werden, sofern sie nicht *alles* erklärt.

Nach dieser Ausführung muß ich auch erwähnen, daß einige der angesehensten Historiker eine Rolle beim Wiedereinbringen der Göttinnenreligionen in die Geschichte spielten. J. G. Frazer führte

Adonis/Attis/Osiris auf die Sage von der Großen Göttin und ihren sterbenden Gefährten zurück, die den alljährlichen Kreislauf von Verfall und Wiedergeburt symbolisieren, während Sir Arthur Evans die minoische Ikonographie als Göttinnendarstellung identifizierte. Joseph Needham, ein angesehener Biochemiker, der weitgehend auf sich gestellt die westliche Untersuchung der chinesischen Naturwissenschaften einleitete, hat über die Göttinnenverehrung folgendes zu sagen:

> Bevor der Mythos vom Sündenfall für das biblische Volk seine Autorität erlangte, verehrten Gemeinschaften im ganzen Mittelmeerraum, Nahen Osten und der indianischen Welt jahrhunderte-, sogar jahrtausendelang eine Göttin und keinen Gott. Die männlichen Gottheiten, einschließlich des Jahwe der Juden, traten vergleichsweise spät an, nach der Erfindung des Ackerbaus und des Schreibens ... Zahlreich waren ihre Namen und Attribute: Isis, Hathor oder Ma'at in Ägypten, Ischtar oder Ninlil in Babylon, Aschtoret in Palästina, Inanna in Sumeria. Es ist eine sensible Interpretation, diese Sicht des Göttlichen mit der matrilinearen Institution zu assoziieren, dem System der Mutterverwandtschaft, wonach jeder Besitz über die weibliche Linie weitergegeben wurde. Unter diesen Bedingungen war die Vaterschaft nicht sonderlich wichtig, doch nachdem die patrilineare Erbfolge sich durchsetzte, wurden die Frauen selbst im wesentlichen ein Besitztum, und das bedeutete naturgemäß jene Herrschaft, von der im Schöpfungsmythos gesprochen wird, sowie viele andere maskulin ausgerichtete Bräuche, die unter dem Etikett von »Moralität« auftraten. Weiteres Licht wird auf den Genesismythos geworfen, wenn man sich klarmacht, daß die Schlange, _naga_, der Drachen, _lung_, Leviathan und alle ähnlichen Tiere der großen Göttin geweiht waren ...
> (Joseph Needham, 1979, Seite 22)

Die Berichte über die Entdeckungen der Existenz der Göttin von Indien bis zum Mittelmeer lesen sich wie ein großartiger Kriminalroman, allerdings einer, in dem _ich_ die Leiche bin. Es ist _meine_ Geschichte, die diese Archäologen und Kunsthistoriker zusammenstückeln. Die geschilderten Fakten verändern meine Lebensauffassung; wie ich jetzt weiß, gab es eine Zeit, in der man als selbstverständlich ansah, daß Frauen für die spirituellen Praktiken ihrer Gesellschaft zuständig waren, daß Frauen wegen ihrer Weisheit verehrt wurden, daß weibliche Gaben und Fertigkeiten – der Intuition, der Kooperation, des holistischen Denkens, des spielerischen Wesens – ebensosehr geschätzt wurden wie männliche Gaben und Fertigkeiten. Dieses Wissen hat für mich persönlich den Feminismus von einem *Kampf ums Erreichen* in einen Weg verwandelt. Millionen sind den Weg vor mir gegangen, und es ist ein Weg zur Integration.

Warum es eine Überraschung ist

Als mir das klarzuwerden begann, war meine erste Reaktion: »Warum hat mir das niemand gesagt?« Ich lebte bereits ein halbes Jahrhundert und hatte eine gute Erziehung genossen, aber die Tatsache, daß Gott um Jahrtausende länger als Frau denn als Mann wahrgenommen wurde, bedeutete für mich eine Offenbarung. Warum wußte ich das nicht längst?

Die Antwort auf diese Frage besteht aus drei Teilen: Erstens wurde das alles erst in jüngster Zeit wiederentdeckt. Die Historikerin Merlin Stone schilderte, wie es für sie war, als die verschiedenen Beweisstücke sich zu einem Ganzen zusammenfügten. Sie erkannte dann, daß Aschtoret, die verachtete »heidnische« Göttin aus dem Alten Testament, (deren Identität biblische Schriftgelehrte durch wiederholten Gebrauch des männlichen Geschlechts zu verschleiern versuchten), tatsächlich Astarte war: die Große Göttin, als die man sie in Kanaan kannte, die nahöstliche Himmelsgöttin. Ihr dämmerte, daß die heidnischen Götzenanbeter aus der Bibel zu einer Göttin gebetet hatten – andernorts bekannt als Inninn, Inanna, Nana, Nut, Anath, Anahita, Istar, Isis, Au Set, Ischara, Aschera, Aschtart, Attoret, Attar und Hathor –, der vielnamigen göttlichen Ahnfrau. »War es nur Zufall«, fragte sie in der Einführung zu *When God Was a Woman*, »daß ich während all der Jahre in der Sonntagsschule nie erfuhr, daß Aschtoret weiblich war?«

Dieselbe Autorin weist darauf hin – Teil zwei der Antwort –, daß viel des Beweismaterials zerstört worden ist: die heiligen Artefakte jener Religionen, die dem Monotheismus vorausgingen. Sie hält es für möglich, daß die offensichtlich weiblichen Attribute fast aller Statuen, die man bei Ausgrabungen aus den jungsteinzeitlichen und frühgeschichtlichen Perioden fand, die Anwälte der männlichen Gottheit ärgerten. *Die meisten heidnischen Idole hatten Brüste.*

Der dritte Hauptgrund, warum diese Information so langsam ans

Licht kam, liegt darin, daß Archäologen und Historiker in der Regel Männer sind. Weil wir nicht in einer Welt leben, in der Frauen Religionsführerinnen, prominente Entscheidende, ebenbürtige Machtinhaberinnen sind, können wir uns eine Welt, in der das so war, einfach nicht vorstellen. Archäolog*en* untersuchen beispielsweise ein Wandgemälde mit Figuren, die lange Stäbe halten, und gelangen zu dem Schluß, es müßten Männer sein, die Speere im Kampf handhaben, und das wird zur akzeptierten Erklärung. Doch dann taucht eine Archäolog*in* auf, untersucht dieselbe Wandmalerei und stellt fest, die Gestalten könnten Priester und Priesterinnen sein, die mit Weidengerten ein religiöses Fest feiern. Es kommt zu einer Diskussion. Stimmt die zweite Erklärung besser mit dem Rest der Wandmalerei überein, wird sie schließlich akzeptiert.

Die Folge von alledem ist, daß die Göttinnen-Verehrung als »Kult« charakterisiert wird, der patriarchale Monotheismus dagegen eine »Religion« ist. Historik*er*, deren Werke über Religion immer wieder aufgelegt wurden, zum letztenmal 1975, finden nach wie vor keinen Weg, die Existenz von Priesterinnen zu erklären, es sei denn als »Tempelhuren«.

Einige Schriftsteller*innen*, die im wesentlichen dieselbe Gesellschaft beschreiben, sehen in ihr eine Welt, in der Frauenkörper heilig waren und ihre Sinnlichkeit einen Grund zum Feiern bedeutete.

> In manchen Fällen verbrachten Frauen, die kein keusches Leben führen oder keine Ehe eingehen wollten, ihr ganzes Leben im Tempelareal. Sie waren die Vestalinnen, die sich nicht mit einem Gatten vereinten, sondern in einem Ritual zur »Braut« wurden; Hochzeit mit dem König als Surrogat für einen Gott ... Ich weibliches Wesen wurde einem höheren Zweck geweiht, nämlich jenem, die befruchtende Kraft der Göttin in einen wirkungsvollen Kontakt mit dem Leben von Menschenwesen zu bringen.
> (Nancy Qualls-Corbett, 1988, Seite 36)

Mit Hilfe dessen, was über die jungsteinzeitlichen Kulturen in Erfahrung zu bringen ist, kann man sich leichter vergegenwärtigen, welche Rolle die Priesterinnen eigentlich gespielt haben. Stellen Sie sich beispielsweise das Tempelgelände in der Morgensonne vor. Stille herrscht, abgesehen vom Geräusch fließenden Wassers. Die Bäder in den Kammern der Priesterinnen werden aus Steinkanälen, die den

Tempelkomplex wie ein Bewässerungssystem durchziehen, mit Wasser gefüllt. Eine Dienerin im Teenageralter füllt einen Becher aus einem Krug, der Mandelöl enthält, und gibt ein paar Tropfen der höchst kostbaren Jasminessenz hinzu. Sie gießt alles ins Badewasser. Die Priesterinnen treten ein, streifen ihre Kleider ab und lassen sich in das duftende Wasser sinken.

Dann stellen sie sich zum Trocknen in die Sonne, beobachten die öligen Tropfen, die an ihren Körpern und von ihrem Haar herabrinnen; sie nehmen die Wärme der Frühlingssonne auf, bis in ihre Knochen hinein. Schließlich werden sie langsam angekleidet: lange, mehrfach gestufte Röcke in Ocker und Pfirsichfarbe; das kurzärmelige Mieder, sorgfältig angefertigt, so daß es unter ihren Brüsten anliegt; die Schürze, die sich über Hüften und Bauch rundet. Das Haar unter dem Diadem fällt in langen Locken über den Rücken bis hinab zur Taille.

Die Priesterinnen sind vermutlich von Gleichrangigen wegen ihrer Weisheit und Rechtschaffenheit ausgewählt worden. Das zeigt sich in ihrer stolzen, nachdenklichen Haltung, als sie langsam zum *Erechtheion* neben dem Tempel gehen. In dieser Kammer befinden sich die heiligen Schlangen. Jeder Priesterin werden zwei dieser kleineren Schlangen gereicht, die sich um ihre Arme ringeln, während sie in einer Prozession zum Heiligtum schreitet. Schlangen sind die ältesten Symbole des Göttlichen, sie rufen bei allen Scheu und Ehrfurcht hervor. Die Priesterinnen sind schon oft gebissen worden und haben eine Immunität gegen das Gift entwickelt, so daß es nur bewußtseinserweiternd wirkt und den Priesterinnen helfen kann, den tranceähnlichen Zustand zu erreichen, der wichtig für Prophezeiungen ist.

In der Mitte des Tempels steht ein großes rundes Faß mit Samen, die für die Frühjahrssaat gesegnet werden sollen. In einem Zustand tiefer Meditation bewegen sich die Priesterinnen im Kreis um das Faß, die Schlangen ringeln sich um ihre Körper, durch ihr Haar und hinab in das Samenfaß. Wird eine Priesterin gebissen, versinkt sie meist in Trance, bekommt einen starren Blick, hebt die Arme und breitet sie weit aus; ihre Dienerinnen nehmen ihr dann rasch den Kopfputz und die Kleider ab.

Die jungen Männer, die in dieser Jahreszeit zum Mannestum herangereift sind, stehen in einem äußeren Kreis rund um die Priesterinnen, beobachten jede ihrer Bewegungen und machen sie mit. Wenn sie eine Erektion bekommen, nehmen sie die Lendentücher ab und

Keramik-Schlangengöttin
aus Knossos,
um 1600 v. Chr.

treten vor, drehen sich zu den Priesterinnen um und lehnen ihr Gesäß
an den abgerundeten Steinrand des großen Samenfasses. Jede Priesterin bewegt sich auf den jungen Mann ihrer Wahl zu, bleibt mit erho-
benen Armen vor ihm stehen. Sie steht zwischen seinen Beinen, in
Berührung mit ihm, und bewegt sich langsam. Wenn sie bereit ist,
erlaubt sie ihm, in sie einzudringen. Sie sinkt tiefer in Trance, während
sie ihre Scheidenmuskeln um seinen Penis zusammenzieht. An dem
Punkt beginnt sich der junge Mann zu bewegen, langsam und rhythmisch, unter Einsatz seiner Gesäß- und Oberschenkelmuskeln.

Mit diesem Tun führt die Priesterin den jungen Mann in die
Geheimnisse des Lebens, des Mannestums und des Weiblichen ein. Sie
schenkt ihm etwas Wertvolles, ein Wissen, das er braucht, um ein
ganzer Mensch zu werden. Er ist der Empfangende.

Die Schwierigkeiten, die der moderne westliche Mann mit dem
Empfangen hat, liegt darin, daß er den Sex mittlerweile als eine Sache
betrachtet, die man sich nimmt, manchmal sogar mit Gewalt. Zu
früheren Zeiten markierten in verschiedenen Kulturen Initiationsriten den Übergang vom Knaben- ins Mannesalter. Diese Traditionen
sind uns verlorengegangen, und ich glaube, daß der Verlust uns ärmer
macht. Die Gesellschaften, die in der Jungsteinzeit rund ums Mittelmeer existieren, hatten zweifellos eine angstlosere, natürliche Einstellung zum Sexualleben, das sich durch alle religiösen Äußerungen zog.
In Kreta zum Beispiel gibt es Hinweise auf eine beneidenswerte geistige Leichtigkeit und Heiterkeit, Hingabe an den Augenblick, Lei-

denschaft fürs Tanzen und keinen Beweis für Schuldgefühle oder Gedanken an Strafe in Zusammenhang mit Sex.

Was widerfuhr der Göttin?

Väter treten in Erscheinung

Im Lauf der Zeit erkannten die Menschen die Rolle des Mannes bei der Fortpflanzung. Den ältesten Hinweis auf diese Bewußtheit fand man auf einer grauen Steintafel, die im jungsteinzeitlichen Schrein der Göttin von Catal Hüyük gefunden wurde und vor etwa 8.000 Jahren entstanden sein dürfte. Auf einer Seite zeigt das Relief die Körper zweier Liebenden in enger Umschlingung, auf der anderen Seite eine Frau, die einen Säugling hält.

Nach Ansicht der Historiker verweist dies auf die schrittweise Erkenntnis der Menschen, daß der Mann mit der Erzeugung der nächsten Generation etwas zu tun hatte – daß ein Kind »seines« oder »nicht seines« war. Für die Frauen hatte dies unabsehbare Konsequenzen. Es bedeutete, daß die Männer tiefes Interesse an der Abstammung, an einem geradlinigen Stammbaum entwickelten. Sie wollten wissen, welche Kinder sie gezeugt hatten. Das alles lief auf eines hinaus: Sie mußten die Kontrolle über die Frauen erlangen, mit denen sie Geschlechtsverkehr hatten, um zu verhindern, daß diese auch mit anderen Männern verkehrten. Die Veränderungen vollzogen sich natürlich schrittweise, im Laufe von Jahrtausenden, doch die Folge war, daß die Frauen zum Besitz der Männer wurden. Es bedeutete, daß Eheverträge geschlossen und die Frauen unterworfen wurden. Es bedeutete schreckliche Strafen für Frauen, die es wagten, fremdzugehen; in einigen Gesellschaften des Nahen Ostens bedeutete es für eine verheiratete Frau die Todesstrafe, selbst wenn sie vergewaltigt worden war.

Waffen treten in Erscheinung

Zwischen 6500 und 5200 v. Chr. breiteten sich im ganzen Nahen Osten Metallgegenstände und -werkzeuge aus. Nicht lange nach dem ersten Ohrring erschien der erste Dolch, und wenig später waren große Teile Europas und Asiens bewaffnet. Vermutlich hatte man Waffen seit undenklichen Zeiten zum Töten von Tieren verwendet, doch was jetzt stattfand, das war die Herstellung von Metallwaffen zum Töten von Menschen in großer Zahl.

Gegen 1250 v. Chr. dann hatten sich Waffen und Bronzewerkzeuge in ganz Europa verbreitet. In Mittelasien zähmte man seit 2500 v. Chr. Pferde, jetzt aber erschienen Männer zu Pferde, die Schwerter und Speere schwangen, Helme und Rüstungen trugen. Das bedingte gewaltige Veränderungen für die Ackerbau treibenden Menschen, die sich rund ums Mittelmeer, im Nahen und Mittleren Osten und bis in Indien angesiedelt hatten. Eingeleitet wurde das Ende dieser matriarchalisch ausgerichteten Gesellschaft mit dem Aufkommen der Idee, sich Reichtum gewaltsam anzueignen, statt ihn zu schaffen. Das hieß, daß jedes Dorf Mauern bauen ließ und lernen mußte, sich zu verteidigen.

Heere treten in Erscheinung

Kriegerische Stämme, denen man die vage Bezeichnung »Indogermanen« gab, rückten aus Zentralasien nach Süden vor, durch das heutige Bulgarien und Griechenland. Sie waren bewaffnet, wild und verehrten männliche Götter. Es gibt kaum Informationen darüber, warum sie männliche Götter hatten oder woher sie genau kamen. Im Lauf von etwa tausend Jahren eroberten sie nach und nach die ganzen Ackerbaukulturen, in denen Frauen verehrt wurden. Als letzte südliche Kultur fiel wahrscheinlich Kreta, das auf allen Seiten vom Meer geschützt war.

Wo also über hundert Generationen des Bauernlebens hinweg Muttergottheiten geschaffen und verehrt worden waren, erschienen nun die Invasoren mit ihrem Pantheon indogermanischer Götter, das von der Vaterfigur des Zeus beherrscht wurde. Zeus scherte sich nicht um die dunkle, langsame Erde, sondern herrschte über den Himmel, mit Blitzen in der Hand; er regierte von einem Berggipfel aus über rangniedrigere Götter und Menschen. Dort unten, zwischen den Feldern und Weiden, löste sich das Bild der Göttin in verschiedene weibliche Gottheiten auf; die höchste konnte sie nicht länger sein.

Der Machtverlust der Frauen

Die drei genannten umwälzenden Veränderungen sollten das Ende
der Kulturen signalisieren, in denen man weibliche Stärke schätzte. Als
der Mann erkannte, daß ein Kind nicht nur von der Mutter abstamm-
te, sondern auch von ihm, betrachtete er sie nicht mehr als alleinige
Erzeugerin. Nach und nach etablierte sich die Vorstellung von Heirat
und der Frau als Besitz des Mannes und damit auch der Notwendigkeit, daß die Frau einem einzigen Mann treu war. Zur gleichen Zeit
versuchten die mit ihren männlichen Göttern anrückenden bewaffneten Stämme, die diese Gesellschaften überfielen, alle dort existie-
renden Machtquellen zu beseitigen. Das bedeutete, daß Frauen unterworfen werden mußten. Die Quelle ihrer Macht und Identität, die
weiblichen Göttinnen, mußten vernichtet werden. Reichlich Beweise
hierfür gibt es auf den Seiten des Alten Testaments; einiges davon enthält der Teil »Zusätzliches Material und Anmerkungen« am Ende des
Buches.

Die großen Thronsäle des Palasts von Knossos in Kreta übernahm
ein männlicher König, von dem man glaubte, er sei aus dem Gemahl
der Göttin hervorgegangen. Eingehender werde ich die Entwicklung
des Königsknaben und seiner Gefährten in Kapital 7 behandeln. Auf
die oben geschilderte Weise gelang es also männlichen Herrschern,
ihre Autorität gegenüber jenen Menschen durchzusetzen, die der
Göttin verbunden blieben und sie weiterhin verehrten. In Anatolien
hat man Begräbnisstätten mit weiblichen Statuetten entdeckt, denen
die Nasenspitzen und die Ohren abgeschlagen worden waren; diese
Schändung sollte ihre Macht zerstören.

Elise Boulding führt den Machtverlust der Frauen auf eine andere
Ursache zurück. Sie behauptet, das organisatorische Versagen dessen,
was sie »Matrilinität« nennt, liege im Versäumnis der Frauen, sich zu
spezialisieren – sie neigten dazu, alles zu tun. Die Männer reagierten
auf das Ungleichgewicht in den Verantwortlichkeiten, indem sie neue
Modelle der gesellschaftlichen Organisation erfanden.

> Es ist einer der unglücklichen Zufälle der Geschichte, daß das organi-
> satorische Versagen der Matrilinität mit dem Beginn des intimen
> Lebens der Kernfamilie zusammenfiel. (Das Dorf der Jungsteinzeit
> liefert den ersten Beweis für Mutter-Vater-Kind-Wohnungen, den
> wir haben.) Das Versäumnis der Frauen, den Männern in einer Zeit,

in der *Frauen wegen des temporären Vorrangs ihrer Erzeugerfähigkeiten eine Machtposition innehatten*, angemessene Möglichkeiten zur Rollenunterscheidung zu bieten, führte vermutlich zu familiären Spannungen, die im mythischen und religiösen Leben der Gemeinschaft symbolisch ausgetragen wurden, sich aber nie realistisch mit ihrer Ursache befaßten ... Gemäß dieser Richtung der Argumentation blühte die Verehrung der Muttergottheit als Lebensquelle genau in jenem Moment, historisch gesprochen, als Frauen auch Urheberinnen eines Rollenentzugs waren. (Elise Boulding, 1976, Hervorhebung von mir)

Ihre Auslegung ähnelt jener von Philip Slater, der bei der Untersuchung der griechischen Gesellschaft in einem späteren Stadium argumentierte, die Macht der Frauen habe bei den Männern Angst vor den Frauen hervorgerufen sowie einen hohen Leistungsdruck bei Knaben, verbunden mit Selbstzweifel und libidinöser Gehemmtheit. Klar ist jedoch, daß die Position der Frauen (ob es eine der Dominanz war, können wir nicht sagen) Jahrtausende so bestand, wie sie war; deshalb ist es unwahrscheinlich, daß eine *evolutionäre* Veränderung an der verhältnismäßig plötzlichen Gewichtsverlagerung in der Beziehung zwischen den Geschlechtern schuld war. Nach meiner Ansicht bietet die Invasion durch kriegerische Stämme aus dem Norden eine überzeugendere Erklärung, doch zweifellos tragen beide Erklärungen zum Verständnis der Ereignisse bei. So legt beispielsweise die Invasion des Patriarchats nahe, daß man damals erkannte, es sei auf lokaler Ebene effektiver, Reichtümer oder die nötigen Mittel zu rauben, statt sie selbst zu erzeugen. Das bedeutete automatisch, daß Männer für die Versorgung der Familie besser geeignet waren als Frauen.

Der westliche Schöpfungsmythos

Wie dem auch sei, der Glaube an Frauen und an die Kraft der weiblichen Gottheiten hatte alles dermaßen durchdrungen, daß weder Eroberungen noch Gesetze und Strafen ihn auslöschen konnten. Als die offene Göttinnenverehrung bestraft wurde, ging sie einfach in den Untergrund und bewahrte so ihren außergewöhnlichen Einfluß, wie beispielsweise im Orakel von Delphi, wo sich die Stimme des elementar Femininen jahrhundertelang weiterhin vernehmen ließ.

Sollte die Göttinnen-Verehrung verdrängt werden, mußte man sie durch etwas in Mißkredit bringen, von dem eine ähnliche numinose Macht ausging. Ein hervorragendes Beispiel hierfür ist der Schöpfungsmythos in der Genesis. Er kehrte zunächst die Vorstellung von der weiblichen Schöpferin um, indem er behauptet, Gott habe die Frau aus einer Rippe geschaffen, die er Adams Körper entnahm. Dann rügte er die Schlange, damals überall als Symbol für die Göttin bekannt, sie habe Eva aufgefordert, die Frucht vom Baum der Erkenntnis zu essen. Die Gleichsetzung Evas mit Schlechtem wurde für das christliche Denken so natürlich, daß die Schlange weibliche Merkmale annahm, wie man auf Michelangelos Gemälde vom *Sündenfall* an der Decke der Sixtinischen Kapelle einwandfrei erkennen kann.

Was Eva tat und wozu sie Adam ermutigte, war nicht mehr und nicht weniger, als daß sie die Frucht des Baumes (er ist ein weiteres Symbol für die Göttin und in ihren Heiligtümern zu finden) aß, die »begehrt werden sollte, um einen weise zu machen«. Zugegeben wird also, daß die Göttin Weisheit besitzt, aber das macht den männlichen Gott so zornig, daß er die Schlange verflucht und Eva, den Mann und sie aus dem Paradies vertreibt. Das ist das Ende der friedlichen Tage. Und Gott sagt zu der Frau: »Dein Verlangen soll nach deinem Mann sein, und er soll dein Herr sein.«

Die Schlange wird also in der jüdisch-christlichen Tradition zu einem negativen Symbol statt zum Symbol für neues Leben und Verwandlung, das sie in den meisten anderen alten Kulturen ist. Joseph Campbell, der große Mythen-Historiker, geht noch weiter:

Was der Sündenfall darstellt, offenbart sich in der Schlange. In den meisten Traditionen verkörpert die Schlange die Macht des Lebens, den Tod abzustreifen, die Lebensenergie im Feld der Zeit. Wenn sie jedoch negativ wird, ist das Leben verurteilt. Menschen ergeben sich der Schlange nicht. Das ist unsere traditionelle Art der Auslegung dieses Symbols, und ich halte sie für pathologisch. Das tue ich wirklich. Ich glaube nicht, daß man sie in irgendeiner Weise rechtfertigen kann. (Fraser Boa, 1989, Seite 42)

Interessanterweise behält die Schlange in einigen Teilen der Welt ihre Heiligkeit. Noch heute verehren die Aborigines in Australien die Regenbogenschlange als Lebensgeberin und Lebensnehmerin; manchmal wird sie Kabul genannt, manchmal Borlung, manchmal Ngalyod.

Am Anbeginn, als die Welt öd und leer war, schlief die Regenbogenschlange im Boden, und in ihrem Bauch warteten alle Tierstämme darauf, geboren zu werden. Sie ist die Mutter von uns allen und der Geist des Landes – all seiner Schönheit, all seiner Farbe. Doch jetzt ist sie schwach vor Zorn und Kummer über das, was wir der Erde antun.

Der Schöpfungmythos wurde vermutlich erst irgendwann zwischen dem 10. und dem 8. Jahrhundert v. Chr. niedergeschrieben. Diese Information war ein Schock für mich, denn man hatte mich zu dem Glauben erzogen, er sei »etwa vierzehn Tage nach dem Weltanfang« entstanden, wie Merlin Stone es formuliert. Trotzdem übt er eine nicht abzuschätzende Wirkung auf die Art aus, wie wir in der jüdisch-christlichen Tradition uns verhalten und wie wir sogar am Ende des zwanzigsten Jahrhunderts noch leben. Als Folge dieser Wirkung zeigt heute die große Mehrheit der Bilder von Frauen sie entweder als Verführerinnen oder als Mütter.

In anderen korrumpierten Kulturen ist es noch viel schlimmer: In einigen islamischen Ländern müssen sich die Frauen völlig bedecken, denn der bloße Anblick ihrer Haut, ihres Haars oder ihrer Glieder wäre eine zu große Versuchung für Männer. Im Iran fordert das Gesetz die Todesstrafe für Frauen, die es versäumen, sich von Kopf bis Fuß zu verhüllen, und dieses Gesetz führt man vorschriftsgemäß durch. Aber sogar im Westen wird das Bild der »Verführerin« stark betont. In Zeitungen und Zeitschriften, im Fernsehen und in der Werbung werden Frauen bei uns ständig dazu benutzt, uns zu verleiten, irgend etwas zu kaufen, angefangen von Autos bis zu Computern und von Waffen bis zum Alkohol.

Mutterbilder dagegen sind »sicher«, beispielsweise die Jungfrau Maria in jeder katholischen Kirche. Der springende Punkt ist, daß Frauen, um wahre Heiligkeit zu erreichen, auf ihre Sexualität verzichten müssen: diese wird als Mittel angesehen, mit dem Männer sie von ihren erhabenen Höhen herunterzerren können. Sex und Spiritualität sind im Religionsunterricht beliebte Gegensätze geworden. Deshalb müssen die Heiligen entweder Jungfrauen, Märtyrerinnen, Witwen oder verheiratete Frauen sein, die ein Gelübde ständiger Enthaltsamkeit abgelegt haben. Und was für ein wirksameres Mittel gibt es, Frauen in der Unvollkommenheit zu fesseln, als uns zum Vergleich eine jungfräuliche Mutter als Rollenbild anzubieten, obwohl doch keine von uns hoffen kann, beides zu sein! Wenn man es recht bedenkt, haben wir heute sehr wenige Bilder von Frauen als starke, selbstsichere und mächtige Persönlichkeiten. Und bei den wenigen besteht die Tendenz, sie nach Männern zu modellieren – die Eiserne Lady ist eine. Es fällt heute wirklich schwer, sich ein Bild oder Rollenmodell mit einer Frau vorzustellen, die stark, tugendhaft *und* sexy ist.

Die Göttin der ungehemmten sexuellen Liebe – Astarte, Ischtar, Aschtoret, Kybele – war auch mit Krieg und Tod verbunden, mit Naturmagie und grundlegender Weisheit. Sie war auch eine Mutter und für Frauen eine Helferin bei der Geburt. Unter dem griechisch-römischen und dem hebräisch-christlichen Patriarchat im Westen trennte man diese vielen Aspekte in das Klischee von der »guten Frau«, der Jungfrau Maria, und das von der »schlechten Frau«, Eva. Sie war die Liebesgöttin *oder* die gute Mutter *oder* die häßliche Alte des Todes *oder* die jungfräuliche Jägerin. Aber nie mehr *alles*. Es ist oft schwer für uns, daran zu denken, daß die ursprüngliche Göttin kein fixierter Dualismus war, sondern eine sich drehende Dreiheit. (Monica Sjoo und Barbara Mor, 1991, Seite 210)

Der Wechsel ins dualistische Denken

Der Schöpfungsmythos stellte nicht die einzige große Symbolveränderung dar. Eine zweite ging damit einher, nämlich der Übergang zum dualistischen Denken. Diese Spaltung ist uns bis heute geblieben. Unsere Gottheiten sind entweder freundlich oder bösartig, aber nicht beides. Außer in Asien können sich die Menschen heute kein göttliches Wesen vorstellen oder gar anbeten, das sowohl zerstört als auch erschafft, sowohl grausam als auch gütig ist.

Gott ist jetzt nur gut; böse ist das Werk des Teufels. Diese unterteilende Denkweise hat weitreichende Konsequenzen. In unserem Geist unterscheiden wir zwischen dem, was wir an uns selbst tolerieren können, dem »Guten«, und dem, was wir als abscheulich oder »schlecht« ansehen und in einen Bereich des Unbewußten verdrängen, den manche Menschen unseren Schatten nennen. Wir können dort inakzeptable Neigungen aller Art verbergen: den Hang zu stehlen, zu lügen, grausam zu sein; sie sind dann für unser Bewußtsein außer Sichtweite, verborgen an einem Ort, wo wir sie nach unserem Dafürhalten nicht als unsere anerkennen müssen. Weil diese Tendenzen jedoch verdrängt worden sind, haben sie Energie, sie »bedeuten« eine Menge für uns. Aber wir können sie in uns selbst nicht anerkennen, also »sehen« wir sie außerhalb von uns, in anderen Menschen. Dies nennt man Projektion. Wenn eine andere Person Charakterzüge und Eigenarten hat, die in mir starke Gefühle hervorrufen – ich finde sie zum Wütend-werden, ekelhaft, scheußlich –, ist das ein ziemlich klarer Hinweis darauf, daß diese Person einen Charakterzug hat, der in sehr verborgener Weise mir selbst eigen ist, oder darauf, daß diese Person etwas tut, was ich im tiefsten Inneren gern täte, aber nach meinem Gefühl nicht tun kann.

In monotheistischen Religionen findet diese Trennung oder Dualität oft Ausdruck in der Verbindung des Männlichen mit dem Himmel und mit Rechtschaffenheit und des Weiblichen mit dem Weltlichen, dem Erdhaften und Niedrigeren. Sogar in der hochzivilisierten griechischen Kultur herrschte diese Auffassung, die der kenntnisreiche Pythagoras zum Ausdruck brachte: »Es gibt ein Prinzip des Guten, das die Ordnung, das Licht und den Mann erschaffen hat; und ein Prinzip des Schlechten, das das Chaos, die Dunkelheit und die Frau erschaffen hat.«

Um uns aufs laufende zu bringen, sei hier Major E. G. Jones zitiert, der 1993 für das _Royal United Services Institute Journal_ schrieb:

Wir leben heute, am Ende des 20. Jahrhunderts, in einer Welt, die immer stärker polarisiert, zwischen Hell und Dunkel, zwischen Haben und Nicht-haben, zwischen uns und ihnen, zwischen Männern und Frauen. Der Krieg verlockt uns zum Teil deshalb, weil wir uns weiterhin in seine prototypischen Embleme und Identitäten hineinstellen. Männer kämpfen als Symbole der sanktionierten Gewalt eines Volkes. Frauen arbeiten und weinen und protestieren manchmal, doch traditionellerweise immer als das kollektive »Andere« des Mannes.

Die Streitereien der etablierten Kirchen in der westlichen Welt über die Ordination von Frauen stellten mich vor ein Rätsel. Weil ich als Teenager sehr religiös gewesen und zu dem Glauben erzogen worden war, Gott und Jesus seien gerecht, konnte ich nicht verstehen, warum die Kirche ein Problem mit Priester_innen_ hatte. Wenn Männer Gottesdiener sein konnten, warum nicht auch Frauen? Zahllose Ermahnungen im Neuen und Alten Testament in der Richtung von »Behandle andere, wie du willst, daß sie dich behandeln« zeigen klar, daß Frauen behandelt werden sollten wie jeder andere Mensch. Erst als mir klarwurde, daß das Problem bereits vor viertausend Jahren entstand, in einer Zeit, als Frauen in der Religion eine zentrale Rolle spielten, begann ich zu verstehen. Zweifellos waren jahrtausendelange Kämpfe nötig gewesen, um die »Kontrolle« über den menschlichen Geist und auch die politische Kontrolle zu erlangen. Die Worte aus dem ersten Brief von Paulus an Timotheus tauchen düster im Hintergrund des Geistes der Kirche auf:

> Ein Weib lerne in der Stille mit aller Untertänigkeit. Einem Weibe aber gestatte ich nicht, daß sie lehre, auch nicht, daß sie des Mannes Herr sei, sondern stille sei. Denn Adam ist am ersten gemacht, darnach Eva. Und Adam ward nicht verführt; das Weib aber ward verführt und hat die Übertretung eingeführt.

Die etablierten Religionen sind im Westen die einzigen Institutionen, die noch versuchen, Frauen von Machtpositionen fernzuhalten. Daß sie die letzten Bastionen gegen die Gleichberechtigung darstellen, überrascht im Grunde nicht, wenn man folgendes bedenkt: Es war der Bereich des Spirituellen, in dem Frauen früher Macht besaßen, ihre Rolle beinhaltete auch die Sinnlichkeit und gegen sie kämpften die monotheistischen Religionen am hartnäckigsten, um ihnen diese Macht wegzunehmen. Die tief verwurzelte Ambivalenz der Kirche gegenüber Frauen tritt in einem offenen Brief Monica Furlongs an den ehemaligen Bischof von London, der ein Gegner der Ordination von Frauen ist, deutlich zutage:

> Sie schienen zu verstehen, daß wir viel mehr wollten, als einige wenige Frauen ordiniert zu sehen. Was wir wollten, war eine radikale Änderung der Einstellung der Kirche zu Frauen, nicht aus einer säkulären feministischen Laune heraus ..., sondern um zu versuchen, die alte christliche Spaltung von Sexualität und Spiritualität zu heilen.
> Auf den Gedanken, daß Sie wußten, daß es genau darum ging, brachte mich Ihre berühmte Bemerkung gegenüber Dr. Anthony Clare, wenn Sie eine Frau am Altar sähen, hätten Sie das instinktive Verlangen, sie in die Arme zu nehmen. Dem Anschein nach war das eine naive Aussage ... Aber Sie rührten an den Kern der Sache: daß Frauen in der Kirche die Sexualität verkörpern, und die wollten Sie

vom Altar verbannen, aus eben dem Grund, aus dem wir ihre Präsenz dort wünschten.

Das Hauptproblem mit dieser Ambivalenz gegenüber der Verbindung zwischen Sex und Geist und mit dem dualistischen Denken im allgemeinen erwächst daraus, daß beides meist nur im Sinne von Opposition oder Überlegenheit/Unterlegenheit betrachtet wird statt im Sinne von gegenseitiger Ergänzung. Es gibt ein Bild, das heute fast jedes Schulkind kennt und dessen Thema auf den Kampf zur Unterdrückung der Göttinnen-Religionen vor dreitausend Jahren zurückgeht: der hl. Georg und der Drache. Einige der ältesten Darstellungen der Sage lassen erkennen, daß der Drache in Wirklichkeit die Schlange war, das Symbol der Göttin, und sie muß der hl. Georg, der Christ, besiegen.

Kämpfe mit Drachen oder Schlangen kommen in der alten Mythologie des Mittleren Ostens häufig vor; das bekannteste Beispiel ist der Kampf zwischen König Marduk und der weiblichen Wasserschlange Tiamat in Babylon. Die Legende vom hl. Georg wiederum leitet sich von der Perseus-Sage her, in der dieser griechische Heros die gefürchtete Gorgo Medusa tötet. Weil er beim bloßen direkten Blick auf Medusa versteinert wäre, schlug Perseus ihr das Haupt ab, während er ihr Spiegelbild auf seinem Schild ansah. Laut Joseph Campbell ist die Gorgo eine Verkörperung der Mutter Natur, und je nachdrücklicher man sie ausstößt, desto schrecklicher wird sie. Offenbar stammt das Wort »Gorgo« von dem Satz ab: »Der furchtbare Anblick, den der Mond bietet.«

Mary Condren berichtet uns, daß sogar in Nordeuropa Symbole der Göttin systematisch erfaßt, später dann zerstört und durch Symbole ihrer Zerstörung ersetzt wurden. Der irische Held Cuchulainn wird in mehreren Sagen und auf Bildern als Schlangentöter dargestellt. Und dem heiligen Patrick wird die Vertreibung der Reptilien zugeschrieben. Nach Mary Condrens Eindruck gehörte die Göttin zu jenen Bildern, deren Ausmerzung für die westliche Kultur am schwierigsten war, und nur durch das Töten der Schlange, das Zertrennen des natürlichen Kreislaufs von Leben und Tod, konnte die dualistische patriarchalische Kultur entstehen. Das Töten der Göttin selbst war nicht so wichtig wie die Vernichtung jener symbolischen, politischen, familiären und religiösen Machtquellen, die man gewöhnlich mit Frauen in Verbindung bringt.

Dank dieser Betrachtungen begriff ich, daß die Ungleichheit zwischen Männern und Frauen nicht einfach so *passiert* ist. Sie entstand aus einem bestimmten Grund, nämlich aus dem, daß die Frauen in viel früheren Zeiten eine äußerst prominente, zentrale, mächtige Rolle gespielt hatten, besonders im Bereich des Spirituellen.

Und dennoch ...

Natürlich ist denkbar, daß Frauen, als sie diese Macht besaßen, sie *nicht* teilten – aber das wissen wir nicht. Denkbar ist ebenfalls, daß die Frauen vor der Entstehung der Legende vom Paradies etwas Abscheuliches taten. Auch das wissen wir nicht. Und mir ist bewußt, daß ich, falls ich über das, was den Frauen zugestoßen ist, von einer Basis des Zorns und der Verletztheit aus schreibe, selbst die Dualität zwischen »uns« und »ihnen« verstärke, die Major Johnes in seinem obigen Zitat ansprach.

Es besteht kein Grund, das dualistische Denken als eine im wesentlichen »schlechte« Sache zu betrachten. Man kann es als Teil des dialektischen Modells – These, Antithese, Synthese – ansehen und in diesem Sinne als notwendig, um den menschlichen Geist vorwärtszubewegen. Herbert Marcuse sagt, der Existenzkampf sei ursprünglich ein Kampf um Lust, Vergnügen gewesen; nach seiner Ansicht begann die Kultur damit, daß die Menschen versuchten, Lust zu erlangen, kollektiv. Später jedoch wurde der Existenzkampf im Interesse der Beherrschung organisiert: Man veränderte die erotische Basis der Kultur. Zu dem Zeitpunkt, an welchem die Philosophie das Wesen des Seins als *Logos* begriff, war es nach seinen Worten bereits das Logos der Beherrschung – gebieterische, dominierende, lenkende Vernunft –, dem Mensch und Natur unterworfen werden sollten.

Anerkennen muß man, daß die Spaltung in den Dualismus, in »entweder/oder«, in Projektion und die Dominanz des männlichen Prinzips eine unglaubliche Beschleunigung bei Entdeckungen bewirkte. Doch unser Entdeckungstempo hatte auch schreckliche Auswirkungen auf die Erde. In den vergangenen achthundert Jahren versuchte der Mensch, der Natur »Herr zu werden«, ihre Geheimnisse zu enträtseln, sie zu zähmen, an ihre Reichtümer zu gelangen, ihre Kräfte nutzbar zu machen. Weil dies zum größten Teil ohne Respekt und Behutsamkeit geschah, haben wir dabei Zerstörungen angerichtet.

Wir haben die Erde zur Förderung von Mineralien ausgehöhlt und dem Land große Wunden geschlagen. Wir haben Tiere oder Vögel einer Spezies so lange getötet, bis keines von der Spezies mehr übrig war; und das tun wir weiterhin. Wir haben Schiffe ausgeschickt und Fässer mit Atommüll ins Meer werfen lassen, auf dessen Boden sie nun liegen und das ozeanische Leben in den nächsten hunderttausend Jahren vergiften. In jeder Minute vernichten wir vierhunderttausend Quadratmeter tropischen Wald. Bis zum Jahr 2000 wird sich ein Drittel der Ackerbaufläche der Erde in Staub verwandelt haben. Die Atmosphäre enthält heute um 25 Prozent mehr Kohlendioxyd als vor der industriellen Revolution. Wir schufen Chemikalien, die jetzt die Ozonschicht zerstören. Dies alles beschwören Joseph Campbells Worte über die Gorgo herauf, die Mutter Natur verkörpert. Vielleicht könnte man sagen, daß die Alltagsrealität, der einst andere durch Mythen Ausdruck verliehen, heute überlebt ist: Statt Schwertern haben wir Pestizide und »Fortschritt«; statt ein Sagengeschöpf zu erschlagen, vernichten wir unseren Planeten und uns selbst.

Wenn wir jedoch innehalten, wenn wir akzeptieren, daß wir Menschlein von dem ganzen Bild sehr wenig begreifen, dann ist vorstellbar, daß die Frauen es vielleicht _brauchten_, Niederlage, Schikanierung, Machtverlust und Verlust des Selbst zu erfahren und zu erforschen. Männer _brauchten_ es vielleicht, die Rolle des Aggressors/Tyrannen zu erforschen. Wenn wir lange, lange hinsehen, erkennen wir möglicherweise, daß diese beiden langwierigen Polarisierungen voll durchlebt werden mußten, bevor die Synthese stattfinden konnte.

Was bedeutet das alles für uns heute? Es hat Frauen und Männer in bezug auf Sexualität und Sinnlichkeit mit Schuldgefühlen beladen. Die Emotionen von Männern beim Anblick von Frauen, die sie begehren, haben eine Entstellung erfahren, sind zu gieriger Wollust geworden – zu etwas, das man nicht offen, ehrlich und frei zeigen darf. Statt dessen wird es verheimlicht und abgeleugnet, was natürlich die sich dahinter verbergende Beschuldigung ungeheuer verstärkt.

Als die weibliche Gottheit gespalten wurde, als das Dunkel vom Licht getrennt wurde, brachte man vor allem die Frauen mit Versuchung und »sündigem« Sex in Verbindung. Das heißt, daß man die Frauen in diesen ganzen Jahrhunderten gelehrt hat, ihre Sexualität für schändlich, ihren Geist für passiv und sich selbst für schwach zu halten.

Und weißt du, daß du eine Eva bist? Der Satz Gottes über dieses dein Geschlecht ist lebendig in dieser Zeit: Die Schuld muß notwendigerweise auch lebendig sein. *Du* bist die Pforte des Teufels; *du* bist die Entweiherin dieses Baums: *du* bist die erste Abtrünnige vom göttlichen Gesetz: *du* bist diejenige, die ihn überredete, ihn, den anzugreifen der Teufel nicht mutig genug war. *Du* zerstörtest so leicht das Bild Gottes, den Menschen. Wegen *deiner* Abtrünnigkeit – das bedeutet: Tod – mußte sogar der Sohn Gottes sterben. (Tertullian, um 160– 225 n. Chr.)

Gesagt werden muß jedoch, daß die Frauen bereit waren, diese Lehre hinzunehmen. Einige von uns spielen noch heute Varianten davon durch. Ich selbst habe zweifellos ausprobiert, die Verführerin zu spielen; ich habe Männer manipuliert; ich habe falschen Glamour eingesetzt; ich habe geglaubt, Sex sei sündhaft. In diesem sich entfaltenden Schauspiel sind die Frauen keineswegs unschuldig. Die Männer haben ebenfalls gelitten: Indem sie Frauen ablehnten, lehnten sie ihre innere weibliche Seite ab. Auch sie sind gespalten worden. Der potentielle Reichtum ihrer Sexualität ist auf schmerzende Weise ausgebeutet worden.

Worum es hier geht, das ist im wesentlichen der Verlust an Offenheit in bezug auf die Sinnlichkeit, ein Verlust an Leidenschaft, ein Verlust an Freude und Stolz auf unsere Körper. Außerdem ist es ein Verlust an Verbundenheit in der Sexualität, eine Distanzierung oder Trennung, die letztendlich eine Art nüchterne Betonung der »Leistung« erzeugt.

Die vielleicht schwerwiegendste Folge dieser Veränderung, die im Laufe der letzten dreitausend Jahre stattgefunden hat, dürfte sein, daß Frauen unterdrückt werden. Sie haben gelernt, machtlos zu sein, und jetzt fangen die Männer ebenfalls an, sich machtlos zu fühlen. Damit wird sich das nächste Kapitel befassen.

Kapitel 2

Frauen ohne Macht

EIN KÜNSTLICHES WERK

Der Bonsaibaum
in dem hübschen Topf
hätte achtzig Fuß hoch wachsen können
an der Flanke eines Berges,
bis ihn ein Blitz spaltete.
Aber ein Gärtner
beschnitt ihn sorgfältig.
Auf eine Höhe von neun Zoll.
Jeden Tag, wenn er
die Zweige abschnippelt,
säuselt der Gärtner:
Es ist deine Natur, klein und zierlich zu sein,
häuslich und schwach;
aber welches Glück, kleiner Baum,
einen Topf zu haben, um darin zu wachsen.
Bei lebenden Geschöpfen
muß man sehr früh beginnen,
ihr Wachstum einzudämmen:
die umwickelten Füße,
das verkrüppelte Gehirn,
das Haar in Lockenwicklern,
die Hände, die du
zu berühren liebst.

MARGE PIERCY, 1973

Bevor ich fortfahre, die Quellen einer neuartigen Macht aufzuspüren, möchte ich in diesem Kapitel das schmerzliche Thema der Machtlosigkeit untersuchen. Wenn es um Machtlosigkeit geht, bieten sich viele Themen an – Mißbrauch, Folterung, Vergewaltigung –, darum habe ich mich entschieden, über Fragen zu schreiben, bei denen ich einige persönliche Erfahrung habe: negative Körperbilder, Geburt und Mutterschaft, Gynäkologie; Klimakterium. Außerdem schreibe ich über die Verstümmelung der Genitalien, die ich zwar nicht selbst erlebt, über die ich mich aber mehrere Jahre lang bei afrikanischen und arabischen Frauen informiert habe. Genitalverstümmelung ist ein Beispiel für absoluten Machtmißbrauch, weil jene, denen sie angetan wird, Kinder sind. Das Kapitel endet mit einem Abschnitt über geringe Selbstschätzung und ihre Auswirkungen auf Machtlosigkeit.

Dieses Kapitel ist vielleicht schwer verdaulicher Lesestoff, wenn Sie ein Mann sind, kann es aber auch sein, wenn Sie eine Frau sind. Um Macht zu verstehen, ist es wichtig, daß man sich ansieht, wie sie mißbraucht und verdreht wird, und daß man die Machtlosigkeit untersucht. Viele Frauen sind heute zornig, weil sie jetzt, nachdem sie aufgehört haben, Opfer zu sein, das wahre Ausmaß ihrer Unterdrückung erkennen. Die Frauen brauchen ihre ganze Kraft, um von dort unten herauszukommen, sich gegen das zu erheben, was sie hat leiden lassen, und der Zorn liefert ihnen diese Kraft. Aber sie müssen einen weiten Weg gehen, über den Zorn hinaus. Dort erst wird die Entwicklung einer neuartigen Macht möglich.

Mit dem Kapitel hier hatte ich große Schwierigkeiten. In seiner ersten Fassung wirkte es wie ein Katalog der Vergehen an Frauen. Mein erster Absatz beispielsweise lautete ursprünglich:

> Dreitausend Jahre lang ist die Hälfte des Menschengeschlechts nur wegen ihres Geschlechts enteignet und beherrscht worden. Wir haben uns entfernt von der Situation, auf die wir im vorigen Kapitel einen Blick warfen, in der Reichtümer, die Abstammungslinie und die Rechte zur Nutzung des Landes nur durch Frauen weitergingen; gelangt sind wir in eine Situation, in der Frauen zwei Drittel der Arbeit auf der Welt leisten, ein Zehntel des Einkommens der Welt erhalten und weniger als ein Hundertstel ihrer Besitztümer.

Ich war zornig, als ich den ersten Entwurf des Kapitels verfaßte, nicht zuletzt weil das Material, über das ich hier schreibe, Anlaß zu Zorn gibt. Dann merkte ich, daß ich das ganze Kapitel hindurch von Frauen als Opfer und den Männern als Unterdrückern gesprochen hatte. Bei genauerem Nachdenken und beim Umschreiben erkannte ich einiges über meinen Zorn. Ich brauchte ihn, um mich von dem zu befreien, was ich als Kind gelernt hatte; ich war in einem völlig männlich orientierten Haushalt mit vier älteren Brüdern und einem dominierenden Vater aufgewachsen. Ich wußte nicht, was Weiblichkeit war, geschweige denn, daß sie irgendwelche Kraft besaß.

Jetzt, wo ich kennenlerne, was Kraft ist, empfinde ich nicht mehr das Bedürfnis, die Männer zu tadeln. Ich sehe, daß auch Männer Gefühle der Machtlosigkeit haben. Auch Männer sind Opfer und leben mit Gefühlen geringer Selbstschätzung. Meine Hoffnung ist, daß Männer sich das hier Geschriebene anhören und es aufnehmen können. Schließlich – und das ist entscheidend – können Unterdrücker keine Unterdrücker sein, ohne daß die Opfer Opfer sind. Mit Ausnahme von Kindern haben Opfer eine Wahl (ebenso Unterdrücker). Zu dem, was Opfer brauchen, keine Opfer mehr zu sein, zählt ein Gefühl eigener Macht. Darauf komme ich im nächsten Teil des Buches zurück.

Frauen heute

An dieser Stelle wird bestimmt irgendeine moderne Postfeministin aufspringen und mir erklären, »Opferfeminismus« sei überholt, gehöre der Vergangenheit an. Nun, es wäre schön zu glauben, daß es in der weißen Mittelklassewelt des Westens keine machtlosen Frauen gibt, aber schauen Sie sich in der übrigen Welt um, auf den Straßen dort!

Von den 15 Millionen Flüchtlingen der Welt sind 75 Prozent Frauen. Noch heute werden in Afrika und Asien 100 Millionen Frauen und Mädchen die Genitalien beschnitten, um sie sexuell »unter Kontrolle« zu halten. In den Vereinigten Staaten ist häusliche Gewalt die Hauptursache von Verletzungen erwachsener Frauen, und alle sechs Minuten wird eine Vergewaltigung begangen. Zwischen 1970 und 1985 stieg die Zahl der Analphabeten bei den Männern um 4 Millionen, die der Frauen dagegen um 54 Millionen, wie ein UN-Bericht über Frauen aufzeigt.

Der Status weißer Frauen ist im Westen besser als früher und besser als in vielen anderen Teilen der Welt. Ihr Bildungsniveau ist höher geworden. Die Beschäftigungsmöglichkeiten für Frauen sind, relativ gesehen, gestiegen. Einer von fünf Familien in Großbritannien steht jetzt eine Frau vor. Arbeitsparende Geräte haben die Frauen von groben Hausarbeiten befreit. Dennoch ist die Welt, in der sie leben, auch heute noch nach männlichen Überzeugungen und Normen organisiert. Frauen, die darum kämpfen, in männliche Institutionen an die Spitze zu kommen oder nur zu überleben, sind einer entsetzlichen Energievergeudung ausgesetzt, denn man verlangt ständig von ihnen, daß sie ihren weiblichen Modus ändern, damit sie in den männlichen Modus der Institution passen. Viele intelligente Frauen mit ausgesprochener politischer Begabung beispielsweise werden nicht in die Politik gehen, weil sie die kämpferische Art in unserem westlichen politischen System, die familienfeindlichen Arbeitszeiten des Parlaments und den ordinären Jargon in politischen Debatten nicht ertragen. Frauen, die in die Politik gehen, sagen, Politik sei eine Männerwelt, in der sie nur schwer etwas ändern könnten, solange sie nur einen kleinen Prozentsatz der gewählten Vertreter ausmachen (eine Ausnahme bilden hier lediglich die skandinavischen Länder). 1992 waren von den 1.370 leitenden Angestellten jener Firmen, die an der Londoner Börse notierten, nur fünf Frauen. Und von den 650 Personen, die weltweit entscheidende Positionen im Bau und in der Kontrolle von Atomwaffen einnehmen, sind auch nur fünf Frauen.

Die Tatsache, daß Frauen Männerarbeiten erledigen, heißt nicht, daß Männer auch Frauenarbeiten machen. Oft läuft es darauf hinaus, daß Frauen beides machen. Forschungen von Ros Coward zeigen, daß Frauen noch immer 80–90 Prozent der Hausarbeit erledigen. Die steigende Zahl unverheirateter Paare brachte ebenfalls keine neue Gleichberechtigung bei der Hausarbeit. Cowards Material zeigt auf, daß sich die Einstellung, die Prioritäten und die Beiträge der Männer im häuslichen Leben kaum geändert haben. Der Hauptunterschied ist, daß man inzwischen *glaubt*, Männer würden heute mehr tun als in früheren Generationen. Wenn Frauen sich dafür entscheiden, nicht mit Männern zu leben – sondern allein zu bleiben, sich mit einer anderen Frau zusammenzutun oder ein eigenständiges Leben mit nur gelegentlichen Bindungen an Männer zu führen –, wird dies oft als Akt der Auflehnung angesehen.

Was wir also immer noch haben, ist eine Lebensweise, die eine tief verwurzelte Gruppe von Werten uns diktiert, und diese Werte sind männlich. Eine hohe Stellung in einem Unternehmen zu bekommen, ist beispielsweise wichtig, wird mit Geld und Ehren belohnt; sich um die Kinder zu kümmern ist nicht so wichtig und wird nicht mit Geld und Ehren belohnt. Als erster anzukommen und zu siegen ist wichtig, wichtiger als daß unterwegs alle Beteiligten Freude und Genuß haben.

Wie also können Frauen in Machtpositionen gelangen und dann verhindern, daß sie letztendlich alles genauso machen wie Männer? Wie können Männer den Weg von der Ausübung der Beherrschungsmacht zur Ausübung einer andersartigen Macht bewältigen? Wie können Frauen und Männer ihre feminine Kraft entwickeln? Dies zeigt dieses Buch auf.

Männer heute

Auf psychischer Ebene durchleben die Männer im Westen eine schwere Zeit. Die Rollen, die sie jahrhundertelang innehatten, entgleiten ihnen, und es gibt nicht allzu viel, was sie ersetzen könnte. Männer pflegten die Brotverdiener zu sein; jetzt haben zahlreiche Frauen bezahlte Stellungen. Junge Männer sind stärker von der Arbeitslosigkeit betroffen als junge Frauen. Mädchen überholen die Jungen in praktisch jeder schulischen akademischen Leistung. Acht von zehn in den letzten Jahren des zwanzigsten Jahrhunderts neu geschaffenen Arbeitsplätze werden gemäß Schätzungen für Frauen gedacht sein. Männer sind nicht mehr unbedingt die Haushaltsvorstände; Frauen ziehen es vor, allein zu leben oder zusammen mit anderen Frauen. Je mehr die wirtschaftliche Macht der Frauen wächst, desto weniger sicher fühlen sich viele Männer. Das ist eine Tatsache, und sie muß bei allen Machtüberlegungen berücksichtigt werden. Diese Unsicherheit muß angesprochen werden, oder sie wird sich auf immer unerfreulichere Weise äußern.

Niemand sieht es gern, daß seine Machtbasis schrumpft. Das geschieht bereits: Frauen zeigen deutlich weniger Bereitschaft, im Tausch für den Ehering Hausarbeiten für Männer zu erledigen. Laut Shere Hite werden in Amerika die meisten Scheidungen von Frauen eingereicht, und 50 Prozent der amerikanischen Ehen enden heute mit Scheidung. Frauen und Männer weigern sich, sexistische Urteile, die männlichen Richter in Vergewaltigungsverfahren fällen, zu akzeptieren.

Junge Männer sind frustriert, zornig und gewalttätig – gegenüber Frauen, Kindern und sich selbst. Einer von vier Männern wird in Großbritannien vor dem Alter von 25 Jahren wegen eines Vergehens verurteilt. Die Selbstmorde junger Männer haben sich im letzten Jahrzehnt fast verdoppelt. Diese tragischen Statistiken sind ein Beweis für großes Leiden, ein tief verwurzeltes männliches Unbehagen; es ist, als würden Männer ihre eigene feminine Seite vergewaltigen, ihre eigene Menschlichkeit vernichten.

In diesem Kapitel werde ich nicht detailliert behandeln, was Männer oder Frauen getan haben, sondern ich werde untersuchen, wie es sich anfühlt, heute eine Frau zu sein. Ein großer Teil davon betrifft die Sexualität, den Körper und das Selbstgefühl der Frau. Einige Fakten sind schwer zu akzeptieren, aber ich glaube, es ist wichtig zu wissen, was Frauen angetan *worden ist* und angetan *wird*. Es hat den Anschein, als müßte man durch dies hindurch, um klar zu erkennen, warum Frauen und Männer eine andere Art Macht entwickeln müssen, statt einfach die auf der Welt verbreiteten Machtbegriffe zu »recyclen«.

Negative Körperbilder

Es gibt eine hübsche Geschichte von Annie Dillard. Ein Eskimo fragt den örtlichen Missionspriester: »Wenn ich nichts von Gott und der Sünde wüßte, käme ich dann in die Hölle?«

»Nein«, antwortete der Priester, »nicht, wenn du nichts wüßtest.«

»Warum«, fragte der Eskimo voller Ernst, »hast du es mir dann gesagt?«

In den Zeiten der Göttin war die Sexualität offenbar ein Anlaß zum Feiern, die Sinnlichkeit stellte eine Quelle der Freude dar, und die Genitalien galten als etwas Schönes, das man verehrte, das in der Bildhauerei und Malerei überall dargestellt wurde. In einigen Kulturen ist es noch immer so.

Doch wie ich im vorigen Kapitel aufzeigte, tragen die Frauen seit dem Erfolg des Mythos vom Paradies Schuld wegen ihrer Sexualität und schämen sich ihrer Körper.

Ich erinnere mich, wie ich als Kind in einem Zug fuhr und zwei junge Männer über Witze kichern hörte, die sie einander erzählten. Den Inhalt der Witze weiß ich nicht mehr, im Gedächtnis blieben mir jedoch die Pointen, die sich darum drehten, daß weibliche Genitalien nach Fisch rochen. »Ist das wahr?« fragte ich mein neunjähriges Selbst. Witze dieser Art basieren oft auf Unkenntnis, und Unkenntnis geht oft mit einer Angst vor dem Unbekannten einher. Wie ich inzwischen weiß, ist es nicht wahr, daß wir nach Fisch riechen, aber vergessen habe ich das nie. Frauen haben solche Furcht davor entwickelt, schlecht zu riechen, besonders wenn wir unsere Periode haben, daß wir uns bewegen ließen, schädliche desodorierende Aerosolsprays in jede Öffnung zu spritzen. In unserer Einstellung zu unserem Körper

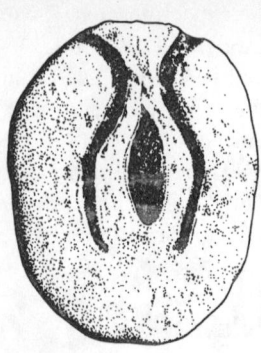 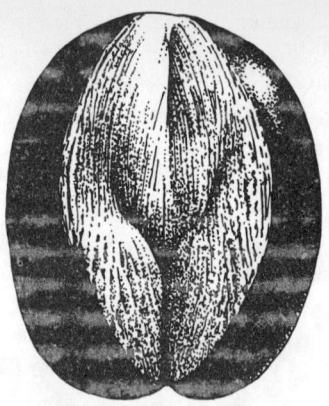

*Eiförmige Steinskulptur, auf deren
eine Seite eine Vulva als Blütenknos-
pe eingraviert ist. Region des Eisernen
Tors an der Donau, um 6000 v. Chr.*

*Ein Coco-de-mer,
verehrt als Emblem der Vulva der
Göttin.
Südindien, 19. Jahrhundert*

herrscht eine ausgeprägte Ambivalenz. Sehen wir in unserem Alltagsleben das Bild eines nackten weiblichen Körpers, dient er in 99 von
100 Fällen dazu, in Männern Begierde zu wecken oder etwas zu verkaufen. Fast nie ist er unbefrachtet und nur deshalb zu sehen, weil er
als solcher große Schönheit besitzt.

Wenn ich über Frauen und Macht spreche, Frauen als Ikonen,
Frauen und Machtlosigkeit, muß ich auch über Mode sprechen. Seit
den sechziger Jahren hat die Mode das superschlanke Model mit kleinen Brüsten, schmalen Hüften und kleinem Bauch zum Ideal hoch-
stilisiert.

Es ist im Grunde ein machtloses Ideal. So kräftig die Models auch
aussehen, so voller Macht ihr Leben auch zu sein scheint, so leicht sie
auch Hollywood-Stars »aufgabeln«, ihre Körper künden von einer
Auflehnung gegen sexuelle Reife.

Das sexuell unreife Ideal bietet einen Körper dar, der anziehend
wirkt, aber nicht der einer erwachsenen Frau mit Erfahrung ist, die
ihre Sexualität kennt. Die suggerierte Sexualität ist Reaktion auf die
Sexualität des Mannes ... Es ist ein Körper, der darauf wartet, entdeckt

zu werden, statt ein Körper der Selbstentdeckung. (*The Observer*, 26. September 1993). Die Bilder, die man uns bewundern gelehrt hat, sind keine Bilder von starken, mächtigen Frauen. Stellen Sie sich vor, wie anders wir uns fühlen würden, wenn Zeitschriften und Reklametafeln andersartige Bilder von weiblicher Schönheit verherrlichten. Vergleichen Sie beispielsweise dieses Bild mit dem unteren:

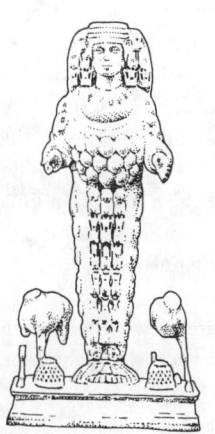

Artemis von Ephesus, Marmor, 183 cm, römisch.
1. Jahrhundert v. Chr.

Die Frauenbilder, die tagtäglich auf der Welt verherrlicht werden, sind immer noch Ausdruck einer tiefen Passivität bei Frauen. Unsere Leidenschaft für Diäten, Abnehmen, eine *Reduzierung* unserer selbst beweist, wie sehr wir nach wie vor Macht durch Attraktivität suchen – genauer gesagt, durch das, was die Werbung und die Welt der Mode als Attraktivität definieren: schlank sein, schmal, schwächlich. Nicht stattlich, breit, mächtig. Vor allem junge Frauen fasten, hungern sich manchmal buchstäblich zu Tode, und einer der Hauptgründe dafür ist, daß sie so sein wollen, wie die Abbilder gertendünner weiblicher Schönheit. Die Milham-Ford-Einheitsschule in Oxford hat die höchste Abwesenheitsrate im Land wegen Anorexie, Bulimie und anderen Eßstörungen bei Mädchen. Eine der Schülerinnen erklärt:

> Wir sehen in Zeitschriften Fotos von dünnen, schönen Frauen; wir sehen sie im Fernsehen auf dem Laufsteg, lachend und heiter; wir wissen, daß sie Millionen Pfunde verdienen, und das sagt uns: Wenn du erfolgreich und glücklich sein willst, mußt du so aussehen.

Gleich vielen Frauen, jungen wie alten, quälte mich ständig eine schreckliche Gehemmtheit, Unsicherheit. Die ältesten Erinnerungen daran reichen in mein Teenager-Alter zurück. Sie dauerte während meiner ganzen Twen-Jahre an und ließ nur nach, wenn ich Theater spielte und dabei Erfolg hatte. Während meines Aufenthalts in Afrika hatte ich kurze Zeit einen Job als Model, ich sollte die Mode von Mary Quant einführen. Das linderte sie. Dann, während meiner Dreißiger, kam sie in einer anderen Verkleidung wieder: als schmerzliches Bewußtsein, daß ich keinen Platz in der Welt fand. Ich war das verängstigte Ego, das fragt: »Bin ich nicht gut genug?« Nach und nach, mit zunehmendem Alter, wurde sie schwächer. Jetzt habe ich einfach Freude an dem, was Germaine Greer sagt:

> Wenn du jung bist, dreht sich alles um dich. Wenn du älter wirst, erkennst du nach und nach, daß sich nicht alles um dich dreht, und das ist der Anfang der Freiheit.

Jetzt bin ich fünfzig, und vielleicht, vielleicht aber auch nicht, schlägt meine Geschichte bei jüngeren Frauen, die mit einem stärkeren Selbstwertgefühl aufgewachsen sind, eine Saite an. Mein Vater war siebenundfünfzig, als ich zur Welt kam. Wegen seiner viktorianischen

Einstellungen stand er mir so fern, daß es für mich keinen Weg gab, ihm nahezukommen. Ich erinnere mich nicht, je auf seine Knie geklettert oder von ihm getragen worden zu sein. Meine Schulzeugnisse, die immer zu den besten der Klasse gehörten, entlockten ihm nie einen Kommentar. Er hatte mehrere Herzattacken und litt ständig an Angina; ich glaubte also, daß ihn die meiste Zeit Schmerzen quälten. Als ich siebzehn war, erlaubte er mir, mich mit einem Jungen zu verabreden. Der Tag kam, und der Junge erschien, um mich abzuholen. Ich ging zu meinem Vater, um ihm gute Nacht zu sagen. »Ich habe nicht gesagt, daß du ausgehen darfst. Du bleibst hier.« Ich wandte mich an meine Mutter, ich weinte, aber er gab nicht nach. Der Junge mußte gehen.

Als ich achtzehn war, starb mein Vater. Es stimmt mich traurig, daß er gestorben ist, ohne mich als Frau geschätzt und bewundert zu haben. Darum vermute ich, daß mir lange die Bewunderung eines Mannes, sofern sie überhaupt möglich war, als das Erstrebenswerteste erschien – und gar als berauschend, wenn der Mann mächtig war. Ich fand solche Macht sexy. Weil ich die väterliche Liebe und Wertschätzung hatte entbehren müssen, suchte ich sie in meinen Beziehungen, wie viele Frauen es tun.

Wenn ich ehrlich bin, zeigt dies, daß ich zwar von den auf Seite 24/25 geschilderten Möglichkeiten nicht die zweite wählte, aber eine Kandidatin dafür war. Diese Möglichkeit bestand darin, falls Sie sich erinnern, das Spiel mitzuspielen, wenn man von einem mächtigen Mann verführt wird, und die Tatsache auszunutzen, daß man auf ihn anziehend wirkt. Ich sagte, dies sei eine einfache Abkürzung zu einer bestimmten Machtform: Macht, die durch einen Stellvertreter ausgeübt wird. Unter anderen Umständen, wäre ich beispielsweise arm oder einsam gewesen oder hätte mich machtloser gefühlt, als ich es tat, oder wäre der Mann attraktiv gewesen – *ich hätte vielleicht eingewilligt.* Zweifelsohne wußte ich damals, daß es der Weg zu einer neuen Art Macht war.

Sehr oft fühlt sich eine Frau in ihrer Situation gefangen, unfähig, sich zu bewegen. Ihr Mann ist gewalttätig, aber sie hat Kinder, kein Geld, keine Ausbildung, kein Transportmittel und keinen Ort, wohin sie gehen könnte. Dieses Gefühl der Machtlosigkeit kann alle Frauen heimsuchen, unabhängig von ihren wirtschaftlichen Umständen. Man hat ihnen zu verstehen gegeben, daß sie von Männern abhängen. Frauen mit wenig Macht entwickeln ein Machtgefühl, wenn ein Mann sie begehrt. Und je weniger Macht sie haben, in weltlichem

Sinn gesprochen, desto mehr brauchen sie diese andere Macht. Darum tun sie alles, um sie zu bekommen. Sie kleiden sich sexy, gebaren sich wie kleine Mädchen, werden zu Verführerinnen. Und die Männer werfen ihnen vor, sie in Versuchung zu führen. Und so dreht sich das Rad ewig weiter.

Menstruation

Seit der Erfindung des Mythos vom Paradies wird die wichtigste zyklische Funktion des weiblichen Körpers, die Monatsblutung, dank der eine Frau befähigt ist, Kinder zu bekommen, ein Fluch genannt. Sie ist etwas, das wir verbergen. Plinius sagte im 1. Jahrhundert n. Chr.: »Man findet kaum etwas Gräßlicheres als diesen Blutfluß und diese Periode von ihnen.« Heute schreiben Penelope Shuttle und Peter Redgrove:

> Die Menstruation wird nicht nur von Physiologen und vielen Ärzten, sondern auch von einigen Feministinnen als Krankheit angesehen, als Makel, als Nicht-Ereignis, das die Frauen ertragen müssen und ohne das sie besser dran wären, eine schlimme Zeit.

Viele der Tabus, mit denen die Menstruation und menstruierende Frauen belegt sind, haben in verschiedenen Teilen der Welt heute noch Einfluß. Laut Barbara Walker heißt es im Talmud, wenn eine menstruierende Frau zwischen zwei Männer gehe, werde einer von ihnen sterben. Bis zum heutigen Tag weigern sich einige orthodoxe Juden, einer Frau die Hand zu geben, weil sie vielleicht gerade menstruieren könnte. Brahmanen der alten Tradition verfügten, daß ein Mann, der mit einer menstruierenden Frau zusammenlag, eine Strafe erleiden müsse, die ein Viertel so schwer war wie die Bestrafung für Brahmanenmord, das in der Vorstellung eines Brahmanen schlimmste aller Verbrechen. Persische Patriarchen schlossen sich den Brahmanen insofern an, als sie darauf bestanden, daß menstruierende Frauen zu meiden seien wie die Pest. Sie gehörten dem Teufel; man verbot ihnen, die Sonne anzuschauen, im Wasser zu sitzen, mit einem Mann zu sprechen oder ein Altarfeuer zu sehen. Anhänger des Zarathustra behaupteten, jeder Mann, der mit einer menstruierenden Frau zusammenliege, zeuge einen Dämon und werde in der Hölle damit bestraft, daß man ihm Kot in den Mund gieße. Plinius sagte, die Berührung durch eine menstruierende Frau könne die Feldfrüchte verdorren lassen, Wein sauer machen, Spiegel trüben, Eisen verrosten und Messer stumpf werden lassen. Die Christen erbten diese ganzen abergläubischen Schrecken der alten Patriarchen. Der hl. Hieronymus schrieb: »Nichts ist so unrein wie eine Frau in ihren Perioden; was sie berührt, das läßt sie unrein werden.« Theodor, Erzbischof von Canterbury, legte im 7. Jahrhundert Bußregeln fest, die menstruierende Frauen verboten, zur Kommunion zu gehen oder auch nur eine Kirche zu betreten. Vom 8. bis zum 11. Jahrhundert verwehrten viele Gesetze menstruierenden Frauen jeden Zugang zu kirchlichen Gebäuden. Und noch 1684 wurde angeordnet, daß Frauen während der »Blutflüsse« außerhalb der Kirchentüren bleiben mußten. Der Aberglauben reichte bis ins 20. Jahrhundert, in dem ein schottischer medizinischer Text einen alten Reim des Inhalts zitierte, daß Menstruationsblut die ganze Welt zerstören könne:

> Oh! Menstruierende Frauen, was seid ihr für Teufel nur,
> Von denen man abschirmen muß die gesamte Natur.

Christlichen Frauen wurde befohlen, die »Unreinheit« ihrer Körper zu verabscheuen, so in der Richtschnur für Einsiedlerinnen: »Seid ihr nicht geformt aus stinkendem Schleim? Seid ihr nicht immer voll Unreinheit?« Die katholische Kirche glaubt sich heute wie im Mittelalter auf festem theologischen Grund, wenn sie als Argument gegen die Ordination von Frauen die Meinung vorbringt, eine menstruierende Priesterin würde den Altar »beflecken«.

Die negativen Einstellungen zur Menstruation sind auch im 20. Jahrhundert nicht verschwunden, sie nehmen jetzt nur eine andere Form an: Man hygienisiert sie. Die Werbung läßt uns glauben, daß wir während unserer Perioden völlig normal und sorglos sein sollten. Die Technik der Unterdrückung – Tampons, Scheiden-Deodorants, raffinierte schmerzstillende und stimmunghebende Arzneimittel – schuf in Verbindung mit dem Mythos von der Superfrau die kulturelle Haltung, daß eine menstruierende Frau nicht anders sei als eine, die nicht blutet. Lara Owens schreibt:

> Tamponwerbungen zeigten geschmeidige Mädchen, die in Bikinis fröhlich zum Meer liefen, und Mädchen, die in engen weißen Jeans

auf Pferde sprangen. Dies vertrug sich nicht ganz mit meiner Erfahrung von Lethargie und Krämpfen. Und ich wußte, daß keine, die bei Sinnen war, einem Tampon so sehr vertrauen würde, daß sie für einen ganzen Tag in weißen Jeans wegginge.

Eine Freundin, die den Entwurf für dieses Kapital las, schrieb mir, sie erkenne jetzt, daß sie angenommen habe, »jede andere sei besser organisiert als ich oder habe wesentlich weniger unangenehme Perioden. Ich glaube, ich war der Meinung, andere *könnten* weiße Jeans tragen. Diese Art der Sagenbildung entfremdet mich also von anderen Frauen.«

Das Problem mit solcher Werbung ist, daß sie einfach nicht der Wahrheit entspricht. Jede Frau, die einigermaßen in Kontakt mit ihrem Körper ist, weiß genau, daß sie sich während der Menstruation und gewöhnlich schon einige Tage davor anders fühlt. Das ist ein Teil unserer Natur, der nicht abgestritten werden kann. Wenn man ihn verleugnet, muß man dafür bezahlen. Die Tatsache, daß wir darauf trainiert werden, »nichts zu halten« von dem Zyklus, ihn in unserem Leben keinen Platz einzuräumen und keine Beachtung schenken, könnte erklären, warum heute so viele Frauen unregelmäßige Perioden oder extreme Schmerzen, Krämpfe und Depressionen haben. Verkrüppelnde Probleme wie Endometriose (Uterusschleimhaut-Wucherungen in Teilen der unteren Bauchhöhle, wo sie nicht hingehören) oder Dysmenorrhö (Schmerzen und Krämpfe vor oder während der Menstruation) beeinträchtigen das Leben von Millionen Frauen.

Tatsache ist also, daß wir wesentlich mehr Probleme mit unseren Perioden haben, als man vermuten würde, wenn man uns herumgehen sieht. Wir handeln in geheimem Einverständnis mit einer Art extravagantem Syndrom, das man »des Königs neue Kleider« nennen könnte. Man hat uns dazu gebracht – fast die Hälfte des Menschengeschlechts –, vorzugeben, daß etwas Unsägliches, wie die Nacktheit des Königs, gar nicht da ist, während es in Wirklichkeit *sehr wohl* vorhanden ist.

Ich sage, *fast* die Hälfte des Menschengeschlechts, denn in einigen Gebieten wird der menstruierenden Frau auch heute noch genügend Zeit und Raum gewährt, damit sie die Vorteile genießen kann, die diese Zeit – auch »Mondzeit« genannt – oft mit sich bringt. In manchen Eingeborenentraditionen hat eine menstruierende Frau die

Fähigkeit, psychisch und spirituell stärker zu sein als irgend jemand, sei es Mann oder Frau, zu irgendeiner anderen Zeit. Eine spezielle Hütte wird abseits errichtet, in der Frauen in Frieden und Abgeschiedenheit meditieren, sich Tagträumen hingeben und einfach in Kontakt mit ihrem Körper sein können. Jeden Tag wird ihnen frisches Moos als Sitzpolster gebracht, so daß ihr Blut zur Erde zurückkehren kann, denn es wird als heilig und kostbar angesehen.

Dieser Abschnitt brachte eine Erörterung der Menstruation als Fluch, aber es gibt natürlich sehr viel Positives an der Menstruation, und das wird in Kapitel 5 behandelt werden.

Geburt und Mutterschaft

Während der ganzen Menschheitsgeschichte, bis vor 200 Jahren, wurden gebärende Frauen von Frauen betreut. In manchen Ländern ist es noch immer so. Das Fachwissen über Geburt und die Kenntnis der Eintrittsriten für Frauen an diesem Punkt ihres Lebens besaßen Hebammen, Wehfrauen, weise Frauen. Oft dienten sie ihren Gemeinschaften auch als Schamaninnen, Priesterinnen, Heilerinnen, Lehrerinnen. Sie waren Frauen, die heiliges Wissen besaßen. Gegen Ende des Mittelalters wurden die meisten von ihnen als Hexen ertränkt oder auf dem Scheiterhaufen verbrannt. Insgesamt ermordete man im Lauf von drei Jahrhunderten ungefähr 9 Millionen Frauen und einige Männer (die Bevölkerung Europas betrug damals etwa 30 Millionen Menschen).

Die Töterin-Erneuerin, die Beaufsichtigerin der zyklischen Lebensenergie, die Personifikation des Winters und Mutter des Toten wurde in eine Hexe der Nacht und der Magie verwandelt. In der Zeit der Inquisition betrachtete man sie als Schülerin des Satans. Die Entthronung dieser wahrhaft großartigen Göttin, deren Vermächtnis die weisen Frauen, Prophetinnen und Heilerinnen fortführten, diese besten und mutigsten Geister der damaligen Zeit, ist mit Blut gezeichnet und die größte Schande der christlichen Kirche. Die Hexenjagd vom 15. bis zum 18. Jahrhundert stellt ein höchst satanisches Ereignis in der europäischen Geschichte im Namen Christi dar. (Marija Gimbutas, 1989)

Diese Haltung ist bis heute nicht ganz überwunden. Noch 1944 verurteilte man ein weibliches Medium zu neun Monaten Gefängnis wegen Verletzung des englischen Hexereigesetzes von 1735, das erst 1951 abgeschafft wurde. Um die Zeit der ersten Ordination von Frauen in der Church of England im März 1994 wurde ein anglikanischer Vikar, der Reverend Anthony Kennedy, am 9. dieses Monats in *The Times* zitiert: »Priesterinnen sollten auf dem Scheiterhaufen verbrannt werden, weil sie Befugnisse übernehmen, auf die sie kein Recht haben. Ich würde die verdammte Hexe verbrennen.«

Um das 18. Jahrhundert begann der Medizinerstand, der Frauen ausschloß, die Entbindung in den medizinischen Lehrplan aufzunehmen. Dr. William Cadogan schrieb 1748:

Mit großer Freude sehe ich, daß die Errettung von Kindern in die Fürsorge von Männern mit Verstand übergeht. Nach meiner Meinung hat man diese Angelegenheiten fatalerweise zu lange der Leitung von Frauen überlassen, von denen man nicht annehmen kann, daß sie das entsprechende Wissen haben, das sie für diese Aufgabe geeignet macht, ungeachtet dessen, daß sie darin ihren angestammten Bereich sehen.

Anfangs wurden nur reiche Frauen von männlichen Geburtshelfern betreut; ärmere hatten nach wie vor Hebammen. Noch 1965 fand ein Drittel aller Geburten in Großbritannien zu Hause statt, doch allmählich übernahmen dann die medizinische Wissenschaft und Technologie die Zuständigkeit – 1990 gab es lediglich eine einzige Hausgeburt von hundert Entbindungen. Als Ärzte an die Stelle der Hebammen traten, begann man Schwangerschaft und Geburt als Krankheit statt als natürliche Funktion zu behandeln.

In Großbritannien schlägt das Pendel zunehmend wieder in die andere Richtung aus, weg von der Technologie. Immer mehr Frauen wollen ihre Kinder zu Hause bekommen. Die Ärzte mißbilligen dies, mit wenigen Ausnahmen; sie verweisen auf die Gefahr, daß keine Notfalleinrichtungen vorhanden sind, »wenn etwas schiefgeht«. Hebammen sind überzeugt, daß Hausgeburten im allgemeinen zum Vorteil von Kind und Mutter sind: in der häuslichen Atmosphäre und ihrem vertrauten Schlafzimmer ist die Mutter entspannter; das Fehlen der hellen Lichter sowie der Hast und »Effizienz« bedeutet, daß das Kind aus dem Trauma der Geburt in eine ruhigere, sanftere Welt kommt. Das Gesundheitsministerium verlangt, daß den Frauen ein größeres Mitspracherecht in der Geburtsvorsorge und -hilfe eingeräumt wird, und hat verfügt, daß normale Schwangerschaften den Hebammen überlassen werden können, aber das Royal College of Obstetricians and Gynaecologists muß dem erst noch zustimmen.

In China kommt es heute häufig vor, daß Frauen Feten, bei denen man feststellt, daß sie weiblich sind, mit Hilfe von Ultraschall-Untersuchungsgeräten abtreiben. Diesen Mord weiblicher Kinder führt man zum Teil auf Regierungsbestimmungen zurück, gemäß denen Familien mit mehr als einem Kind bestraft werden, und auf die Tatsache, daß die chinesische Kultur männlichen Kindern den Vorzug vor weiblichen gibt. Dies ist ein Beispiel für die Art, in der technische Fortschritte auf dem Gebiet der Medizin mißbraucht werden können. Seit dem Aufkommen der Ultraschallgeräte in China hat die Ermordung weiblicher Babys ein solches Ausmaß angenommen, daß sich das Bevölkerungsgleichgewicht bei Kindern und Jugendlichen bis zu zwanzig Jahren auf 58 Prozent Jungen und 42 Prozent Mädchen verschoben hat.

Hier nur meine persönliche Erfahrung, auf die ich alles andere als stolz bin. Mein Baby verspätete sich um mehrere Wochen, die Geburtseinleitung klappte nicht, und mein Mann verschob einen Geschäftstermin ins Ausland immer wieder. Schließlich sagte er, daß er am nächsten Tag unbedingt weg müsse. Ich wollte, daß die Geburt stattfand, während er im Land war, also trank ich eine Flasche Rizinusöl. Die Wehen setzten fast sofort ein, und mein Mann brachte mich in eine Privatklinik. Ich kam in ein Einzelzimmer, meine Genitalien wurden rasiert, man verpaßte mir einen Einlauf, dann ließ man mich allein. Ich versuchte Atemübungen zu machen, die ich gelernt hatte. Die Wehen wurden häufiger und sehr schmerzhaft. Ich klingelte nach einer Schwester, die sagte: »Ich werde Ihnen etwas dagegen geben, meine Liebe.« Sie gab mir eine Spritze und ging. Das nächste, was ich weiß, war der heftige Schmerz einer Zange, gleich darauf sank ich wieder weg und tauchte nur kurz an die Oberfläche, während man mich nähte. Ich weiß noch genau, daß ich in einem Zimmer erwachte, mutterseelenallein – kein Baby, kein Ehemann, niemand. Ich schrie und schrie, bis sie mir mein Mädchen brachten, meinen Mann anriefen und ihm sagten, er solle wieder in die Klinik kommen. Das war vor zwanzig Jahren. Hätte ich damals gewußt, was ich heute weiß, wäre es bestimmt nicht passiert.

Übrigens, der Bauchtanz soll angeblich nicht nur als Ritus zur Verehrung der Muttergottheit mittels Schwingen der Hüften und wogenden Bewegungen der »Geburts«-Muskeln stattgefunden haben, sondern auch als eine Art Gymnastik zur Vorbereitung auf die Geburt. 1968 beschrieb der Anthropologe Ashley Montagu, wie es gekommen sein könnte, daß die Geburt und die Menstruation sich von völlig gesunden natürlichen Erscheinungen in eine Behinderung und einen »Fluch« verwandelten. Nach seiner Meinung projizierten Männer ihre unbewußten Wünsche auf die Leinwand ihrer Gesellschaft und gestalteten ihre Institutionen sowie ihre Götter nach dem Bild ihres Verlangens. Ihr Neid auf die physiologischen Kräfte der Frauen führte dazu, daß sie sich schwach und unterlegen fühlen, und zur Eifersucht kommt obendrein oft Angst hinzu. Eine effektive Möglichkeit für Männer, sich vor Frauen zu schützen und sie gleichzeitig zu bestrafen, besteht darin, die Fähigkeiten der Frauen herabzusetzen, indem man ihren Status herabwürdigt. Die Fähigkeiten der Frauen können abgeleugnet werden, sagt er, indem man sie als Nachteile behandelt und ihnen geheimnisvolle, gefährliche Eigenschaften andichtet.

Mich verblüfft täglich der Anblick junger Frauen, die sich bemühen, Schritt zu halten mit einer aufgemöbelten Welt des Fast foods, Kauf-dies, Heavy metals, Verkaufen-müssens, während in ihrem Inneren diese machtvollen unsichtbaren Mondzyklen ablaufen. In einigen von ihnen entwickeln sich Embryos; bei anderen wird die Sorge für Säuglinge und Kleinkinder, die eine tägliche Quelle der Freude sein könnte, zu einer täglichen Belastung in einer Welt, die nicht achthat auf Säuglinge und Kleinkinder. Die Gesichter kleiner Kinder befinden sich auf der Höhe der Auspuffgase von Fahrzeugen. In Städten stehen viele Mütter kleiner Kinder unter fast unerträglichem Streß – sehen Sie sich ihre Gesichter an. Der Ausdruck in den Augen und die Gespanntheit des Mundes offenbaren, daß viele von ihnen auf halbem Weg zur Wut sind und zahllose andere zuviel Trauriges schlucken mußten.

Ich stieß auf eine Eintragung in meinem Notizbuch, die ich vor siebzehn Jahren machte, als ich in einer Stadt in Frankreich lebte und in ein Warenhaus gegangen war, um eine bestimmte Glühbirne und einen Lampenschirm zu kaufen. Ich hatte die dreijährige Polly an der Hand. In dem Geschäft war es sehr heiß, und Polly war müde. Die Lampenschirme dort hatten eine Fassung, die bestimmt nicht auf meine Lampe paßte. Gab es irgendwo andere? Achselzucken. Ich fragte, wo ich Glühlampen fände. Der Verkäufer deutete zur Decke. Wir zockelten zum Lift und fuhren eine Etage hinauf. Der Verkäufer hatte noch nie eine Glühlampe wie jene gesehen, die ich in der Hand hielt. Wo konnte ich eine solche kriegen? »Wie soll ich das wissen?« Polly zog an meinem Kleid und fragte zum neunten Mal, wann wir endlich gehen würden. Ich antwortete scharf. Sie brach in Tränen aus. Der Verkäufer schaute weg. Ich nahm sie auf den Arm, und wir schleppten uns aus dem Geschäft. An der Bushaltestelle stand eine lange Schlange. Polly wurde mir zu schwer, ich stellte sie ab. Ein Mann, der auf dem Gehsteig vorbeihastete, traf sie mit der Kante seiner Aktentasche an der Schulter. Sie brüllte vor Schmerz. Ich nahm sie auf den Arm und wiegte sie. Die Menschen rundum wandten sich ab, einige traten weg. Polly weinte immer noch, als wir in den Bus stiegen; steinerne Mienen rundum.

Und ich hatte nur ein Kind; meine Erfahrungen waren nicht halb so schlimm wie jene, die Millionen Eltern in unseren Städten Tag für Tag machen, wenn sie die Bedürfnisse kleiner Kinder zu befriedigen versuchen – in einer Welt, die deren Bedürfnisse geringschätzt. Heather Hunt, eine Psychologin, die in einem Frauenprojekt des Staatlichen Gesundheitsdienstes in London arbeitet, sagt hierzu:

> Es ist leicht zu verstehen, daß Gefühle der Machtlosigkeit verinnerlicht werden. Es ist schwer zu kämpfen, wenn man arm und erschöpft ist, wenn es keine Kinderfürsorge und wenig soziale Unterstützung gibt. Viele Frauen sehen das Klischee dessen vor sich, was Mutterschaft sein sollte, und schildern ihr Gefühl persönlichen Versagens, weil ihre Leistung und ihre Gefühle dem Medienbild nicht entsprechen. (B8)

Gynäkologie

Seit Geburtshilfe und Gynäkologie in den Zuständigkeitsbereich von Kliniken, Spezialisten, Männern übergegangen sind, haben die Operationen an weiblichen Fortpflanzungsorganen dramatisch zugenommen. Im Alter von 75 Jahren hat eine von fünf Frauen in Großbritannien keine Gebärmutter mehr, und wie es scheint, hätten viele dieser Operationen vermieden werden können. In den USA wird bei doppelt so vielen Frauen wie in Großbritannien eine Hysterektomie vorgenommen, in Norwegen bei halb so vielen. Ein Anzeichen für Verwirrung im Geist von Medizinern?

In *Our Bodies Ourselves* erklären Angela Phillips und Jill Rakusen, es sei unlogisch, an Hunderten von Frauen große Operationen vorzunehmen, um bei einigen wenigen das Auftreten von Krebs oder anderen Komplikationen zu verhindern. Wenn ein Arzt sich nicht die Mühe macht, die Probleme einer Frau zu untersuchen, bevor er sie an einen Gynäkologen überweist, sei die Wahrscheinlichkeit groß, daß sie einfach deshalb operiert wird, weil der fachärztliche Berater keine Zeit hat (oder nicht geneigt ist?), die Angelegenheit gründlich zu erörtern.

Man hat das zermürbende Gefühl, daß wir eigentlich nicht argumentieren sollen − schließlich ist er der Fachmann, der Berater. Ein spezieller Termin für die Begegnung mit diesem wichtigen Mann in der Klinik ist vereinbart worden; das Personal behandelt ihn, als sei er eine Art Gott: »Dr. soundso ist aufgehalten worden, Sie müssen noch etwas warten.« Wenn er dann erscheint, mit wehendem Mantel und einem Gefolge von Assistenten, sichtlich *sehr in Eile*, wird man leicht aus dem Konzept gebracht durch die Ausdrücke, die er gebraucht, durch sein Wissen, das dem unseren offenbar überlegen ist. Wir selbst befinden uns in einer Situation, in der wir sehr verletzlich sind: nackt, die Beine weit gespreizt, kalte Metallinstrumente stemmen die Vagina auf − die Untersuchung kann sehr schmerzhaft sein, selbst wenn uns nichts fehlt. Unter diesen Umständen ist es schwer, daran zu denken, daß unser Körper und unsere Gefühle unsere besten Führer sind.

Fast jede Frau, die ich kenne, spricht bei der Schilderung ihrer Erfahrungen mit Gynäkologen von Angst und Verwirrung, wenn nicht Schlimmerem. Folgende wahre Geschichte, die Janet Burroway erzählt, spricht für sich selbst.

Als ich fünfundvierzig war, endete meine zweite Ehe mit dem Ende seiner Treue. Ich war glücklich gewesen in dieser Ehe; er hatte keineswegs eine Affäre gesucht, es war einfach so passiert, und mein Vertrauen hatte das nicht überlebt. Ich hatte bereits eine Scheidung hinter mir, und dieses Mal kam ich im großen und ganzen ziemlich gut damit zurecht − ich wußte, daß es schwerer fällt, jemanden zu verlassen als verlassen zu werden, und daß es leichter fällt, eine gute Beziehung zu beenden als eine schlechte. Trotzdem, nach etwa einem

Monat bekam ich Blutungen, und die hörten drei Wochen lang nicht auf.

Ich ging zu meinem Hausarzt, einem sanften, persönlichen Internisten mit einer Familienpraxis. Ihm erklärte ich, daß ich nicht mehr zu Dr. B. gehen wolle, meinem bisherigen Frauenarzt, weil er bei mir eine Hysterektomie aus keinem besseren Grund als dem vornehmen wollte, daß ich seiner Ansicht nach bereits genug Kinder hatte. Als ich Dr. B. erklärt hatte, ich sei nicht gewillt, mit meiner Psyche auf solche Weise herumspielen zu lassen, hatte er mir versichert, der Verlust eines Uterus würde mich nicht stören. (Treppenwitz: »Sollen wir also Ihnen die Hoden abschneiden?«)

Mein Hausarzt fragte, was ich tue, um die Scheidung durchzustehen. Ich beschäftige mich abends, sagte ich, indem ich eine Rollenbesetzung für ein Stück mache, ich träfe mich zum Lunch mit Freundinnen und fahre jedes zweite Wochenende an die Küste, um meinen jüngeren Sohn in seinem Sommer-Ensemble zu besuchen. Hätte ich das Gefühl, in Schwierigkeiten zu sein, erklärte ich, würde ich zu einer Beratung gehen.

»Die Menschen zahlen Tausende Dollar, um zu lernen, damit fertigzuwerden«, versicherte er mir zur Aufmunterung. Trotzdem, aus Gründen medizinischer Vorsicht wollte er, daß ich einen Gynäkologen aufsuche. Es sei ein neuer in der Stadt, jung, der würde mir wahrscheinlich nicht irgendwelchen Unsinn erzählen.

Bei dem neuen Dr. M. führte die Schwester einen Hämoglobintest durch und ließ mich in der Kabine allein. Dr. M. erschien, ganz Kompetenz mit Klemmbrett, und begann die Krankenge-schichte aufzunehmen. Ich sagte ihm (»ich und mein großes Maul« ist die selbstabwertende Wendung, die einem einfällt; tatsächlich aber glaube ich, daß ich nach all den Jahren bemerkenswert sicher bin, und das ist eine Tugend, kein Mangel), warum ich nicht mehr zu Dr. B. ging.

»B. ist ein guter Mann«, entgegnete er. »Wenn er Ihren Uterus entfernen wollte, werde ich es wahrscheinlich auch wollen.« Ich erbleichte und hielt den Mund. Als M. in meiner Krankengeschichte zu einer zweiten Dilatation und Küretage kam, sagte er: »Lieber Himmel, zwei Ausschabungen! Ganz bestimmt werde ich Ihnen den Uterus entfernen. Ich werde bei Ihnen jetzt doch keine Hormonbehandlung anfangen!«

»Nein«, stimmte ich trocken zu. »Aber ich glaube nicht, daß mit meinem Uterus etwas nicht in Ordnung ist. Ich glaube, daß ich unter Streß stehe. Ich mache gerade eine Scheidung durch.«

»Ich weiß, Sie sind deprimiert und verängstigt.«

»Nein«, entgegnete ich, »bin ich nicht. Vielleicht später, aber im Augenblick bin ich sehr aktiv, ein bißchen zu sehr. Das ist mein übliches Bewältigungsmuster.«

»Sie sind deprimiert und verängstigt«, wiederholte er, während die Schwester mit meinen Testergebnissen hereinkam. »Seltsam. Ihre Blutwerte sind normal.«

»Davon bin ich überzeugt«, sagte ich. »Nach meiner Ansicht ist die Blutung eine normale Reaktion auf Streß und wird von selbst aufhören.«

»Ich bin der Arzt«, sagte er doch tatsächlich. »Mich interessiert nicht das Gesamtbild, sondern nur mein Spezialgebiet, und dieses werden wir dann ins Gesamtbild einfügen. Was Sie haben, ist eine dysfunktionale Blutung, das steht fest, und was Sie brauchen, ist eine Hysterektomie.«

Dysfunktionale Blutung? Ist das eine Diagnose? Ich dachte, das sei das Symptom, mit dem ich hierher gekommen war. Hysterektomie? Warum meinen Uterus herausschneiden, um ihn ins Gesamtbild einzufügen? Soll das hier eine Art medizinische Collage werden? Nach Diagnose und Verordnung ging Dr. M.; ich sollte mich für die Vaginaluntersuchung ausziehen.

Eine Minute lang saß ich da, innerlich kochend. Ich empfand eine ungeheure Abneigung dagegen, mich von diesen fehlerlosen Händen berühren zu lassen. Scharf bewußt waren mir jene Zeiten in meinem Leben, in denen ich hätte verrückt werden können. Ich dachte: Gerade jetzt ist für mich wichtig, ein gutes Selbstgefühl zu haben. Ich kann mir den Luxus von Anstand und Schicklichkeit nicht leisten.

Ich entschuldigte mich bei der Schwester: »Er hat mich wütend gemacht, ich werde mich nicht untersuchen lassen. Das werde ich ihm selbst sagen.« Ich tat es, nach außen ruhig, innerlich zornig. Der Arzt verharrte starr in seiner Würde. Ein klein bißchen besänftigte mich, daß er mir den Bluttest nicht in Rechnung stellte.

Zwei Tage später bekam ich einen Anruf von meinem Verbündeten, meinem Hausarzt. »Ich habe über Sie nachgedacht«, sagte er in seiner netten Weise, »und ich fand, wir sollten vielleicht einen Termin bei einem Psychiater vereinbaren, nur sicherheitshalber, weil Sie schließlich sehr deprimiert und verängstigt sein müssen.«

Ich war verwirrt, ließ ihn den Termin vereinbaren – und wankte eine halbe Stunde später hin. Wie doch das Netzwerk zwischen den Jungs funktionierte! Die Begegnung mit Dr. M. war einer der wenigen Fälle in meinem Leben, in denen ich auf Zorn hin sofort und sauber gehandelt hatte. Ich fragte mich nun, ob vielleicht auch die beiden

Ausschabungen unnötig gewesen waren – und wie stand es mit den Tausenden Gebärmüttern, die einfach so mit einer Handbewegung weggefegt, entfernt worden waren, weil man ihre Besitzerinnen in einer eher verletzlichen als aufgebrachten Gemütslage erwischt hatte. Jetzt, nachdem ich erfahren habe, daß Gebärmutterblutungen ein Zeichen des Klimakteriums sind, frage ich mich, welchem Streß mein Körper ausgesetzt war und wann das medizinische Establishment solchen Angelegenheiten seine Aufmerksamkeit zuwenden wird.

Zum Glück konnte ich am Dienstag darauf (die Blutung hatte inzwischen aufgehört) den Psychiater davon überzeugen, daß ich trotz meines ungebührlichen Festhaltens an meinem Uterus normal war.

Altern und Klimakterium

Die westliche Kultur ist nicht freundlich zu älteren Frauen. Für den tschechischen Autor Milan Kundera ähnelt eine ältere Frau einer unzulänglichen Mechanik, die vergebens versucht, eine kleine Fabrik am Laufen zu halten. Je nutzloser der Körper einer Frau wird, sagt Kundera in seinem Roman *Die Unsterblichkeit*, desto mehr ist er ein Körper: schwer und lastend; er ähnelt einer zum Abriß bestimmten alten Fabrik ...

Seine Einstellung ist extrem – vielleicht. Aber für Frauen, die im Hinblick auf ihre Identität und ihr Selbstwertgefühl zeitlebens von ihrem Äußeren abhingen, ist der Kampf um die Bewahrung ihres jugendlichen Aussehens tatsächlich ein elender Kampf, denn sie können dabei keinen Erfolg haben. Wieviel förderlicher wäre es doch, würden wir die Anzeichen von Alter lieben und schätzen.

Das Klimakterium ist ein bißchen wie die Geburt eines Kindes oder der Tod eines Elternteil. Es bedeutet eine einschneidende Lebensveränderung, und in der Rückschau würden wir uns wünschen, jemand hätte uns vorgewarnt, darauf vorbereitet. Aber wäre das geschehen, hätten wir vermutlich nicht zugehört.

Ich spürte meine Wechseljahre kommen. Spürte sie in dem Sinn kommen, daß ich mich unbehaglich zu fühlen begann – einfach »nicht wohl in meiner Haut«. Ich schlief unregelmäßig, lag manchmal bis drei oder vier Uhr morgens wach und schlief in den nächsten zwei Nächten dann zehn bis elf Stunden. Im Bett war mir oft heiß und unwohl.

Etwa zwei Wochen nach dem Beginn dieses Zustands hatte ich einen Termin bei meiner Ärztin, mit der ich über einen Wechsel meiner Gebärmutterspirale sprechen wollte – Ironie des Schicksals! Sie hörte sich meine Beschwerden an und sagte, sie würde einen Bluttest machen, dann wüßten wir Bescheid. Als ich wegen der Testergebnisse zu ihr ging, erklärte sie, die Menge des follikelstimulierenden Hormons sei hoch, und es würde sie überraschen, wenn ich nicht im Klimakterium wäre.

Mir kam der Gedanke: »Möglicherweise werde ich nie mehr eine Periode haben!« Wie jede andere hatte natürlich auch ich meine Perioden oft verwünscht, wenn sie zu einer ungünstigen Zeit einsetzten, und vor meinem ersten Kind versuchte ich, sie fast völlig zu ignorieren, doch später im Leben begann ich sie zu mögen. Die Routine und der Rhythmus, die damit einhergingen, sind tröstlich. Das Warten auf eine ausbleibende Periode (und die Verspätung der vorhergehenden) brachte mich aus dem Gleichgewicht – ich war irgendwie desorientiert, als könnte ich meine Aufgaben nicht erledigen, solange die Periode nicht begann und die Routine wieder hergestellt war. Ein zweiter Gedanke kam mir: »Wie wird es sein, ohne einen Zyklus zu leben?« Ich fühlte mich sehr unsicher und traurig.

Dann begriff ich, daß mein nächtliches Unbehagen nichts anderes war als Nachtschweiß – meine Version davon (bei manchen Frauen werden die Bettlaken so naß, daß sie sie wechseln müssen). Trotzdem, es war ein emotionaler Augenblick zu erkennen, daß ich mich in den Wechseljahren befand; das war's dann also. »Ich bin nicht länger fruchtbar.« Ich fühlte mich tatsächlich älter. Eine Zeitlang sah ich jüngere Frauen mit anderen Augen an und dachte: »Ihr könnt's noch machen.« Wie ich inzwischen weiß, ist das Wichtige die Erkenntnis, daß Wechseljahre nicht das Ende des Sex, sondern nur des Kinderkriegens bedeutet. Auf das Thema Sex werden wir später zurückkommen, aber der Verlust der Fähigkeit, ein Kind zu empfangen, *muß* betrauert werden, zumindest bei den meisten Frauen, auch wenn manche sich über nachlassende Fruchtbarkeit freuen.

Für eine Frau, deren mittlere Lebensspanne dem Großziehen von Kindern gewidmet war, kann der Beginn der Wechseljahre großen Kummer bedeuten. Es ist wie ein Zeichen dafür, daß sie das, wozu sie gut war, nämlich Kinder großzuziehen, nicht mehr kann. Sie schaut sich leicht verzweifelt nach Dingen um, die sie tun kann, und die Welt starrt ihr mit leerem Blick entgegen. Die Leere rührt daher, daß die

Welt, in der wir leben, ihre Erfahrung geringschätzt. Wir sagen nicht zu ihr, wie wir es durchaus könnten: »Komm her, wir brauchen dich, jetzt wo du frei bist. Wir brauchen alles, was du gelernt hast, beispielsweise Geduld, Gespür für die komische Seite der Dinge, Kraft, Ausdauer, Mitgefühl, nicht zu reden von den 101 Arten, Erschöpfung zu überwinden, und nicht zu reden von den 101 Arten, deine Macht über eine kleinere, schwächere Person, die dich VERRÜCKT macht, unter Kontrolle zu halten. Du bist wertvoll für uns. Du bist genau der Mensch, den wir brauchen, weil wir dir Entscheidungen übertragen können.« Das sagen wir nicht. Statt dessen sagen wir: »Zieh ab und sei für den Rest deines Lebens eine weitgehend unsichtbare, weitgehend unschädliche Oma.«

Dieser Stand der Dinge ist natürlich dazu angetan, bei einigen Frauen in den Wechseljahren Depressionen auszulösen!

Soviel zu westlichen Haltungen gegenüber Frauen, ihren Fortpflanzungsorganen und Zyklen, Schwangerschaft und Mutterschaft. Wie sind die Haltungen in anderen Ländern?

Verstümmelung der Genitalien

Alice Walker schreibt in ihrem Roman *Possessing the Secret of Joy*:

> Bei der Großmutter unserer Köchin sei es gemacht worden, sagte sie. Viele Operationen, als sie ein Mädchen gewesen war. Sie konnte keine eigenen Kinder haben; sie hatte Gladys adoptiert, die Kindheitsgefährtin meiner Mutter und ihre Magd, der man ebenfalls die Klitoris herausgeschnitten hatte; sie war aber, anders als ihre Adoptivmutter, nicht verschlossen worden. Gladys war extrem fügsam, keine Sklavin dem Gesetz nach, aber prächtig sklavisch vom Geist her. Sie hatte keinen Mumm. Kein Selbst. Diese »Sanftmut des Geistes«, wie meine Mutter es nannte, wurde immer als beispielhaft hingestellt, und so wollte meine Mutter mich haben. (B14)

Bei vielen Frauen in Afrika kann keine Regelblutung austreten, weil man sie zugenäht hat. Nach der uralten Tradition der Infibulation werden junge Mädchen ohne Narkose festgehalten, während man ihnen die Klitoris sowie die kleinen und die großen Schamlippen herausschneidet. Die beiden Seiten der Vulva werden dann mit Katgut

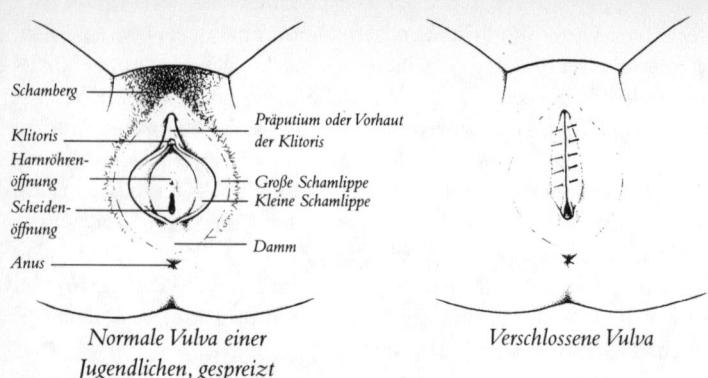

Schamberg

Klitoris
Harnröhren-
öffnung
Scheiden-
öffnung

Anus

Präputium oder Vorhaut
der Klitoris

Große Schamlippe
Kleine Schamlippe

Damm

Normale Vulva einer
Jugendlichen, gespreizt

Verschlossene Vulva

Verstümmelung weiblicher Genitalien

zusammengenäht oder mit Dornen zusammengesteckt, so daß nur eine sehr kleine Öffnung bleibt, wofür ein eingelegtes Streichholz oder Schilfrohr sorgt. Sie soll das Ablaufen von Urin und Blut ermöglichen. Wenn ein Blutgerinnsel entsteht, funktioniert die Öffnung jedoch nicht mehr und der Bauch des Mädchens schwillt an von Blut und Urin, was zum Tod führt, falls die Vulva nicht wieder geöffnet wird. Diese Praxis ist – neben anderen, »milderen« Versionen, bei denen nur die Klitoris entfernt wird – in mehr als zwanzig Ländern Afrikas üblich, außerdem in Oman, im Jemen und in den Vereinigten Arabischen Emiraten.

Die Schwere der Verstümmelungen schwankt von Land zu Land. von der Infibulation, der Verschließung, ist laut Berichten fast die gesamte weibliche Bevölkerung von Somalia, Dschibuti und dem Sudan (mit Ausnahme der nicht-muslimischen Bevölkerung im Süden des Sudans) betroffen, ebenso jene von Südägypten, der Küste des Roten Meeres in Äthiopien, Nordkenia, Nordnigeria und einigen Teilen Malis. Ich werde dem Thema der Verstümmelung von Genitalien einige Seiten widmen, weil dies eine Art der Entmächtigung von Frauen ist, die noch kaum erkannt wird, obwohl sie sehr viele betrifft. Die jüngste Schätzung der Zahl verstümmelter Frauen liegt zwischen 85 und 114 Millionen. Weltweit sind schätzungsweise 2 Millionen Mädchen im Jahr und 6 000 täglich gefährdet.

Die Operationen werden gewöhnlich von einer alten Frau aus dem Dorf (in Somalia als *Gedda* bekannt) oder der traditionellen Geburtshelferin (in Ägypten und dem Sudan *Daya* genannt) durchgeführt, entweder mit Spezialmessern (in Mali einem Sägezahnmesser) oder mit Rasierklingen, Glasscherben oder Scheren. In Nordnigeria und in Ägypten nehmen auch die Dorfbarbiere sie vor, doch in der Regel macht es eine Frau, nur in seltenen Fällen offenbar die Mutter. In Mali und im Senegal führt traditionellerweise eine Frau mit okkultem Wissen aus der Schmiedekaste die Operation aus.

> Amina, eine Äthiopierin, war neun Jahre alt, als man sie verschloß ... Aminas Stimme verklingt schleppend, und ihre Augen werden glasig. Sie wurde, so sagt sie, von ihrer Tante verstümmelt, während sechs Frauen sie festhielten. »Der Schmerz und Schock ist etwas, an das ich nicht einmal denken kann, sogar jetzt noch nicht – zehn Jahre danach.« Amina wäre nach der Operation fast verblutet und litt lange an einer Infektion und einem psychischen Trauma. (Angela Robson, 1993, Seite 8)

Das Alter, in dem die Verstümmelungen erfolgen, schwankt von Gebiet zu Gebiet, je nachdem, ob es Gesetze gegen das Verfahren gibt oder nicht. Es reicht von einigen wenigen Tagen (beispielsweise bei den jüdischen Falascha in Äthiopien und den Nomaden des Sudan) bis zu etwa sieben Jahren (wie in Ägypten und vielen Ländern Zentralafrikas) oder zum Reifealter (bei den Ibo in Nigeria beispielsweise, wo die Beschneidung kurz vor der Heirat erfolgt, bei den Aboh im Mittelwesten des Landes dagegen wird sie erst vor dem ersten Kind vorgenommen). Die meisten Experten sind sich jedoch darin einig, daß das Verstümmelungsalter ständig sinkt und immer weniger mit der Initiation ins Erwachsenenleben zu tun hat.

Bei allen Verstümmelungsarten, sogar der »mildesten«, dem Entfernen der Klitoris, wird ein Teil des weiblichen Körpers amputiert, der lebenswichtige Nerven für den sexuellen Genuß enthält. Die Eichel der Klitoris mit ihrem spezifischen Sinnesapparat ist eine erogene Hauptzone. Reduziert man sie zu einem Bereich von Narbengewebe, kann durch ihre Manipulation kein Orgasmus ausgelöst werden. Die vorhandenen Schilderungen der Reaktionen von Kindern – Panik und Schock infolge heftiger Schmerzen, Durchbeißen der Zunge, Zuckungen, die Notwendigkeit, daß sechs Erwachsene eine Achtjährige festhalten, was manchmal zum Bruch des Schlüsselbeins, Oberarm- oder Oberschenkelknochens führt und sogar zum Tod – zeigen auf, daß man das Verfahren einer Folter gleichsetzen kann.

Warum findet die Beschneidung statt?

Die weibliche Sexualität wurde in allen Teilen der Welt auf vielerlei Arten unterdrückt. Den Sklavinnen im alten Rom steckte man einen oder mehrere Ringe durch die großen Schamlippen, um zu verhindern, daß sie schwanger wurden. Im 12. Jahrhundert brachten Kreuzfahrer Keuschheitsgürtel nach Europa. Bis vor kurzem wurde die Entfernung der Klitoris in Europa und den USA als chirurgisches Heilmittel gegen Masturbation durchgeführt, und im Westen geht die unnötige Genitalchirurgie weiter.

Welche Kräfte motivieren jedoch eine Mutter, ihre Töchter einer Verstümmelung der Genitalien auszusetzen, die damit verbundenen großen Risiken einzugehen? Der Grund, den sowohl Frauen als auch Männer sehr oft nennen, ist die Abschwächung des sexuellen Verlangens. Da man als Brennpunkt dieses Verlangens einwandfrei die Klitoris erkannt hat, glaubt man, eine Frau durch die Beschneidung vor ihrem überstarken sexuellen Naturell zu schützen, sie vor der Versuchung, vor Mißtrauen und Schande zu bewahren, indem man ihre Keuschheit erhält. Awa Thiam aus Senegal schreibt:

> Wenn sie einer Frau die Genitalien herausschneiden, sie zunähen, sie dann für Sex wieder öffnen und danach wieder zunähen, wenn der Ehemann weggeht, nur um sie erneut zu öffnen, damit sie mit ihrem Mann schläft ... ist eines vollkommen klar. Sie kontrollieren die Frau, wie Sie irgendeinen Gegenstand kontrollieren würden.

Die obigen Ansichten müssen im Kontext von Gesellschaften gesehen werden, in denen die Jungfräulichkeit eine absolute Voraussetzung für die Heirat ist und eine außereheliche Beziehung schwerste Strafen nach sich zieht. Die Assoziation der Verstümmelung mit vorehelicher Keuschheit ist so stark, daß in vielen Gegenden ein nicht beschnittenes Mädchen (in Somalia ein nicht verschlossenes Mädchen) verspottet und oft gezwungen wird, ihre Gemeinde zu verlassen; und trotz ihrer Jungfräulichkeit hat sie nur geringe oder gar keine Heiratsaussichten.

Die Beschneidung und die Infibulation werden in den betreffenden Ländern von Muslims, Katholiken, Protestanten, Kopten und Anhängern verschiedener Religionen gleichermaßen praktiziert. Man hält beides für älter als alle diese Religionen, und eingeführt wurde es vermutlich nach dem Sturz der Kulturen, die Göttinnen verehrten, als eine Art Kontrolle der weiblichen Sexualität. Einigen alten afrikanischen Überzeugungen zufolge ist jeder Mensch mit zwei Seelen verschiedenen Geschlechts ausgestattet. Die weibliche Seele des Mannes befindet sich im Penis oder in der Vorhaut, und bei der Frau ist die männliche Seele in der Klitoris. Alice Walker schreibt: »Die doppelte Seele ist eine Gefahr; ein Mann sollte männlich sein und die Frau weiblich. Zirkumzision und Beschneidung ... sind das Heilmittel.«

Einige Gelehrte erklären das Verfahren mit Initiationsriten der Geschlechtsreife. In vielen Gegenden (im Norden Sudans und bei den Kikuyu in Kenia, den Tagouana in Elfenbeinküste sowie den Bambara in Mali) bildete und bildet mancherorts noch heute eine kunstvolle Zeremonie den Rahmen des Ereignisses. Zu diesem gehören besondere Lieder, Tänze und Gesänge, durch die das junge Mädchen seine Pflichten und wünschenswerten Eigenschaften als Ehefrau und Mutter lernen soll: symbolträchtige Rituale, besondere Genesungshütten für die Mädchen, in denen sie nur von der Lehrerin betreut werden und von der übrigen Gesellschaft abgeschnitten sind, bis sie als heiratsfähige Frauen wieder erscheinen, oder einfach spezielle Kleider und Speisen.

Allem Anschein nach entfällt heute in vielen dieser Gesellschaften das Zeremoniell; sowohl die Beschneidung als auch die Infibulation finden in wesentlich jüngerem Alter statt, können folglich nicht mehr dahingehend ausgelegt werden, daß sie etwas mit dem Eintritt in die Reife oder Ehefähigkeit zu tun haben; die Rolle des Kindes in der Gesellschaft ändert sich nach der Verstümmelung in keiner Weise.

In jenen östlichen Gebieten Afrikas, in denen das Verfahren üblich ist, gelten die äußeren weiblichen Geschlechtsteile als schmutzig. »Ihre Genitalien sind unrein, so wird gesagt, abscheulich; ihre ungemäßigte Aktivität macht Männern Angst und zerstört Ernten. Die Klitoris, wenn sie erigiert ist, fordert die männliche Autorität heraus. Sie muß zerstört werden.« In Ägypten beispielsweise wird das unbeschnittene Mädchen *nigsa* (unrein) genannt, und man entfernt dort Körperhaare in dem Bemühen, einen glatten und deshalb reinen Körper zu erhalten. Die gleiche Einstellung herrscht in Somalia und im Sudan, wo die Infibulation eine glatte Hautoberfläche entstehen lassen soll und wo befragte Frauen behaupten, das Verfahren mache sie reiner. (In der Praxis hat die Infibulation jedoch einwandfrei die gegenteilige Wirkung. Statt Hygiene sicherzustellen, werden Urin und das Menstruationsblut, die nicht natürlich abfließen können, unter Verschluß gehalten oder sickern ständig durch, was zu Unbehagen, schlechtem Geruch oder Infektionen führt.)

Interviewte Personen in Katiola in Mali behaupteten, die Klitoris sei häßlich. Die Vorstellung, weibliche und männliche Genitalien seien schmutzig oder häßlich, beschränkt sich jedoch keineswegs auf jene Menschen, bei denen die Verstümmelung weiblicher Genitalien üblich ist. Solche Vorstellungen sind in vielen Teilen der Welt tief verwurzelt; Unterschiede bestehen nur in den Reaktionen darauf und in den Praktiken.

Keiner der angeführten Gründe erklärt hinlänglich, warum sich der Brauch in seinem zentralen Kern noch immer hält. Die plausibelste Erklärung ist, daß Frauen im Lauf der Jahrhunderte dazu gebracht wurden, ihre sexuellen Impulse im Sinne dessen zu sehen, was den Männern paßt, sie zufriedenstellt. Dies vereinbart sich mit Gesellschaften, in denen die Heirat die einzige sichere Zukunft für eine Frau ist.

> Viele Gründe werden vorgebracht, wie Religion, Tradition, Hygiene, aber das wirkliche Problem ist die Notwendigkeit, die Sexualität der Frauen zu kontrollieren, ihre Wünsche zu ersticken und sie zu halten wie Kinder, wie Menschen, die keine Verantwortung für sich selbst haben und keine Menschenwesen von eigenem Recht sein können ... Die Beschneidung wird dazu benutzt, Frauen zu kontrollieren. (Warrior Marks, 1993)

Die Situation heute

Ich begann 1978 mit der Erforschung des Themas der Genitalienverstümmelung und gab 1980 einen Bericht heraus, der auf Beiträgen mehrerer afrikanischer Frauen basierte und von der Minority Rights Group veröffentlicht wurde. Die Reaktion auf den Bericht war überwältigend. Er fand nicht nur mitfühlende Aufmerksamkeit in der britischen und der internationalen Presse, sondern Hunderte Männer und Frauen schickten Spenden, um jene zu unterstützen, die gegen solche Praktiken kämpfen. Im Sog dieses Interesses kam es zur Gründung der Women's Action Campaign Against Excision and Infibulation (WAGFEI), die Reisen nach Afrika zur Ermittlung von Fakten durchführte und kleineren Projekten Mittel zuleitete. Der Bericht wurde übrigens auf französisch, arabisch und italienisch veröffentlicht, und man verteilte Kopien in Afrika und Europa. Die erste Fernsehdokumentation über das Thema, produziert mit Hilfe von WAGFEI, ging in Großbritannien 1983 über den Sender.

Eine der ersten Frauen, die WAGFEI beitraten, war Efua Dorkenoo, eine in Großbritannien lebende Ghanaerin, die beruflich im Gesundheitsdienst arbeitete. Unter den Auspizien der Minority Rights Group legte sie 1982 der UN-Kommission für Menschenrechte detaillierte Informationen über die Genitalienverstümmelung vor. Im gleichen Jahr gab die Weltgesundheitsorganisation eine Erklärung des Inhalts ab, daß diese Operationen unter keinen Umständen von Beschäftigten des Gesundheitsdienstes vorgenommen werden dürften. 1983 führte Efua Dorkenoo das Ganze einen Schritt weiter, indem sie die Foundation for Women's Health and Development (FORWARD) gründete, eine unabhängige Gruppe, die sich der Gesundheitsförderung afrikanischer Frauen widmete und besonderes Gewicht auf die Schulung der Frauen im Hinblick auf die Abwehr der weiblichen Genitalverstümmelung legten.

Die Meinungen darüber, ob diese Praktiken als Folge neuer Gesetze oder sozialer und wirtschaftlicher Veränderungen aufhören werden, sind geteilt. Esther Ogunmodede beispielsweise glaubt, daß in Nigeria, dem am dichtesten besiedelten Land Afrikas, die Tradition extrem langsam schwindet und noch immer Millionen Beschneidungen stattfinden. Sie berichtet, daß in jenen Gegenden, wo die Operationen an Mädchen erst im heiratsfähigen Alter vorgenommen werden, reihenweise Mädchen »von zu Hause weglaufen, um dem Rasiermesser zu entgehen«.

Eine interessante Entwicklung fand in Äthiopien während der Jahre des Bürgerkriegs statt, der erst 1991 endete. Als die eritreische Volksbefreiungsfront (EPLF) von Januar 1977 bis Dezember 1978 große Gebiete besetzte, zählte zu den zahlreichen Reformen unter anderem das kategorische und auch erfolgreiche Verbot der Verstümmelung von Genitalien und der Zwangsheirat. Als Grund dafür, daß

sich in der Armee der EPLF sehr viele junge Frauen befanden, gab
man tatsächlich an, die Frauen seien in anderen Teilen Äthiopiens von
zu Hause weggelaufen, um einer erzwungenen Heirat und dem Messer zu entgehen. Wenn die Verstümmelung auch in den abgelegenen
Gebieten weitergehen zu scheint, so ist es heute wegen der dramatischen Veränderung des Bewußtseins der eritreischen Frauen während
der Kriegsjahre wesentlich leichter, Männer und Frauen zu bewegen,
von dieser Praxis abzulassen.

Als das Thema der Verstümmelung weiblicher Genitalien zumindest für eine Erörterung akzeptabel wurde, erschienen Berichte über
Genitaloperationen an nicht damit einverstandenen Frauen aus vielen
überraschenden Gebieten der Welt. In den achtziger Jahren lasen oder
hörten Frauen in Schweden voll Entsetzen Berichte über Verstümmelungen der Töchter von Einwanderern in schwedischen Krankenhäu-
sern. In Frankreich holten Frauen aus Mali und Senegal angeblich
eine *Exciseuse* ins Land, die ihre Töchter in ihren Wohnungen operie-
ren sollte. Im Juli 1982 starb ein maltekisches Kind an einer Exzision;
durchgeführt hatte sie eine professionelle Beschneiderin, die dann
nach Mali floh. Im gleichen Jahr erschienen in der britischen Presse
Berichte, denen zufolge in einer Londoner Privatklinik eine Exzision
aus nichtmedizinischen Gründen vorgenommen worden war.

Seit 1983 ist die Zahl der Bildungsprogramme gestiegen, die in die
Wege geleitet wurden, um das Bewußtsein der Öffentlichkeit wach-
zurütteln im Hinblick auf die mit der weiblichen Genitalverstümmelung verbundenen Gesundheitsgefahren. Die Medien spielten hier
eine wichtige Rolle, denn sie brachten das Thema aus dem häuslichen
Bereich an die Öffentlichkeit. Als Folge dieser Bemühungen ist das
Tabu, das allein schon die öffentliche Erwähnung dieses Vorgehens
umgibt, endlich gebrochen worden. Aber es muß noch ein langer, langer Weg zurückgelegt werden.

Geringe Selbstschätzung und Machtlosigkeit

In diesem Kapitel wurden nur einige der Dinge aufgezeigt, die den
Frauen heute widerfahren; es gibt viele weitere, nicht erwähnte
Ungerechtigkeiten und Grausamkeiten. Der Genitalverstümmelung
widmete ich mehr Raum, um die ganze Schwere dessen zu veranschaulichen, was sogar in den neunziger Jahren noch geschieht.

Lassen Sie mich nun von der alltäglichen Erfahrung westlicher Frauen sprechen. Herabsetzungen von Frauen sind mehr oder weniger ein Muster in unserer Gesellschaft – nicht nur außerhalb des Zuhauses, sondern auch dort. Shere Hite ist der Ansicht, daß Frauen zum Schweigen erpreßt werden, und zwar mit Etiketten, die man ihnen anheftet, wenn sie sich beschweren (die Frauen »meckern ständig« oder sind »schwierig«).

Eine einzelne Frau kann es erleben, so stark oder selbstbewußt sie auch sein mag, daß ihr Wille, wenn sie über einen längeren Zeitraum mit diesen Klischees lebt, stetig, langsam zersetzt wird und ihr Selbstwertgefühl zu etwas wird, worum sie kämpfen muß, Stück für Stück, Tag für Tag, in einem endlosen, mühseligen Kampf.

Die Auswirkungen von alledem plus Kindheitserfahrungen speichern sich in der Psyche einer Frau. Jahrein, jahraus ist sie diesem Bombardement ausgesetzt, in dem ihr gesagt wird, sie sei nicht klug, nicht verständig, konfus, eine schlechte Autofahrerin, schwach, schwankend und unfähig, sich zu entscheiden – kurz, zweitklassig. Sie bekommt natürlich auch Worte des Lobs zu hören, aber die sind meist mit ihrem Aussehen verbunden, damit, daß sie süß ist, hübsch, sexy, ein »Schatz« oder »Liebling«. Versucht sie sich zu behaupten, wird sie erleben, daß man sie als schwierig, geharnischt, hysterisch, lästig oder eine ständige Nörglerin hinstellt.

Bei den meisten Frauen höhlen diese stetigen Tropfen des Herabmachens das Selbstvertrauen aus. Das sieht man daran, daß sie sich ständig entschuldigen, wenn es gar nichts gibt, wofür sie sich entschuldigen müßten. Wir nehmen Schuld auf uns, weil wir annehmen, wir müßten unrecht haben. Wir zögern, sind unsicher. Und wir lassen es an unseren Kindern aus. Frauen tragen oft eine Art dichter Trübheit mit sich herum (außer sie hatten das ungewöhnliche Glück, von sehr bestimmten, positiven Eltern, vor allem Vätern, erzogen zu werden, die ihnen Selbstwertgefühl vermittelten). Viele leben deshalb in einem ständigen Zustand der Depression; eine Bestätigung dafür liefert die Zahl der Verordnungen von Valium, unterteilt nach Geschlechtern. Jo Ryan behauptet, daß Depression als typisch weibliche Form der Verzweiflung anzusehen sei, weil sie passiv und gesellschaftlich unschädlich ist. Sie wirkt hemmend, erschöpfend und abstumpfend. Sie verströmt Machtlosigkeit und ist die Antithese von Aktivität und Kontrolle. Sie beinhaltet Selbstvorwürfe, Selbsthaß und den Zusammenbruch des Selbstvertrauens, »eine Intensivierung der Gefühle, die Frauen ohnehin über sich selbst haben, ihrer angeborenen niedrigen Selbstschätzung und ihrer überhandnehmenden Selbstvorwürfe«.

Bei mir war das in meinen Dreißigern am schlimmsten, bevor ich endlich begriff, was es eigentlich war und daß ich etwas dagegen tun konnte. Ich schrieb:

> Offenbar ist bei mir das Gewebe der Selbstwahrnehmung so dünn, daß ich möglicherweise gar nicht existiere. Bei meiner masochistischen, miserablen Selbstuntersuchung steckt ein hohler, grauer und trüber Geist in meiner Haut – dort, wo andere zweifellos Eingeweide haben. Ich habe das Gefühl, als würde ich mich selbst ausweiden.

An dieser Stelle muß ich den Begriff des Animus ins Spiel bringen. Es ist der Ausdruck, den Jung für die männliche Personifizierung des Unbewußten in Frauen geprägt hat. Der Animus hat sowohl positive als auch negative Aspekte, genau wie die Anima, das entsprechende Phänomen beim Mann. Die charakteristischste Manifestation des Animus erfolgt in Worten. Sie erscheint uns als Stimme, die Kommentare zu jeder Situation gibt, in der wir uns befinden. Ich werde mich hier auf die negative Seite des Animus beschränken und mich erst später mit der positiven befassen. In den Worten von Jungs Frau Emma hören Frauen vom Animus

> ... einen kritischen, ungewöhnlich negativen Kommentar über jede Bewegung, eine genaue Untersuchung aller Motive und Absichten, die natürlich immer Minderwertigkeitsgefühle verursacht und dazu tendiert, jede Initiative und jeden Wunsch nach Selbstausdruck im Keim zu ersticken. Von Zeit zu Zeit kann eben diese Stimme auch übertriebenes Lob erteilen, und die Folge von diesen Extremen im Urteil ist, daß man hin und her schwankt zwischen dem Bewußtsein völliger Nutzlosigkeit und einem aufgeblasenen Gefühl eigenen Werts und eigener Bedeutung.

Ja, in der Tat, das kenne ich! Wichtig ist jedoch die Erkenntnis, daß wir alle das in der einen oder anderen Weise erleben und wir alle uns da durcharbeiten müssen, wenn wir zu einem Ganzen werden wollen.

Bei der Arbeit mit einer Frauengruppe im Jahr 1986 über Fragen von Macht und Machtlosigkeit fanden wir heraus, daß einige von uns ein Verhaltensmuster als Opfer aufgebaut hatten. Offenbar spielte sich folgendes ab: Alle die negativen Botschaften, die unsere Selbstschätzung als Kinder geschädigt hatten, waren zu einer Art kritischen inneren Stimme geworden. Diese kritische Stimme nörgelte dauernd an uns herum wegen der zahllosen negativen Dinge, die wir getan hatten oder taten, oder einfach weil wir *existierten*. Weil dieses ewige Wortgehämmere unsere Selbstsicht stark schwächte, wurden wir zu natürlichen Opfern für einen *äußeren* Tyrannen, der sich uns näherte. Es bestand fast eine Art wortloser Absprache zwischen uns und dem Tyrannen. Wir waren verletzlich, weil wir uns ohnehin selbst tyrannisierten, und der Tyrann wollte jemanden, auf den er einhacken konnte, also gaben wir die natürlichen Zielscheiben ab.

Auslöser dieses Opferverhaltens in den Beziehungen zwischen Mann und Frau könnte das Gefühl »ich armes kleines Ding« sein. Tränen sind oft das einzige, was das Herz eines Mannes erweicht und ihn erkennen läßt, mit welchen *Emotionen* er es zu tun hat. Großartig: Es ist ein guter erster Schritt, mit Emotionen in Kontakt zu kommen. Aber »ich Arme« wirkt fatal, es führt dazu, daß eine Frau in einem Syndrom der »Schwäche und Kraftlosigkeit« verhaftet bleibt.

Solche Emotionen sind sehr schmerzhaft. Manche Menschen erleben dieses Fehlen eines Selbstgefühls als eine Art innere Leere oder als Verlustgefühl. Andere wiederum erleben es als verzehrende Gegenwart, die ihre Energie verschlingt. Viele Schriftsteller betonen jedoch, daß wir nur durch Akzeptierung dieser Emotionen, durch Hinabsteigen zu den wirklichen tiefen *Gefühlen*, die eine Ebene tiefer liegen als die Emotionen, und durch das Arbeiten mit ihnen in Kontakt zu unserem schöpferischen Potential als Menschen gelangen können. Und darum geht es im folgenden Kapitel.

> Kummer schafft die Erzlager in der Psyche, die wir später abbauen – er ist ein Teil des Fundaments unserer Weisheit. (Lara Owen, 1992, Seite 77)
>
> Die meisten Menschen müssen zu irgendeiner Zeit allein dastehen und leiden, und ihre endgültige Form wird von ihrer Reaktion auf diese Bewährungsprobe bestimmt; daraus gehen sie entweder als Sklaven der Umstände oder in gewissem Sinn als Kapitäne ihrer Seelen hervor. (Charles Raven)

Kapitel 3

Frauen mit Macht

Unsere tiefste Angst ist nicht, daß wir unzulänglich sind. Unsere tiefste Angst ist, daß wir mächtig sind über das Maß hinaus. Unser Licht ist es, nicht unsere Dunkelheit, was uns am meisten Angst macht. Wir fragen uns: »Wer bin ich, daß ich glänzend, großartig, talentiert, sagenhaft sein könnte?« In Wahrheit, wer sollten Sie nicht sein? Sie sind ein Kind Gottes. Daß Sie den Kleinen spielen, nützt der Welt nichts. Es ist gar nichts Erleuchtetes daran, zusammenzuschrumpfen, damit andere Menschen rund um Sie sich nicht unsicher fühlen. Wir alle sind dazu bestimmt zu strahlen, wie es Kinder tun. Wir sind dazu geboren, die Herrlichkeit Gottes sichtbar zu machen, die in uns ist. Sie ist nicht nur in einigen von uns; sie ist in jedem. Und wenn wir unser eigenes Licht leuchten lassen, erteilen wir unbewußt anderen Menschen die Erlaubnis, das gleiche zu tun. Wenn wir von unserer eigenen Angst befreit sind, befreit unsere Gegenwart automatisch andere.

NELSON MANDELA, Rede zur Amtseinführung als
Präsident von Südafrika, 1994

In den vorhergehenden Kapiteln schilderte ich eine Zeit, in der Frauen und Männer die Macht teilten, ich beschrieb wie die Macht des Weiblichen unterdrückt wurde und welche Auswirkungen das auf die Situation der heutigen Frauen hat. Das vorliegende Kapitel behandelt, welche Arten von Macht Frauen haben: die zunehmende Macht der Frauen, das zu tun, was Männer tun, beispielsweise beim Militär, ihre wirtschaftliche Macht, ihre Macht der sexuellen Anziehung. Ich zeige auf, daß es sich hierbei um Macht über *handelt, und schöpfe dann aus persönlichen Erfahrungen beim Interviewen der über Atomfragen entscheidenden Männer, um zu veranschaulichen, was ich mit* Macht über *meine. Einiges davon ist fast komisch, besonders in Interviews mit amerikanischen Strategie-Analytikern. Danach untersuche ich, wie westliche Frauen dieses Jahrhunderts ihre maskulinen Eigenschaften entwickelt und die maskuline Machtvorstellung übernommen haben. Das Kapitel endet mit* der Unterscheidung zwischen Macht über *und* Macht zu. *Die Macht der letzteren Art fußt auf Eigenschaften, die man oft als weiblich ansieht, doch über diese Macht verfügen sowohl Frauen als auch Männer. Sie steht nicht nur beiden Geschlechtern zu Gebote, sondern ist auch lebenswichtig für Männer und Frauen, damit sie komplette Menschen werden können.*

Die Macht zu tun, was Männer tun

Zumindest im Westen haben Frauen heute zunehmend die Macht, auch das zu tun, was Männer tun. Seit mehreren Generationen erhalten Mädchen mehr oder weniger die gleiche Erziehung und Ausbildung wie Jungen. Wir haben arbeitssparende Geräte, die uns von der Spüle und vom Feuermachen befreiten. Wir haben Mittel zur Schwangerschaftsverhütung, die zwar unsicher sind, uns aber zumindest erlauben zu bestimmen, wann wir Babys haben wollen. Wir haben Tampons und Hygienetücher, dank denen wir die Menstruation auf eine Weise bewältigen, um die unsere Großmütter uns beneidet hätten. Wir sind allmählich aufgewacht, haben uns alles das angesehen, was Männer tun, und gedacht: »Das könnte ich auch.« Mit Anstrengung, Entschlossenheit und Geschick haben wir die Hindernisse überwunden, die man uns in den Weg legte, und es getan, obwohl wir oft doppelt so gut sein mußten wie der männliche Bewerber, um die entsprechende Stellung zu bekommen. Wir haben in den meisten Bereichen gesetzlichen Anspruch auf Gleichstellung. Frauen können Astronauten, Ringerinnen, Kampffliegerinnen, Rugbyspielerinnen sein. Mit Ausnahme der katholischen Priesterschaft und einiger Londoner Speiseclubs gewährt man Frauen im Westen überall Zutritt, wo Männer ihn haben, und sie können tun, was Männer tun, wenn sie wollen. Sehen wir uns kurz die Veränderungen an, die in nur zwei Bereichen stattgefunden haben: dem Militär und der Wirtschaft.

Das Militär

Es herrschen weltweit sehr unterschiedliche Ansichten darüber, ob die Integration von Frauen in die Streitkräfte gut oder schlecht sei: ob Frauen helfen, das Militär zu »zivilisieren«, oder ob das Militär eher die Frauen »brutalisiert«. Wie dem auch sein mag, im Sinne des reinen

Übergangs finden dramatische Veränderungen statt. Am Ende des Vietnamkriegs betrug die Zahl der Frauen in den amerikanischen Streitkräften nur 1,6 Prozent; bis 1993 stieg die Zahl auf mehr als 11 Prozent. In Großbritannien waren 1993 immerhin 7 Prozent der Streitkräfte Frauen, und es ist geplant, ihre Zahl bis 1998 auf 10 Prozent zu steigern. In den vierziger Jahren wählte Winston Churchill stets Angehörige des Womens Royal Naval Service (WRENS) für die Protokollierung seiner Gipfelkonferenzen mit Roosevelt und Stalin. Später bedankte er sich bei ihnen gönnerhaft als den »Hühnchen, die so gut gelegt hatten ohne zu gackern«. Diese WRENS dienten 1993 bereits auf Kriegsschiffen, sie sind inzwischen in die Königliche Marine integriert. Das geschah nach einer ähnlichen Bewegung beim britischen Heer im Jahr 1992, obwohl Frauen dort noch von der vordersten Kampflinie ausgeschlossen sind. Die Royal Airforce hat bereits ihre ersten Pilotinnen in Hubschraubern und Transportflugzeugen; andere absolvieren die nötige Schulung, um schnelle Düsenmaschinen wie Tornado-Bomber fliegen zu können. Das britische Verteidigungsministerium hat endlich begriffen, daß es nicht zu verteidigen ist, weibliche Angehörige der Streitkräfte zu entlassen, wenn sie schwanger werden; nach einem Musterprozeß im September 1993 hat es sich jetzt darein gefügt, Entschädigungen im Gesamtwert von vielen Millionen Pfund an Frauen zu bezahlen, die wegen sexueller Diskriminierung geklagt hatten.

Die Wirtschaft

Noch vor zwanzig Jahren war mangelnde berufliche Qualifikation eine der größten Hürden, die Frauen auf der Suche nach Arbeit überwinden mußten. Doch jetzt überholen die Mädchen die Jungen in praktisch jedem Fach der schulischen Ausbildung. In Großbritannien beispielsweise bestanden 1992 unter den Mädchen 45 Prozent im Vergleich zu 38 Prozent bei den Jungen fünf Themen in der General Certificate of Secondary Education mit Befriedigend oder einer höheren Bewertung. Zum erstenmal beschritten mehr Frauen als Männer den höheren Bildungsweg. Ungefähr doppelt so viele Frauen wie Männer erlangten berufliche Qualifikationen, und die Arbeitslosigkeit betrug bei nicht graduierten Männern 15,1 Prozent gegenüber 10,6 Prozent bei den Frauen.

Obwohl viele Frauen Teilzeitjobs haben, rechnet man damit, daß acht von zehn der bis zur Jahrtausendwende neu geschaffenen Arbeitsplätze »Frauen-Jobs« sein werden. Die Rollen von Töchtern, Ehefrauen und Müttern und auch ihre Erwartungen haben sich grundlegend geändert. Ebenso die Aussichten für Söhne, Ehemänner und Väter. Doch wie Anna Coote vom Institute for Public Policy Research sagt, fügten Frauen ihrer traditionellen Rolle der Haushaltsführerin und Kindererzieherin jene der Gehaltsempfängerin *hinzu,* während den Männern ihre Rolle als Brotverdiener *verlorenging.*

Die Männer machen gegenwärtig schwere Zeiten durch. Die Rollen, die sie jahrhundertelang innehatten, entgleiten ihnen. Männer pflegten die Brotverdiener zu sein: ein Beweis für ihre Mannesstärke, sowohl in ihren eigenen Augen als auch in jenen der Frauen. Heute hat ein großer Prozentsatz der Frauen bezahlte Stellungen. Innerhalb der letzten zehn Jahre stieg in den USA die Zahl der Frauen mit Jobs und Unternehmen so stark, daß die Frauen als Gruppe finanziell im wesentlichen nicht mehr von Männern abhängig sind. Dies ist eine verblüffende Entwicklung – und ihre Auswirkungen fangen erst allmählich an zu greifen. Befragungen haben ergeben, daß trotz der bei ihnen extrem niedrigen Löhne (und Kindertagesstätten sind teuer) mehr Frauen als je zuvor über genügend Mittel verfügen, um es allein zu schaffen, wenn sie müssen – sogar mit Kindern, auch wenn es knapp hergeht.

Die Arbeitslosigkeit beraubt viele junge Männer einer Rolle im Leben. Junge Frauen dagegen, die heute mit geringerer Wahrscheinlichkeit arbeitslos werden als junge Männer, haben die Rolle der Brotverdienerin hinzugewonnen, ohne jene der Ehefrau und Mutter zu verlieren.

Weil die Frauen wirtschaftlich nicht mehr so abhängig von Männern sind, entscheiden sie sich oft für andere Familiensysteme als die traditionelle Kernfamilie. In Großbritannien beispielsweise gibt es 1,3 Millionen Alleinerziehende (ein Fünftel aller Familien mit Kindern), von denen die meisten Frauen sind; in fast allen westlichen Ländern ist die Lage ähnlich. Zusammen mit der Möglichkeit der Frauen, über die Nachkommenschaft zu bestimmen, bedeutet dies, daß die Männer die Kontrolle im Hinblick auf Erben und Fortpflanzung zunehmend verlieren.

Diese Veränderungen sind schmerzlich. Und das Ganze wirkt sehr bedrohlich für jene Art von Identität, die wir in den vergangenen dreitausend Jahren mit dem Mann-sein assoziierten. Angesichts des Feminismus fühlten und fühlen die Männer sich unsicher. Einige brachten das schriftlich zum Ausdruck, bestimmt eine bessere Reaktion als Unterdrückung. Andere verliehen ihm durch willkürliche Gewalt gegenüber Frauen Ausdruck.

> So kommt es, daß tragischerweise viele Männer, von einem System, das ihnen »Dominanz« offeriert (und behauptet, ihre einzige Alternative sei nicht Gleichberechtigung, sondern »Unterwerfung«!), in einer Art permanenter Isolation und Einsamkeit gehalten werden, im Tausch dafür, daß sie ihre Emotionen zurückhalten, ihr Gefühlsleben unter Kontrolle halten und Einsamkeit erdulden, während sie versuchen, jede Situation »rational« zu beurteilen – und schließlich haben sie dann niemanden, mit dem sie über ihre Gefühle reden, wirklich reden können. (Shere Hite, 1993, Seite 311)

Weil diese traditionelle Art der Männlichkeit bedroht ist, wird sie mittels eines erschreckenden, seelenlosen Machotums übertrieben. Junge Männer in billigen Wohngegenden engagieren sich in einer »militaristischen« Verbrechenskultur und terrorisieren ihre Nachbarschaft. »Sie feiern Krieg, Gewalt und Hierarchien als Möglichkeiten, um Dinge zu ordnen«, wie Bea Campbell es formulierte. Ein Viertel der britischen jungen Männer ist wegen einer Gesetzesübertretung verurteilt. In ihren Vorlesungen von 1994 sagte Marina Warner: »Die Angst der Männer hat zugenommen, im gleichen Ausmaß wie die Überzeugung, daß Aggression – einschließlich sexueller Gewalt – unweigerlich den Charakter des jungen Mannes definiert.« In Spielsalons und Wohnzimmern des ganzen Landes bringen junge Männer ihre Zeit damit zu, Monster zu jagen, zu vernichten, aufzuschlitzen, zu zerhacken, mit den Köpfen aneinanderzustoßen. In unserer High-Tech-Welt scheint materieller Erfolg Aggression und Machoqualitäten zu verlangen. Hören wir uns eine Frau dazu an:

> Die Männerkultur – jene Gruppe von Überzeugungen, Haltungen und Verhaltensweisen, die Männer entwickeln müssen, um als *wirkliche Männer* angesehen zu werden - ist eine zusammenhanglose, gewaltbetonte, herabsetzende, beherrschende Kultur. In ihr lernen Männer zu führen, indem sie andere entmächtigen, zu siegen, indem sie andere schlagen, zu »denken«, indem sie mit anderen streiten.

Hören wir uns einen Mann an:

> Der heterosexuelle Mann wächst auf, ohne zu lernen, sich zu beklagen. Für Männer lautet das Motto: Wenn das Vorwärtskommen hart wird, kommen die Harten vorwärts. In einer männerbeherrschten Gesellschaft wird es einem nicht gelohnt, sich über irgend etwas zu beklagen. Du darfst nicht sagen, daß du nicht tanzen kannst, du darfst nicht um Hilfe in Mathe bitten, du darfst nicht um Anweisungen bitten.

In Großbritannien hat sich die Zahl männlicher Selbstmorde im vergangenen Jahrzehnt fast verdoppelt, dagegen haben die Selbstmorde von Frauen abgenommen. »Als Mann aufzuwachsen ist schwer, sehr schwer«, sagt Angela Phillips. »Ich erkannte, daß für viele Jungen der Prozeß des Heranreifens zum Mann ein Prozeß der Unempfänglichmachung ist, bei dem die Offenheit des Kindes immer weiter zusammenschrumpft, hinein in die Schale des Mannes.«

Die Macht der sexuellen Anziehung und warum Männer Frauen fürchten

Liest man die Boulevardblätter, könnte man glauben, daß Frauen ungeheure sexuelle Macht über Männer haben. Jeden Winkel unserer Kultur durchdringt die Vorstellung, daß Frauen, wenn sie nur sexy genug sind, alles machen und erreichen können. In einer Werbeanzeige nach der anderen sind Frauenkörper mit Macht verbunden.

Die Schilderung in Kapitel 1, wie Arnold Will mich zu verführen versuchte, warf die Möglichkeit eines Handels auf: meine Attraktivität im Tausch für seine Macht. Wie ich erklärte, wäre dies der Weg zu einer Art Macht gewesen – Macht mittels Stellvertreter. Doch diese Macht hätte vollkommen von seinem Verlangen gelebt. Wenn (oder eher: falls) sein Verlangen erloschen wäre, hätte ich keinerlei Macht mehr besessen.

Einige Analytiker glauben, die Macht der sexuellen Anziehung gehe tiefer, sei mit der Urangst des Mannes vor Frauen verbunden. Gemäß ihnen finden sich in der ganzen aufgezeichneten Geschichte Beweise für diese Angst: die bildlichen Darstellungen des dunklen, geheimnisvollen, unbekannten und oft unergründlichen Naturells von Frauen. »In manch einer Sage sehen wir den Helden für immer verloren, wenn er rücklings in den substantiellen Schatten stürzt: Höhle, Abgrund, Hölle.« (Simone de Beauvoir, 1984)

Zeitgenössische Schriftsteller behaupten, der Mann würde die Frau wegen der angsteinflößenden Macht fürchten, die seine Mutter als Kind über ihn hatte. Diese Macht, ihm Nahrung zu geben oder vorzuenthalten, ihn zu retten oder zu verlassen, zu kommen, wenn er weinte, oder ihn zu ignorieren, ist buchstäblich eine Macht über Leben und Tod.

Denny ist ein Häftling der Kategorie A; er sitzt im Hochsicherheitstrakt für gewalttätige Häftlinge des Gefängnisses von Parkhurst eine lebenslange Strafe wegen Mordes ab. Bob Johnson, psychiatrischer Berater in Parkhurst, verbringt sein Berufsleben damit, im Häftling den verletzten Menschen zu suchen. Ihm zufolge ist Denny das Beispiel eines Menschen, den man als Kind Gewalt lehrte. Seine Mutter pflegte ihn routinemäßig zu schlagen. Er wuchs also in der ständigen Angst auf, daß sie ihn wieder verprügeln würde, zu jeder beliebigen Zeit. In seinem Inneren blieb er überzeugt davon, noch ein Kind zu sein. »Da haben wir also«, sagt Johnson, »einen voll erwachsenen Mann, einen großen noch dazu, der behauptet, daß er seine Mutter noch immer fürchtet, eine Frau von mittlerweile 85 Jahren, die nur etwa 1,60 m mißt.«

Dorothy Dinnerstein untersucht diese Auffassung in ihrem Buch *The Rocking of the Cradle and the Ruling of the World*. Sie schreibt, daß Männer, während sie heranwachsen, diese erste, anfängliche Erfahrung weiblicher Macht nicht vergessen und ihr Leben damit zubringen, sicherzustellen, daß diese Macht sie nie mehr überwältigt. Sie sagt, der Mann habe magische Gefühle der Ehrfurcht und Angst, manchmal auch des Abscheus gegenüber allem, was geheimnisvoll, mächtig und nicht er selbst ist, und der fruchtbare weibliche Körper ziehe diese Projektionen auf sich. Ihre These provoziert die Frage: Und was ist mit den Frauen, während sie heranwachsen: Fürchten sie die Macht ihrer Mütter nicht genauso? Die Antwort lautet vermutlich, die meisten Frauen hätten bald das Erlebnis, Mütter zu sein, und würden erkennen, daß man sich dabei wahrlich nicht sehr mächtig fühlt.

Möglicherweise erklären die beiden Antriebe – die Macht der sexuellen Anziehung von Frauen und die Angst der Männer vor Frauen – in Verbindung miteinander die Praxis der Genitalienverstümmelung, die wir im vorigen Kapitel erörterten. Vielleicht sind die Sexualität und die Macht der Frauen eng miteinander verknüpft, und die Folge ist, daß in einigen Gesellschaften diese extreme »Lösung« versucht wurde und wird.

Ein nachdenklicher Mann aus meinem Bekanntenkreis glaubt, daß die Angst vor Frauen heute weit verbreitet ist und daß es sich dabei um Furcht vor dem Unbekannten, dem Geheimnisvollen, den tieferen Bewußtseinsebenen und deshalb der Intuition handeln könnte. Er ist der Ansicht, ein Bestandteil der archetypischen Veranlagung des Mannes sei das Bedürfnis, nach rationalen Erklärungen und vernunftbetonten Verhaltensweisen zu suchen; werden ihm diese genommen, fühlt sich ein Mann verloren und verängstigt. Im Interesse seiner eigenen Sicherheit wird er sich bewußt schützen, indem er die Gefahr des Unbekannten beseitigt. In mancher Weise ist dieses Vorgehen dem eines in die Enge getriebenen Tieres nicht unähnlich; verspürt das Tier Angst, greift es instinktiv das Objekt an, das ihm Angst einjagt, sogar auf archetypischer Ebene. Aus dem gleichen Grund kann man die gegenwärtige Welle des Feminismus, die Wiederbelebung der Göttin und die mißliche, unangenehme Lage des modernen Mannes als wesentlichen Bestandteil ein und desselben Phänomens ansehen: dem Wiederauftauchen der spirituellen, intuitiven Dimensionen unseres Wesens.

Andere Männer sehen in Frauen die Besitzerinnen der Macht, Leben wachsen zu lassen, es zu gebären und zu nähren, völlig aus sich heraus. Diese Macht drückt sich im Bauch sowie in den Brüsten erwachsener Frauen aus. Und in dem riesigen Erzeugungsorganismus sind die Männer nur einen kurzen Augenblick wichtig: während des Geschlechtsakts. Danach können sie das Gefühl haben, entbehrlich zu sein. Der ganze Organismus kann ohne sie funktionieren Die Kehrseite der Medaille ist, daß Männer eine Freiheit haben, die Frauen verwehrt bleibt, denn sie sind an den Fetus und das Kind gefesselt. Die Männer mögen sich zwar unwichtig vorkommen, aber sie sind frei.

Das alles, gepaart mit dem Groll, den Männer seit ihrem eigenen Erleben mütterlicher Macht verspüren, erzeugt in vielen von ihnen heute Gefühle der Macht- und Bedeutungslosigkeit. Darauf reagieren sie, wenn sie eine Chance erhalten, durch Beharren auf ihrer Wichtigkeit – »ohne mich kommst du nicht zurecht« – und ihrer Macht (mit Gewaltanwendung und Mißbrauch).

Diese Gefühle steigen jetzt jedoch näher an die Oberfläche des Bewußtseins und der Ausdrückbarkeit, was bedeutet, daß eine Veränderung stattfindet. Männer bilden Gruppen zur Selbsthilfe und gegenseitigen Unterstützung, um herauszufinden, was es wirklich bedeutet, ein Mann zu sein.

Macht *über*

Alle drei Arten von Macht, die Frauen vorgeblich haben – ihre wachsende Macht, das zu tun, was Männer tun, ihre wirtschaftliche Macht und ihre Macht der sexuellen Anziehung –, werden von unserer Gesellschaft gemäß dem männlichen Machtverständnis als *Macht über* wahrgenommen. Ich möchte jetzt wieder zum Persönlichen zurückkehren und beschreiben, wie mir die Verbreitung dieser Idee der *Macht über* in einer männlichen Welt zu Bewußtsein kam. In den achtziger Jahren gründete ich, wie in der Einführung gesagt, eine Forschungsgruppe, um herauszufinden, wer im Zusammenhang mit Atomwaffen die Entscheidungen traf. Dann half ich Personen, die mit der Atompolitik nicht einverstanden sind, einen Dialog mit diesen entscheidenden Personen in die Wege zu leiten. Gleichzeitig schuf ich ein Programm, in dem ich selbst die Topleute, die in Großbritannien über Atomwaffen entschieden, interviewte. Das Ziel bestand einerseits darin, ihre Denkweise verstehen zu lernen, und andererseits darin, eine andere Weltsicht einzuführen. Die Interviews machte ich entweder allein oder zusammen mit einem männlichen Kollegen; sie wurden auf Band aufgenommen oder in ausführlichen Notizen festgehalten, und später wurde dann alles niedergeschrieben.

Ein großer Teil dessen, was ich in den Interviews herausfand, jagte mir Schrecken ein. Als ich nach Szenarios der Gefahren fragte, die der NATO 1992, nach dem Ende des Kalten Krieges, tatsächlich drohten, sagte mir der Mann, dessen Aufgabe es ist, die Zahlen der Atomwaffen der NATO zu berechnen:

> Tatsache ist, daß es keine Bedrohung gibt – wir halten ziemlich scharf Ausschau, und Sie können sicher sein, daß wir mit etwas aufwarten werden… Wir haben uns die »generische« Vorgehensweise zu eigen gemacht.

Auf die Frage, was er unter »generisch« verstehe, antwortete er:

> Nun, das ist theoretisch – nicht direkt mit dem wirklichen Leben verbunden. Gemeint ist eine akademische Vorgehensweise. Aber keine schlimme Bedrohung, das sei vorweg gesagt... In der alten Zeit war es eine Spielerei: Man speiste auf der einen Seite die sowjetische Bedrohung ein, genau wie in eine Obstpresse, zog den Hebel, und auf der anderen Seite kamen alle die Atomwaffen heraus, die man sich wünschen konnte.

Im Handelsministerium in London fragte ich den höchsten Beamten, in dessen Zuständigkeit die Erteilung von Lizenzen für Waffenexporte lag, ob für ihn als Mensch ein Interessenskonflikt bestehe zwischen seiner Arbeit für ein Ministerium, dessen Aufgabe die Förderung des Handels war, und den Meldungen in den Nachrichten, daß die von ihm zum Export freigegebenen Waffen Tausende von Menschen getötet hatten. Er lachte unvermittelt und laut, so laut, daß ich mich aufrichtete. Als die nervöse Herzlichkeit abgeklungen war, sagte er:

> Für dieses Ministerium könnte man wirklich nicht arbeiten, wenn man in der Richtung Skrupel hätte. Aber man denkt einfach nicht darüber nach, das kann man nicht, dazu ist man viel zu beschäftigt. Täte man das, wäre man wie eine Verkäuferin bei Woolworth, die jemandem ein paar Meter Litzendraht verkauft, in der Annahme, daß die Leute damit eine Lampe anschließen wollen, statt dessen ziehen sie los und erwürgen jemand damit.

Die Unanwendbarkeit dieses Vergleichs kam so überraschend für mich, daß ich nicht schnell genug war, um darauf hinzuweisen, daß Waffen zum Töten entworfen und hergestellt werden, elektrischer Litzendraht dagegen keineswegs.

Einige dieser Männer sind sehr intelligent; andere haben einfach ihren Geist und ihre Gefühle abgeschottet, und wieder andere sagen nicht die Wahrheit. 1991 hatte ich ein Mittagessen mit dem Mann vom Auswärtigen Amt, der für die Waffenexportpolitik zuständig ist. Da inzwischen die allgemeine Ansicht herrscht, daß nationales Vorgehen zur Einschränkung von Waffenexporten nichts bewirkt, versuchte ich mehrmals, mit ihm die Möglichkeit eines gemeinsamen, weltweiten Vorgehens zur Kontrolle des Waffenexports zu diskutieren. Nach drei Versuchen war die Idee bei ihm noch immer nicht durchgedrungen; sein Standpunkt war völlig festgefahren, nicht nur in der britischen Position, sondern in der besonderen Auffassung des Außenministeriums im Gegensatz beispielsweise zu jener des Verteidigungsministeriums. Er sagte mir doch glatt, seit dem Ausbruch des Kriegs zwischen Iran und Irak hätte Großbritannien in die beiden Staaten keine Waffen mehr exportiert. Scott Inquiry zeigte später auf, wie unwahr diese Aussage war.

Die Gespräche, die ich mit diesen Männern führte, reichten von sehr vertraulich über sehr wichtigtuerisch bis zu traurig und ziemlich komisch. Gabriel de Bellescize ist französischer Botschafter in Aotearoa/Neuseeland. Im Anschluß an seine Rede bei einer Konferenz dort im Februar 1992 stellte ich ihm eine Reihe Fragen über die Atomflugkörper, die Großbritannien zusammen mit Frankreich herstellen wollte und bei denen die Möglichkeit von Tests im Pazifik bestand. Er gab weitschweifige Antworten auf Diplomatenart. Ich ging durch den Gang im Saal auf das Pult zu, an dem er stand, und sagte: »Bitte beantworten Sie meine Frage. Für welches Ziel ist dieser neue Flugkörper vorgesehen?« Er stockte und meinte schließlich: »Hm, Sie müssen Ihrem Außenminister – und meinem – schon Zeit zum Überlegen geben.« Die Zuhörer brachen in schallendes Gelächter aus, das so laut war, daß nichts mehr gesagt zu werden brauchte.

Emotionen gelten in dieser Welt der Waffen als gefährlich. Der Chefwissenschaftler des führenden britischen Herstellers von Waffenelektronik ist dem Aussehen nach ein richtiger Einstein: die gleiche fliegende weiße Haarmähne. Ich fühlte mich hingezogen zu ihm. Nach meiner Meinung machte es ihm Spaß, irrige wissenschaftliche Theorien auffliegen und fade Komitee-Versammlungen platzen zu lassen. Man konnte bei ihm ungezwungen sein und etwa sagen: »Oh, machen Sie mal einen Punkt«, worauf er manchmal scharf reagierte, aber immer schnell. Er hat die Leidenschaft, logisch zu sein. Er liebt die Auseinandersetzung und das Zerpflücken von Argumenten; und er räumt ein, daß Emotionen hinderlich sind, darum kämpft er dagegen. Meine Frage, was falsch sei an Emotionen, löste bei ihm Überraschung aus, als verstehe sich das doch von selbst:

Man *muß* unterteilen. Muß die Persönlichkeit aus der Logik heraushalten. Ich weiß, was Sie sagen werden... Sie werden sagen, daß Erziehung und überhaupt alles die Art unseres Denkens beeinflußt. Wir *müssen* das auf ein Minimum reduzieren.

Veränderung im einzelnen Menschen

Andere, die Zugang zur Welt der über Atomwaffen entscheidenden Personen fanden, gelangten zu den gleichen Schlüssen wie ich. Carol Cohn, eine amerikanische College-Dozentin, die an einer namhaften amerikanischen Universität einen Sommer-Workshop über atomstrategische Doktrin besuchte, beschreibt ihr Erlebnis folgendermaßen:

Der Eintritt in die Welt von Verteidigungsintellektuellen war ein bizarres Erlebnis – bizarr, weil das eine Welt ist, in der Männer ihre Tage damit zubringen, ruhig und sachlich über Atomwaffen, Atomstrategie und Atomkrieg zu diskutieren. Die Erörterungen sind sorgfältig und gründlich durchdacht, finden offenbar ohne irgendein Gefühl des Entsetzens, der Dringlichkeit oder moralischen Empörung statt – tatsächlich scheint den Worten keine graphische Realität zu unterliegen. wenn diese Leute von »Erstschlägen«, »Gegenschlägen« und »begrenztem Atomkrieg« sprechen oder wenn sie über die Vergleichswerte einer »minimalen Abschreckung« und der »Fähigkeit zur Führung eines Atomkriegs« debattieren... Jeder, der die Bilder brennender Hiroshima-Opfer gesehen hat oder versucht hat, sich die Schmerzen vorzustellen, die ihnen die Hunderte ins Fleisch gesprengten Glasscherben verursachten, könnte es unvorstellbar pervers finden, daß man eine Kategorie von Atomsprengkörpern lässig als »saubere Bomben« bezeichnet.

Ich glaube, ich hatte mich naiverweise als feministische Spionin im Haus des Todes gesehen und mir vorgestellt, daß ich herumschleichen und heimlich lauschen müßte, um das zu hören, was Männer in unbeobachteten Augenblicken sagten, daß ich meine ganze Spitzfindigkeit und Listigkeit einsetzen müßte, um dahinterzukommen, welche sexuellen Bildvorstellungen ihrer Denk- und Sprechweise unterlagen... Ich täuschte mich. Es gab keinen Beweis dafür, daß irgendwelche feministischen Kritiken je in die Ohren oder gar in den Geist dieser Männer gelangt sind... Die Vorträge bestanden weitgehend in Erörterungen von senkrecht aufstellbaren Abschußrampen, Schub-Gewicht-Verhältnissen, verschiedenen Detonationsarten, großer Eindringtiefe und der vergleichsweisen Vorteile langandauernder Angriffe gegenüber spasmischen – oder dem, was ein Militärberater des National Security Council die »Auslösung von 70 bis 80 Prozent unserer Megatonnage in einem einzigen orgasmischen Bums« nannte. Ernste Besorgnis herrschte wegen der Notwendigkeit, unsere Flug-

körper zu härten, und der Notwendigkeit, es »klar zu sehen, die Rus-
sen sind ein bißchen härter als wir«. (B6)

Carol Cohns Erlebnis bei amerikanischen Strategie-Analytikern hatte
verblüffende Ähnlichkeit mit dem, was ich beim Interviewen der in
Atomangelegenheiten entscheidenden Briten erlebte. Norman
Dixon, Psychologieprofessor am University College in London, ist
der Meinung, daß heute das Schicksal der Welt in den Händen von
Führern liegt, bei denen eine überdurchschnittliche Chance besteht,
daß sie neurotisch, irrational, paranoid und egomanisch sind.

> Ein Vernichtungspotential mit einem Ausmaß, von dem man sich bis-
> her nichts träumen ließ, liegt in den Händen weniger alternder Indi-
> viduen, denen man im Hinblick auf ihre Persönlichkeit, ihre Motiva-
> tion, ihre Streßbewältigung und ihre zerebrale Leistungsfähigkeit
> kaum die Einkäufe fürs Wochenende anvertrauen sollte. (B6)

Einer seiner Lösungsvorschläge besteht darin, die militärische Führerschaft zu beschränken, und zwar auf »jene Hälfte des Menschengeschlechts, die weniger dazu neigt, dem Massengenozid zu frönen:
Frauen«. Nett von ihm, dies vorzuschlagen, aber völlig unrealistisch
und auch nicht ganz das, worum es geht. Der entscheidende Punkt
ist, daß wir alle uns ändern müssen. Frauen sind keine Engel und
Männer keine Teufel. Es stimmt nicht, daß dort draußen ein paar
schlechte Menschen sind. die unsere Umwelt verschmutzen und vernichten und Bomben bauen; wir alle tragen den Verschmutzer, den
Vernichter und den Bombenbauer in uns.
   Die Gefahr für den Planeten erwächst aus Entscheidungen, die alle
unabhängig voneinander treffen, ohne deren kumulative Wirkung zu
bedenken und ohne ein Gefühl der Verantwortung für deren kumulative Wirkung. Nach Lage der Dinge tun die Menschen einfach weiterhin, was sie tun, ohne an das Ganze zu denken. Dies trifft zu, ob es
nun um Entscheidungen auf hoher Ebene geht (Waffenproduktion,
Waffenverkauf, Entsorgung giftigen Abfalls) oder um Entscheidungen
auf der Ebene des Konsumenten. Die Wünsche und das Verlangen des
Einzelnen haben größte Priorität; was für das Ganze gut ist, rangiert
weit hinten. Tatsächlich aber ist das, was für das Ganze gut ist, gut für
den Einzelnen. Und der Einzelne ist es, der hier etwas ändern kann.
   Genau aus dem Grund hielt ich es für lohnend, einen Dialog mit

den über Atomwaffen entscheidenden Personen in die Wege zu leiten. Das System mag noch so maschinenartig erscheinen, die Politik machen einzelne Menschen, und sie sind es, die sie ändern können. Zahlreiche Bestätigungen dafür erhielt ich von Menschen, die in dem Geschäft tätig sind. Um einen höheren Beamten zu zitieren, der sein Leben lang im Handelsministerium arbeitete: »Letztendlich ist es der Einzelne, der den Unterschied ausmacht. In einer Abteilung können es eine oder zwei Personen sein, die tatsächlich die Vorgehensweise bestimmen.« Im Zusammenhang mit Veränderungen sagte er, der staatliche Verwaltungsdienst sei gut darin, einen geraden Weg zu gehen, aber sehr schlecht darin, sich zu ändern. »Aus dem Grund führen alle im Verteidigungsministerium immer noch den Kalten Krieg.« (Das war 1992.) Er sagte, in den Abteilungen der staatlichen Verwaltungen seien Einzelpersonen entscheidend; die Bedeutung oder der Einfluß einer Abteilung hingen davon ab, wer dort sitze.

Auf eine seltsame Weise machten diese Interviews Spaß. Anfangs gefiel die Rolle, die ich spielte, dem Männlichen in mir. Wenn ich wußte, daß ich ein Interview machen sollte, bekam ich jedesmal morgens einen gewaltigen Adrenalinstoß; er versetzte mich in einen zu Kopf steigenden Zustand von Ängstlichkeit gemischt mit Kühnheit. Ich verstand meine Sache. Ich setzte meinen Mut ein. Ich wandte etwas an, das meine angeheirateten jüdischen Verwandten »Chuzpe« nennen, eine Mischung aus Dreistigkeit, Wagemut, des Hintretens, wohin Engel nicht zu treten wagen und ähnlichem mehr. Dabei kann ich ganz schön high werden, wie ich es schon als Kind wurde, als ich ständig mit Jungen wetteiferte und manchmal siegte. Cyrano de Bergerac war mein Lieblingsautor in der Schule, ich war völlig gefangen von ihm und seinem weißen Schal, diesem Zeichen von Wagemut und Großtuerei.

Der männliche Teil einer Frau

Das gegenwärtige Jahrhundert erlebte die Entwicklung von Eigenschaften wie Mut, Mitteilsamkeit, Heldenmütigkeit und Durchsetzungsvermögen bei Frauen – lauter Eigenschaften, die man in der Regel für männlich hält. Der maskuline Teil einer Frau ist großartig und darf nicht zerquetscht werden. Er hat, wie ich im vorigen Kapitel aufzeigte, eine harte, dunkle Seite, die man zum eigenen Schaden übersieht. Ohne bis zu physischer Gewalt gehen zu wollen, die dunkle Seite dieser Großtuerei, dieses Muts, dieser Kühnheit zeigt sich für mich, wenn der Animus die Triebkraft ist. Der andere, beispielsweise der Gesprächspartner, sieht sich dann plötzlich mit etwas in mir konfrontiert, das hartnäckig, kalt und völlig unzulänglich ist. Es vermag die Form einer unvermittelten »heiligen« Überzeugung anzunehmen – die unbestreitbar und unanfechtbar »wahr« ist. Marie-Luise von Franz sagt, daß »eine solche Überzeugung anderen mit lauter, nachdrücklicher Stimme gepredigt oder durch brutale Gefühlsszenen aufgezwungen wird«.

Alle Frauen haben einen Animus. Grundlegend beeinflußt wird er vom Vater, der ihn mit Überzeugungen ausstattet, und zwar solchen, in denen die persönliche Realität der Frau, wie sie wirklich ist, nie enthalten ist. Von Franz sagt weiter, der Animus locke Frauen von allen menschlichen Beziehungen weg, besonders von Kontakten mit wirklichen Männern.

In den Momenten, in welchen der Animus die Oberhand gewinnt, versucht er Menschen zu beurteilen, und er hat kaum je etwas Gutes über sie zu sagen. Er kann bei wirklichen Männern nicht nur Fehler und Schwächen nicht verzeihen, sondern auch die guten Eigenschaften nicht sehen und wird sie nicht anerkennen. Immer erzählt er mir, der perfekte Mann, perfekte Liebhaber, perfekte Gefährte sei gleich um die Ecke. Er ist grob und berechnend und sieht überall Komplotte und Verschwörungen. Von seiner positiven Seite bekomme ich viele Stärken. Er stattet mich mit Ordentlichkeit, Rationalität und Disziplin aus. Er ist jener Teil in mir, der morgens aufsteht und die Dinge erledigt, die erledigt werden müssen. Er hat glänzende Ideen.

Ich malte ein Bild von meinem Animus, den ich als Totempfahl mit vielen Gesichtern sah (Abbildung Seite 99). Nicht wiedergegeben habe ich die negativen, erdrückenden, destruktiven Gesichter meines Animus, weil ich sie bereits allzu gut kenne (ich sehe sie täglich!). Was ich darstellen wollte, waren die positiven Aspekte. Das oberste Gesicht ist mein *Wahrheitssucher*, der beherrscht, fest und zäh ist und mir durch alles hindurchhelfen wird, was ich auf meinem Weg bewältigen muß. Das nächste, jenes mit den gefurchten Brauen, ist mein *Denker*. Er verleiht mir geistige Klarheit, das, was der hinduistische Affengott Hanuman »Gefühlsurteil« nennt. Er ist mein Stratege, ist wendig und agil. Als nächstes kommt mein *Skeptiker*, der bei fast allem die Augenbrauen hochzieht. Er kann Narren nicht ausstehen und liebt es,

Animus

mißtrauisch zu schauen, zu fragen und zu zweifeln. Er ist süffisant, hat einen trockenen Humor und kann manchmal unbarmherzig sein. Der letzte ist mein _weiser Mann_. Er ist asketisch, ruhig, nachdenklich. Der Liebe in der Welt, sowohl der außerhalb von ihm als auch der in ihm, ist er sich so stark bewußt, daß letztendlich nichts ernst bleibt. Er lächelt und lacht oft.

Mein Animus verleiht mir Mut, aber einen Mut, mit dem ich vorsichtig umgehen muß. Die Sache läuft etwa folgendermaßen ab: Ich beschließe, daß ich etwas Schwieriges erreichen will, bin mir aber nicht ganz sicher, ob ich es schaffe, also muß ich ein bißchen »gestärkt« werden. Bei dem Vorgang, mich in Schwung zu bringen, bin ich zutiefst mit mir und meiner »Aufgabe« beschäftigt; ich bin dann nicht »in« mir, sondern es ist, als würde ich das »mit mir tun«, nämlich meinen Motor auf Touren bringen; und zweifellos bin ich dann für niemand anderen da. Ich habe großartige Vorstellungen von mir selbst, walze den (unzutreffenden) Gedanken aus, daß »ich« das getan habe. Als Folge davon bin ich schließlich nicht mehr imstande zu begreifen, warum andere nicht tun können, was ich geschafft habe, und ich beginne ihnen zu erklären, wie sie ihr Leben führen sollen. Das alles erinnert mich peinlich an eine Person, die vor Jahren in der Downing Street Nr. 10 residierte.

Wie mir ergeht es, glaube ich, vielen Frauen, die auf den Erfolgsleitern unserer männlichen Welt emporsteigen. Sie müssen dieselben Werte entwickeln wie die Männer, mit denen sie um Posten wetteifern. Das Britische Unterhaus gibt ein gutes Beispiel ab. Dort sitzen jetzt vielleicht mehr Parlamentarier_innen_ als früher, aber die dort herrschende Kultur ist weiterhin die einer Public School für Knaben, wo die »Ordnungshüter« jene heruntermachen, die ständig für andere Dienste leisten, wo Debatten in Slang-Schlammschlachten ausarten und niemand jemandem zuhört – eine perverse Kakophonie, aus der wenig Weisheit für das Volk erwächst. Die Staatswissenschaftlerin Betty Reardon glaubt, daß Erfolg in der Politik, genau wie Erfolg im Krieg, als Beweis für Männlichkeit angesehen wird und ein bestimmtes Maß an Grausamkeit erfordert. Nach ihrer Meinung zeigen die politischen Leistungen der mächtigsten Frauen der Welt, daß sie weiterhin ihre Härte unter Beweis stellen müssen, sogar (oder besonders) nachdem sie die Höhen der Macht erklommen haben.

Menschen, die Indira Gandhi und Lady Thatcher kennenlernten, behaupten, daß beide Frauen Techniken der Beherrschungsmacht sowie die furchteinflößenden Aspekte des Weiblichen einsetzten, um ihre Ziele zu erreichen. Sprechen Sie mit Frauen, die in der Welt, wie sie heute ist, Erfolg haben, und Sie werden von vielen zu hören bekommen, das sei kein Problem. Diese Frauen haben das männliche Spiel aufgegriffen, die männlichen Regeln akzeptiert, gut gespielt und gewonnen. Interviewen Sie Frauen, die in der Welt der Verteidigung zu entscheidenden Persönlichkeiten geworden sind, und Sie werden feststellen, daß diese Frauen in ihren Ansichten, Wertvorstellungen und Haltungen nicht mehr von ihren männlichen Kollegen zu unterscheiden sind. Gehen Sie ein bißchen unter die Oberfläche, werfen Sie vielleicht den Gedanken auf, eine Macht anderer Art einzusetzen, und die Frauen werden Sie komisch ansehen und in etwa sagen: »Schauen Sie, das hier ist die wirkliche Welt; es ist eine harte Welt, und wir haben keine Zeit für solche vagen Vorstellungen.« Von weiblicher Macht wird meist automatisch angenommen, sie sei schwach. Major Jones beschreibt Frauen in den Streitkräften folgendermaßen:

> ...Viele gehen so sehr in ihrer männlichen Identität auf, daß Frauen in ihren Augen »die anderen« geworden sind; im Militär sind sie »einer von den Jungs« geworden. Der einzige Weg für Frauen, mit dem Widerspruch fertigzuwerden, sowohl eine Frau als auch ein Soldat zu sein, bestand oft darin, aktiv ihre Verbindung mit der weiblichen Welt zu leugnen. Von solchen Soldatinnen zu erwarten, daß sie eine Institution herausfordern, in der sie eine so gefährdete Stellung innehatten, war unrealistisch.

Was eine Feministin am schwersten lernt, das ist, ihre Weiblichkeit kennenzulernen. Doch gerade darin liegt für sie der Weg zu wirklicher Macht, weil wirkliche Macht aus der Interaktion und der eventuellen Vereinigung des Männlichen und Weiblichen in einer Person erwächst. Feministinnen entwickeln ihre maskulinen Seiten und Eigenschaften − sie brauchen diese, um zu verhindern, daß sie unterdrückt werden −, aber um ein vollständiger und mächtiger Mensch zu sein, brauchen sie auch ihre feminine Seite. Genauer werde ich dies in den Kapiteln 7 und 9 untersuchen.

Entwicklung einer andersartigen Macht

Die Frage des Feminismus führt uns zurück zu dem, wie wir Macht sehen. Wenn ich es akzeptiert habe, die Welt als schlimmen, gefährlichen und bedrohlichen Ort zu betrachten, dann muß ich schlimm, gefährlich und bedrohlich sein, um mit ihr fertigzuwerden. Das ist die Sicht der Macht als Dominanz, Beherrschung, mit der ich es in meinen Interviews einige Male zu tun bekam. Anfangs reagierte ich darauf mit herausforderndem Benehmen. Nach und nach erkannte ich folgendes: Je konzentrierter ich war, je mehr ich ich selbst war, statt eine Rolle zu spielen, desto mehr konnte jeder Mann auf mich als Person reagieren statt als Inhaber einer bestimmten Rolle. Der Chef einer großen Waffenfirma beispielsweise sagte zu mir, der Waffenverkauf verkürze Konflikte, das stehe zu hoffen.

»Menschen wie Sie verkaufen doch an beide Seiten«, wandte ich ein.

»Wir tun immer strikt, was die Regierung uns zu tun erlaubt.«

»Aber im Krieg Iran gegen Irak?«

»Ich weiß nicht, wie viele umkamen.«

»Zwölfjährige Jungen wurden eingezogen.«

»Die Leute befanden sich eben in einer verzweifelten Lage. Hitler hat das auch getan. Ich habe einige von ihnen gesehen. Sie weinten.«

In seinem Gesicht begann es zu arbeiten, er senkte die Augen, in denen Tränen standen, und lange herrschte Schweigen. Plötzlich schaute er auf und fragte fröhlich: »Wo war ich?«

»Sie waren in einem Krieg.«

Wieder zeigten sich Bewegungen in seinem Gesicht. Schweigen.

»Ich bin kein kriegerischer Mensch, wissen Sie.«

Die Gefühle dieses Mannes rührten mich. Ich wurde von ihm als Person erreicht. Dieses schrittweise Lernen, in den Interviews ich selbst zu sein – mehr zu *sein* als zu handeln, auf menschlicher Ebene zu reagieren statt zu argumentieren und zu urteilen – wurde immer befriedigender für mich und, wie ich glaube, auch für meine Interviewpartner. Meine letzte Interview-Serie machte ich 1992. Nach jedem Gespräch schickte ich den Interviewten Notizen in Form einer schematischen Darstellung über den Verlauf der Unterredung; in fast allen Fällen reagierten sie ausführlich, engagierten sich in bezug auf die Paradoxen oder Widersprüche, die ich aufgezeigt hatte, und einige machten süffisante Bemerkungen oder lachten über sich selbst. Nach meinem Gefühl hatten beide Seiten die Deckung ein bißchen gesenkt und irgendwie begonnen, die riesige Kluft zwischen unseren Weltauffassungen zu überbrücken.

Der große Unterschied

Ich möchte unterscheiden zwischen dem Begriff *Macht über*, die wir im vorliegenden Kapitel bereits in Verbindung mit Frauen erörtert haben – nämlich die wachsende Macht der Frauen, das zu tun, was Männer tun, sowie ihre wirtschaftliche Macht und ihre Macht der sexuellen Anziehung – und einem völlig anderen Begriff; der *Macht zu* und der *Macht mit* statt der *Macht über*. Hier geht es um die schöpferische Macht, um *sein* statt *tun*. Es ist Macht zusammen *mit* anderen, und sie führt zu Kooperation statt Wettstreit und Konkurrenz. Sie benötigt als Ausgangspunkt ein Gefühl der wechselseitigen Verbundenheit mit anderen Menschen und mit der Erde, was Verantwortlichkeit für die einen wie die anderen beinhaltet. Zur Verfügung steht diese Macht Männern und Frauen gleichermaßen.

Das Problem ist, daß in unserer Welt seit mehreren Jahrhunderten eine verzerrte männliche Macht – die ich Dominanz- oder Beherrschungsmacht nenne – im Aufsteigen begriffen ist. Sie brachte einiges Nützliches, doch das Ausmaß, in dem sie dominiert, führte zu einem Ungleichgewicht solcher Größe, daß der Fortbestand unseres Planeten auf dem Spiel steht. Im ganzen übrigen Teil dieses Buches wollen wir zu entdecken (oder wiederzuentdecken) versuchen, wie diese andersartige Macht ist, worin sie besteht, wie sie entwickelt und eingesetzt werden kann.

Es ist, als hätten Frauen im Streben nach Gleichstellung die Augen auf das gerichtet, was bereits vorhanden ist, und sich das gewünscht. Im Lauf der Zeit haben wir alles anivisiert, was ist, was existiert, und es uns geholt: *Macht über*. Das ist, als lerne man Zeilen aus dem Theaterstück eines anderen Menschen, bilde sich aber ein, daß man es selbst geschrieben haben könnte – und das heißt, daß man nach der Tagesordnung eines anderen Menschen arbeitet und nicht nach der eigenen.

Jetzt schlage ich etwas vor, was bereits andere vorgeschlagen haben, nämlich daß wir unsere Aufmerksamkeit dem zuwenden, was sein könnte. Hierbei greife ich als Hilfsmittel auf einige Ausdrücke aus dem Sanskrit zurück. *Upaya*, das Maskuline, ist geschickte Aktivität. *Prajna*, das Feminine, ist tiefe Erkenntnis, ist ein Werkzeug zur Erlangung von Weisheit. Ich behaupte, daß wir das Upaya in uns benutzen, um die Gleichstellung zu erreichen, und ich meine, daß wir uns jetzt auf den Einsatz des *Prajna* konzentrieren sollten.

Wir können nicht in die Zeit der Göttin zurückkehren – das wollen wir auch nicht –, aber wir können das Wissen nutzen, daß die Göttin verehrt wurde (oder, falls wir uns Sorgen wegen fehlender historischer Beweise machen, daß es in der erregenden Sage über ihre Verehrung hieß, man habe sie ihr bezeigt), weil sie den Feminismus von einem Kampf in einen Weg verwandelte. Der Weg führt nicht zur Befreiung des weiblichen Körpers oder des weiblichen Geistes, sondern zur Befreiung einer andersartigen Macht in Männern sowie in Frauen.

Beide Geschlechter sehnen sich danach. Ein junger Mann aus Walthamstow in Nordosten Londons bringt das zum Ausdruck:

> Ich habe gelernt, daß es sich nicht vereinen läßt, männlich und sanft zu sein. Wenn man Verletzlichkeit zeigt, wird man gehänselt und angegriffen. Ich mußte mich ummodeln in einen harten chauvinistischen Mann, um in meiner Gruppe Gleichaltriger zu überleben. Innerlich jedoch bin ich noch immer weich wie eine Seidenraupe. Ich sehne mich nach einer Welt, in der ich ich selbst sein kann, in der ich meine sanfte Seite freilegen und die Gußform abwerfen kann. Es ist so langweilig, jeden Morgen aufzuwachen und den harten, zähen Kerl spielen zu müssen.

Nicht »Aug' um Aug'«

Um diese innere Kraft entdecken zu können, müssen wir unbedingt unsere vergangenen schmerzlichen Erlebnisse verwandeln, damit der daraus resultierende Zorn nicht zu Bitterkeit wird, uns zu Opfern macht und verhindert, daß wir unsere wirkliche Macht erkennen. Jean Shinoda Bolen ist Professorin für Psychiatrie an der University of California und hat von Patienten, die sie behandelte, den Unterschied zwischen Heldin und Opfer demonstriert bekommen:

Ihre Gefühle sowie ihre inneren und äußeren Reaktionen bestimmten, wer sie wurden, weit mehr als das Ausmaß des Unglücks, das sie traf. Ich lernte beispielsweise Menschen kennen, die eine Kindheit voller Entbehrungen, Grausamkeit, Schlägen oder sexuellem Mißbrauch überlebten. *Mehr noch, sie wurden nicht (was man erwarten könnte) wie die Erwachsenen, die sie mißbraucht hatten.* Trotz allem, was sie erlebt hatten, empfanden sie Mitleid mit anderen, sowohl damals als auch jetzt. Die traumatische Erfahrung hinterließ Narben; sie waren nicht unversehrt, doch ein Kern von Vertrauen, eine Fähigkeit zu lieben und zu hoffen, ein Selbstgefühl überlebten. Als ich nach dem Grund suchte, begann ich den Unterschied zwischen Heldin und Opfer zu erkennen. (B3)

Sie sagt, daß alle diese Personen sich in der Kindheit irgendwie als Protagonisten in einem schrecklichen Drama sahen. Alle besaßen einen inneren Mythos, ein Phantasieleben oder imaginäre Gefährten. Eine Tochter, die von ihrem Vater mißbraucht, geschlagen und erniedrigt und von ihrer depressiven Mutter nicht beschützt wurde, erinnert sich, daß sie als Kind zu sich selbst sagte, sie sei mit dieser ungebildeten, rückständigen Familie nicht verwandt, in Wirklichkeit sei sie eine Prinzessin, die mit diesen Qualen auf die Probe gestellt werde. Ein anderes geschlagenes und sexuell belästigtes Mädchen flüchtete sich in ein Phantasieleben, in dem alles anders war. Ein drittes stellte sich vor, sie sei ein Krieger.

Diese Kinder dachten voraus und planten, ihren Familien zu entfliehen, wenn sie alt genug waren. Unterdessen entschieden sie, wie sie bis dahin reagieren würden. Ein Mädchen sagte: »Ich glaube, mein Geist verließ einfach den Körper. Ich ging immer anderswohin, wenn er anfing, mich zu berühren.« Bolen betrachtet diese Mädchen als Heldinnen und als jemand, der eine Wahl traf. Sie alle bewahrten sich ein Selbstwertgefühl, das nicht mit dem verknüpft war, wie sie behandelt wurden. Sie bewerteten die Situation, entschieden über ihre Reaktionen in der Gegenwart und machten Pläne für die Zukunft.

Der Satz, den ich im obigen Zitat durch Kursivschrift hervorhob, weist auf etwas sehr Wichtiges hin: In unserer Geschichte hat Gewalt immer und immer wieder Gewalt erzeugt. Wer schreckliche Verletzungen erlitt, ging hin und fügte anderen schreckliche Verletzungen zu. Das erleben wir tragischerweise in der Art, wie in Israel Menschen, von denen viele während des Holocausts ihre Angehörigen, ihre Freunde und ihren Glauben an die Menschheit verloren haben, heute die Palästinenser behandeln: Sie treiben sie in Lagern zusammen, erlegen ihnen unmögliche Beschränkungen auf, inhaftieren, schlagen und foltern sie.

Im vorigen Kapitel sahen wir, wie schwer Frauen mehr als dreißig Jahrhunderte lang gelitten haben. Wichtig ist, daß jetzt nicht Frauen das wiederholen, was ihnen angetan worden ist, weder bewußt noch unbewußt. Wie das obige Zitat zeigt, ist es möglich, diesen Teufelskreis zu durchbrechen, aus der Gußform herauszutreten. Es kommt also auf das an, was *in* Frauen und *in* Männern vor sich geht: auf das Wachstum von Herz und Bewußtsein, das die innere Stärke bildet. Und hiervon handelt der zweite Teil des Buches.

Teil II

Hara-Macht: Wie sie entwickelt werden kann

Im ersten Teil dieses Buches schilderte ich eine Art Macht, die in unsere Welt seit mehreren tausend Jahren vorherrscht: Macht im Sinne von körperlicher Kraft, Domination oder Beherrschung, Hierarchie, Autorität, Herrschaft und letztlich militärischer Stärke. Sie geht nicht vom Menschen aus, sondern kommt von außen, von Armeen oder Waffen, Wählerschaften oder Gott. Ich bezeichnete diese Art als »Dominanz- oder Herrschaftsmacht«. Im wesentlichen geht es bei ihr darum, *Macht über* etwas oder jemanden zu haben. Und ich schlug eine andere Art Macht vor, bei der es im wesentlichen um *Macht mit* anderen zusammen geht. Sie kooperiert statt zu konkurrieren. Es ist die Macht zu gestalten und hinzunehmen. Sie ist eher im *Sein* beheimatet als im *Tun*. Der Kürze halber werde ich sie »Hara-Macht« nennen. Der Ausdruck *Hara* bedeutet Mitte des Körpers, Schwerkraftzentrum, Mitte des Menschen; physisch ist sie im Bauch zu finden, ein Stückchen unterhalb des Nabels. Hara ist der Punkt perfekten Gleichgewichts im Körper. Und genau dort kann man Stille finden. Gemäß der alten chinesischen und japanischen Tradition ist es die Stelle, wo die Seele im Körper wohnt. Der japanische Meister Okada sagt folgendes dazu:

Das Hara ist der Schrein des Göttlichen. Wenn seine Festung gut gebaut wird, so daß das Göttliche in uns wachsen kann, dann wird ein wirkliches Menschenwesen erreicht. Unterteilt man Menschen in Ränge, so steht auf dem untersten Rang jener, der seinen Kopf hochschätzt. Bei jenen, die sich nur darum bemühen, möglichst viel Wissen anzusammeln, schwellen die Köpfe an, werden immer größer, so daß

ihre Besitzer leicht umkippen, wie eine umgekehrt stehende Pyrami-
de... Als nächste kommen jene des mittleren Rangs. Für sie ist die
Brust am wichtigsten. Menschen mit Selbstbeherrschung, die sich der
Askese und Abstinenz hingeben, gehören zu diesem Typ. Es sind
Menschen mit äußerem Mut, aber ohne innere Kraft. Viele sogenannte große Männer gehören in diese Kategorie. Doch das alles genügt
nicht. Jene dagegen, die den Bauch als den wichtigsten Teil betrachten, sind Menschen des höchsten Ranges. Sie haben ihre Seelen sowie
ihren Körper in der richtigen Weise entwickelt. Ihnen entströmt
Kraft, die einen spirituellen Zustand der Ausgeglichenheit und Gelassenheit erzeugt. Sie tun, was ihnen als gut erscheint, ohne irgendein
Gesetz zu verletzen. Jene in der ersten Kategorie glauben, daß Wissenschaft die Natur beherrschen kann. Jene in der zweiten haben
scheinbar Mut und Disziplin und verstehen zu kämpfen. Jene in der
dritten wissen, was Wirklichkeit ist.

Einer der wesentlichen   Unterschiede zwischen Hara-Macht und
Herrschaftsmacht liegt in ihren Ursprüngen – darin, woher sie kommen und in welche Richtung sie gehen. Herrschaftsmacht kommt
von außen, von einem Gott, vom Himmel, von Waffen, von einem
zerrenden ausgestreckten Arm. Ihre Richtung geht nach außen. Hara-
Macht ist empfänglich. Sie wohnt innen. Sie liegt im Inneren – im
Geist, in der Seele, im Körper. Hara-Macht ist weder spezifisch männlich noch spezifisch weiblich, sondern ist eine Synthese aus beidem
und steht Männern und Frauen gleichermaßen zur Verfügung.

Im Rest des Buches werde ich mich auf Methoden konzentrieren,
mit deren Hilfe beide Geschlechter diese Macht wiederentdecken,
entwickeln und nutzen können. Die nächsten fünf Kapitel befassen
sich mit verschiedenen Wegen, die man bei der Entwicklung der
Hara-Macht einschlagen kann: Kapitel 4 stellt die Macht aus Selbstkenntnis dar, Kapitel 5 die Macht aus dem Inneren des Körpers, Kapitel 6 die Macht aus der Seele, Kapitel 7 die Macht aus dem Zusammenführen von Gegensätzen und Kapitel 8 die Macht aus der Natur
und aus heiligem Wissen. Für jede Person wird der Weg, den sie
wählt, einmalig sein, denn er kann Elemente aus einer oder zweien
oder allen obengenannten Machtarten kombinieren.

An dem Punkt möchte ich eine Warnung aussprechen. Wenn die
Menschen Wörter lesen wie »Natur«, »heilig«, »Göttin« und so fort,
nehmen sie manchmal an, dabei gehe es um etwas, das in gewisser

Weise sanft, angenehm, sogar sentimental ist. Nach meiner Erfahrung trifft genau das Gegenteil zu. Ich habe in meinem Leben Fliegen und Fallschirmspringen gelernt, und beides erforderte nichts anderes als die Stärke, die ich brauchte, um mich selbst kennenzulernen, meine dunkle Seite kennenzulernen und meine eigene Macht zu entwickeln. Was eine Person tut, um ihre eigene Macht zu entwickeln, ist in keiner Weise zahm. Und die Urgöttin ist von ihrem Wesen her *nicht* reine Süße und Licht; sie ist auch dunkel und grausam. Sie ist schrecklich sowie zärtlich. Das ist das Wichtigste an ihr. Die Natur ist keineswegs milde, wie jeder weiß, der ein Erdbeben oder ein Gewitter auf See erlebt hat.

Für jemanden, der in der rationalen westlichen Art des Handelns erzogen worden ist, besteht eine der schwersten Veränderungen, die er vollziehen muß, zweifellos darin, sich neben dem Verstand auch auf die Intuition zu verlassen. Wir sind es gewohnt, die meisten Ideen und Bilder, die uns durch den Kopf schießen, beiseite zu schieben. Bei der Arbeit hier müssen wir lernen, sie nicht nur zu beachten, sondern ihnen zu vertrauen. Bilder sind besonders nützliche Führer und können eine hervorragende Kraftquelle sein. Außerdem müssen wir lernen, mit Paradoxen zu leben. Die Dinge sind nicht zwangsläufig ordentlich und klar umrissen.

Eine zweite Warnung, die ich aussprechen möchte, betrifft die erforderliche Lernzeit. Rechnen Sie nicht damit, daß Sie sich die beiden zu lernenden Fähigkeiten schnell aneignen werden: Etwas so Großartiges und Lohnendes wie die Entwicklung Ihrer Macht kann unmöglich schnell gehen. Aber Sie werden rasch Fortschritte registrieren. In ein paar Monaten werden Sie sich in einer Situation befinden, in der Ihre Macht auf die Probe gestellt wird, und plötzlich werden Sie erkennen, daß Sie anders damit umgehen. Sie werden zurückblicken und sagen: »Ich hätte *das* früher nicht tun können.« Der Lernprozeß kann auch in Ihrem Tagesablauf ziemlich viel Zeit einnehmen: Nachdenken, Schreiben, Lesen, sogar Tagträumen. Die Menschen haben die Angewohnheit zu glauben, es sei selbstsüchtig, den eigenen Gedanken nachzuhängen; ist es nicht. Genehmigen Sie sich die Zeit, die Sie brauchen.

Um eine Vorstellung von Hara-Macht zu bekommen, gibt es eine verblüffende Übung, die Sie mit einem Freund oder einer Freundin machen können. Bitten Sie die betreffende Person, sich entspannt, die Arme an der Seite, neben Sie zu stellen. Versetzen Sie ihr dann mit dem Zeigefinger einen sanften Stoß auf das Brustbein; als Folge davon wird sie nach hinten kippen. Bitten Sie dann die Person, ihre ganze Aufmerksamkeit auf den Hara-Punkt knapp unter dem Bauchnabel zu konzentrieren und sich innerlich ständig zu sagen: »Halte einen Punkt. Halte einen Punkt.« Versetzen Sie ihr dann den gleichen sanften Stoß mit dem Zeigefinger. Ihr Freund oder Ihre Freundin wird sich nicht bewegen.

Mächtig zu werden ist eine Aufgabe, die große Sorgfalt und Aufmerksamkeit erfordert. Für mich ist es wie das Öffnen eines schönen Raumes voller Schätze, der verschlossen und mit Fensterläden verdunkelt worden ist. Die Staubdecken müssen vorsichtig von den Stühlen gehoben werden, damit der Staub nicht überall umherfliegt. Sie müssen zusammengefaltet und der Boden muß gefegt werden. Dann kommt der wunderbare Augenblick, wo die Vorhänge zurückgezogen, die Fenster und die Läden geöffnet werden, damit das Sonnenlicht hereinströmen kann. Die Edelsteinfarben der Stoffe und Teppiche sind in ihrer ganzen Pracht zu sehen. Dunkle Rottöne, Rosarot, Koralle, Gold. Das bin ich, wenn ich die Macht in meinem Körper und meinem Geist aufdecke. Fensterbretter und Tische müssen mit einem feuchten Lappen abgewischt werden, damit sie glänzen. Nur keine plötzlichen Bewegungen! Frische Blumen müssen hereingeholt werden. Es gibt Truhen voller Schätze aus der Vergangenheit: ein in Leder gebundenes Buch mit einem Messingschloß, alte Fotografien in Holzrahmen, ein Hochzeitskleid aus dickem cremefarbenen Satin und Spitzen, Stumpen alter Kerzen, eine Urne mit Asche, Karten mit schwarzem Trauerrand, die kleine Steinstatuette einer schwangeren Frau mit großen Brüsten, eine Glasphiole mit Parfüm, das noch intensiv duftet, einen elfenbeinernen Spazierstock mit einem Dolch im Griff. Jedes dieser Stücke muß nach draußen geholt und gelüftet und seine Geschichte muß in Erfahrung gebracht werden. Wenn ich meine Augen darauf richte, verspüre ich ein beruhigendes »Klick« des Erkennens. Einige dieser Dinge sind sehr alt.

Es dauert lange, bis ich alles Wissenswerte über diese Schatztruhen und ihren Inhalt kenne. Ich verbringe viele Stunden in dem Raum: in der Morgendämmerung, bei Sonnenlicht, in der Abenddämmerung, mitten in der Nacht. Und schließlich bin ich bereit, meine Gäste einzulassen, damit sie diesen Raum sehen, der so lange verborgen gewesen ist, bereit, sie die Kraft und Schönheit dort betrachten und erproben zu lassen.

Dieser Teil des Buches ist darauf angelegt, für Sie von Nutzen zu sein. Er kann metaphorisch auf etwas hindeuten, das wie ein alter Pappkarton in der Ecke aussieht, und Ihnen zeigen, daß es ein Schatzbehälter ist. Er kann Ihnen helfen, die schwere Decke wegzuziehen und eine Truhe voller Schätze ans Licht zu bringen. Er kann Sie unterstützen, wenn Sie gewissenhaft alle die Gegenstände sichten, kann Ihnen bei einem klemmenden Fensterriegel helfen, kann beruhigend im Hintergrund stehen, wenn die Freunde kommen.

Schlagen Sie ihn also auf und schauen Sie nach, was auf seinen Seiten steht.

Kapitel 4

Macht aus Selbstkenntnis

Es gibt keine größere Macht, als dich selbst zu verstehen. Wenn du deine Ängste loswirst, beginnst du, du selbst zu sein. Dann kannst du alles sein, alles tun. Die Hauptsache ist, daran zu denken, wer du in jedem Augenblick deines Lebens bist.

ABRAHAM KAWAI'I, 1989

Dieses Kapitel könnte auch die Überschrift tragen: »Macht aus dem Geist«; das gäbe eine hübsche Dreiheit der Kapitel 4, 5 und 6 ab: Macht aus dem Geist, dem Körper und der Seele. Der Geist ist zweifellos eine Quelle großer Macht. Aber im Fall der Hara-Macht gelangte ich zu dem Schluß, daß es eher darum geht, wie der Geist eingesetzt wird. Wir können unseren Geist benutzen, um eine Strategie für den Handel auf künftigen Weltmärkten zu entwerfen, was uns Millionen eintragen und einige Herrschaftsmacht einbringen soll. Wir können ihn auch dazu einsetzen, Wissen über das Selbst zu erlangen, darüber, wie wir funktionieren. Wenn ich mich selbst nicht wenigstens ein bißchen verstehe, wie kann ich dann andere verstehen? Wenn ich meine Gefühle nicht wenigstens ein bißchen verstehe, kann es geschehen, daß sie mich plötzlich überwältigen und ich anderen schrecklichen Schaden zufüge. Wenn ich mir meiner selbst bewußt werde, wenn ich mich selbst kennenlernen und verstehen kann, gebe ich mir einen wesentlichen Bestandteil der Hara-Macht. Dieses Kapitel erörtert, was Selbstkenntnis ist und was sie mit Macht zu tun hat; der Teil »Weitere Wege und Möglichkeiten« am Buchende enthält einen Führer, der aufzeigt, wie man Selbstkenntnis entwickeln kann.

Was ist Selbstkenntnis?

Selbstkenntnis ist das Wissen, warum wir die Dinge tun, die wir tun. Und noch davor bedeutet sie, sich überhaupt dessen bewußt zu sein, daß wir sie tun! Sie bedeutet, daß wir unsere starken Emotionen – Angst, Haß, Liebe, Zorn, Lust, Kummer, Freude – verstehen und akzeptieren. Bei ihr geht es auch um das Verständnis, was *du* ist und was *ich* bin: warum wir streiten und warum wir gut auskommen.

Selbstkenntnis heißt außerdem, daß wir unsere dunkle Seite kennenlernen, genau wie die helle – das in uns, was wir begrüßen, aber auch das, was wir höchst unangenehm und erschreckend finden und von dem wir uns oft vormachen, es sei gar nicht vorhanden. Diese dunkle Seite – der Hang zu betrügen, zu lügen, zu stehlen, andere zu verletzen oder gemein zu sein – hat jeder von uns. Wenn wir mit solchen Neigungen in uns nicht vertraut sind, tun wir folgendes: Wir »projizieren« sie nach draußen, auf andere Menschen. Wenn wir unsere eigene Dunkelheit nicht einräumen können, sehen wir sie in anderen oder in einer bestimmten Person.

Was das Thema Projektion anbelangt, so erinnere ich mich an ein Vorkommnis. Ich saß in einer Frauenversammlung und wurde immer zorniger auf eine bestimmte Frau, die nach meinem Dafürhalten jede dirigierte, uns herumkommandierte, uns ihren Willen aufzwang. Ich war wütend. In der Retrospektive ist mir klar, daß sie genau das tat, was ich wollte: der Chef sein; eine Neigung, die ich in mir absolut nicht akzeptieren kann und die mein Bewußtsein bis auf den heutigen Tag als *schlecht* ansieht.

»Ganz sicher«, sagt mein innerer Skeptiker, »ist diese ganze Nabelschau nichts als Nachgiebigkeit gegen sich selbst. Sie hat nichts mit Macht zu tun, stimmt's?« Doch, sie hat alles damit zu tun. In den nächsten hundert Jahren wird sich entscheiden, ob das Leben auf der Erde in eine vibrierende, kooperative Weltgemeinde einmünden wird oder ob es sich auflöst in endlose Konflikte und die endgültige Zerstörung unserer Umwelt. Die Entscheidung für die positive Veränderung wird nicht von Regierungen getroffen, sondern beginnt bei einzelnen Menschen, die sich engagiert mit ihrer eigenen, persönlichen Verwandlung beschäftigen.

Was hat Selbstkenntnis mit Macht zu tun?

Diese Frage unterteilt sich in sieben Aspekte, die ich nacheinander behandeln werde:

- Je besser wir uns selbst kennen, desto besser können wir andere verstehen.

- Selbstkenntnis bringt *persönliche* Macht im Unterschied zu Macht der *Position*.
- Selbstkenntnis bringt Macht zu *benennen*.
- Je offener und ehrlicher wir sein können, desto besser können \wir uns anderen mitteilen.
- Selbstkenntnis ermöglicht es uns, zu der Größe heranzuwachsen, für die wir bestimmt sind.
- Schuld und Tadel zehren uns auf; Übernahme der Verantwortung gibt uns Macht.
- Gefühle sind lebenswichtig für die Zukunft der Welt.

Sich gegenseitig verstehen

Solange wir nicht anfangen, uns selbst zu verstehen, ist es uns nicht möglich, eine andere Person zu verstehen. Es ist jedoch wichtig für die Lösung von Problemen in unserem Leben, daß wir andere verstehen. Nehmen wir beispielsweise eine Mutter und ihre Tochter im Teenageralter, die miteinander streiten. Die Tochter möchte weggehen, mit Umherziehenden zusammenleben und in einer Hip-hop-Gruppe singen; sie will ihre Schulausbildung abbrechen und schert sich offenbar keinen Deut um die Zukunft. Ihre Mutter ist entsetzt; sie fürchtet, wenn die Tochter die Schule nicht fertig macht, werde sie nie einen Job finden, vielleicht in die Drogenszene und die Obdachlosigkeit abrutschen. Die Befürchtungen der Mutter könnten berechtigt sein; die Wünsche der Tochter sind sehr stark.

Das Hauptproblem liegt darin, daß die beiden nicht miteinander kommunizieren: Keine kann sich vorstellen, wie es ist, die andere zu sein, und keine kann trennen, was ihres und was das der anderen ist. Würde die Mutter erforschen, wieviel von ihrer Furcht *sie selbst* betrifft – die Tatsache, daß sie die Schule früh verließ, nie das hatte, was sie als richtige Erziehung ansieht, jetzt verunsichert ist, weil alle ihre Kinder das Elternhaus verlassen, und sich zu alledem noch Sorgen darüber macht, was die Leute denken werden, wenn eine Tochter von ihr bei Wohnsitzlosen lebt –, wäre es ihr vielleicht möglich zu unterscheiden, was in dem Streit »ihres« ist und was in einer völlig neuen Situation mit ihrer Tochter zu tun hat. Die Tochter könnte, statt nur den Widerstand ihrer Mutter gegen ihre Pläne zu sehen, sich selbst gründlicher betrachten und ihre eigenen Ängste ausfindig machen. Verliehe sie ihnen Ausdruck, worum immer es sich dabei handeln mag, wäre sie leichter zu verstehen, und ihre Mutter könnte sich besser in sie einfühlen. Sie könnte prüfen, was sie *wirklich* will, wie ihre Unabhängigkeit sein würde, welche Art Freiheit sie sucht, und dann würde sie vielleicht erste Anfänge dieser Freiheit in ihrem Inneren *verspüren*.

Weiterreichungen

Inzwischen ist mittels zahlloser Studien klar bewiesen worden, daß wir dazu neigen, unseren Kindern das anzutun, was uns von unseren Eltern angetan wurde. Das machen wir oft völlig unbewußt. In einigen Familien wird beispielsweise als hinnehmbar angesehen, daß Mutter oder Vater, wenn sie müde von der Arbeit heimkommen, ihre Frustrationen und ihren Streß an den Kindern auslassen. Die Kinder werden geohrfeigt und angebrüllt. Zehn zu eins, wenn diese Kinder nicht in der Zeit ihres Heranwachsens zu Selbstkenntnis gelangen, werden sie als Eltern ihre Frustrationen an *ihren* Kindern auslassen oder zulassen, daß ihre Ehepartner es tun. Und so geht das weiter. Einer der größten Gewinne von Selbstkenntnis ist, daß wir den bösartigen, schädigenden Teilen unseres Vermächtnisses Einhalt gebieten können. Natürlich hat Elternschaft auch gute Seiten, die wir ebenfalls kopieren und wiederholen. Selbstkenntnis hilft uns, herauszufinden, was wirklich auf uns als Einzelne zutrifft, sie hilft uns, so gut wie möglich zu sein und zu handeln.

Verhandeln

Ein Mann geht zu einer Besprechung. Weil er sich ziemlich genau kennt, registriert er, daß seine Hände schweißnaß sind, seine Kehle trocken ist und sein Herz hämmert. Er ist nervös, gelinde gesagt. Er geht zur Toilette, erleichtert sich und atmet ein paar Minuten lang tief. Es gelingt ihm, den Grund für seine Angst zu ermitteln – nämlich daß er das Gesicht verlieren, wie ein Idiot dastehen werde. Als er das erst einmal erkannt hat, fühlt es sich nicht mehr so schlimm an; er vermag sogar die komische Seite des Ganzen zu sehen. Darum geht er nun mit einem leichten Lächeln auf dem Gesicht in die Besprechung.

Der Mann, mit dem er verhandeln soll, sitzt mit fest verschränkten Armen und Beinen da, die Arme umfassen den Oberteil seiner Brust. Weil unser Held jetzt nicht mehr so stark mit sich selbst beschäftigt ist, hat er Raum, den Streß und die Verteidigungshaltung des anderen zu bemerken. Er sondiert ein wenig, findet dadurch heraus, welchen Grund der Streß des anderen hat, kommt ihm ein bißchen entgegen und vermag die Ängste des anderen zu zerstreuen. Und was geschieht nun bis zum Ende der Besprechung? Unser Held, weit davon entfernt, wie ein Idiot dazustehen, ergreift die Initiative und beruhigt den anderen. Der andere Mann wird weniger abweisend, und daraus ergibt sich die Möglichkeit zu einem Abkommen auf Vertrauensbasis. Ohne die tiefen Atemzüge und die Pause, die Verständnis brachte, hätten die beiden einander angefahren und sich am Ende vermutlich mit nichts anderem als verhärteten Positionen getrennt.

Schwäche

Je mehr wir über unsere eigenen Schwächen in Erfahrung bringen, desto stärker werden wir sein. Das mag paradox klingen, ist aber wahr. Jeder hat sogenannte Schwächen, Stellen, an denen er verletzbar ist, Achillesfersen. Carl Rogers sagt, am häufigsten bekomme er in der Therapie zu hören: »Wenn Sie mich wirklich kennen würden, meine schrecklichen Gedanken und Gefühle, könnten Sie mich nicht akzeptieren und würden meine Befürchtung bestätigen, daß ich geisteskrank und/oder ein hoffnungsloser Fall bin.« Doch je mehr wir unsere Schwächen meiden, je mehr wir vorgeben, sie seien nicht vorhanden, je beharrlicher wir uns weigern, sie ans Licht zu holen und unter die Lupe zu nehmen, desto mehr Schwierigkeiten können sie verursachen. Kennen wir sie jedoch, werden sie uns vertraut, sie erregen weniger Angst in uns und hören auf, uns in kritischen Momenten zu unterminieren; sie können dann sogar nützlich werden. Dies zeigt die persönliche Erfahrung eines College-Studenten:

> Ich befand mich im Schlußjahr und war unheimlich beschäftigt; nicht nur meine Abschlußexamen standen an, sondern ich gab auch eine Zeitschrift heraus und arbeitete als Berater. Um alles zu schaffen, mußte ich jede Stunde meines Tages genau planen. Wochenlang ging das so, ohne daß ich einen einzigen Tag frei nahm.

Plötzlich bekam ich Arthritis in den Händen und Handgelenken. Binnen einer Woche fiel es mir sogar schwer, selbst zu essen. Ich wurde sehr müde und deprimiert. Ich mußte alles stoppen und die Scherben von anderen aufklauben lassen. Als ich schließlich meinen Tutoren völlig verzweifelt sagte, ich könne meine Examen dieses Jahr nicht machen, meinten sie, ich würde überreagieren. Ich ging dennoch, fuhr äußerst deprimiert nach Hause.

Ich hatte das Gefühl, wenn ich nur ein stärkerer Mensch gewesen wäre, hätte ich nicht aufgegeben. Wegen meiner Schwäche hatte ich alle im Stich gelassen, das Ganze kam mir wie schreckliches Versagen vor. Dieses Gefühl wurde ich monatelang nicht los.

Später war ich froh über diesen Verlauf der Dinge. Ich mußte lernen, daß ich nicht übermenschlich war und daß es in meinem Leben Zeiten gab, in denen ich meine Bedürfnisse vor alles andere stellen mußte, welche Konsequenzen das auch immer hatte oder was die anderen auch denken mochten.

Je mehr wir über unsere sogenannten Schwächen wissen, desto mehr können wir für andere empfinden. Das ist der Beginn von Mitgefühl. Sympathie ist es nicht, bei ihr ist man traurig »für« jemanden, während man emotional unbeteiligt bleibt; Mitgefühl bedeutet, wie das Wort sagt, »fühlen mit«, die Fähigkeit, sich in den anderen zu versetzen und eine ungefähre Vorstellung davon zu bekommen – wirklich wissen können wir das nie –, wie es ist, der andere zu sein. In *The Power of Myth* untersuchte Joseph Campbell das, was er als Stufen der Macht bezeichnet. Er fand mehrere aufwärtsführende Stufen, angefangen von der Erfahrung, fähig zu sein, den Hunger zu stillen, über das Empfinden von Gier und den Fortpflanzungstrieb bis zu physischer Beherrschung:

Wird jedoch das Herzzentrum erreicht und das Empfinden von Mitgefühl, von Anteilnahme, sind ich *und* du dasselbe. Eine ganz neue Stufe der Lebenserfahrung erschließt sich: die Stufe des Herzens. (1989. B5)

Ein Wort der Vorsicht zum Verstehen anderer: Alfred Adler, ein Zeitgenosse Freuds, war der Meinung, weil wir uns als Kinder unzulänglich und hilflos fühlen, würden einige von uns einen »Minderwertigkeitskomplex« entwickeln, den manche zu überwinden versuchen,

indem sie Autoritätspositionen anstreben, Macht und Herrschaft ausüben. Wenn ich Menschen begegnete, die dominierendes Verhalten
zeigten, andere unterdrückten und manipulierten, pflegte ich es mir
in diesem Sinne zu »erklären«; ich sagte mir, dahinter verberge sich ein
verängstigtes Kind. Heute denke ich, das könne sehr wohl stimmen,
trotzdem aber habe man mit dominantem Verhalten zu tun, besonders
wenn die betreffende Person nicht an Selbstkenntnis und Änderung
interessiert ist. Andere zu verstehen bedeutet nicht, daß man ihnen ihr
Tun nachsehen soll. Manches Verhalten ist schlicht inakzeptabel, und
es müssen klare Grenzen gezogen werden.

Persönliche Macht und die Macht der Position

Die meisten Menschen in unserer Gesellschaft leiten ihre Macht von
der Position ab, die sie innehaben. Je höher ihre Stellung in der Hierarchie, desto größer die Macht. In der Geschäftswelt übt der General-
direktor oder Aufsichtsratsvorsitzende Macht über Angestellte aus; in
der High-Society hätte ein Herzog mehr »gesellschaftliche« Macht als
ein Pair auf Lebenszeit; in einer Armee gibt der dienstälteste General
die Befehle. Meiner Ansicht nach kommt die Macht mit der Position,
und darum fühlen sich einige Menschen getrieben, aufzusteigen,
denn sie meinen, wenn sie es nach »dort oben« geschafft haben, könnten sie tun, was sie wollen. Die anderen müßten dann tun, was sie
ihnen anschaffen, Punktum.

Sehen wir uns nun eine andere Art von Macht an. Der junge
Mann, von dem hier die Rede ist, absolvierte ein Jurastudium in London. Dann ging er nach Südafrika und geriet in ziemliche Schwierigkeiten, weil er Schwarze gegen Weiße verteidigte. Er brachte viele
Jahre mit Studien und Nachdenken zu, um möglichst alles über sich
selbst zu erfahren, darüber, wann er wirklich fähig war und wann
nicht, und über seine Seele. Diese Arbeit bezeichnete als »Experimente mit der Wahrheit«. Er entwickelte das Grundkonzept des *Satjagraha*
und erklärte:

> Wahrheit (*satja*) beinhaltet immer Liebe, und Festigkeit (*agraha*) ent-
> steht daraus und dient deshalb als Synonym für Kraft. Ich begann also
> die indische Bewegung *Satjagraha* zu nennen; das bedeutet, die Kraft,
> die aus Wahrheit und Liebe geboren ist, oder Gewaltlosigkeit.

Gandhi

Dieser Mann, es war Gandhi, kannte sich selbst so gut, daß er weit über die Forderungen seines Egos und über seine Bedürfnisse hinausgehen konnte, um sich auf die Wahrheit zu konzentrieren. Das verlieh ihm ungeheure Macht. Er führte ein von Armut heimgesuchtes, unbewaffnetes und ungebildetes Volk gegen einen imperialen Giganten. Barfuß ging er auf den dicken Teppichen des Britischen Empires. Im Lendentuch verhandelte Gandhi mit den Botschaftern und Generälen Seiner Majestät. Diese schlichte persönliche Macht reizte Winston Churchill so, daß er fast einen Schlaganfall bekam. Im Unterhaus sprach er von:

> ...dem ekelerregenden, erniedrigenden Schauspiel dieses ehemaligen Rechtsanwalts aus dem Inner Temple und jetzigen aufwieglerischen Fakir, der halb nackt die Stufen zum Palast des Vizekönigs heraufsteigt, um dort als Gleichgestellter mit dem Vertreter des King Emperor zu verhandeln und zu unterhandeln.

Dieser kleine Mann erpreßte ein Imperium – nicht weil er Kanonen hinter sich hatte oder weil er ein König oder Milliardär war, sondern weil er die Kraft der Wahrheit und eine unerschütterliche Überzeugung hinter sich hatte. Gandhi kannte sich selbst gut.

Selbstkenntnis ist das Fundament für moralischen Mut. Moralischer Mut ist das, was ein Fensterputzer braucht, um gegen einen Vorsitzenden anzugehen; was ein Bürgerlicher braucht, um einer Königin zu widersprechen; was ein Unteroffizier braucht, um die Befehle eines Generals nicht zu befolgen – wenn sie falsch sind.

Die Macht zu benennen

Sofern wir uns kennen, sind wir besser imstande zu sehen, was *tatsächlich* um uns vorgeht – im Unterschied zu dem, von dem wir glauben, daß es vorgeht, wenn wir desorientiert sind, weil wir im Nebel unserer eigenen Ängste, Hoffnungen, Vorurteile, Projektionen und Erwartungen stecken.

Weiß ich ein bißchen etwas über mich selbst und kann die in mir arbeitenden Emotionen erkennen, gewahre ich viel leichter, wenn mir oder anderen etwas Ungerechtes angetan wird; ich kann dann meinen Finger darauflegen und etwas dagegen tun. Dies ist die Fähigkeit zu *benennen*, was schiefläuft, sowie ehrlich, laut und deutlich zu sagen, was getan werden wird. Die meisten Menschen kennen die Geschichte von des Kaisers neuen Kleidern, in der es genau darum geht. Denken Sie daran, ein Kind war es, das laut sagte, der Kaiser sei nackt, während alle Erwachsenen so taten, als hätte er prächtige Kleider an. Oft ist eine Art natürliche, kindhafte Sicht nötig, damit man fähig ist, den Finger auf das zu legen, was vorgeht, und dann braucht man noch etwas Mut, um fähig zu sein, es zu sagen. Hier eine wahre Geschichte von einer jungen Engländerin, die durch Südamerika reiste:

> Ich mußte nach sechs Monaten mein Visum erneuern lassen. Ich lebte in einem kleinen Anden-Ort – die einzige »Gringa« meilenweit. Daß ich an der Universität lehrte, verlieh mir einen unglaublichen Status. Der Einwanderungsbeamte sagte zu mir, wenn ich mit ihm schliefe, bekäme ich ein neues Visum, sonst nicht. Das wiederholte er Tag für Tag. Schließlich erklärte ich ihm, daß ich allen Menschen, die ich in dem Ort kannte, erzählen würde, zu welchem Handel er mich zwingen versuchte. Am nächsten Tag unterschrieb er auf der gepunkteten Zeile.

Die wichtigsten Merkmale des *Benennens* sind: Die Aussage muß vollkommen richtig sein und darf nicht als Beschwerde oder Klage vorgebracht werden. Und sie darf nicht tadeln. Sie muß klar und in Kürze zeigen, daß das fragliche Bild Unsinn, eine Verzerrung oder ein Vorwand ist. Sie sollte so laut wie möglich geäußert werden, vorzugsweise in den Medien, sofern es sich um ein öffentliches Thema handelt. Ihr Machteffekt besteht darin, daß sie die Wahrheit verkündet.

Bei alledem geht es darum, daß man in den Brennpunkt rückt, was wirklich geschieht. Es ist ein großer Schritt, so etwas zu tun, er erfordert Mut und Stärke. Wenn uns bewußt wird, was in unserer Welt passiert, und wenn wir unsere Gefühle der Verzweiflung und Apathie verarbeitet haben, dann werden wir zornig. Zorn ist ein überaus wichtiger Schritt auf dem Weg zu Mut. Die Energie des Zorns erzeugt den Mut zum *Benennen*. Beim Anblick von Pentagon-Fotos eines vietnamesischen Dorfes, das aufgenommen wurde, nachdem amerikanische Soldaten durchgerückt waren, sagte einer der Betrachter laut: »Befreites Dorf? Wie kann das ein befreites Dorf sein, wenn die Menschen, die dort lebten, alle tot sind?«

Der Machtfaktor in alledem liegt darin, daß die Menschen, weil die Wahrheit gesagt wird, sie sofort zu erkennen vermögen. Das ist der wirksamste Weg, gegen Informationen anzugehen, von denen wir wissen, daß sie verzerrt sind, gegen gönnerhaftes Benehmen und sorgfältig gehütete Geheimnisse. Und wenn starke Emotionen die Folge sind (was der Fall sein wird!), lassen Sie sich nicht einschüchtern – Sie wissen, daß Sie ins Schwarze getroffen haben.

Diese Techniken klingen einfach, sind aber nicht leicht anzuwenden. Bestimmt werden Sie einen Klumpen in Ihrem Solarplexus und einen trockenen Mund haben. Ein Lehrer aus Stockwell in London hatte folgendes Erlebnis:

Ich fuhr eines Nachts spät nach Hause, südlich des Flusses. Als ich einen einsamen Kombi passierte, hörte ich eine Frau schreien. Sie klang verängstigt. In dem Kombi schienen sich viele Leute zu befinden. Ich beschloß, nachzusehen, fuhr vor dem Fahrzeug an die Bordkante und schaute in den Spiegel. Ich sah Menschen kämpfen. Ich nahm mein Notizbuch und einen Kuli, stieg aus, ging zur Vorderseite des Wagens und notierte die Nummer. Alle vier Türen des Wagens gingen auf, vier Männer kamen heraus, einer von ihnen stieß die schreiende Frau vor sich her. Sie lief weg, verschwand um eine Ecke. Ich sagte zu den Männern, ich hätte gehalten, um nachzusehen, was sie da machten. Der Fahrer erwiderte, das gehe mich nichts an. Ich sagte, für mich hätte es geklungen, als täten sie der Frau weh. Sie lachten. Ich erklärte ihnen, daß ich ihre Nummer hätte und mir ihre Gesichter merken würde. Dabei erkannte ich meine Stimme nicht wieder. Ich schätzte mich glücklich, davonzukommen, ohne daß sie mir etwas taten.

Wie gesagt, es ist nicht leicht, so zu handeln, aber jedesmal, wenn wir es tun, kostet es uns ein bißchen weniger. Dieses *Benennen* unterscheidet sich krass von dem, was machtlose Menschen zu tun gewohnt sind. Wir sind es gewohnt, der Macht zu *schmeicheln*, zu versuchen, die Dinge durch Überredung oder Manipulation so hinzudrehen, wie wir sie haben wollen – das geschieht unter Herrschaftsmacht. Das Gegenteil von Schmeicheln ist, unsere eigene Macht aufzubieten, wie es unser Recht ist, fest und gleichzeitig freundlich.

Offenheit und Ehrlichkeit

Nicht schwer ist es, offen und ehrlich zu sein, solange alles gut läuft; doch wenn die Lage schwierig wird, neigen wir alle dazu, den Mund zu halten und zu schwindeln. Die Menschen scheuen sich, Negatives auszusprechen, besonders wenn es eine Person betrifft, die die Macht hat, sie zu verletzen, sie im Stich zu lassen oder zu entlassen. Aber wenn ich ein negatives Gefühl in mir habe und es unterdrücke oder verleugne, höre ich auf, wirklich zu sein, und verliere den Kontakt mit der anderen Person. Mehr noch, ich werde nicht wirklich für einen Kontakt zur Verfügung stehen, bis ich das Negative zum Ausdruck gebracht habe.

Wie kann ich das also tun, ohne daß es zwischen der anderen Person und mir zu einer Entfremdung kommt? Hier sind einige magische Richtlinien, für die ich Jake und Eva Chapman Dank schulde; sie funktionieren wirklich:

1. Fangen Sie damit an, daß Sie sagen, Sie müßten reden, und bitten Sie die andere Person um die erforderliche Zeit. Läßt sich das Gespräch nicht gleich arrangieren, legen Sie einen möglichst frühen Termin fest.
2. Sagen Sie der anderen Person, es gäbe etwas Negatives, das Sie aussprechen möchten, daß er oder sie jedoch *als Folge dessen, was Sie*

sagen, sich weder ändern noch reagieren oder irgend etwas tun muß. Das ist der wichtigste Teil. Die andere Person muß sich einfach anhören, was Sie sagen.

3. Gebrauchen Sie, wenn Sie das Negative äußern, nur die erste Person; sagen Sie, *was* Sie empfinden; klagen Sie den anderen nicht an und beleidigen Sie ihn nicht; sagen Sie z.B.: »Ich bin wütend ...« Weil das nicht leicht ist und weil es ebenso schwer ist, bei Stufe 2 zu bleiben, finde ich es hilfreich, alles aufzuschreiben und dann das Tadelnde zu streichen.

4. Wenn Sie können, suchen Sie etwas Positives und Wahres über die Person, sagen Sie es am Anfang oder am Schluß und zeigen Sie, daß Sie es ehrlich meinen.

5. Danken Sie der anderen Person dafür, daß sie Sie angehört hat.

Dem Lohn bringt die Ehrlichkeit und das tadelfreie Aussprechen der Wahrheit. Die Wahrheit ist ein erstaunlicher Befreier; kommt sie zur Anwendung dieser Richtlinien hinzu, wird immer eine wirkliche Kommunikation möglich.

Zu dem heranwachsen, wofür wir bestimmt sind

Wir alle haben eine potentielle Person in uns, die unser wahres Ich ist. Selbstkenntnis bildet einen Teil des Heranwachsens zu diesem perfekten Ich. Leicht ist das nicht. Manchmal müssen wir auf dem Weg dorthin durch Finsternis, Zeiten der Depression oder Qualen.

Geraten Sie nicht in die Falle zu glauben, die Arbeit an sich selbst sei ein Genuß. Viele von uns wurden konditioniert, sich selbst im Sinne dessen einzuschätzen, wieviel wir anderen geben, deshalb meinen sie, es sei egoistisch, sich auf sich selbst zu konzentrieren, das lenke von unserem Wert ab. Nach meinem Verständnis hat die Maxime »Liebe deinen Nächsten wie dich selbst« eine andere Bedeutung als jene, die man gewöhnlich hineinlegt. Wenn man sich selbst nicht liebt, wie soll man dann andere Menschen lieben? Tatsache ist, daß ich nicht einmal sicher bin, ob man eine tiefe Liebesbegegnung mit einer anderen Person haben kann, wenn man sich nicht selbst liebt – aber das ist ein Thema für das nächste Kapitel. Um sich selbst lieben zu können, muß man sich kennen. Die Arbeit am Selbst ist also ein wesentlicher Teil des Wachstums hin zu Macht.

Marion Milner ist eine Psychoanalytikerin, die voll Klarheit und
Einblick darüber geschrieben hat, wie man lernt, man selbst zu sein.
Eine Phase ihres Lebens beschreibt sie folgendermaßen:

> Ich hatte gelernt, daß ich, wenn ich meine Gedanken ruhig genug
> hielt und unter sie schaute, manchmal erfahren konnte, was das wirk-
> liche Bedürfnis war; ich konnte es dann spüren wie ein im Schoß
> strampelndes Kind, doch so weit weg, daß es mir leicht entging, wenn
> ich überbeschäftigt war mit Vorhaben. Wirklich, ich hatte festgestellt,
> daß es ein intuitives Gefühl, wie man leben soll, tatsächlich gibt.

Wenn Menschen sich ihrer selbst bewußt werden, beginnen sie ihr
eigenes Naturell zu erkennen. Sie müssen nicht länger kämpfen, um
andere und vor allem sich selbst zu überzeugen, daß sie jemand sind,
der sie in Wahrheit nicht sind, denn jetzt erhaschen sie Blicke auf die
Person, die sie wirklich sind, auf ihr wahres Ich. Und wenn sie es
schaffen, ihr wahres Ich zu *sein*, sind sie genauso mächtig wie irgend
jemand auf der Welt.

In diesem Erkenntnisprozeß ist unvermeidlich, daß wir mit unseren
dunkleren Seiten konfrontiert werden. Männer bekommen es mit den
negativen Aspekten der Anima zu tun und Frauen mit ihrem Animus
– dem entsprechenden Archetypus in der weiblichen Psyche. Der
Animus kann uns oder andere dermaßen kritisieren, daß wir uns
wertlos vorkommen. Wenn mir das passiert und ich mich am Boden
zerstört fühle, muß ich mir als erstes sagen, daß das vorübergehen
wird: Fasse Mut, denn es geht wirklich vorüber. Dann versuche ich
mir mit jener Stimme zuzureden, die mein Herz fände, um eine
bedrückte, verzweifelte Freundin zu ermutigen. Ich sage nur, was
wahr ist, ich erfinde nichts, und weil ich die Wahrheit sage, kann ich es
glauben. Ich bemühe mich, es voll Sanftmut und Mitgefühl zu sagen.

Beim Umgang mit dem Animus müssen wir uns aufmuntern.
Energie ist vonnöten. Eine Frau muß sich oft bis zur Auflehnung und
Revolte gegen diesen inneren Kritiker hochputschen. Sie muß
gegenüber den Animus verächtlich, selbstsicher und streitlustig sein.
Manchmal kommt es vor, daß sich die Verächtlichkeit gegen die Welt
richtet, wenn man sich erst mal um diesen inneren Tyrannen kümmern muß.

Die positive Seite des Animus besteht darin, daß er den Frauen zu
Schwung, Disziplin und Klarheit des Denkens verhilft. Er ist auch

eine starke kreative Kraft, die gute Ideen hat. Durch kreative Betäti-
gung, wenn *wir* den Animus *benutzen*, statt ihm zu erlauben, uns zu
besitzen, kann er eine Brücke zu unserem wahren Ich bauen und die
Bewegungen und Verwandlungen der Seele begleiten. Marie-Louise
von Franz sagt hierzu:

> Wenn die Frau zu dem vordringt, wer und was ihr Animus ist und was
> er ihr antut, und wenn sie diesen Realitäten ins Auge sieht, statt sich
> besitzen zu lassen, kann ihr Animus zu einem höchst wertvollen inne-
> ren Gefährten werden, der sie mit den männlichen Eigenschaften
> Initiative, Mut, Objektivität und spirituelle Weisheit versieht... Er ver-
> leiht der Frau spirituelle Festigkeit, eine unsichtbare innere Stütze, die
> ihre äußere Weichheit ausgleicht. (Jung, 1964)

Ermittlung unseres Kraftsymbols

Ein persönliches Symbol zu haben, ein Symbol unseres wahren Ich
und unserer inneren Stärke, kann sehr vorteilhaft sein. Man kann es
sich vergegenwärtigen, wenn man sich eingeschüchtert oder machtlos
fühlt. Nachstehend eine kurze, einfache Übung zur Ermittlung eines
Symbols oder Bildes Ihrer eigenen inneren Macht.

1. Lassen Sie sich viel Zeit für diese Übung, die an einem Ort stattfinden soll, wo Sie ungestört sind. Spielen Sie per Band oder CD
   eines Ihrer Lieblings-Instrumentalstücke, wenn Sie wollen.
2. Legen oder setzen Sie sich bequem hin und entspannen Sie Ihren
   Körper; lassen Sie sich reichlich Zeit dazu. Vielleicht möchten Sie
   den Körper durcharbeiten, damit beginnen, die Zehen anzuspan-
   nen und lockerzulassen, und sich dann zur Oberseite des Kopfes
   und zur Kopfhaut emporarbeiten, wobei Sie stets die entsprechenden Muskeln anspannen und lockerlassen.
3. Konzentrieren Sie Ihre Aufmerksamkeit auf Ihren Atem, atmen Sie
   langsam und tief ein und aus.
4. Stellen Sie sich vor, daß beim Einatmen Licht durch Ihre Schädel-
   decke in Ihren Körper gezogen wird und Sie beim Ausatmen das
   Licht in jeden Muskel und jede Zelle Ihres Körpers strahlen. Wiederholen Sie dies siebenmal mit langen, tiefen Atemzügen.
5. Konzentrieren Sie Ihre Aufmerksamkeit nun auf Ihr Herz, ihr
   Hara oder die Stelle, die Sie als Ihr »Zentrum« empfinden. Bitten

Sie sich selbst um eine Metapher, ein Symbol, Wort, Bild oder einen Ton, die oder der Ihr inneres Ich, ihre persönliche Macht beschreibt. Lassen Sie sich die Zeit, die nötig ist für das Auftauchen dieses Zeichens, und erzwingen Sie nichts. Was immer auftaucht ist speziell für Sie, selbst wenn Sie es nicht sofort verstehen.

6. Wird ein Symbol klar, erkennen Sie es an und benennen Sie es.

7. Kehren Sie behutsam in Ihr Bewußtsein und Ihre Bewußtheit zurück, indem Sie Ihre Zehen und Finger beugen und Ihre Glieder strecken.

8. Ist Ihr Symbol ein visuelles Bild, versuchen Sie es zu zeichnen – Sie werden überrascht sein über die Ergebnisse. Ist es ein Ton, sagen oder singen Sie ihn. Was immer es ist, fühlen Sie sich wohl damit, machen Sie es sich zu eigen und benutzen Sie es. Sie haben es geschaffen. Es gehört Ihnen. Mit Übung und durch häufige Verwendung wird es mächtiger werden. Sollte kein Symbol aufsteigen, wiederholen Sie die Übung ein andermal. Vielleicht kommt Ihnen das Symbol auch später (schließlich haben Sie den Bilderzeugungsprozeß angeregt), während Sie Ihren täglichen Pflichten nachgehen, sich Tagträumen hingeben oder sich in einem Traum entspannen.

Schuld und Vorwürfe zehren uns auf;
Übernahme der Verantwortung gibt uns Macht

Wenn wir uns einer Sache schämen oder etwas uns leid tut, reagieren viele von uns mit einem Gefühl der Schuld. Schuld ist destruktiv, sinnlos und führt zum Stillstand. Wie Emmanuel sagt, Schuld »bedeutet nichts und bringt alles zum Stehen. Es besteht ein Gefühl der Blindheit, des Erstickens und des Alleinseins. Die Welt ist dunkel. Es gibt offenbar kein Entrinnen.«

Die zweite übliche Reaktion besteht in dem Versuch, jemand anderem die Schuld zu geben, diese destruktive, lahmlegende Kraft von uns weg und auf einen anderen zu schieben. Das funktioniert nicht; es lastet schwer zwischen uns und dem anderen, und keiner fühlt sich besser. Außerdem kommen wir nicht aus der Falle heraus. Ein weiser Mensch sagte einmal zu mir, wenn ich mich schuldig fühle, heiße dies, ich würde es wieder tun!

Der *einzige* Weg heraus aus Schuld und Schuldzuweisung ist die

Übernahme der Verantwortung. Wenn ich glaube, ein Unrecht begangen zu haben, kann ich als erstes mein Herz durch aufrichtige Reue reinigen. Dann kann ich mein Möglichstes tun, um es wieder gutzumachen. Geradezu verblüffend ist, wie das die Energie verändert: von schwer lastend in ziemlich elektrisch.

Habe ich andererseits das Gefühl, daß jemand anderer ein Unrecht begangen hat, und ich werfe ihm vor, mich verletzt oder mir Unrecht getan zu haben, gibt es ebenfalls nur einen einzigen Ausweg: die Übernahme der Verantwortung. Wenn ich tadle, Schuld zuweise, bin ich ein Opfer. Es gibt absolut keinen bekömmlichen Lohn für den Anspruch, Opfer zu sein. Nie und nimmer. Sogar in einer Beziehung, in der Mißbrauch betrieben wird, besteht der wirksamste Ausstiegsweg darin, zunächst die eigene Rolle zu akzeptieren, nämlich daß man die Beziehung fortgesetzt hat. Durch Übernahme der Verantwortung gibt man sich die Macht, aus der Situation herauszukommen. Es ist ein langer, schwieriger Vorgang zu lernen, die Verantwortung für alles zu übernehmen, was einem im Leben widerfährt, aber er bringt einem Freiheit, und er verleiht einem Macht.

Gefühle sind lebenswichtig

Wenn ich über weibliche Charakterzüge schrieb, fühlte ich mich immer ein bißchen verletzlich und schwach. Das sagte ich einer Freundin, der ich vertraue.

»Warum?« fragte sie. »Das Weibliche ist stark.«

»Warum?« fragte ich.

»Weil wir uns mit Gefühlen auskennen.«

»O ja«, sagte ich und dachte daran, wie man auf uns eindrischt, weil wir emotionale Frauen sind. »Warum bedeutet es Stärke, sich mit Gefühlen auszukennen?«

»Weil Gefühle *lebenswichtig* sind«, antwortete sie. »Manche Menschen finden es echt schwierig, mit ihren Gefühlen in Kontakt zu kommen. Darum müssen wir immer ein helles Spotlight auf sie richten, sie ständig im Blickfeld halten.«

»Aber Männer sagen, Stärke liege darin, Dinge zu entdecken, Dinge herzustellen, Dinge zu erfinden. Würden sie aufhören, das zu tun, und sich nur um Gefühle kümmern, wo stünden wir dann?« fragte ich schwach.

Ihre Stimme wurde tiefer und sehr kraftvoll; sie neigte sich zu mir, Energie toste geradezu aus ihr: »Achte nur darauf, was passiert, wenn Gefühle ignoriert und ausgelöscht werden. Wir kriegen Hitlers. Hitler hatte keine echten Gefühle.« Sie bildete mit Daumen und Mittelfinger einen O und schaute mich durch ihn an. »Alles war *perfekt* effizient. Die Züge fuhren pünktlich. Munitionsfabriken produzierten prächtig. Flugzeuge schossen in den Himmel. Und Millionen Menschen starben, in Schrecken, durch kaltblütige Absicht. Er sah das für sie vor. Alles war bis ins letzte Detail geplant. Er hatte keine menschlichen Gefühle.«

Betty Reardon vertritt die Ansicht, daß Männer Selbstkenntnis und Selbstakzeptanz im allgemeinen meiden (ich würde sagen, Frauen ebenfalls), weil sie fürchten, nicht fähig zu sein, sich dem Urteil zu stellen. Sie glaubt, viele Männer, die Gewalt anwenden, seien überzeugt, im Grunde friedliebend zu sein und Gewaltmaßnahmen nur im Namen von Recht und Ordnung zu ergreifen. Eine solche Vorstellung ist nach Betty Reardons Ansicht absolut katastrophal bei halsstarrigen Weltführern; besäßen sie mehr Selbstkenntnis, bestünde wohl eine größere Chance für das Überleben der Menschen.

Frauen müssen verstehen lernen, wie schwer es für Männer ist, ihre Gefühle aufzuspüren. Viele wurden von Kindheit an darauf getrimmt, Gefühle abzuleugnen, nicht zu weinen, keine Angst zu haben, nicht sentimental zu sein. Ich habe erkannt, daß es für einige Männer vermutlich genauso schwierig ist, ihre Gefühle zu begreifen, wie für mich, einen physikalischen Lehrsatz in den Kopf zu kriegen.

Man hat uns gelehrt, uns vor »irrationalem Verhalten« zu fürchten oder davor, »sentimental zu sein«. Anne Baring und Jules Cashford schreiben in ihrem Buch *The Myth of the Goddess*, wenn wir erschüttert seien beim Anblick von Fabrikabfall in Flüssen und Meeren, sterbenden Fischen und Robben, verwitternden Bäumen infolge sauren Regens, smoghaltiger Luft, hungernden Menschen auf der anderen Hälfte der Erde, dürfe das nicht als Sentimentalität abgetan werden. Ganz im Gegenteil, die Gefühle des Entsetzens und Bedauerns sind natürlich und gesund, widerspiegeln vielleicht das Bewußtsein, zu einer Einheit zu gehören, in der alles, was in einem Teil des Universums geschieht, sich in irgendeiner Weise auf das Geschehen in allen anderen Teilen auswirkt.

Raum für Veränderung und Wandlung, genau das ist nötig bei Männern und Frauen – Männern und Frauen, die etwas über ihre feminine Seite erfahren wollen, ihre Gefühle erkennen wollen, auf die großartigen Abkürzungen abbiegen wollen, die uns die Intuition eröffnet, und die Macht ihres Mitgefühls freisetzen wollen. Die grundlegende Herausforderung an uns alle lautet, uns von Angst zu befreien, denn solange Angst allen unseren Aktionen und Reaktionen unterliegt, sind wir gefangen: in einem Kreislauf von Abwehr und Angriff und dem Bedürfnis nach *Macht über*. Der einzige Weg, uns von der Angst zu befreien, führt über die Liebe. Wir müssen lernen, zuerst einmal unser ganzes Selbst zu lieben; das ist die Voraussetzung, um fähig zu sein, eine andere Person wirklich zu lieben – und mit am besten können wir uns durch Selbstkenntnis lieben lernen.

Während wir uns dem Ende dieses Kapitels nähern, erscheint die Schlange wieder. Jean Shinoda Bolen, eine jungianische Analytikerin und klinische Professorin für Psychiatrie an der University of California, weist darauf hin, das Schlangenträume häufig seien, wenn Menschen ihre eigene Autorität durchzusetzen beginnen, Entscheidungen treffen, oder sich bewußt werden, daß sie im Hinblick auf ihre eigene politische, psychische oder persönliche Macht ein neues Gefühl haben.

> Die Schlange scheint diese neue Kraft zu verkörpern. Als Symbol stellt sie die Macht dar, die einst die Göttinnen besaßen, sowie die phallische oder maskuline Macht...

Diese Textstelle kannte ich nicht, als ich in dem Oxforder Fluß die Schlange sah!

Das Sanskrit-Wort *Kundalini* bedeutet »aufgerollt« wie eine Schlange oder Feder. Es impliziert latente Kraft oder unangezapftes Potential – die Möglichkeit in jedem Menschen, für sich eine neue, erfüllendere Lebenslage zu schaffen. Oft sieht man *Kundalini* als die innere weibliche Seele in Schlangenform an, zusammengeringelt im Becken; durch richtige Yoga-Übungen kann man sie veranlassen, sich aufzurollen und durch die spinalen Chakras in den Kopf aufzusteigen, um Weisheit zu bringen. In den alten Texten wird mit *Kundalini* eine ungeheure Menge Energie verbunden – die im Inneren wohnende unendliche Macht. Daß ein solcher unerschöpflicher Energievorrat existiert, kann sich die westliche Wissenschaft nicht einmal vorstellen. Menschen, die diese Kraft von ihrer latenten Form in ihre aktive umwandeln, werden zu den dynamischen Genies, die jedes Zeitalter und jede Kultur kennt. Wird die Energie nach und nach mittels sorgfältig überwachter Übungen und Meditation freigesetzt, erfährt die Person ein zunehmendes Gefühl des Wohlbehagens und der Befreiung, das in großartige Erlebnisse einmündet.

Das Wort kommt zwar aus der Yogatradition, aber fast alle großen Weltreligionen, spirituellen Wege und ältesten Traditionen beschreiben etwas, das Ähnlichkeit mit der *Kundalini*-Erfahrung hat, die im Hinblick auf die »Vergöttlichung« einer Person bedeutsam ist.

Was im Yoga oder in der Meditation geschieht, entspricht möglicherweise dem Geschehen in der Psychotherapie, bei der Teile des Unbewußten ins Bewußtsein gebracht werden. Wie wir wissen, ist sehr viel Energie in uns blockiert, weil wir verdrängtes Material in der Verdrängung halten. Diese Energie kann freigesetzt und wieder zugänglich gemacht werden, wenn das unbewußte Material ins Bewußtsein geholt wird.

Ich muß hier nachdrücklich darauf hinweisen, daß alle Machtinstrumente, seien es Yoga, Meditation, Psychotherapie oder was immer, mit größter Vorsicht und größtem Respekt gehandhabt werden müssen. Es ist bezeichnend für westliches Mißverstehen der Macht, daß einige Westler sich Schaden zufügten, indem sie beispielsweise der *Kundalini*-Erfahrung ohne entsprechende Vorbereitung und ohne entsprechendes Verständnis nachjagten. Diese Verfahren sind sicher, wenn man sie langsam, schrittweise und mit bestmöglicher Führung durchführt. Sie erfordern Zeit, Geduld und Beharrlichkeit. In dem Teil »Weitere Wege und Möglichkeiten« am Ende des Buches finden Sie Beschreibungen der Techniken, die ich nützlich fand, sowie Quellenmaterial dazu.

Kapitel 5

Macht aus dem Inneren des Körpers

Es ist eine Tradition, in der das Fleisch, statt dem Geist untergeordnet zu werden, als die Grundlage für Leben, Liebe und Verehrung anerkannt wird. Sexualität und Spiritualität sind nicht
gegensätzlich, sondern miteinander im Einklang.

JOHN WHITE, 1990

*Dies ist ein Kapitel über den Körper. Einen großen Teil davon widme ich,
während ich die Hauptthemen des Buches gestalte, dem Sex und der Sinnlichkeit sowie den Verbindungen zwischen Macht und Sex. Sowohl Männer
als auch Frauen können im Körper eine Quelle innerer Kraft finden, nicht zu
reden von Wonnen. Weil ich eine Frau bin, kann ich Macht aus dem Inneren
des Körpers nur vom Standpunkt einer Frau wirklich beschreiben, aber ich
hoffe, daß männliche Leser alle Abschnitte nützlich finden werden. Das Kapitel hat keine bestimmte Ordnung; es umfaßt Unterkapitel über sexuelle
Anziehung, Sex und Macht, Befreiung von sexueller Schuld, Menstruation,
Geburt und Fürsorge, Weisheit und Freiheit, das Klimakterium und den Tod.*

Viele Frauen werden zu der Ansicht erzogen, ihre Körperfunktionen
seien im besten Fall ein Ärgernis, im schlimmsten Fall ein Fluch und
müßten unbedingt vor aller Augen verborgen werden. Die einzige
Macht, die wir anerkennen dürfen, ist die Macht der Anziehung, also
die Macht, Männer anzulocken, und die meisten von uns glauben, sie
komme aus Fläschchen, Sprays und Modehäusern. Wie können wir
nun Ärgernis und Fluch in Macht und Stärke verwandeln? Adrienne
Rich schlägt vor, wir sollten anfangen...

...durch den Körper zu denken, das zu verbinden, was grausam in
Unordnung geraten ist: unsere kaum genutzten großen geistigen

Fähigkeiten, unseren hochentwickelten Tastsinn, unsere geniale Begabung zu genauer Beobachtung, unsere komplizierte, leidensfähige
und für viele Freuden angelegte Körperlichkeit...

Sexuelle Anziehung und Macht

Anziehung enthält einen großen Machtfaktor. Deshalb lohnt es sich,
kurz die unterschiedlichen Arten der Anziehung, die Menschen für
einander empfinden, zu untersuchen und zu prüfen, wo und wie
dabei Macht im Spiel ist und ob es sich um *Macht über* oder *Macht
zusammen mit* handelt. Nach meinem Dafürhalten gibt es mindestens
vier Typen, natürlich aber sind die aktuellsten Anziehungen eine
Mischung aus mehreren von ihnen.

Allgemeine Erregung / Verlangen der Sinne

Beides widerfährt uns auf Partys, Festen, Tanzveranstaltungen,
Vergnügungen verschiedener Art oder an warmen Sommerabenden
in herrlicher Natur. Beides kann auftreten, wenn die Menschen rund
um uns sexuell erregt sind, wenn unsere Phantasie durch kreative
Kunst oder gute Neuigkeiten angeregt worden ist, wenn Aufregendes
verschiedener Art in der Luft liegt. In dieser Situation sind wir bereit,
auf unsere eigene Erregung oder die einer anderen Person in allge-
meiner Weise zu reagieren – jeder beliebige Partner eignet sich. Die
Anziehung dieses Typs ist mit dem Wunsch nach Berührung und
Streicheln verbunden. Wie beim Streicheln einer Katze erwarten wir
nicht unbedingt, etwas zurückzubekommen; wir wollen uns an ihrer
Schönheit freuen, sie schnurren hören, sie eine Zeitlang auf dem
Schoß haben. Wir wissen genau, daß sie nach einer Zeitlang hinunter-
springen, davonstolzieren und irgendeinen armen Vogel in Stücke
reißen wird. James Joyce nannte diese ästhetisch / erotischen Erfahrungen »Epiphanien« – weil es bei der ganzen Sache nicht darum geht zu
besitzen (was er Pornographie nannte), sondern darum, etwas Schönes
zu halten und seinen Rhythmus zu erleben. Unter der Voraussetzung,
daß sich das Verlangen nicht in Wollust verwandelt (die nach meiner
Ansicht mit Besitz verbunden ist), scheinen mir Machtfragen hier zu
fehlen.

Begehren

Das empfinden wir, wenn wir magnetisch zu einer Person hingezogen werden und nicht recht wissen, warum. Diese Person ist plötzlich alles, was wir uns im Leben wünschen: Wir begehren sie, als wollten wir damit ein Loch in unserer Seele füllen. Das ist Projektion – wir verlegen unseren idealen inneren Mann oder unsere ideale innere Frau in jemand anderen. Daraus kann leicht blinde Leidenschaft werden. Ist das der Fall, hat die betreffende Person, wie es aussieht, ihre Macht an die andere abgetreten. Solche Menschen tun ungewöhnliche Dinge. Im Grunde suchen sie in einer anderen Person verzweifelt nach einem verlorenen Teil des Selbst. Ein bekanntes Beispiel dafür wären Cathy and Heathcliff in *Sturmhöhe* von Emily Jane Brontë. Oft ist es Anziehung in nur einer Richtung, und trotz ihrer anfänglichen Intensität erlischt sie schließlich, wenn sie nicht erwidert wird.

Glamour und Besitz

Diese Art Anziehung findet statt, wenn eine mächtige oder betörende Person – sei sie eine Frau oder ein Mann – attraktiv ist wegen der Achtung oder Ehrfurcht, mit der andere ihr begegnen, oder wegen des Ansehens, das man durch die Verbindung mit einer solchen Person gewinnt; kurz, es geht um Herrschaftsmacht. Die Attraktivität speist sich aus sich selbst: Je erfolgreicher die Person bei der Anziehung anderer ist, desto attraktiver wird sie. Männer wetteifern darum, mit einer Frau gesehen zu werden, die »nach einer Million Dollar ausschaut«. Frauen haben das Gefühl, Macht zu gewinnen, indem sie einen mächtigen Mann verführen. Doch nur selten handelt es sich dabei um eine berechnende Reaktion; Glamour kann unwiderstehlich sein. Gewöhnlich weckt Anziehung dieser Art den Wunsch nach Besitz.

Besitz bedeutet, daß wir jemand unser *eigen* nennen, *haben* wollen. Ist uns das gelungen, werden wir oft müde und sind nicht mehr daran interessiert; die Anziehung lag in der Herausforderung und der Jagd. Bei vielen Frauen kann sich Besitz aber auch in Abhängigkeit, Gefangensein, Festklammern verwandeln. Ich glaube, diese Art Anziehung ist ein Beispiel für *Macht über*.

Liebe

Sie ist gegenseitige Anziehung, die auf Gleichwertigkeit, Vertrauen und Hara-Macht beruht. Die Hingabe birgt keine Gefahren. Wir kennen das innere Ich irgendeiner Person und finden dort Qualitäten, die wir uns wünschen und auf die wir uns absolut verlassen können. Unser Gefühl ist Nostalgie, Verlangen nach etwas Kostbarem, Vertrautem, nach dem wir uns lange zutiefst sehnten. Diese Art der Anziehung kann sich im Lauf vieler Jahre entwickeln und reifen, und sie wirkt gewöhnlich bei den Personen nährend, aufbauend.

Liebe ist der komplizierteste der vier Anziehungstypen, denn sie nimmt nie einen glatten Verlauf. Sie verlangt Selbstaufopferung, aber nicht zuviel, Sanftmut, aber nicht zuviel, und Härte, aber nicht zuviel. Hara-Macht, die Schuldgefühle und Egoismus verringert, kann helfen, das alles ins Gleichgewicht zu bringen. Und Liebe kann uns helfen, Hara-Macht zu erlangen. Hara-Macht kann auch die Reaktion auf allgemeine Erregung unterstützen, indem sie Menschen von Schuld befreit und jeden zu Offenheit und Selbsterkenntnis ermutigt. Ihre Ehrlichkeit und ihr Humor können dann falschen Glamour besiegen. Wir sind vielleicht nicht fähig, einer von blinder Leidenschaft erfaßten Person zu helfen, aber Hara-Macht sollte es der vernarrten Person und dem Objekt ihrer Vernarrtheit ermöglichen, zu erkennen und zu verstehen, was sich abspielt, die komische Seite daran zu sehen und zu begreifen, daß dieser Zustand vorübergehender Natur ist.

Herrschaftsmacht ist offensichtlich eng mit der Vorstellung von Besitz verbunden. Es kommt auch vor, daß sie die allgemeine Erregung und die blinde Leidenschaft ausnutzt, ausbeutet. Sie steht jedoch im Gegensatz zur Liebe, und zwar wegen der Angst vor dem Loslassen, das die Liebe verlangt, sowie der Angst vor Offenheit und Gleichrangigkeit.

Sex und Macht

In unserer westlichen Kultur hat die vorherrschende Einstellung zum Sex die Tendenz, andere als Objekte zu behandeln. Die Menschen begnügten sich mit einer Befriedigung durch »Benutzen« eines Partners. Pornographie ist ein Extrembeispiel für diese Art des »Objekt«-

Sex, und sie isoliert die betroffenen Personen sehr. Ich glaube, zu ihr kam es, weil wir über einen langen Zeitraum hinweg eine vorwiegend mechanistische Haltung zum Sex akzeptiert haben, das heißt eine Haltung, die gewöhnlich Seele und Geist vom Körper trennt. Der Körper findet also vielleicht Befriedigung, aber die übrige Person steht abseits.

Die Alternative wäre eine Haltung, bei welcher die ganze Person – Geist, Körper und Seele – im Sex anwesend ist und der Körper wieder in jeder Hinsicht die Mitte unseres täglichen Lebens wird, statt daß wir ihn einfach wegstellen und ignorieren, außer wir suchen Befriedigung.

Wenn sich also sexuelle Anziehung zur körperlichen Sexualität und zum Liebesakt entwickelt, haben Sie und ich eine Möglichkeit der Wahl. Wir können uns an den Sex als getrennte Wesen annähern, mit der Absicht, getrennt zu bleiben, unsere Seele und unseren Geist irgendwo anders zu lassen, oder wir können ihn als Gelegenheit zur Vereinigung und Ganzheit auffassen. Ich glaube, die beiden Haltungen entsprechen dem Herrschaftsmodus und dem Hara-Modus. Im Bett könnte der Herrschaftsmodus folgendermaßen sichtbar werden:

- Ich möchte, daß du mich schön/sexy/begehrenswert findest.
- Ich benutze dich als Mittel zu meiner Befriedigung.
- Ich interessiere mich mehr für meine körperlichen Empfindungen als für deine.
- Wir gehen in mehreren Stufen vor, die zum Orgasmus führen, und grundlegend bestimme ich.
- Ich schließe die Augen und spreche nicht mit dir.
- Ich möchte, daß du mich für den besten Liebhaber aller Zeiten hältst.
- Das ist eine ernste Angelegenheit.
- Wenn ich einen Orgasmus gehabt habe, dann hat sich's, und ich kann einschlafen.

Der Hara-Modus dagegen würde sich eher in den folgenden Gefühlen und Haltungen manifestieren:

- Ich akzeptiere meinen Körper und schätze ihn.
- Jeder von uns ist sich des anderen stark bewußt, und wir finden Wege zu prüfen, ob der andere weitermachen oder in Schlaf sinken will.

- Wir kuscheln viel und sagen einander, wie wir uns fühlen.
- Die ganze Sache hat auch ihre komische Seite.
- Der Liebesakt ist kein Mittel für irgend etwas, er ist als solcher ein Ziel.
- Ich bin bereit, mich hinzugeben, weil ich dir vertraue.
- Ich möchte eins mit dir werden und möchte nicht, daß wir zwei bleiben; ich möchte so tief in den Akt eindringen, daß es keinen Akteur mehr gibt.
- Wir bleiben in der Gegenwart, gehen nicht in die Zukunft; wir verharren im Augenblick, gehen nirgendwo hin und verschmelzen.

Im Zusammenhang mit Hara-Macht und Sex muß noch etwas gesagt werden, was die Liebe des Selbst betrifft. Viele von uns nehmen an, der Schlüssel zu sexueller Erfüllung liege darin, den richtigen Partner zu finden. Käme nur der richtige Mann oder die richtige Frau des Wegs, wäre unser Liebesakt wunderbar. Ich bezweifle, daß das stimmt. Ich glaube, daß es von mir abhängt, ob mein sexuelles Erlebnis armselig oder reich ist. Niemand kann mir sexuelle Ekstase *geben*; sie kommt von innen. Statt in der Außenwelt den perfekten Partner zu suchen, kann ich zunächst mir selbst alles geben, was ich dem geliebten Menschen geben würde. Probieren Sie es. In ihrem Buch *The Art of Sexual Ecstasy* erklärt Margot Anand in allen Einzelheiten, wie man sich neuen Gefühlen der Selbstakzeptanz und Selbstschätzung öffnet.

> Sich selbst auf diese Weise zu lieben bedeutet nicht, selbstversunken oder narzißtisch zu sein oder anderen keine Beachtung zu schenken. Es bedeutet vielmehr, sich selbst als den geehrtesten Gast im eigenen Herzen willkommen zu heißen, einen Gast, der Respekt verdient, einen liebenswerten Gefährten. Ihr Innerer Geliebter ist nicht von Ihnen getrennt, und er oder sie ist auch kein traumähnliches Phänomen. Ihr Innerer Geliebter ist eher wie eine Eigenschaft, eine Emotion, die Sie in Momenten der Freude oder Stille erkennen können, wenn Sie sich tief in Ihrem Inneren mit einer natürlichen Unschuld, Einfachheit und Spontaneität verbinden.

In Kapitel 7 werde ich auf den Begriff Innerer Geliebter zurückkommen und die ganze Frage von Hara-Macht und sexueller Vereinigung weiter untersuchen. Lassen Sie uns jetzt von etwas sprechen, das durchs Leben der meisten Menschen vom Anfang bis zum Ende wie ein roter Faden läuft: sexuelle Schuld.

Befreiung von sexueller Schuld

»Ich?« sagen Sie vielleicht. »Ich fühle mich nicht schuldig im Zusammenhang mit Sex.« Wenn Sie das nicht tun, bin ich wirklich glücklich. Aber um sicherzugehen, beantworten Sie bitte ein paar Fragen:

- Haben Sie sich je mies gefühlt, nachdem Sie eine sexuelle Phantasie hatten?
- Gibt es irgendeinen erotischen Teil Ihres Körpers, den Sie nicht schön finden?
- Haben Sie je einen Orgasmus vorgetäuscht?
- Ist es für Sie in irgendeiner Weise ein Problem, in Ihrem Elternhaus Geschlechtsverkehr zu haben?

Wenn Sie auf alle diese Fragen mit einem klaren, uneingeschränkten Nein antworten, sind Sie ein gesegneter Mensch. Wenn Ihre Antwort auf einige oder alle obigen Fragen ein unsicheres Ja ist, lesen Sie weiter. Natürlich ist es mir nicht möglich, individuelle Ursachen für sexuelle Schuld oder Schuldgefühle anzusprechen; sie sind tief in jeder Psyche vergraben und bedürfen manchmal fachmännischer Hilfe, um aufgespürt und ausgeräumt zu werden. Etwas anderes aber kann ich tun, nämlich ein Bild davon zeichnen, wie es war, bevor man uns diese Bürde der Sündhaftigkeit von etwas aufhalste, was ein völlig natürlicher Instinkt ist. Und ich kann einige Möglichkeiten aufzeigen, wie man die Bürde loswird.

Der nackte Körper in allen seinen Manifestationen wurde einst als kraftvoll und schön angesehen, besonders die Genitalien. Beweise für Ehrfurcht vor weiblichen Genitalien können wir heute noch finden, sie tauchen an den überraschendsten Orten auf. In alten Kirchen ganz Englands und Irlands gibt es *Sheela-na-gigs*, alte Steinbildwerke mit Darstellungen einer hockenden Frau, die mit kühnem Selbstvertrauen nach unten greift und ihre Vulva öffnet.

Ihre Ursprünge liegen im dunkeln. Niemand weiß wirklich, was diese gemeißelten Bildwerke bedeuten, aber in Irland erinnert man sich an die Sheela-na-gig als die Alte Mutter-Schöpferin, die alle Rassen gebar. Besonders begrüßenswert sind die Sheela-na-gigs im christlichen Kontext wegen ihrer Offenheit, die zur üblichen Gleichsetzung der weiblichen Sexualität mit Versuchung und Sünde im Gegensatz steht. Maria Magdalena wird von der Kirche als Dirne hin-

Die Sheela-na-gig *aus der Kirche*
St. Mary and St. David in Kilpeck,
Herefordshire, England

gestellt, als Sünderin, der Jesus »vergab«, während sie laut den gnostischen Evangelien eine Jüngerin Jesu war. Maria Magdalena ist unlösbar mit der Bedeutung und Macht schwarzer Madonnen verbunden.
Diese unwiderstehlichen, geheimnisvollen Statuen sind in vielen Teilen der Welt zu finden und stellen für uns eine Verbindung zwischen
christlichen Glauben, Sexualität und dem viel älteren Glauben an die
schwarze Göttin her.

Wenn Bilder hilfreich sind, gilt dies sicher auch für die Romanlite-
ratur. Hier ein Passus, der mich überraschte:

Sie ritt ohne Sattel, immer, sagt er mir, als wir mitten während einer
Nachmittagswanderung im Park auf einem Findling sitzen. Sie hatte
einen Orgasmus, als sie das Pferd ritt.

Bist du sicher? frage ich.

Ja, antwortet er. Sie wurde ohnmächtig. Und als ich sie fragte, gab
sie es zu.

Ich bin sprachlos bei dem Gedanken, daß das Vergnügen einer Frau
so leicht zu finden ist, stottere ich; so, in gewissem Sinn so *unbeküm-
mert.*

Das Wort, das du suchst, sagt Pierre, ist *lüstern. Locker.* Eine Frau, die
sexuell »ungehemmt« ist, laut dem Lexikon, wird als »lasziv, lüstern
und locker« definiert. Aber warum bloß? Ein Mann, der sexuell ungehemmt ist, ist einfach ein Mann. (Alice Walker, 1992, Seite 169)

Außer mit Hilfe von Bildern und Büchern können wir uns natürlich auch physisch befreien. Es gibt viele Möglichkeiten dazu. Ein guter Anfang ist, einfach zu tanzen. Suchen Sie sich einen Ort, an dem Sie ungestört sind; legen Sie Musik auf, die Ihnen von der Stimmung her als passend erscheint – verträumt, eingängig oder Beat mit hartem Rhythmus –, und lassen Sie den Körper schlicht tun, was er will, so ursprünglich sein, wie er möchte.

Andere ziehen es vielleicht vor, mittels Yoga oder T'ai Chi tief in ihren Körper einzudringen. T'ai Chi ist eine alte Tradition mit einer Reihenfolge anmutiger, langsam-kraftvoller Bewegungen des ganzen Körpers, die helfen, den Fluß der Energie durch den Körper zu befreien und zu spüren. Wieder andere Menschen genießen die Alexander-Technik, bei der Lehrer zeigen, wie man Haltungsfehler und falsche Bewegungsgewohnheiten beheben und so das ganze Leistungsvermögen des Körpers freisetzen kann. Für mich war Yoga das richtige. Und im Yoga stieß ich auf den Begriff Hara (Übungen zur Stärkung des Hara sind auf Seite 109/110 zu finden). Ich liebe die Stille, die Konzentration und das Gefühl, wenn ich mich strecke. Ich habe gelernt, meinen Atem in meinem ganzen Körper zu spüren. Befreiend wirkte allein schon, daß ich mir der Teile meines Körpers bewußt wurde. Und in einer faszinierenden Übung lernte ich, alle drei Genitalöffnungen – die Urethra (Harnröhre), die Vagina und den Anus – zu spannen und zu entspannen, *getrennt* voneinander! Erstaunlich, welchen Effekt dies auf die Sexualität eines Menschen haben kann.

Die Möglichkeiten sind unbegrenzt. Es gibt verschiedene Arten, auf den Körper zu horchen, von ihm zu lernen und ihn zu lockern, die unter dem Oberbegriff »Körperarbeit« zusammengefaßt sind; einige werden in den Anmerkungen zu diesem Kapitel aufgeführt.

Nun möchte ich auf das Thema Gewicht zurückkommen. Ich habe es bereits in Kapitel 3 angesprochen, als wir negative Körperbilder und die dünnen Models erörterten, die uns ewig als Idealbilder weiblicher Schönheit vor die Augen gestellt werden. Vielleicht ist es an der Zeit, daß wir den Körper tun lassen, was er will, ihm sein natürliches Gewicht zugestehen. Aus Gesundheitsgründen Diät zu halten ist eine Sache; fasten, um einem Bild zu entsprechen, ist schlicht Selbstverleugnung. Starke Frauen sind stark als Frauen. Dawn French hat es erfaßt:

Was ich hervorzuheben versuche, ist, daß starke, dicke Frauen sexuelle Geschöpfe sind. Dicke Frauen sind gut im Sex. Gewicht und Sex haben in Verbindung miteinander irgend etwas, das alles funktionieren läßt. Vielleicht ist es bloß die Schwerkraft, aber das Ganze funktioniert *ausgezeichnet*.

Sie fügt hinzu:

Ich wollte, daß Menschen, die mit dicken Mädchen verheiratet sind, oder die Väter und Geschwister von dicken Mädchen aufhören, an sie als Opfer zu denken. Es sind Menschen, die sich selbst schätzen und achten könnten, würde man sie wenigstens gelegentlich in einer Weise feiern, die ihnen etwas bedeutet.

Jenny Saville ist eine junge Künstlerin von dreiundzwanzig Jahren. Sie malt Frauen, wie sie sind, und der Werbe-Mogul Saatchi bezahlt sie dafür, daß sie das weiterhin tut. Sie sagt, die Kunstgeschichte werde von Männern beherrscht, die in Elfenbeintürmen leben und Frauen als Sexobjekte sehen. Sie malt Frauen so, wie die meisten Frauen sich sehen, versucht ihre Identität zu erfassen, ihre Haut, ihr Haar, ihre Wärme und Schwatzhaftigkeit.

Hier ein Frauenbild anderer Art – ein Beispiel aus Mexiko, das zeigt, wie das Leben für Frauen heute auch sein kann:

Bei der Velas-Fiesta (dem Kerzenfest) im Frühling tanzen in Juchitan, Südmexiko, die Indianerfrauen vom Stamm der Zapoteken sieben Tage und Nächte in einer Feier der alten Fruchtbarkeitsriten und zur Bestätigung ihrer matriarchalischen Macht. Die Frauen von Juchitan unterscheiden sich sehr von ihren mexikanischen Schwestern. Hier sind es die Frauen, die herrschen, nicht die Männer. Sie sind Haushaltsvorstände, sie kontrollieren die Finanzen, und sie beherrschen die Männer auch physisch. Sie sind riesig und sinnlich, ihre Größe ist ein Statussymbol und kein Grund, sich zu schämen.

Die Frauen wählen ihre Liebhaber völlig frei. Eine von ihnen erklärte: »Dicke ist ein Zeichen für die sexuelle Energie einer Frau und für Hemmungslosigkeit im Bett.«

Die Landenge, auf der die Zapoteken leben, wurde nie in das spanische Reich eingegliedert, und das könnte ein Grund für den Fortbestand dieser Traditionen sein, auch der weisen Frauen oder *Curandera*-Zauberinnen, die mit Hilfe von Naturenergien heilen.

Wir im Westen müssen noch einen weiten Weg gehen, bevor wir unsere Körper wieder voll Freude und Stolz bewohnen können. Nutzen Sie jede Gelegenheit, Ihren Körper besser kennenzulernen und mehr schätzen zu lernen. Wenn Sie beispielsweise das nächstemal an einem sonnigen und abgeschiedenen Ort sind, versuchen Sie folgendes: Am besten können Sie es in einem Zimmer tun, in das die Sonne durch ein offenes Fenster oder eine offene Tür hereinströmt und Sie Ruhe haben, ungestört zu bleiben. Legen Sie sich auf Ihre Vorderseite, geben Sie ein Kissen unter Ihren Solarplexus und spreizen Sie die Beine, so weit es geht. Spüren Sie die Wärme der in Sie eindringenden Sonne; nehmen Sie ihre Kraft und Stärke auf und machen Sie sich alles zu eigen. Spüren Sie es auf Ihrem Perineum (das ist der starke Muskel vor Ihrem Anus), spannen und entspannen Sie diesen Muskel. Genießen Sie das Geheimnisvolle und die Empfänglichkeit Ihres Körpers.

Menstruation

Barbara Walker führt uns in *Woman's Encyclopedia of Myths and Secrets* mit ihrer außergewöhnlichen Erforschung der Menstruation auf eine Reise durch die ganze Welt und durch alle Zeiten.

Im alten Mesopotamien formte die Große Göttin Ninhursag die Menschheit aus Lehm und flößte den Erschaffenen ihr »Lebensblut« ein. Offenbar lehrte sie die Frauen, Lehmpuppen als Empfängnistalismane zu machen und mit Menstruationsblut zu bestreichen, ein Zauber, der auch dem Namen »Adam« unterlag; er kommt vom weiblichen »Adamah«, was »blutiger Lehm« bedeutet, auch wenn die Gelehrten ihn taktvollerweise mit »rote Erde« übersetzt haben. Laut Barbara Walker wurden die ägyptischen Pharaonen göttlich, indem sie »das Blut der Isis« einnahmen, eine dem Soma ähnliche Ambrosia namens *Sa*. Das Hieroglyphenzeichen dafür war dasselbe wie jenes für die Vulva, eine ähnliche Schleife wie jene vom Kreuz des Lebens. Diese rot gemalte Schlinge stellte das weibliche Genitale sowie die Himmelspforte dar. Amulette, die mit den Toten begraben wurden, baten besonders Isis darum, die Dahingeschiedenen mit ihrem magischen Blut zu Göttern zu machen.

Etwas später dann hing das Leben der Götter des griechischen Pantheons von der Kraft des Menstruationsblutes ab. Es wurde in Griechenland beschönigend als »übernatürlicher Rotwein« bezeichnet, den die Mutter Hera den Göttern in ihrer jungfräulichen Gestalt gab, als Hebe. Die Ursprungsmythen des Hinduismus offenbaren die Natur dieses »Weins«. Zu einer bestimmten Zeit erkannten alle Götter die Oberhoheit der Großen Mutter an, die sich als der Schöpfergeist (Kali-Maya) manifestierte. Sie »lud sie ein, in dem Blutfluß aus ihrem Schoß zu baden und davon zu trinken; und die Götter tranken in heiliger Kommunion von dem Lebensquell und badeten darin und stiegen gesegnet zum Himmel empor«. Bis auf den heutigen Tag werden Tücher, die angeblich mit dem Menstruationsblut der Göttin befleckt sind, als heilende Talismane hochgeschätzt.

Im chinesischen Taoismus konnte ein Mann unsterblich werden, indem er Menstruationsblut zu sich nahm, das man roten Yin-Saft aus der »geheimnisvollen Pforte« einer Frau nannte. Walker berichtet, daß chinesische Weise diesen roten Saft als Essenz der Mutter Erde bezeichneten, das Yin-Prinzip, das allen Dingen Leben verleiht. Sie behaupteten, der Gelbe Kaiser sei ein Gott geworden, indem er den Yin-Saft von 1 200 Frauen zu sich nahm.

In alten Gesellschaften sowohl des Ostens als auch des Westens trug Menstruationsblut den Geist höchster Autorität in sich, denn es war das Mittel zur Weitergabe des Lebens in einem Clan oder Stamm. Bei den Ashanti in Ghana werden Mädchen heute noch mehr geschätzt als Jungen, weil ein Mädchen die Trägerin des »Bluts« (*Mogya*) ist. Auch in Indien hat man diese Vorstellung klar definiert, dort ist das Menstruationsblut als *Kula*-Blume oder *Kula*-Nektar bekannt und steht in enger Verbindung mit dem Leben der Familie. Bekommt ein Mädchen die erste Periode, sagt man, sie habe »die Blume geboren«.

Die britische Blumengöttin war Blodeuwedd, eine Art Dreifachgöttin, die mit Opfern alter Könige verbunden war. Laut walisischen Sagen bestand ihr ganzer Körper aus Blumen – wie jeder Körper gemäß der alten Theorie von der Körperentstehung aus der Blutblume.

Ostereier, klassische Schoßsymbole der Göttin Eostre, wurden traditionell rot gefärbt und auf Gräber gelegt, um die Toten zu stärken. Walker glaubt, man könne diese in Griechenland und Rußland übliche Gewohnheit zurückführen bis zu den altsteinzeitlichen Gräbern und Begräbnisausstattungen, die mit Ocker rot gefärbt wurden, damit

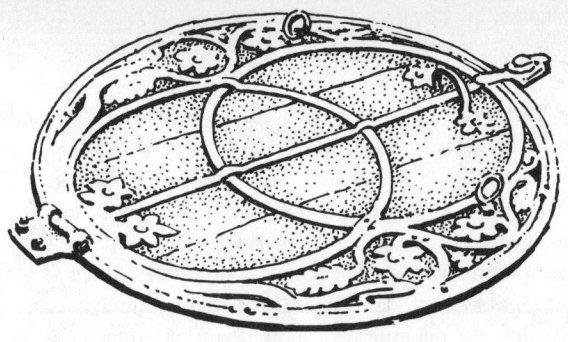

Zeichnung des Deckels auf dem Mandorla-Becken von Chalice Well

sie mehr Ähnlichkeit mit dem Schoß der Mutter Erde hatten, aus dem die Toten »wiedergeboren« werden konnten. Überall fand man in alten Gräbern Knochen, die mit rotem Ocker bemalt waren; manchmal trug in einem Grab alles, einschließlich der Wände, die rote Farbe. J. D. Evans beschreibt ein mit roten Knochen gefülltes Brunnengrab auf Malta, das den Arbeitern Angst einjagte, denn für sie waren die Knochen mit »frischem Blut« bedeckt.

Bei Gladstonebury in der Grafschaft Somerset gibt es einen konischen Hügel, den man lange mit der Göttin in Verbindung brachte. Kathy Jones, die seine Geschichte erforschte, beschreibt Chalice Well, den Brunnen am Fuß des Chalice Hill...

> ...wo die Roten Wasser von Geburt und Menstruation aus ihrem Körper fließen, in einer konstanten Menge von 25 000 Gallonen in der Stunde und einer Temperatur von 52 Grad F. (ca. 113 660 Liter, 11 ° C.). Diese Wasser, eisenhaltig von ihrem Blut, sind Heilwasser; im 18. Jahrhundert kamen die Menschen zu Tausenden hierher, um auf der Suche nach Wunderheilungen davon zu trinken und darin zu baden. (B3)

Das Wasser strömt durch Gärten herunter in ein großes mandorlaförmiges Becken unweit des Tors, bevor es unter der Stadt die Chilkwell Street entlang und zur Abtei fließt. Das Mandorla-Symbol besteht aus zwei ineinandergreifenden Teilen, deren sich überschneidende Bögen die Vulva der Göttin bilden. Diese Figur wurde in der sakralen Architektur sehr wichtig. In manchen Traditionen verkörpert sie den Schoß des Lebens, und die beiden sich überschneidenden Kreise drücken die Welt der Dualität aus.

Diese Verehrung, Ehrfurcht, Rätselhaftigkeit und Wunderbarkeit, die man in alter Zeit mit der Menstruation verband, hat sich im Lauf der letzten Jahrhunderte ins Gegenteil verkehrt: in Abscheu, Horror, Tabu und Angst. In Kapitel 2 beschrieb ich einige der Tabus, mit denen das Menstruationsblut und menstruierende Frauen belegt sind, und ich schilderte, wie sie sich auf einem großen Teil des Globus entwickelten. Das Wissen, daß diese Tabus nicht immer bestanden und daß tatsächlich die gesamte Menschheit jahrtausendelang ganz anders über das weibliche Blut dachte, kann uns helfen, unsere gegenwärtige Einstellungen zu ändern.

Die Tatsache, daß Frauen regelmäßig bluten, ohne verletzt zu sein und ohne daran zu sterben, hatte und hat noch immer etwas Ehrfurchtgebietendes. Menstruationsblut gerinnt nicht wie anderes Blut. Als unsere Vorfahren die Idee von der mächtigen Muttergöttin zweiteilten, war die Weiße Göttin rein, und die Dunkle Göttin war jene, die menstruierte. Vielleicht können wir uns einiges von der Macht der Dunklen Göttin zurückholen, indem wir die Stärken der Menstruation wiederbeleben.

> Die Dunkle Göttin am roten Pol der Natur einer Frau spricht einen Aspekt der Weiblichkeit einer Frau an, der selbstgelenkt, kompromißlos, mächtig und unpersönlich ist. Sie hat die Kühnheit, sich nach innen zu konzentrieren, statt mit anderen in Verbindung zu treten. In der Zeit der Menstruation kann die Kraft der erotischen Sexualität einer Frau zu Verwandlung, Erneuerung, Zukunftsschau, Heilung und Magie verwendet werden statt zur Zeugung. (Demetra George, 1992, Seite 207)

Ich hatte keine Ahnung, daß ich solche Kräfte besaß, bis ich ein Experiment machte. Nach der Lektüre von Lara Owens Buch *Her Blood is Gold* beschloß ich, bei meiner nächsten Periode würde ich, komme was wolle, meinem Körper und mir den Raum und die Zeit geben, die wir beide brauchten. Das war nicht einfach. Weil ich mich dem Klimakterium näherte und meine Perioden unregelmäßig kamen, konnte ich nicht planen. Schließlich setzte die nächste Periode ein. Für den Tag danach, den zweiten Periodentag, an dem ich immer stark blutete, hatte ich Besprechungstermine in London. Da man mich dazu erzogen hatte, von meiner Periode »nichts zu halten«, fiel es mir besonders schwer, die Besprechungen abzusagen, denn ich hatte das Gefühl, ich behandle mich, als sei ich *krank*, was ich zweifellos nicht war. Es ging mir gut, auch wenn ich mich schwer fühlte, ein Band zwischen meinen beiden Hüftgelenken mich nach unten und einwärts zu ziehen schien und meine Konzentration einwandfrei nach innen gerichtet war.

Normalerweise wäre ich vom Zug zur U-Bahn gehetzt, hätte für jeden stündlichen Bindenwechsel verzweifelt nach einer Toilette gesucht, hätte gekeucht beim Anblick von Treppen (während meiner Periode wäre ich Treppen am liebsten auf allen vieren hinaufgestiegen) und wäre am Abend völlig erschöpft gewesen. Diesmal nahm ich statt dessen einen Tag frei, setzte mich in meinen Lieblingssessel, eine Wärmflasche im Kreuz, den Fuß auf einem Schemel, und las Bücher. Ich fühlte mich großartig, wie ich so da saß. Dann machte ich mir etwas zu essen, was ich mochte. Nicht einmal vom Telefon ließ ich mich stören, außer ich hatte Lust dazu. Ich dachte darüber nach, was ich wirklich wollte. Und ich gab mich *Tagträumen* hin. Das ist etwas, was Workaholics sich nicht leicht gestatten, Tagträume. Aber was dabei herauskam, war erstaunlich. An den Tagen 3 und 4 meiner Periode versank ich manchmal tief ins Träumen, und da kamen mir, offenbar aus dem Nichts, Lösungen für Probleme, mit denen ich mich seit Jahren herumschlug. Ich hatte zwei Ideen für ein Buch, an dem ich schrieb: sie erschienen mir wie Sternschnuppen, tauchten vor mir auf und ließen goldenen Regen rund um mich niedergehen. Zweifelsohne ging etwas vor, das außerhalb des Gewöhnlichen stand.

Eine Offenbarung ist, daß die Menstruation, wie Lara Owen sagt, eine Kraftquelle darstellt. Owen gibt menstruierenden Frauen folgende Richtlinien:

Seien Sie ruhig im Inneren und lassen Sie das Blut nach draußen fließen. Sehen Sie Ihren Schoß als sich öffnende Blume, erfüllt von intensivem pinkfarbenem Licht, das eine spezielle rosige Energie in die Welt aussendet, eine Energie, die reinigt und nährt. Lassen Sie das Schönheitsblut sich auf die Erde ergießen. Vertrauen Sie der Weisheit des Körperzyklus. Ehren Sie ihn. Geben Sie dem nach, was Ihr Körper tun will. Machen Sie sanfte, friedliche Übungen an stillen Orten. Lauschen Sie langsam fließendem Wasser, dem hellen Klingen eines

Brunnens in einem mit Steinen ausgelegten Quadrat. Richten Sie den Blick langsam darauf, mit einer langsamen Bewegung. Wenden Sie den Kopf behutsam. Streicheln Sie sich selbst. Lassen Sie alle Ihre Bewegungen sanft und heiter sein. Sprechen Sie sanft. Keine Streitereien. Essen Sie einfache Nahrung: Körner, Gemüse und Brühe. Nichts zu Fettes oder Süßes oder Milchhaltiges. Trinken Sie klares Wasser, kosten Sie seinen Geschmack und seine Frische. Gehen Sie in sich, tief in sich, und lassen Sie jedwede Düsterkeit sichtbar werden und hinausfließen. Jetzt ist die Zeit des Ausräumens und des Aufnehmens. Achten Sie auf Informationen für den kommenden Monat. Entspannen Sie sich. Seien Sie weich. Tun Sie langsamer. Öffnen Sie Ihren Schoß, Ihre Schenkel, Ihre Knie, Ihre Knöchel, Ihre Zehen. Öffnen Sie Ihr Herz. Seien Sie offen, lassen Sie locker, lassen Sie das Blut fließen.

Dr. John Collee hat ausgerechnet, daß in den Gesellschaften alter Zeit (und heute noch in armen Ländern) eine Frau wahrscheinlich nicht öfter als fünfundvierzigmal im Leben menstruierte, und zwar wegen rasch aufeinanderfolgender Schwangerschaften, schlechter Ernährung und langdauerndem Stillen. Im Westen kann sie laut ihm jetzt mit vierhundertfünfzig Perioden rechnen. Ob er hundertprozentig recht hat oder nicht, spielt keine Rolle, jedenfalls haben wir heute etwa zehnmal so viele Perioden wie unsere Vorfahrinnen. Das ist eine ungeheure Veränderung und eine, die wir sinnvoll nutzen sollten.

Wir können *wählen*, beschließen, in der Blutung Weisheit und Macht zu suchen, jene Weisheit und Macht, die darin liegt, sich in Zyklen zu bewegen wie die Natur statt mit immer den gleichen Drehzahlen wie eine Maschine. Ich gehöre zu den Menschen, die von der völlig wahnwitzigen Vorstellung angetrieben werden, sie müßten versuchen, die Welt zu retten. Das hatte zur Folge, daß ich monatelang, ja jahrelang mit dem gleichen frenetischen Tempo dahinhetzte, mich immer zwang, den nächsten Brief zu schreiben, den nächsten Entwurf zu beenden, die nächste Versammlung zu besuchen, die nächste Person zu überzeugen – und weiter zum nächsten und nächsten. Dem Anschein nach bekam ich eine ganze Menge fertig, aber ich frage mich allmählich, um welchen Preis? Und von welcher Qualität ist das, was ich tue? Und vor allem, wohin strebe ich? Denn *dort* ist *immer mehr* – immer mehr Leiden, das man lindern muß, immer mehr Schmerz...

Bestimmt haben Sie Ihre eigenen Bereiche frenetischer Aktivität. Starke Energieeinsätze können nicht endlos fortgesetzt werden, ohne daß die Energie abfällt, destruktiv wird, wie Lucy Goodison betont. Nach ihrer Ansicht müssen wir uns nachladen, wenn wir bei persönlicher oder politischer Aktivität effektiv bleiben wollen. Es ist gar nicht schwer, sich selbst durch unablässiges Arbeiten »auszubrennen«. Helfen kann uns hier das Erkennen der Kraft, die aus Klarheit kommt, der Kraft, die aus Ruhepausen kommt, sowie der Kraft, die aus der aktiven Nutzung all unserer Hilfsmittel kommt. Zum Vergleich kann man die Saite eines Bogens heranziehen. Wird der Bogen ständig schußbereit gehalten, wird die Saite sich schließlich dehnen und ihre Kraft verlieren. Das taoistische Prinzip des Wu-wei wäre hier sehr hilfreich. Es ist ein Weg des Nicht-Tuns, des »mühelosen Bemühens«, und es legt das Gewicht auf das Sein statt das Tun.

Auf das Thema Ausbrennen werde ich am Ende von Kapitel 10 zurückkommen. Das Bedürfnis nach Ausruhen, Warten, Lockerlassen herrscht in der ganzen Schöpfung. Menschen durchlaufen ebenfalls Zyklen und profitieren von der Nahrung, die ihnen regelmäßige Zeiten tiefer Reflexion geben kann. Wenn wir recht überlegen, muß es doch sinnvoll sein, daß wir uns *mit* unseren Zyklen bewegen statt *trotz* ihnen. Das erzeugt Kraft. Eine gerade Linie der Aktivität bei ständigem starkem Streß muß schließlich brechen; ein Kreis dagegen, der zwischen hohem und niedrigem Druck abwechselt und sich durch verschiedene Zustände bewegt, verfügt über Flexibilität und Flüssigkeit. Letzteres hat viel mit der neuartigen Macht zu tun, über die wir sprechen.

Geburt und Fürsorge

Manche Frauen bringen in ihrem Leben ein einziges Kind zur Welt, andere viele Kinder und einige gebären Ideen, Kunstwerke, Gebrauchsgegenstände. Manche Frauen und Männer sind Hebammen bei den Kindern anderer und den Ideen anderer. Manche Frauen und Männer sorgen für ihre eigene Kinder, manche für die Kinder anderer, manche für jene, die unfähig sind, für sich selbst zu sorgen.

Keine dieser Aktivitäten wird in unserer Gesellschaft sehr geschätzt. Es gibt Auszeichnungen für den Geschäftsmann des Jahres, die hundert Spitzenunternehmen, die besten Schriftsteller und Schauspieler, das beste Fernsehprogramm, sogar den besten Dokumentarfilm, die Stadt mit dem schönsten Blumenschmuck, die schönste/sexuell attraktivste Frau, den bestgekleideten Mann – aber wer hat je von der fabelhaftesten Hebamme des Jahres gehört, von der Verleihung eines Ordens für Elternschaft, für den kreativen Fürsorger der Grafschaft, für die mächtige Mutter der Gemeinde durch die Königin? Kommt der Ministerpräsident und eröffnet die örtliche Wohlfahrtsklinik für Frauen? All den Menschen, die Rollstühle auf Ausfahrten in den Zoo schieben – wer verleiht ihnen Medaillen?

Diese Beispiele sollen veranschaulichen, wie wenig wir an solche Talente überhaupt nur denken. Wir nehmen an, die Menschen müßten instinktiv wissen, wie man für ein Kind, eine kranke Person oder einen älteren Menschen sorgt. Irgendwie nehmen wir an, Fürsorge und Mitgefühl seien etwas Einfaches. Ohne wirklich nachzudenken, stellen wir Menschen, die für andere sorgen, ans untere Ende der Werteskala, wogegen Wettbewerbsteilnehmer Applaus erhalten, in den Medien und bei der Allgemeinheit Aufmerksamkeit erregen, Anerkennung und Würdigung finden.

Das Geburtserlebnis ist reich an jenen Arten weiblicher Macht, die uns interessieren. Schauen Sie sich die Fotos der Gesichter von Müttern während und nach der Geburt an. Sie zeigen genau, daß beide Gesichter der Göttin in einer Person zu finden sind: das rasende Heulen des Schmerzes und eine so starke Zärtlichkeit, daß Sie im Innersten berührt sind. Beachten Sie, wie der Körper einfach mit seiner Macht die Herrschaft übernimmt: Haben die Wehen einmal begonnen, ist der Geist unfähig, sie zu stoppen. Beim Gebären muß die Frau die Macht ihres Körpers anerkennen und sich ihr ergeben; je weitgehender sie das tut, desto einfacher wird die Geburt. Hat sie es getan, dann besitzt sie eine konkrete Lebenserfahrung im Hinblick auf die Macht in ihrem Körper.

Ungeheuer wichtig für die Frauen ist, daß sie sich von dem Syndrom »schlechte Mutter« befreien. Die Last der Schuld, die Frauen wegen der Bedürfnisse und Wünsche anderer tragen, ist bereits viel zu groß, ohne daß auch noch die Unmöglichkeit, eine perfekte Mutter zu sein, hinzukommt. Von der Definition her gibt es so etwas wie eine perfekte Mutter nicht. Was immer wir auch tun, wir können schlicht nicht jedes Bedürfnis eines Kleinkindes befriedigen. Als ich mich wegen meines vielfachen Versagens als Mutter psychisch prügelte, tröstete mich die Vorstellung sehr, daß es keine perfekten Mütter gibt und daß Kinder bei einer Mutter gedeihen, die »gut genug« ist. Eine Veränderung muß unbedingt stattfinden: Die Partner müssen sich in die Elternschaft teilen, wobei das Gewicht auf »genügend guten Eltern« liegt, so daß es kein Streben nach der perfekten Mutter und keine unausbleibliche Enttäuschung mehr gibt.

Männer und Geburt

Es besteht kein Zweifel, daß manche Männer die Frauen um ihre Macht beneiden, zu gebären und mit Muttermilch zu ernähren. Zwischen Mutter und Kind entsteht ein Band, dem der Mann nach seinem Gefühl nichts Entsprechendes entgegenzusetzen hat. Carol Cohn fand bei Atomwissenschaftlern Beweise dafür, daß Männer das Verlangen haben, sich von den Frauen die Macht anzueignen, Leben zu geben.

> Das Bombenprojekt ist voll mit Bildern von männlicher Geburt. Im Dezember 1942 lautete Ernest Lawrences Telegramm an die Physiker in Chicago: »Glückwünsche den neuen Eltern. Kann es kaum erwarten, den Neuankömmling zu sehen.« In Los Alamos bezeichnete man die Atombombe als »Oppenheimers Baby« ... Im Licht der Vorstellungen von männlicher Geburt werden die außergewöhnlichen Namen für Bomben, die Hiroshima und Nagasaki in Schutt und Asche legten – »Kleiner Junge« und »Dicker Mann« –, wenigstens verständlich. Diese ultimativen Zerstörer waren die Nachkommenschaft der Atomwissenschaftler – und ausdrücklich nicht irgendeine, sondern eine männliche Nachkommenschaft. Bei den frühen Tests, bevor die Wissenschaftler sicher waren, daß die Bomben funktionieren würden, drückten sie ihre Sorge dadurch aus, daß sie sagten, das Baby sei hoffentlich ein Junge, kein Mädchen – das heißt keine Niete... 1951 lautete Tellers begeistertes Telegramm nach Los Alamos, mit dem er den erfolgreichen Test der Wasserstoffbombe *Mike* auf dem Eniwetok-Atoll in den Marshall-Inseln meldete: »Es ist ein Junge.« Die Atomwissenschaftler gebaren männliche Nachkommen mit der ultimativen Macht der Gewaltherrschaft über die weibliche Natur. (B6)

Gegen die Tatsache, daß eine Frau empfangen und gebären kann, ein Mann jedoch nicht, läßt sich wenig tun. Aber eine Menge kann man tun und eine Menge wird getan, um die Männer in den Vorgang der Geburt und, mit Ausnahme des Stillens, in jeden Aspekt der anschließenden Pflege des Kindes einzubeziehen. Wenn zur Norm wird, was im Westen zunehmend und rasch geschieht, daß man Väter voll Stolz ihre Kinder versorgen sieht, wirkt ein Engagement in der Kinderpflege für jene Männer, die hier bisher abseits standen, sicher bald weniger bedrohlich.

Akzeptieren wir wenigstens teilweise die Vorstellung, was die Männer am meisten fürchten, das sei die elementare Macht des weiblichen Körpers, dann ist damit zu rechnen, daß die Wiederentdeckung dieser Macht seitens der Frauen die Männer zu schwerwiegenden Reaktionen provozieren könnte – und vielleicht bereits provoziert. Fachleute behaupten, die zunehmenden (gemeldeten) Fälle von Vergewaltigungen und Gewalt gegenüber Frauen seien eine direkte Folge ihrer fortgesetzten Emanzipation.

Das Letzte, was wir in unserer Gesellschaft brauchen, ist die Entmannung der Männer. Wir brauchen maskulinere Männer im Sinne echter Maskulinität, die nicht zu Gewalt greifen, sich nicht machohaft gebärden müssen. Wir brauchen Rollenmodelle von Männern, die Helden sind, ohne zu töten: Männer wie Nelson Mandela, Vaclav Havel, Bob Geldof.

Das gleiche gilt für Fürsorge und Pflege. Beides kann genauso gut von Männern gemacht werden wie von Frauen. Vor kurzem hörte ich die Geschichte eines Mannes namens Jack, der in Huddersfield lebt. Als Mittdreißiger heiratete er eine Frau, die Lungenkrebs hatte und, wie er wußte, zu langsamem, qualvollem Sterben verurteilt war. Er gab seine Stellung auf und pflegte sie fünfunddreißig Jahre lang. Als sie starb, kümmerte er sich um ihre Mutter.

Bezeigt die Pflegeperson Respekt gegenüber der eigenen Bewegung eines Menschen hin zu Gesundheit und Selbständigkeit – dem, was Carl Rogers die »Selbstverwirklichungstendenz« nennt –, besteht bei ihr keine Tendenz zur Belehrung, dazu, dem Kind, Patienten oder Schützling zu *sagen*, was es oder er tun soll. Allein schon die Tatsache, daß man sich in einer solchen Beziehung befindet, bewirkt eine Änderung. Eltern wissen das aus ihrer Erfahrung mit Kindern. Wir *sagen* einem Kind tagelang, es solle dies oder jenes nicht tun, und das Kind tut es weiterhin, offen oder heimlich. Eines Tages dann, wenn wir entspannt und guter Laune sind, wirklich Zeit *mit* dem Kind verbringen und uns tatsächlich anhören, was es zu sagen hat, passiert etwas ganz anderes. Der Raum zwischen uns verändert sich, das Kind scheint aufzublühen, *wir* blühen auf. Und in diesem Raum verbinden wir uns mit dem Kind, einfach durch Zuhören und ehrliche Beantwortung von Fragen. Ihm etwas zu *sagen,* ist nun nicht mehr nötig.

Weisheit und Freiheit

Das alte Weib war der dritte von den drei Aspekten der Dreifachgöttin (junges Mädchen, Mutter und altes Weib), die gewöhnlich auch eine Göttin der Weisheit ist (Minverva, Athene, Metis, Sophia und Medusa sind Beispiele dafür). Natürlich, mit dem Alter kommt die Weisheit, und als Frauen Angstobjekte geworden sind, hat man in den Darstellungen des alten Weibs die negativen und furchteinflößenden Aspekte des Alters betont. Darum assoziieren wir heute mit dem Ausdruck »altes Weib« eine runzelige, häßliche, abschreckende, hexenhafte Alte. In alter Zeit herrschte jedoch die Überzeugung, daß Frauen jenseits der Wechseljahre die Weisesten aller Sterblichen seien, weil sie ihr weises Blut dauernd behielten.

Barbara Walker sagt, im 17. Jahrhundert hätten christliche Schriftsteller noch beharrlich beteuert, alte Frauen besäßen magische Kraft, weil ihr Menstruationsblut in ihren Venen bleibe. Das war der wirkliche Grund, warum alte Frauen ständig wegen Hexerei verfolgt wurden. Das gleiche »magische Blut«, das sie im alten Sippensystem zu Führerinnen gemacht hatte, machte sie unter dem neuen patriarchalischen Glauben zu Angstobjekten.

Ja, es stimmt schon, einige von uns scheinen in den Wechseljahren ein bißchen verrückt zu sein. Wir sind vielleicht tatsächlich schwer zu verstehen; schließlich fällt es uns schwer, *uns selbst* zu verstehen. Das liegt an der gewaltigen Veränderung, die wir durchmachen und die gleichzeitig eine große Chance ist. Für mich kam die Rettung mit der Herausforderung, mich selbst lieben zu lernen. Gerade jetzt, wo ich gemäß unserer gegenwärtigen kulturellen Auffassungen am wenigsten liebenswert bin – unberechenbar, unsicher, eifersüchtig und runzelig –, gerade jetzt habe ich die Chance, mir das zum Geschenk zu machen, was ich anderen gegeben habe: Mitgefühl, Wertschätzung, Ermutigung, Humor, einfache Freundlichkeit.

Ich muß aber auch wissen, daß das Ganze einen Sinn hat. Lara Owen ist in der Hinsicht hilfreich:

»Saatfrüchte sollen nicht vermahlen werden«,
von Käthe Kollwitz, 1942

Eine Frau jenseits der Wechseljahre ist weise, weil sie dreißig oder
vierzig Jahre lang menstruiert hat und in der Zeit eine Sammlerin
von Weisheit war. Jetzt, nachdem sie sie beisammen hat, sitzt sie darauf
und gestattet ihr, sich aufzubauen, gestärkt durch die Erfahrung des
gelebten Lebens. Eine Lebenszeit, in der man jeden Monat Weisheit
speichert, führt zu weisem Alter. Die ständige Runde des Menstruationszyklus stimmt eine Frau auf den Puls der Erde und auf die Strahlen des Mondes ein. Sie vermittelt ihr in ihrem Körper das Wissen
von der zyklischen Natur jeglichen Lebens. Jetzt, wo Frauen damit
rechnen können, nach den Wechseljahren noch mindestens zwanzig
bis dreißig Jahre zu leben, verfügen wir als Kultur über ein potentiell
riesiges Reservoir an weisen Frauen – wenn wir nur Nutzen daraus
ziehen würden. (B1)

Ich brauche unbedingt positive Bilder von Frauen meines Alters. Damit meine ich keine hübschen Aufnahmen von heiter und harmlos aussehenden Omas oder wohlerzogenen grauhaarigen Rentnerinnen, die Tagesausflüge machen, sondern Bilder, die etwas von dem Schmerz, der Grimmigkeit und der Kraft des Älterwerdens vermitteln. Davon gibt es nicht viele, aber Käthe Kollwitz veranschaulicht einiges von dem, was ich meine.

Gegenwärtig, in diesen letzten Jahren des 20. Jahrhunderts, herrscht eine günstige Zeit, um alt zu sein. In der Gesamtbevölkerung ist der Anteil alter Menschen höher als je zuvor. 1994 war die Hälfte der stimmberechtigten englischen Bevölkerung älter als fünfundvierzig; zwar ist fünfundvierzig nicht alt, aber es bedeutet zweifellos, daß eine ganze Hälfte der stimmberechtigten Bevölkerung Reife besitzt, und darin liegt große Macht. Die Lebenserwartung von Frauen betrug im 15. Jahrhundert dreißig Jahre, und sie erreichten damals höchst selten die Wechseljahre. Heute besteht ein bedeutender Prozentsatz der Bevölkerung Europas und der westlichen Welt aus Frauen von mehr als 60 Jahren. Mit dieser ganzen kombinierten Weisheit läßt sich eine Menge anfangen.

Das Geschehen in den Wechseljahren bedeutet im wesentlichen eine Befreiung. Die Frauen werden frei vom Kinderkriegen und von der Sorge, schwanger zu werden. Das Problem liegt einzig darin, daß man ihnen zu verstehen gibt, sie würden eine »Krankheit« durchmachen, mit ihnen »stimme etwas nicht«. Was man ihnen nicht gibt, ist Unterstützung, Ermutigung und Anerkennung, während sie einen der drei entscheidenden Übergänge ihres Lebens zu bewältigen haben. Wenn das Kind eine Frau wird, begrüßt man dies allgemein; wenn die Frau eine Mutter wird, feiert man dies. Wenn die Mutter von ihrer Fruchtbarkeit befreit wird, geschieht nichts. Wir übergehen es mit Schweigen. Tatsächlich hat unsere Sprache kein Wort ohne negative Beiklänge, um eine solche Frau zu charakterisieren. Sogar die beiden Wörter »alt« und »Frau« – die nicht herabsetzend sind, wenn man sie getrennt verwendet – klingen entschieden negativ, sobald man sie zusammenstellt.

Der Grund, warum unsere Gesellschaft so wenig von der älteren Frau hält, ist direkt mit unserer Auffassung von Macht verbunden. Ich habe aufgezeigt, daß jene Art Macht, über die eine Frau in unserer Gesellschaft verfügt, in der Anziehung und Betörung von Männern besteht. Finden die Männer sie also weniger attraktiv und empfängt sie weniger der alltäglichen Zeichen von Interesse, fühlt sie ihre Macht schwinden – vielleicht die einzige, die sie je kennenlernte.

Das Problem des Klimateriums ist nicht, daß Frauen kein sexuelles Verlangen mehr empfinden, sondern daß ihre Fähigkeit nachläßt, in anderen sexuelles Verlangen zu erregen. Auf dem Spiel steht ihre feminine Macht, nicht ihre sexuelle Leistungsfähigkeit. (Ann Mankowitz, 1984, Seite 53)

Tatsächlich ist die Sexualität älterer Frauen das bestgehütete Geheimnis der Erde. Welcher Zeitschriftenartikel sagt Ihnen, daß eine Frau mit fünfzig sinnlicher und erotischer ist als mit fünfundzwanzig? Und sie hat noch mindestens fünfundzwanzig sexuelle Jahre vor sich, wenn sie sie haben will.

Bei der gegenwärtigen Lebenserwartung hat die Durchschnittsfrau im Westen nach dem Verfall der Eierstöcke und dem Ende des Fruchtbarkeitszyklus noch etwas fünfundzwanzig sexuell aktive Jahre vor sich. Die Frauen, und die Gesellschaft, müssen sich darauf einstellen. Wir können nicht rückwärtsgehen und ein Viertel unseres Lebens, vielleicht die Zeit der stärksten Sexualität in unserem Dasein, als asexuelle Zombies verbringen. (Monica Sjoo und Barbare Mor, 1987, Seite 198)

Pubertät, Geburt und Klimaterium sind »Tore«, an denen sich in unserem Körper alles so umfassend ändert, daß wir die Möglichkeit haben, in tiefere Zustände vorzudringen, weiser zu werden. Das Klimaterium ist mit dem Thema verknüpft, ein Ganzes im Selbst zu werden, inneres Verständnis für die maskulinen und femininen Prinzipien zu haben. Es ist eine Einführung in die magische Phase des Frauentums, in der es eine aus innerer Hinnahme geborene Anmut, Ruhe und Integrität gibt. Wir müssen uns selbst treu sein, die Verantwortung für das tragen, was mit uns wird, frei sein von Erwartungen und klare Grenzlinien für uns ziehen; und wir dürfen nicht von unserem Gefühl der eigenen Integrität abweichen.

Das Klimakterium verstehen

Das Klimakterium, die Menopause oder das Ende der Regelblutung, ist also ein großer Augenblick, vielleicht die größte Chance im Leben einer Frau, ihre wirkliche Macht zu untersuchen und zu steigern. Der erste Schritt besteht darin, um das zu trauern, was sie verloren hat oder verliert. Die Fähigkeit, Kinder zu gebären, ist eine großartige Gabe, und ob eine Frau diese Gabe nur bekommen hat oder nicht, sie genutzt hat oder nicht, ihr Verschwinden ist ein Verlust. Wenn man den Schmerz nicht spürt und ihm nicht Ausdruck verleiht, wird er bleiben.

Der zweite Schritt ist, daß man versteht, was vorgeht, und Mitgefühl mit sich selbst hat. Ich halte das für sehr wichtig: Zeit dafür zu haben (oder zu schaffen), sich um die eigenen Bedürfnisse zu kümmern und die emotionale Energie zum Verstehen der Vorgänge aufzubringen. Fliegende Hitzen beispielsweise sind sehr verwirrend. Sie kommen unversehens, ganz plötzlich. Ich fühlte mich rot von Kopf bis Fuß (sah aber nicht immer so aus). Und dann verschwinden sie, beides ohne jeden ersichtlichen Anlaß.

Einige (männliche) Ärzte bezeichnen fliegende Hitzen als einen Konstruktionsfehler im weiblichen Organismus. Wie können Sie es wagen! Nur weil uns nicht klar ist, was sie verursacht, darf man sie nicht als Mangel behandeln, das ist eine Unverschämtheit. Mich persönlich interessierten sie bald sehr. Eine Hilfe war, daß ich einen verständnisvollen Partner und eine Untermieterin hatte, denn ich konnte über die Hitzewallungen reden, wenn ich eine bekam. Weil die beiden mir Fragen stellten und ebenfalls davon fasziniert waren, gelang es mir, nach und nach herauszufinden, daß sich hinter einer Hitzewallung immer, jedenfalls bei mir, eine starke Emotion verbarg. Gewöhnlich war sie an der Oberfläche nicht erkennbar – ich glaubte nicht, Angst zu haben, zornig zu sein oder mich einsam zu fühlen –, aber wenn ich tief in mein Inneres schaute, stellte ich fest, daß dort etwas ablief. Und noch faszinierender war, daß ich nichts von diesen starken Emotionen wußte, bis ich die Hitzewallung bekam. Sie war also wie eine Art Markierflagge, die sagte: »Hör hierauf, kümmere dich um das«, und sie brachte die Emotion ins Bewußtsein.

Ich bekam beispielsweise eine fliegende Hitze, als ich am Ealing Broadway Chips aß, und zwar, als ich in einem Buch den Satz las: »Kein Geld, keine Wohnung, keine Fach- und Sachkenntnis, kein

Selbstvertrauen.« Ich machte mir damals Sorgen, weil ich meinte, die Niederschrift meiner persönlichen Erfahrungen sei hoffnungslos mittelklassig und habe mit dem Leben der meisten Frauen nichts zu tun. Ich fragte mich, welchen Nutzen das Buch wohl haben könne. »Kein Selbstvertrauen!« Die Emotion hinter der fliegenden Hitze war Angst.

Also legte ich mir, wie der Vorsitzende Mao Tse-tung, ein kleines rotes Buch zu. In dieses trug ich meine Hitzewallungen ein, wobei ich versuchte, möglichst bald nach ihrem Auftreten möglichst viel über sie zu notieren, damit ich ihnen gebührende Aufmerksamkeit widmen konnte. Ich stellte fest, daß sie oft kamen, wenn ich mich selbst wegen irgend etwas schalt – als wollten sie mich darauf hinweisen, daß ich dies tat. Ich bin so an meinen inneren Kritiker gewöhnt, daß ich ihn oft gar nicht bemerke – ich nehme einfach an, daß seine Aussagen den Tatsachen entsprechen. Darum muß jemand oder ich selbst mich auf die zerstörerische Rolle dieser Stimme hinweisen. Dann kann ich etwas dagegen tun.

Mich begann die Frage zu beschäftigen, ob das ganze Klimakterium vielleicht ein Reinigungsprozeß sei: Die negativen Emotionen loswerden, indem man sie sich bewußtmacht, den Organismus »aushitzen«, wie man sagen könnte. Dieses viele Schwitzen mußte doch unendlich reinigend wirken! Wie ein Übergangszeremoniell vor dem Eintritt in eine neue Lebensphase.

> Die gegenwärtige Obsession, das Klimakterium mittels einer Hormonersatz-Therapie abzuwenden, übersieht völlig, daß dem Aufhören der Menstruation ein bestimmter Wert innewohnt. Ich frage mich, ob Frauen ihre Menstruationserfahrung verlängern müssen, weil sie nie wirklich eine solche Erfahrung hatten – weil sie während ihrer Perioden so taten, als geschehe nichts. Vielleicht ist der Wunsch, weiterhin zu bluten, tatsächlich ein unbewußter Versuch, diesen Teil des Lebens zu vollenden. (Lara Owen, 1993)

Der dritte Schritt besteht darin, sich möglichst viel Unterstützung zu sichern. Ich hatte das Gefühl, Unterstützung und Hilfe zu brauchen. Ich wollte, daß das, was ich durchmachte, anerkannt wurde. Ich wollte, daß man mir richtig zuhörte. Ich mußte darum bitten, klar und nachdrücklich, dann bekam ich beides.

Der vierte Schritt ist, sich selbst aufzubauen: Körper, Geist und Seele. Im Körper vollziehen sich große Veränderungen, die seine

Struktur fast umbilden. Also wird man eine Zeitlang mehr Schmerzen haben als gewöhnlich. Frauen im Klimakterium brauchen zusätzlich Vitamine und Kalzium: Eine andersartige Ernährung, die diese Bedürfnisse nach Möglichkeit aus natürlichen Quellen erfüllt, gibt als solche beträchtlichen Aufschwung. Anfangs fällt es vielleicht schwer, mehr Rohkost zu essen, aber das hebt die Moral sehr und liefert außerdem Vitamine: Der Körper fühlt sich energiegeladener an, die Augen funkeln, und wir fühlen uns ein bißchen mehr in Stimmung, ein bißchen etwas von unserer eigenen Verrücktheit zu investieren.

Dr. Caroline Shreeves Buch *Overcoming the Menopause Naturally* zeigte mir, wie man es anstellt, sich besser zu fühlen. Ich befolgte die Anweisungen in dem Buch, und die Sache funktionierte. Ich stellte meine Ernährung um, nahm mehr Vollwert- und mehr Rohkost in den Speiseplan auf, reduzierte das Koffein und bestimmte die Vitamine und Minerale, die ich brauchte. Außerdem machte ich regelmäßig geeignete Gymnastikübungen, und – das Wichtigste von allem – ich nahm mir die nötige Zeit, um mich zu entspannen, nachzudenken, über die Vorgänge in mir zu sinnieren. Der Körper braucht Pflege einer Art, die wir bis dahin möglicherweise nie in Betracht zogen. Jemand möchte vielleicht Naturheilmittel und natürliche Behandlungen ausprobieren, die im Klimakterium besonders nützlich sind; einige davon werden in dem Teil »Weitere Wege und Möglichkeiten« am Ende des Buches beschrieben.

Frauen, die eine so große Veränderung durchmachen, brauchen auch Nahrung für ihren Geist, die ihnen hilft, den Übergang von der Person, als die Sie sich kannten, in die neue zu vollziehen. Nahrung, die einem herausfinden hilft, wie die neue Person sein wird. Diese Nahrung kann man in literarischer Form konsumieren: Geschichten, deren Hauptcharaktere ältere Frauen sind wie bei Mary Wesley oder May Sarton. Es gibt jetzt Anthologien für Frauen, die in ihr neues Alter eintreten, und einige davon sind sehr lustig.

Am nötigsten von allem haben wir vielleicht Nahrung für die Seele. Dort entwickelt sich die wirkliche Macht der älteren Person. Darüber werden wir im nächsten Kapitel ausführlicher sprechen, aber eines sei hier gesagt: Bei jeder Person ist es in einer Übergangsphase besonders wichtig, daß sie auf Anweisungen, auf Lenkung von innen horcht. Die Seele kennt den Weg, den sie gehen muß und will; wenn wir einfach still sein und ihr lauschen können, sie in Ehren halten, wird sie es uns sagen. Das Innere ist aber auch der Ort, wo wir unse-

ren Frieden finden werden und letztendlich unsere Macht. Voller
Erregung las ich in Germaine Greeers Buch *The Chance* das letzte
Kapitel mit der Überschrift »Serenity and Power« (B1); hier eine Stel-
le daraus:

> Sogar die Frau, deren Geist und Seele von jedermann, einschließlich
> ihr selbst, ignoriert worden sind, hat die spirituellen Hilfsmittel in
> sich, um aus ihrem neuen Leben etwas zu machen, auch wenn es ihr
> einige Schwierigkeiten bereiten dürfte, an diese Mittel heranzukom-
> men.

Ritual für den Übergang

Ich persönlich bin im Hinblick auf ein solches Ritual etwas vorsichtig, denn ich habe nie irgendein bewußtes Ritual entwickelt und habe
alle typischen Vorurteile: Nach meiner Vorstellung könnte ein
bißchen Woduzauber dran sein, sogar ein angsterregender; es könnte
mich an Orte führen, an die ich nicht will; zumindest aber käme ich
mir vermutlich sehr dumm vor, würde ich im Kreis herum tanzen.
Daß ein solches Ritual Angst macht, überrascht kaum, denn es verbindet uns mit der dunklen Seite unserer Macht. Wie dem auch sei,
für mein eigenes Klimakterium – es kommt und geht wie bei den
meisten Frauen – entwarf ich ein Ritual, das folgendermaßen ablief:

Vor dem gewissen Tag bereitete ich einen schönen bodenlangen
schwarzen Mantel vor. Ich lud Menschen ein, die mir während meines Übergangs wirklich nahestanden: meine Tochter, meine Akupunkteurin, die Person, die einen großen Teil dieses Buches tippte,
meine Yoga-Lehrerin, meine Untermieterin und mehrere enge
Freundinnen, die meine Erfahrung teilten. Insgesamt waren wir
zwölf.

Jede wurde gebeten, etwas mitzubringen, was für sie ein Symbol
von Veränderung und Übergang darstellte, dazu das schönste Band,
das sie finden konnte; in der Einladung stand, was geschehen würde,
damit niemand sich Sorgen machte.

Wir trafen uns an einem schönen Juliabend und begannen mit
einem Drink. Dann, als wir bereit waren, vollführten wir ein Hummelsummen (oder Brahmari-Summen): Wir atmeten einfach tief ein
und ließen den Atem summend langsam heraus. Nach einigen Minu-

Das Ritual für den Übergang

ten liefen die Schwingungen durch den ganzen Körper, was dazu beitrug, jede von uns zu erden, so daß sie wirklich *da* war.

Anschließend nannte jede die Namen älterer Frauen, lebender oder toter, die sie ehren wollte. Jedem Namen und jeder Gegenwart gestattete man, einige Minuten in der Luft zu schweben, bevor der nächste Name und die nächste Gegenwart beschworen wurden.

Dann zog ich meinen Mantel an und sprach kurz über die Lebensphasen, darüber, was Frausein und Mutterschaft für mich bedeutet hatten, welche Dinge aus diesen Jahren ich aufgeben würde, und schließlich, was ich in der dritten Phase erhoffte und fürchtete.

Danach präsentierte jede ihren mitgebrachten Gegenstand und erklärte, warum er Veränderung und Übergang bedeutete. Da gab es einen silbergrauen Stein aus einem Fluß in Norwegen, einen Lotossamen, bereit zum Keimen, ein gebranntes Keramikgefäß, das mich an

Alchimie denken ließ, eine bunte Kerze, jemandes Halbmondbrosche, Honig und Bienenwachs, einen Kessel für die Zubereitung von Blütenheilmitteln, einen Keramikschmetterling, ein Stück Bernstein vom Balkan, Samen aus Australien, der verbrannt werden muß, bevor er wachsen kann, und ein Doppelfoto von meiner Tochter und mir, wie wir jetzt sind und wie wir aussahen, als sie vier war.

Die Bänder waren atemberaubend: pflaumenfarben und golden und aus Gaze und mit Blumen, Schätze jeder Art und Tönung. Sie wurden an den Mantelkragen gesteckt, und wenn ich mich drehte, flatterten sie wie die an einem Maibaum (der zufällig eines der Symbole des Beltane-Festes ist, einem in Schottland und Irland am 1. Mai gefeierten alten keltischen Fest). Eine Zeichnung davon sehen Sie oben. Schließlich wurde der Mantel umgedreht, so daß die Farben und Bänder sich innen befanden – der ganze schimmernde Reichtum war nun innerlich.

Wir schlossen mit einem weiteren Hummelsummen. Danach feierten wir ein gewaltiges Fest mit großen Mengen Wein.

Eins-in-ihr-selbst/Eins-in-ihm-selbst

Die Frau, die eine Virgo oder Jungfrau ist, eins-in-ihr-selbst, tut, was sie tut – nicht weil sie den Wunsch hätte zu gefallen, nicht um geliebt oder anerkannt zu werden, und sei es von ihr selbst; nicht aus einem Wunsch heraus, Macht über einen anderen zu erlangen, sein Interesse oder seine Liebe zu wecken, sondern weil das, was sie tut, richtig ist... Der Ausdruck Virgo, in seinem psychologischen Begriffsinhalt verwendet, bezieht sich nicht auf äußere Umstände, sondern auf eine innere Haltung... Die Richtigkeit im Tun der Frau hat dann den Beigeschmack und das Berauschende eines zu Kopf steigenden Getränks, während sie selbst nicht als Egoistin gesehen werden darf, sondern als Persönlichkeit von tieferer Bedeutung zu sehen ist. (M. Esther Harding, 1971, Seiten 125–126)

Das Vermögen, eins-in-sich-selbst zu sein, bringt man gewöhnlich nur mit Frauen in Verbindung, ich bin jedoch fest überzeugt, daß beide Geschlechter darüber verfügen. Integration, Selbstgenügsamkeit, innere Einheit, das trifft zweifellos auf einen Mann genauso zu: eins-in-ihm-selbst sein, indem er seine feminine Natur einbringt, schätzt und integriert. Dies bietet ihm die Chance, seine Verbindung zur Natur zu entwickeln, zu Fülle, Fruchtbarkeit, großen Getreidefeldern, Blitzen, Gewittern – Macht. Eins-in-ihm-selbst zu sein liegt auch in der Verbindung zu den Gefühlen. Gefühle befinden sich auf einer tieferen Ebene als Emotionen, die deren Manifestation an der Oberfläche sind. Gefühle sind dort, wo wir Wert beimessen. Schreit jemand aus der Tiefe der Gefühle, ist er oder sie *im* Femininen, ist er oder sie verwurzelt. Sind wir verwurzelt, dann sind wir fähig, uns mit dem Schatten zu befassen, der dunklen Seite des Selbst. Nur wenn ich diesen widerlichen, inakzeptablen Aspekten meiner selbst gegenübertrete und sie kennenlerne, sie schließlich als Teil von mir akzeptiere, kann ich ganz werden.

Hierbei geht es darum, unserer wirklichen Natur sowie unserem Instinkt immer näher zu kommen und in bezug darauf ehrlich zu sein. Eine integere (ganze) Person zu sein. Das beinhaltet auch, daß wir uns nicht im Zusammenhang mit anderen und nicht als minderwertig oder überragend sehen. Ein Weg dazu ist die Wiederentdeckung der Bedeutung der Göttin. Und diese gelingt uns mittels einer einfachen Meditation, bei der uns eine befreundete Person führt. Hier die Anweisungen dafür:

1. Legen Sie sich an einem ruhigen Ort nieder, an dem Sie sich wohlfühlen und ungestört sind, und lassen Sie sich von einer befreundeten Person folgendes langsam vorlesen:
2. »Stell dir vor, daß du in Griechenland bist und zwischen Olivenbäumen hindurch einen Hang emporsteigst. Es ist warm.
3. Du kommst zu einem großen Tempel. Eine Frau empfängt dich am Tempeltor und fragt, welcher Göttin du gern begegnen würdest oder welcher Wunsch dich herführt.
4. Du trägst dein Ansuchen vor, dann betrittst du den Tempel.
5. Stell dir bildlich vor, was als nächstes geschieht. Zensiere deine Phantasie nicht – laß ihr freien Lauf. Möglich, daß die Göttin dir etwas vermitteln wird.«
6. Nach zehn Minuten sagt die befreundete Person sanft: »Es ist jetzt Zeit zu gehen. Sag jenen Lebewohl, denen du begegnet bist, und lenke deine Schritte aus dem Tempel und den Hang wieder hinunter.
7. Kehre in den Raum hier zurück und, wenn du willst, erzähle oder schreibe auf, was du herausgefunden hast.«

Bei mir spielte sich die Übung so ab: Ich ging durch den Olivenhain den Hang empor, spürte die Wärme. Am Tempeltor sagte ich, daß ich mich über die spirituellen Aspekte der Sexualität unterrichten wolle. Ich sah einen riesigen klassischen Tempel, ging die weißen Marmorstufen hinauf, zwischen den Säulen durch, und sah einen weiten, leeren weißen Raum. In der Mitte befand sich ein großer Stufenkreis, der zu einem Teich hinabführte. Auf den kreisförmigen Stufen saßen viele Frauen, die miteinander sprachen. Näherten sich Fremde wie ich, wurden sie willkommen geheißen. Ich ging die Stufen hinunter, in den Teich und durch ihn hindurch. Auf der anderen Seite empfing mich eine ältere Frau, die ihr Haar zu einem langen, schönen weißen Zopf geflochten hatte, ganz ähnlich wie eine Quäker-Frau, die ich kenne. Sie führte mich in die Gegenwart von etwas, was ich nur als starkes honigfarbenes Licht beschreiben kann. In dieser Gegenwart erkannte ich, wie es ist, wenn man sexuell sein kann, ohne befangen, gehemmt zu sein, ohne das eigene Körperbild zu spüren, ohne »Na, wie bin ich?«, ohne jede Zurschaustellung, Getrenntheit oder Distanz. Einfach Vereinigung – Befriedigung und Erfüllung. Keine andere Person war wirklich anwesend. Und ein starkes honigfarbenes Licht strömte von mir nach außen. Mir wurden zwei grüne Blätter gegeben. Dann war es Zeit zu gehen. Ich nahm den gleichen Weg, auf dem ich gekommen war. Anschließend zeichnete ich ein Bild von dem Erlebnis und erzählte der befreundeten Person, die es mit mir durchgeführt hatte, was geschehen war.

> Die Vernachlässigung der Göttin führt zu einer sterilen, verschleißenden Begegnung mit dem Leben; Langeweile und Sinnlosigkeit schleichen sich ein. Zwanghaftes Verlangen nach Macht ersetzt die Freude der Liebe. Wird dagegen die feminine Natur geschätzt, nicht als Spielzeug gesehen, mit dem man sich vergnügt, sondern als eine zu umarmende Energie, erblüht das psychische Leben und wird fruchtbar, bringt eine neue Perspektive hervor. (Nancy Qualls-Corbett, 1988)

Tod

Etwas, wofür man wirkliche Macht braucht, eine Macht, die nicht von der Beherrschung anderer abhängt, ist die Überwindung der Angst vor dem Tod. In unserer Gesellschaft fürchten wir den Tod so schrecklich, daß wir es nicht ertragen können, über ihn zu sprechen. Wenn er naherückt, reden wir nur von medizinischen Meisterleistungen und der Schmerzlinderung. Über das, was geschieht, sprechen wir nicht. Dies steht in krassem Gegensatz zu dem, was andere Kulturen heute tun und was unsere Vorfahren einst taten.

In prähistorischen Zeiten wurde die Göttin des Todes und der Wiederbelebung zutiefst verehrt. Üblich war eine intensive Wahrnehmung der Zyklen der Natur (anhand der Zyklen des Mondes und des weiblichen Körpers), die einen starken Glauben an die sofortige Wiederaufnahme des Lebens nach der Krise des Todes untermauerten. Tod war nicht einfach Tod, sondern immer Tod und Erneuerung.

In den volkstümlichen Überlieferungen gibt es viele Bildvorstellungen, die auf diese prähistorische Göttin zurückgehen, unter anderem die Weiße Frau als Todesbotin, die Göttin Freyja in der nordischen Mythologie, wo sie als Mutter der Toten galt, und die Zerstörerin/Erneuerin, die bis heute in der baltischen und slawischen Volkstradition so farbig weiterlebt. Sie ist die Baba Jaga in den russischen Märchen und wurde später in Grimms Märchen zur Hexe degradiert. Vom Aussehen her kann sie eine schöne Frau oder eine alptraumhafte Kreatur sein. Ihre zerstörerischen Handlungen gehen auf ihre ursprüngliche Kontrolle über die zyklische Lebenskraft zurück. Sie erinnert uns daran, daß wir sterblich sind und daß es kein Leben ohne Tod gibt.

Traditionellerweise war es die Rolle der Frau, sich mit dem Tod zu befassen, über sein Nahen zu sprechen, den Sterbenden zu helfen, sich auf ihn vorzubereiten, bei ihnen zu wachen, sie zu halten – und sich dann um den Leichnam zu kümmern und zu trauern. Eine Freundin erzählte mir, sie sei völlig fassungslos gewesen, als ihr Vater starb. Sie hatte nicht die geringste Ahnung, was sie tun sollte, tun mußte: wohin brachte man den Leichnam, wie lange sollte er im Haus bleiben, was sollte mit ihm geschehen, was mußte sie als erstes tun. Und das mitten in ihrer großen Trauer. Einige Monate später war sie bei der Familie ihres Mannes in Algerien, und dort starb sein Vater. Die Frauen aus der Nachbarschaft übernahmen sofort alles, sie wußten genau, was zu tun war. Alles verlief glatt, alle erhielten Unterstützung, und die Verwandten hatten den Freiraum, sich ganz ihrer Trauer hinzugeben.

Ist eine Person wirklich auf den Tod vorbereitet und hat keine Angst davor, dann besitzt sie Macht. Die Worte mögen einfach klingen, aber die Realität ist alles andere als einfach. Elisabeth Kübler-

Ross, eine Ärztin, die sich auf Sterbehilfe spezialisiert hat, gelangte zu der Erkenntnis, daß die Menschen, wenn sie sterben, gewöhnlich mehrere Phasen durchlaufen. Dazu gehören Ableugnen, zornige Auflehnung, Versuche zu feilschen und Depression, bevor sie sich schließlich dareinfügen; und dann ist ein friedlicher Tod möglich. (B9)

Wenn die Menschen älter werden, bekommen sie auch Angst vor Schmerzen, Erniedrigung und dem Verlust des Verstands. Darum müssen wir uns vorbereiten, noch ehe wir krank oder ältlich werden. Für den Buddhisten ist unser ganzes Leben eine Vorbereitung auf das Sterben, und als Folge davon können wir in jedem einzelnen Augenblick unseres Lebens vollkommen anwesend sein, so als wäre es unser letzter. Jedes Leben hat seine Jahreszeiten: Jugend, Erwachsenenalter, Reife und Sterben, genau wie das Jahr seinen Frühling, Sommer, Herbst und Winter hat. Jeder Tag unterliegt diesem gleichen Rhythmus. In der Meditation unterliegt ihm jeder Augenblick.

Kapitel 6

Macht aus der Seele

Wir sind sehr gut darin, uns aufs Leben vorzubereiten, aber nicht sehr gut darin zu leben. Wir wissen, wie man zehn Jahre für ein Diplom opfert, und wir sind bereit, sehr hart zu arbeiten, um eine Stellung zu bekommen, ein Auto, ein Haus und so fort. Aber wir haben Mühe, daran zu denken, daß wir im gegenwärtigen Augenblick leben, dem einzigen Augenblick, in dem wir lebendig sind. Jeder Atemzug, jeder Schritt, den wir machen, kann erfüllt sein mit Frieden, Freude, Heiterkeit. Wir müssen nur im gegenwärtigen Augenblick wach sein, lebendig sein.

THICH NHAT HANH, 1992

Die beiden letzten Kapitel befaßten sich mit der Macht, die unserem Körper und unserem Geist innewohnt. Dieses Kapitel hier handelt von der Macht, die unserem innersten Wesen innewohnt, das man Seele nennt. Mein Ziel ist, es zu erforschen und bei jenen Interesse dafür zu wecken, die in ihrem Leben wenig Zeit für das haben, was sie als »Spiritualität«, in Anführungszeichen, ansehen. Auch hier kann ich wieder nur aus eigener Erfahrung sprechen und beschreiben, was ich herausgefunden habe – wie schon viele vor mir: Jeder Mensch hat einen einzigartigen Lebensweg und wird ihn auf seine Weise gehen. Ich beginne damit, klarzustellen, was ich unter dem Ausdrücken »Seele« und »Weltseele« verstehe, dann schildere ich, wie man diese Art Macht findet, wie sie ist und wozu sie den Menschen befähigt, was er dank ihr tun und verstehen kann. Ich erörtere unseren Widerstand dagegen, uns nach innen zu wenden, und die Ansichten jener, die für Spiritualität keine Zeit haben. Der Schlußabschnitt bietet einige Hinweise darauf, was Macht aus der Seele bewirken kann, beispielsweise bei der Überwindung von Unsicherheit und Gehemmtheit, bei der Bewerkstelligung von Änderungen, bei der Suche nach Integrität und der Freisetzung von Kreativität.

Was Kraft von innen nicht ist

Es mag seltsam anmuten, ein Kapitel damit anfangen zu lassen, daß man sagt, was nicht drinsteht. Doch die Ausdrücke »Seele« und »Spiritualität« können so viele verschiedene Dinge bedeuten, daß ich genauso gut klarstellen kann, wovon ich *nicht* spreche.

Erstens spreche ich nicht vom Okkulten, von Wissenschaften, zu denen die Kenntnis des Übernatürlichen gehört, und nicht von irgendwelchen Dingen, die verborgen oder geheim sind: mysteriös oder geheimnisvoll, ja; geheim, nein. Zweitens spreche ich nicht über das Paranormale – außersinnliche Wahrnehmung, die psychischen Kräfte von Medien, Tischrücken, Telepathie und Hypnose – auch wenn ich glaube, daß einige Menschen hierin ihre spirituellen Erfahrungen finden.

Und ich spreche nicht von Religion. Obwohl sich von selbst versteht, daß alle großen Religionen letztendlich zu den gleichen grundlegenden Wahrheiten führen, scheinen immer mehr Menschen in der westlichen organisierten Religion *nicht* zu finden, was sie suchen. Manche sind der Ansicht, beispielsweise Jung, daß die organisierte Religion eine Verteidigungseinrichtung gegen das tiefe Mysterium religiöser Erfahrung ist; daß sie alles auf Begriffe und Ideen reduziert und die transzendentale Erfahrung unterbindet, die Joseph Campbell als »die Erfahrung des tiefen Mysteriums« bezeichnet. Der Weg, den ich hier beschreibe, ist ein Weg, auf dem es kein Credo und kein Dogma gibt. Östliche Religionen – Buddhismus, Taoismus, Hinduismus – liefern einen leichter zugänglichen Hintergrund zu dem Weg, vielleicht weil in diesen Religionen Gott als das Vehikel elementarer Energie gesehen wird und nicht als ihre Quelle.

Meine eigene Erfahrung besteht darin, daß ich in der Church of England getauft und konfirmiert worden war und als Teenager zutiefst religiös wurde. Damals war ich streng beschäftigt mit Kirchgängen und meinen allabendlichen rituellen Gebeten. Als ich etwa achtzehn war, wich die Religion einer viel weltlicheren Lebenseinstellung, gefördert durch das College und später durch meine Reisen in verschiedene Teile der Welt. In meinen Dreißigern begann ich mich leidenschaftlich für Mythen, Legenden und Märchen zu interessieren, wozu mich teilweise eine Jungsche Anaylse anregte.

In meinen Vierzigern bemühte ich mich, christliche Theologen zu lesen, hauptsächlich in dem Versuch, das Denken einiger angesehener

Kirchenmänner zu verstehen, die für Atomwaffen eintreten. Ich geste-he, daß die Art des Argumentierens, der ich hier begegne, für mich zu abstrus, zu jesuitisch ist. Sie findet keinen Eingang in mein Herz, nur in meinen Kopf (und auch dort hält sie sich nicht lange). Gegen Ende meiner Vierziger kam ich bei einem Quäker-Treffen in den Genuß der Stille der Meditation und wurde schließlich Mitglied der Gesell-schaft der Freunde.

Seither ist die Meditation zu einem immer wichtigeren Teil meines Lebens geworden, und ein Stimulantium ist hierbei, daß ich von Zeit zu Zeit Einkehrtage in Stille verbringe. Ich habe herausgefunden, daß das, was ich suche, im Inneren liegt und nicht in der Außenwelt. Wenn ich heute Kirchen besuche, finde ich trotz meiner Liebe zu der Musik und besonders zum Dramatischen eines Hochamts, daß die Liturgie die Aufmerksamkeit von der inneren Stille ablenken kann.

Was Kraft von innen sein kann

Mit der Seele, so, wie ich den Ausdruck in diesem Buch gebrauche, ist eine Substanz oder Energie gemeint, die das menschliche Leben in Gang bringt und in Gang hält. Sie bildet eine nicht-materielle Wesen-heit, die sich vom Körper einer Person unterscheidet, aber temporär mit ihm koexistiert. Sie ist die »göttliche Substanz« des gesamten Menschenwesens. Gleich Aminah Raheem unterscheide ich die indi-viduelle Seele von der Weltseele.

> Die Weltseele wird definiert als allumfassende, kreative Ordnung des Kosmos, die vor allen Anfängen und über jedes Ende hinaus *ist*. Die Weltseele wurde Gott genannt, der Schöpfer, das Tao, »Alles was ist«. Angesehen wird sie als die formlose, alles durchdringende Energie, von der die gesamte Schöpfung herstammt, einschließlich der indivi-duellen Seele des Menschengeschlechts.

Seele meint die Seele des Individuums; Weltseele meint die Seele des Kosmos. Bitte lassen Sie sich nicht dadurch verwirren, daß ich von Zeit zu Zeit von »Spiritualität« als einem Attribut eines Menschen spreche; damit meine ich die Fähigkeit dieses Menschen, die allumfas-sende, unendliche Weltseele anzuzapfen. Ich kann das tun, wie ich festgestellt habe, indem ich nach innen gehe. Manche Menschen nennen das Gebet, manche Meditation. Adris Whitman bezeichnet es als Ausgreifen nach diesen »lichtvollen Orten in dir selbst«.

Diese lichtvollen Orte *gibt* es. Sie sind kraftvoll und mächtig. Jeder kann Zugang zu ihnen erlangen. Außerdem wird das Wohltuende und Nützliche täglicher Reflexion und Meditation heute im Westen von immer größeren Kreisen bestätigt und anerkannt. Es gibt verschiedene Möglichkeiten, nach innen zu gehen, aus denen man wählen kann: zahlreiche Bücher, Kassetten und Meditationskurse in den meisten Städten. Jeder findet hier den Weg, der sich für sie oder ihn am besten eignet.

Wenn wir nach innen gehen, ruhig atmen und lauschen, finden wir das Heilige in uns. Es ist weder männlich noch weiblich, es ist beides. Es ist eine Quelle voll mit klarem Wasser, das uns nährt. Immer wenn ich diesen Weg gehe, still werde und einfach mehrere Minuten lang meine Atmung beobachte, ist dieses Heilige wieder da – es schlüpft fast unbemerkt herein –, und wenn ich dann still bleiben kann, beginnt es Freude auszuströmen. Ich habe das inzwischen viele Male versucht, und es ist immer da, sobald Stille herrscht.

Wenn ich nach innen gehe, herrscht zuerst großer Lärm: Es gibt viele Dinge, die ich nicht getan habe oder die ich tun will, ganze Listen, und schreckliche Videos von Sachen, die ich falsch gemacht habe. Ich muß ihnen gegenüber »passiv werden«, darf nicht versuchen, sie zu verbannen, sondern muß sie mit meinem Geist schlicht als Beobachter betrachten. Sie »kontrollieren« zu wollen ist ebenso vergeblich wie der Versuch, einen Fluß aufzuhalten. Ich muß den Fluß fließen lassen, aber ihm zusehen. Meistens kehrt nach und nach Stille ein – aber manchmal hält der Lärm an. Sei's drum. Doch wenn Stille einkehrt, dann liegt allem Freude zugrunde, strahlende Wärme. Dann spüre ich, wie sich ein Lächeln auf mein Gesicht stiehlt.

Alles geht vorüber

Zu den größten Segnungen der Meditation gehört für mich bisher (ich bin noch Anfängerin) ein Blick auf die Tatsache, daß Dinge, die für uns in der Zeit des Übergangs eine sehr große Rolle zu spielen scheinen, vergänglich sind. Sie gehen vorüber.

Der Buddha entdeckte das. Durch subtile, direkte Beobachtung in der Meditation fand er heraus, daß es dem Bewußtsein möglich ist, sich der winzigen, Augenblick für Augenblick auftretenden Empfindungen, die es hat, gewahr zu werden und zu sehen, daß sie vergänglich sind; daher hat es keinen Sinn, an ihnen festzuhalten; daher ist es nicht nötig, auf sie zu reagieren. Indem man sich dieser Empfindungen einfach bewußt wird, *ohne sie als gut oder böse einzuschätzen* und damit weitere reaktive Emotionen hervorzurufen, zerbricht man die Kettenreaktion. Nach und nach, mit Übung, können die in der Kindheit entwickelten Gewohnheitsmuster geändert werden, und zwar mit konsequenter Freilegung von Komplexen auf der psychodynamischen Ebene.

Leiden und Unglücklichsein kann große Mengen Energie verschlingen. Ein Mensch kann völlig in Schmerz oder Depression versinken. Geschieht dies, ist die Person darin gefangen wie in einer Falle. Sie wird hypnotisiert von ihrem Kummer, Zorn oder Selbstmitleid. Wie ein Kaninchen starrt sie ins Licht der Scheinwerfer, unfähig, etwas anderes zu sehen, unfähig, sich in eine andere Seinsweise zu bewegen. Wenn sie sich durch Bewußtwerdung ein bißchen distanzieren und sich selbst leiden »sehen« kann, wird es ihr möglich sein, mit dem Leiden zu arbeiten und es umzuwandeln. Meditation ist ein Weg, uns der Macht unseres Leidens bewußt zu werden und sie zu lockern, was uns befähigt, es zu überwinden und zu wachsen.

Das funktioniert! Es funktioniert sowohl auf der Augenblicksebene als auch auf der tieferen Ebene des Wachstums. Erwische ich mich beispielsweise genau in dem Moment, wo jemand etwas Kritisches mir gegenüber äußert, und sage ich zu mir selbst: »Aha, ich bin verletzt«, und *beobachte* ich mein Gefühl, wenn auch nur einen Sekundenbruchteil, dann bin ich nicht *in* der Emotion, nicht in ihr gefangen. Dasselbe gilt natürlich für Lob und hätte den Effekt, mich davon abzuhalten, daß ich mich an das Lob klammere, etwa eine positive Presserezension glaube, wodurch das peinliche Phänomen der Selbstüberschätzung verhindert würde.

Die Wendung »in dem Moment« ist der Schlüssel. Ich brauchte Jahre, um zu begreifen, wie wichtig es ist, *jetzt hier zu sein*. Aus dem Grund läuten Buddhisten während der Meditation Glocken, und aus dem Grund sagt der vietnamesische Mönch Thich Nhat Hanh: »Lausche, lausche, dieser wunderbare Klang ... er bringt mich zu meinem wahren Selbst zurück.«

Seit kurzem muß ich eine Zeit starker Schmerzen durchstehen, wozu noch die Abwesenheit eines Menschen kommt, den ich liebe.

Jedesmal, wenn ich an ihn denke, der anderswo ist, und das kann alle paar Minuten oder sogar Sekunden geschehen, verspüre ich einen Stich. Ich sacke leicht in das Gefühl ab, wertlos zu sein, alt, nicht liebenswert, verlassen, Angst zu haben. Allmählich wird mir klar, daß auf seltsame Weise jeder schmerzhafte Stich eine Chance ist: Er sagt mir, der Schmerz habe damit zu tun, daß ich *mich selbst* abwerte, und hilft mir, in den Augenblick zurückkehren. Tue ich das, wird es mir möglich, mich an meinen Wert zu erinnern.

Natürlich kostet es Zeit, das zu lernen. Natürlich ist es aufregend. Aber es ist auch zutiefst belebend – die Augenblicke, wo ich in meine eigene Realität »zurückkomme«, sind leuchtende Augenblicke. Ich fühle mich dann wirklicher als je zuvor und auch lebendiger. Man könnte sagen, genau *dafür* sei die Zeit da.

Wir Westler haben andere Vorstellungen von Zeit und Ewigkeit als die Menschen im Osten. Wir neigen dazu, die Ewigkeit mit nie endender Zeit zu assoziieren, die über die Geschichte, über »die Zukunft« hinaus besteht. Wir unterteilen die Zeit in drei Teile: Vergangenheit, Gegenwart und Zukunft. Diese Unterteilung ist falsch, sagt der indische Weise Osho:

> Zeit ist wirklich Vergangenheit und Zukunft. Die Gegenwart ist kein Teil der Zeit. Die Gegenwart ist Teil der Ewigkeit. Das, was vorüber ist, ist Zeit; das, was kommen wird, ist Zeit. Das was ist, ist nicht Zeit, denn es geht nie vorüber – es ist immer hier. Das Jetzt ist *immer* hier.

Ich stelle dies als einfaches Diagramm dar:

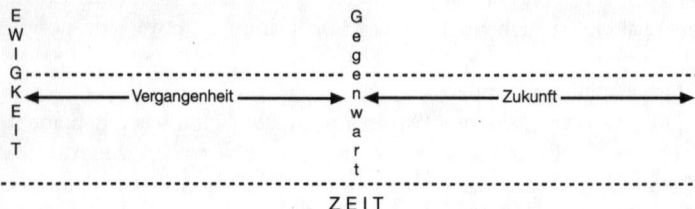

Tatsächlich geben wir uns, wenn wir einen Moment lang aufhören, im Sinne von »Zeit« zu denken, die Chance zum Erleben der Gegenwart, wie sie ist. Im gleichen Moment können wir auch die »Zeitlosigkeit« der östlichen Vorstellung von Ewigkeit erleben. Meditation bietet eine der Möglichkeiten hierzu.

Die Vorzüge der Meditation

Forschungen haben erbracht, daß Meditation Angst und Spannung abbauen kann, während sie die Wachheit steigert. Sie kann den Blutdruck und den Cholesterinwert senken, Schlaflosigkeit lindern und die Abhängigkeit von Drogen, Zigaretten, Alkohol vermindern. Sie kann unsere Bewußtheit von Emotionen und den ihnen unterliegenden Gefühlen steigern, ebenso die Selbstakzeptanz und die Toleranz gegenüber anderen. Sie kann uns helfen, erleuchtet zu werden.

Meditation ist keine Konzentration, kein Mantra oder Gebet (obwohl sie für manche Menschen das alles enthält); sie ist Wissen über das, was sich jenseits von Gedanken und Bildern befindet – die Macht der Leere. Für mich ist mein Atemraum zu meiner Zuflucht geworden. Es ist süß, ihn sich füllen zu lassen. Diesen Raum sich füllen zu lassen bedeutet Heilung alter Verletzungen. Der Raum ist, als würden sich Gartentüren nach innen öffnen und ein Zimmer mit Sonnenlicht erfüllen. Er nährt die Freude in mir. Diese Nahrung kommt auch von äußerer Schönheit, Schönheit der Landschaft: vom Gesang der Amseln, von riesigen Bäumen, vom Nebel auf einer Wiese, von Blitzen, von Butterblumen, von Wasser in fast jeder Form. Bin ich damit in Kontakt, direkt oder durch das Auge meines Herzens, kann ich es speichern, so daß es verfügbar ist, wenn ich in Schwierigkeiten bin. Schönheit ist der Balsam für den Verwirrten.

Die Menschen fragen, ob das alles »bloß im Kopf« besteht, womit sie meinen: »Bilden wir es uns ein?", »Ist es wirklich?« Die Antwort liegt, glaube ich, im Leben derjenigen, die meditieren. Fragen Sie sie. Seit 2.500 Jahren registrieren meditierende Buddhisten, ihre Angehörigen und Freunde eine Veränderung des Charakters, eine schrittweise Bewegung hin zu Gelassenheit, Kraft und Frieden. Wie ist es möglich, daß eine derart tiefgehende, dauerhafte Veränderung stattfindet? Charlene Spretnak berichtet von jüngsten Forschungen auf dem Gebiet der Neurophysiologie des Gehirns, die darauf hindeuten, daß Buddha keineswegs metaphorisch sprach, als er sagte, man könne sogar tief verwurzelte Reaktionsmuster auslöschen – nicht unterdrücken.

Nach dem jetzigen Verständnis funktionieren das Gehirn und das gesamte Nervensystem in einem Zustand fortlaufender struktureller Veränderung, insoweit, als die Bildung der Nervenbahnen plastisch und dynamisch ist. Lernen und Gedächtnis beispielsweise sind dynamische Prozesse, die die Verbindungen zwischen Neuronen plastisch formen und umformen. In einem gewissen Ausmaß schaffen wir die strukturelle Konstruktion unserer Gehirne buchstäblich mittels unserer mentalen Prozesse, unserer Reaktionsgewohnheiten. (1993. B11)

Eines steht fest, nämlich daß die Änderung schrittweise erfolgt; sie läßt sich nicht erzwingen. Wie gesagt, bei einer Schlange muß der richtige Zeitpunkt da sein, wenn sie die Haut abstreift; sie muß bereit dazu sein. Reißt man einer Schlange die Haut herunter, tötet man sie.

Widerstand

Die meisten Menschen verspüren inneren Widerstand dagegen, so zu meditieren und nachzudenken. Wir kommen uns ein bißchen albern vor, wenn wir da sitzen sollen und scheinbar nichts »geschieht«. Es ist völlig anders als in der Kirche, wo ständig irgend etwas passiert: aufstehen, hinsetzen, singen, psalmodieren. Wir fragen uns, was andere Menschen sagen würden, wenn sie uns sähen. Uns beschleicht Unbehagen. Genau diese Reaktionen sind interessant, sollten hinterfragt und untersucht werden – in der Hand herumgedreht werden wie ein Stein. Handelt es sich um eigene Ideen und Gewohnheiten von uns? Oder hat man sie uns aufgezwungen?

Es könnte sein, daß sie uns daran hindern, mit Führung unserer Intuition der für uns natürlichen Richtung zu folgen. Es könnte sein, daß sie uns davon abhalten, unserer inneren Führung zu vertrauen oder auch nur ihre Stimme zu hören. Wenn wir es fertigbringen, uns diese Ängste behutsam einzugestehen, und zu prüfen, wo sie aus den Meinungen anderer erwachsen, haben wir die Möglichkeit einer Wahl. Wir können die Angst wählen oder wir können deren Alternative wählen, die Liebe. Liebe ist die einzige wirksame Reaktion auf Angst.

Wir alle haben Angstknoten: das in uns, was uns hindert, wir selbst zu sein. Werden diese Knoten aufgelöst, ist die Art der uns zur Verfügung stehenden Macht von anderem Niveau. Bevor ich die Schlange sah, die ich in der Einführung beschrieben habe, hatte ich ein

Wochenende mit Meditationen über meine Ängste zugebracht. Die physisch größte Angst habe ich vor tiefem, trübem Wasser, in dem es unbekannte, glitschige Kreaturen gibt. In meiner Meditation gestattete ich mir, in trübes Wasser zu sinken. Ich spürte die Panik, die der Verlust aller meiner Sinne auslöste – die Unfähigkeit zu sehen, zu riechen, zu hören, zu atmen. Der einzige Sinn, der mir blieb, war der Tastsinn. Als ich auf den Grund sank, produzierte meine Phantasie dort unten den aufgerollten Leib einer Schlange – ich berührte ihn, und er war nicht glitschig. Ich legte mich sogar auf die Schlangenspirale. Zwei Tage später sah ich die Schlange im Tageslicht, als ich in Oxford im öffentlichen Park spazierenging.

Ein paar Jahre früher wäre ich nicht in der Lage gewesen, mir ein solches Phantasiegesicht zu gestatten, ganz zu schweigen davon, es mir einzugestehen. Ich hätte es als wertlose Tagträumerei abgetan. Inzwischen habe ich erkannt, daß ich keineswegs verrückt bin, weil ich dieses Erlebnis hatte. Laut der Religious Experience Research Unit in Oxford haben mindestens 30 Prozent der Menschen schon solche Erlebnisse gehabt. Der Soziologe Andrew Greeley berichtete in einem Artikel in der *New York Times*, daß vier von zehn erwachsenen Amerikanern ein mystisches Erlebnis hatten. Wir sprechen nur nicht darüber, aus Angst, ausgelacht oder für verrückt gehalten zu werden, oder weil es kostbare Erlebnisse und eine Privatangelegenheit sind.

Der Biochemiker Rupert Sheldrake weist darauf hin, daß die meisten mit dem Nobelpreis ausgezeichneten Wissenschaftler berichten, ihre Entdeckungen seien ihnen in einem Moment der Erleuchtung gekommen, als Inspirationsblitz, als »heureka!« im Bad wie bei Archimedes. Sie hatten die Entdeckungen nicht im Gehirn ausgearbeitet (allerdings alle nötigen Vorarbeiten geleistet) – diese »kamen« ihnen. Der Haken ist, daß die Erfinder sich erst sicher genug fühlen, so etwas zuzugeben, *nachdem* sie den Nobelpreis bekommen haben.

Die Kritiker der Spiritualität

Ein Großteil von uns hat gegenüber der Spiritualität keine starken Gefühle in dieser oder jener Richtung; wir interessieren uns dafür oder nicht. Andere dagegen haben sie, und ich werde nun einen kurzen Blick auf einige der Warnungen vor Spiritualität werfen. Diese kommen nicht nur aus der Wissenschaft, sondern auch von drei

Gruppen, bei denen dies unglaublich erscheint: Feministinnen, Freudianer und Christen.

Das Wiederaufleben der Spiritualität bei Frauen wurde von vielen Feministinnen positiv gesehen, andere dagegen bezeichneten es als Verschwendung von Zeit und Energie. Sie wird als angenehmes Opiat betrachtet, das Frauen davon abhält, sich den »wirklichen« Lebensfragen zu stellen, zumal sie nach Merlin Stones Worten »die Gläubige veranlassen kann, in völligem Nicht-Tun auf ihren Kissen zu liegen – und darauf zu warten, daß der Wille der Göttin geschieht«.

Diese Kritik widerlegt ein Blick auf die Produktivität und Aktivität jener Frauen, die sich auf der spirituellen Seite der Frauenbewegung am stärksten engagieren. Schon die Bandbreite und die Zahl jener Bücher, die in den vergangenen fünfzehn Jahren über das Thema erschienen sind, öffnen einem die Augen. Die meisten Verfasser/innen verbrachten die Zeit, in der sie nicht schrieben, gewöhnlich damit, den unzähligen Einladungen zu Vorträgen im ganzen Land Folge zu leisten. In den vergangenen paar Jahren haben die in Weltfragen aktivsten Frauen, denen ich begegnete – Frauen aus Bosnien, Rußland, Amerika, Neuseeland, europäischen Staaten –, sich entweder direkt zu ihren spirituellen Kraftquellen bekannt oder gezeigt, daß sie dafür aufgeschlossen sind. Möglichkeiten, in unserer Welt mit diesem Kernelement der Macht aus dem Inneren der Seele zu handeln, werden in den letzten drei Kapiteln dieses Buches untersucht.

Eine Ingenieur-Freundin von mir hat einen Test für die »Gültigkeit« jeglicher Spiritualität. Sie fragt: »Bewirkt es, daß sich diese Person der geteilten Gerechtigkeit mehr oder weniger verpflichtet fühlt?« Leider bewirken das nicht alle spirituellen Erfahrungen. Aber jene, die es tun, bewirken es wirklich!

Viele Freudianer sprechen der Spiritualität jeden Wert ab und sehen im Interesse an ihr die Vermeidung des Urschmerzes. Freud selbst machte offenbar keinen Unterschied zwischen Religion und Spiritualität; er sagte, eine der Funktionen der Psychotherapie sei es, religiöse Vorstellungen loszuwerden – der geheilte Patient brauche so etwas nicht. Nach seiner Ansicht war das Motiv aller Versuche zur Erforschung der Spiritualität der Wunsch, einem Blick auf grundlegendere und wichtigere Angelegenheiten, beispielsweise dem Ödipuskomplex, aus dem Weg zu gehen. Die Menschen würden alles tun, fand er, um nur nicht den unerfreulichen Aspekten ihrer eigenen Natur gegenübertreten zu müssen.

Im Hinblick auf das Wort »Spiritualität« herrscht tatsächlich allgemeine Verwirrung. Für viele Menschen ist es gleichbedeutend mit Religion, doch in Wirklichkeit geht sie darüber hinaus. Sie steht zweifelsohne jenseits der Dogmen, die mit den meisten Religionen verknüpft sind; sie sagt nichts aus über die Zugehörigkeit zu irgendeiner Gruppe von Ideen oder den Glauben an sie. Spiritualität ist für mich ein Aspekt des Selbst: eine Fähigkeit, ein Potential. Während die gängige Religion mit ihren moralischen Untertönen die Menschen leicht davon ablenken kann, sich den »unerfreulichen Aspekten ihrer eigenen Natur« zu stellen, besteht ein wesentlicher Teil jedes spirituellen Wegs darin, den dunkleren Aspekten in uns gegenüberzutreten und das Leiden, das wir bei dem Vorgang erfahren, zu verwandeln.

Auch beim Christentum haben wir wieder Definitionsprobleme: Was ist für die verschiedenen etablierten Kirchen akzeptabel und was nicht? Die traditionelle Christenheit dürfte bezweifeln, daß die Bilder und der Symbolismus, die mit der beschriebenen Art von Spiritualität unlösbar zusammenhängen, wirklich spirituell in dem von der Kirche verstandenen Sinn sind – das heißt vom Heiligen Geist ausgehen, dem Geist von Gottvater. Im besten Fall dürften sie, beispielsweise von Katholiken, als irrelevant angesehen werden, im schlimmsten Fall als blasphemisch. Man wäre wohl der Meinung, sie würden von der Sorge ablenken, die der Menschen im Hinblick auf seine eigene Rettung empfinden sollte.

Das andere Problem liegt für viele traditionelle Kirchen darin, daß jene Art der Spiritualität, von der ich spreche, keinen äußeren Gott verehrt oder anerkennt, sondern nach einer inneren Wahrheit sucht. Natürlich gibt es viele Christen, die nach innerer Wahrheit *suchen*, aber die christliche Kirche als Institution verlangt die Akzeptanz und Verehrung ihrer Doktrinen, in der auch die Dreifaltigkeit, die jungfräuliche Geburt usw. enthalten sind. Ich würde gern fragen, wie wir, wenn wir vom *vorgeschriebenen Glauben* über das Sein der Dinge erfüllt sind, die Realität ihres tatsächlichen Seins *erfahren* können.

Was Kraft von innen bewirkt

In diesem Abschnitt werde ich Beispiele eigener Erfahrung und der Erfahrung anderer schildern, die einen Eindruck vermitteln, um was alles es hierbei geht. Natürlich wird Ihre eigene Erfahrung einmalig sein.

Überwindung von Befangenheit

Als Teenager sind die meisten von uns fast gelähmt vor Befangenheit. Wir können nur daran denken, wie riesig und rot unsere Pickel sind, ob wir vielleicht falsche Klamotten an haben, was die anderen von uns halten. Unser Ego lechzt nach Ermutigung und Bestätigung.

Angeblich soll die Befangenheit mit zunehmendem Alter nachlassen, aber bei vielen von uns tut sie das nicht. Geht man nach innen zum wahren Selbst, wird das Ego nach und nach weniger anspruchsvoll. Dann ist nicht mehr so wichtig, was die Leute von unserem Äußeren halten, weil wir im Inneren finden, was unsere Wirklichkeit ist. Wir werden authentisch. Das bedeutet automatisch, daß wir viel mehr Raum und Energie für das Beisammensein mit anderen Menschen haben, ohne ständig zu denken: »Ich«, »Ich«, »Ich«, »mich«, »mich«, »mich«. Wir können den anderen also wirklich zuhören und uns vorstellen, sogar empfinden, wie das Leben für sie ist. Das ist Mitgefühl – »fühlen mit«. Und das braucht die Welt dringend. Außerdem ist es viel weniger ermüdend als Befangenheit!

Als Mittler dienen

Es gibt ein erstaunliches Erlebnis, das ich selbst allerdings nicht sehr oft hatte, weil mein Ego noch ziemlich lärmt. Aber ich weiß, wie es sich anfühlt. Man hat das Gefühl, nicht »ich bin es«, der dies oder jenes tut, sondern daß man durch irgend etwas »agiert« wird. Es ist ein bißchen, als sei man eine Leitung oder Röhre, durch die Aktionen fließen können. Die Erfahrung kommt der religiösen Auffassung von Gnade nahe, unterscheidet sich jedoch vom traditionellen westlichen Verständnis der Gnade, denn sie verlangt keinen Glauben an Gott oder eine übernatürliche Macht. Auf diese Art wirkt die Seele. Das ist nicht etwas, was ich oder Sie *organisieren*. Es ist nicht etwas, was *wir* tun. Es geschieht durch die Art, wie wir *sind*, durch unser Wesen.

Mein Standpunkt zu meinem Ego ist wichtig, denn je stärker mein Ego mir in den Weg gerät oder die Röhre mit Forderungen nach Streicheln oder anderem »Lärm« verstopft, desto weniger gelingt es mir, der Energie oder Macht zu gestatten, durchzukommen.

Lassen Sie mich ein Beispiel geben. Gleich vielen Menschen hatte ich mit Nervosität und Befangenheit zu kämpfen, wen ich einen Vortrag oder eine Rede halten sollte. Mit zunehmender Übung, so fand ich, wurde ich recht gut darin: ich schwitzte nicht mehr, ließ meine Notizen kaum je mehr fallen, und zumindest dachte ich, daß ich ziemlich cool *aussähe*. Das alles war jedoch das Ergebnis sorgfältiger Vorbereitung: den Text ausarbeiten, proben, Feedback erhalten, Sätze ändern. Dann nahm ich an einem zweitägigen Workshop teil, wo es darum ging, wie man einer Zuhörerschaft mitteilt, was man wirklich mitteilen will. Ich lernte von den erfahrenen Lehrern, daß die Menschen nicht meine sorgfältig formulierten Argumente hören wollten, sondern von mir *Leidenschaft* erwarteten. »Wirf deine Notizen weg«, war das Motto, mit dem ich nach Hause fuhr.

Es dauerte zwei Jahre, und ich mußte erst noch beträchtlich mehr Vertrauen zur Weltseele gewinnen, bevor ich das wagte. Man schrieb den Februar 1995, und ich sollte vor der UNESCO in Paris einen Vortrag halten. Ich rechnete mit etwa 60 Zuhörern, und etwa 300 kamen. Den ganzen Tag über fanden Vorträge statt, insgesamt vielleicht zehn, und alle von einem Podium aus. Plötzlich wurde mir klar, daß ich, wenn ich meine vorbereitete, mit Fakten und Beweisen untermauerte Botschaft verläse, müde Gehirne nur noch mehr strapazieren würde. Also zerriß ich meine Notizen, buchstäblich, vor den Zuhörern, und sprach einfach aus dem Herzen. Hinterher hatte ich den Eindruck, das sei für die Menschen wertvoller gewesen als meine Notizen, weil ich mehr Kontakt mit dem hatte, was in dem Saal vorging und was nötig war.

Änderungen zuwege bringen

Wenn Sie *im Augenblick* anwesend und sich seiner voll bewußt sind, während etwas geschieht, steigt Ihre Fähigkeit, im Sinne des größeren Ganzen zu handeln, um ein Beträchtliches. Jane Roberts spricht vom »Machtpunkt in der Gegenwart« und sagt, es sei »Ihr einziger wirksamer Punkt, um irgendeinen Aspekt Ihrer Welt zu ändern«. Die innere Stimme, die Sie entwickeln, hat – weil sie authentisch ist – ungeheure Autorität, wenn Sie lernen, sie außen in der Welt zu nutzen.

Robert Woodson ist Vorsitzender des National Center for Neighborhood Enterprise in Amerika. Seit zwanzig Jahren beurteilt er aus Gründen der Kapitalanlage, welche Sozialprogramme am effektivsten sind. Vor kurzem fand er heraus, daß von den erfolgreichsten praktisch

alle eines gemeinsam hatten, nämlich ein starkes Element der Spiritualität. »Ich behaupte nicht, daß die auf Spiritualität basierenden Programme immer funktionieren, sondern nur, daß die erfolgreichen
Programme fast immer eine spirituelle Basis haben«, lautet eine Feststellung, die man von ihm zitiert. Woodson ist noch nicht sicher, welche Konsequenzen seine Erkenntnis für die Sozialfürsorgeprogramme
haben wird, aber er sagt:

> Ich weiß, daß der Hunger, den ich in Amerika spüre, kein Hunger
> nach Dingen, sondern eine Suche nach Sinn ist. Wir haben noch
> keine Waagen, mit denen wir die Fähigkeit mancher Menschen wie-
> gen könnten, Sinn zu vermitteln – das spirituelle Element zu liefern,
> von dem ich spreche... Aber ich weiß, daß es genauso sinnvoll ist,
> jenen Vollmachten zu geben, die die spirituellen Mittel haben, um
> Leben umzukehren, wie jenen, deren einzige Qualifikation Empfeh-
> lungsschreiben sind.

Sich auf der Suche nach Macht ins Innere zu wenden lehrt uns, wie
wertvoll es ist, innezuhalten und zuzuhören; das tun wir dann zunehmend auch in den Beziehungen mit anderen Menschen. Dann passiert es, daß die Menschen, weil man ihnen zuhört, nicht länger
schreien und sich wiederholen. So entsteht mehr Intimität, die wiederum Vertrauen erzeugt, und dies bedeutet, daß etwas geschieht,
Dinge erledigt werden.

Hier ein Beispiel: In meiner Frauengruppe gibt es bei unseren
Zusammenkünften keine feste Tagesordnung. Wir tratschen zuerst
einmal, dann jedoch sitzen wir mehrere Minuten still da. Diejenige
von uns, die sich danach gedrängt fühlt zu sprechen, ergreift den
Stein, der in der Mitte liegt. Sie behält ihn, solange sie will, auch nachdem sie zu Ende gesprochen hat, sofern sie das braucht. Keine andere
darf sprechen, bevor sie den Stein hat. Auf diese Weise bewegen wir
uns bei unseren Treffen ziemlich schnell über die Belange einzelner
hinaus zu Dingen, die uns alle angehen. Eines Abends benutzte eine
Teilnehmerin ihre Redegelegenheit, um den Fall eines extrem
gewalttätigen Kindes zu schildern, für das sie professionelle Verantwortung trug. Weil wir alle ihr aus tiefem Herzen lauschten, vernah-
men wir den Schmerz vieler Tausender gestörter Kinder des ganzen
Landes und beschlossen, eine Woche lang jeden Tag zur gleichen Zeit
über sie zu meditieren. Zwei Tage später wurde das Kind, ein

Mädchen, statt daß man es einsperren mußte, von einer völlig neuen Fürsorge-Einrichtung übernommen, »die genau für ihre Bedürfnisse geschaffen worden zu sein schien«.

Dieses Beispiel erinnert mich an John Donnes »Niemand ist eine Insel« und die unzähligen Fälle rund um uns, die zeigen, daß wir untereinander verbunden sind und genau dieses Bewußtsein einsetzen können, um Veränderungen zuwege zu bringen.

Integrität erlangen

»Macht korrumpiert«, das wissen wir, und »absolute Macht korrumpiert absolut«. Macht von innen dagegen, aus der Seele, ist rein. Wenn Sie beispielsweise wirklich zuhören, werden Ihre inneren Tiefen mit einigen Überraschungen für Sie aufwarten, sogar mit Schocks. Sie bekommen vielleicht nicht zu hören, was Ihr Ego hören will. Sie werden harte Lektionen lernen müssen sowie Erfahrungen tiefer Freude machen. Der ernsthaft und aufrichtig beschrittene Weg nach innen wird Sie zu Ihrer Integrität führen. Und diese ist immun gegen die Korruption durch Herrschaftsmacht.

Denken Sie an Nelson Mandela, der 28 Jahre in einem südafrikanischen Gefängnis verbrachte. Seine Einsamkeit und das, was er mit ihr anfing, verliehen ihm die Fähigkeit, äußerst harte und oft unpopuläre Entscheidungen zu treffen. Fünf Jahre vor seiner Freilassung gelangte er beispielsweise zu dem Schluß, es sei an der Zeit, Gespräche mit der Regierung zu beginnen. Beide Seiten betrachteten zu der Zeit Gespräche als Zeichen von Schwäche und Verrat, und keine Seite wollte an den Tisch kommen, außer die andere machte bedeutende Zugeständnisse. Mandela erkannte, daß das Land in einen Krieg gestürzt würde, wenn nicht bald ein Dialog begann. Tausende, wenn nicht Millionen Menschenleben würden verloren sein. Irgend jemand mußte den ersten Schritt tun, und den tat er vom Gefängnis aus. Er mußte viele Versuche unternehmen, bevor eine Reaktion der Regierung erfolgte. Als einige seiner Kollegen von seinem Tun erfuhren, waren sie wütend und fühlten sich verraten. Doch er machte weiter.

Stellen Sie sich vor, was sein könnte, wären wir nur fähig, wenigstens mit einem winzigen Teil von Mandelas Integrität zu handeln. Mit der Integrität kommt das Freisein von Angst. Unsere Integrität zu finden bedeutet, daß wir die eigene Ganzheit erreichen, Stückchen für Stückchen, Tag für Tag ein bißchen mehr. Heilige sind angeblich Sünder, die das beharrlich versuchen. Ich glaube, je näher wir dem inneren Geist, also der Seele kommen, über desto mehr Integrität verfügen wir als Führung bei jeder unserer Bewegungen.

Der Reichtum Ihrer Kreativität

Die mit der Seele verbrachte Zeit ist reich an Bildern. Und die Bilder, die Sie empfangen, können Sie als Mittel zur Selbsthilfe verwenden. Weil sie Ihnen viel bedeuten (wäre dem nicht so, würden Sie sie nicht empfangen), können die Bilder, sobald Sie sie erkannt und Ihnen die Tür geöffnet haben, gegenwärtig sein und ihnen in Situationen aller Art helfen. Meine Schlange beispielsweise segelt immer ins Zimmer, wenn ich verwirrt oder unsicher bin (vorausgesetzt, ich weile im Augenblick); sie bringt mir einfach ihre Kraft, nimmt mich in sich auf, und schon könnte ich Berge versetzen.

Geht ein Mensch nach innen und stellt den Kontakt mit der eigenen Seele her, erschließt er buchstäblich das, wofür sein wirkliches Selbst gedacht ist. Jenes Selbst, das von reiner Energie strahlte, als der Mensch geboren wurde, und seither von Erlebnissen und Erfahrungen zusammengequetscht und beschädigt worden sein kann. Wenn wir mit diesem Selbst in Kontakt kommen, empfinden wir Freude – es ist, als kämen wir nach Hause. Wir spüren auch eine Freisetzung von Energie, das heißt Kreativität. Wir fangen an, allerlei Dinge zu tun, von denen wir nie gedacht hätten, daß wir sie können.

> Seien Sie mutig genug, um kreativ zu leben. Der Kreative ist dort, wo niemand sonst gewesen ist. Sie werden die Stadt Ihrer Bequemlichkeit verlassen und in die Wildnis Ihrer Intuition gehen müssen. Dorthin kommen Sie nicht per Bus, nur durch harte Arbeit und Risiko und indem Sie nie sicher wissen, was Sie tun. Was Sie entdecken werden, das wird wunderbar sein. Was Sie entdecken werden, das werden Sie selbst sein. (Alan Alda, zitiert in Leigh und Maynard, 1993, Seite 23)

Kapitel 7

Hara-Macht und Vereinigung

Jesus sagte zu ihnen: Wenn ihr die zwei zu einem macht und wenn ihr das Innere zum Äußeren macht und das Äußere zum Inneren und das Obere zum Unteren, und wenn ihr das Männliche und Weibliche zu einem einzigen macht, so daß das Männliche nicht männlich und das Weibliche nicht weiblich sein wird ..., dann werdet ihr das Reich betreten.

THOMAS-EVANGELIUM

An diesem Punkt möchte ich die Frage des Dualismus aufgreifen, die ich in Kapitel 1 bereits ansprach, und ich möchte die vorhergehenden drei Kapitel zusammenziehen, um die Vollendung oder Ganzheit des Menschen zu betrachten. In der Ganzheit liegt Macht jener Art, die nötig ist, um unserer Spezies und unserer Welt das Überleben zu ermöglichen. Ich beschreibe, was bei der Abspaltung der dunklen Seite des Femininen verlorenging, einschließlich unserer Verbindung mit der Natur, und wie daraus ein potentiell fatales Ungleichgewicht entstand, das zur Zerstörung unserer Umwelt führte. Wir können das Gleichgewicht durch die Entwicklung von Hara-Macht wiederherstellen; ich rekapituliere kurz, wie dies durch Selbstkenntnis und die Entdeckung der Macht im Körper und in der Seele bewerkstelligt werden kann. Diese drei Teile werden dann zusammengebracht, mit der Einführung des Begriffs der Chakras oder Energiezentren, weil aufgezeigt werden soll, wie die Sexualität uns zur Ganzheit führen kann. Und das ist tatsächlich das Herz des Buches. Es veranschaulicht, wie eine vom Hara geprägte Einstellung zum Sex jedem mehr Macht verleihen kann, wie wir Macht erlangen, indem wir mit dem anderen zusammen sind und aufhören, Macht über den anderen zu benötigen. Zuerst wird diese Hara-Einstellung im Hinblick auf den Liebesakt erörtert, dann im Hinblick auf den inneren Liebhaber und schließlich im Hinblick auf die zwischenmenschliche Beziehung. Helfen wir also dem indivi-

duellen Selbst, in der Weise vollständiger zu werden; das versetzt uns in die Lage, bei der Heilung der Welt mitzuhelfen.

Wir leben in einer Welt der Gegensätze. Die Polarisierung ist zu unserem Denkmodell geworden. In der Politik beispielsweise heißt es: »Du bist entweder für uns oder gegen uns.« Ob jemand unser Freund oder Feind ist, wollen wir wissen. Gerichte entscheiden, ob Menschen unschuldig oder schuldig sind. Wir klammern uns ans Leben, wir haben Angst vor dem Tod. In den meisten Religionen ist Gott gut und der Teufel ist schlecht. Jungfrauen sind gut, und Huren sind schlecht. Das Heilige und das Profane sind einander entgegengesetzt, das Spirituelle und das Sexuelle vertragen sich nicht miteinander. Das alles wurzelt vermutlich in der Trennung von Geist und Körper, die vor allem in der westlichen Kultur gefördert wird, in der Gott maskulin und Mutter Natur – die Nahrungsquelle – feminin ist.

Einige Feministinnen heißen diese Art dualistischen Denkens gut und behaupten, feminine Kräfte seien lebensspendend und maskuline Kräfte todbringend. Ich persönlich kann mich dem nicht anschließen; es schreibt dem Maskulinen und dem Femininen Werte zu, macht das eine »schlecht« und das andere »gut«, was nicht nur das Problem fortbestehen läßt, sondern ganz offensichtlich falsch ist.

Wir müssen nicht in einer Welt der Gegensätze leben

Erst seit etwa viertausend Jahren leben wir in dieser Welt der Gegensätze. In der Zeit davor scheinen die Dinge völlig anders gewesen zu sein, auf eine Weise, die wir uns heute schwerlich vorstellen können. Gottheiten waren vielseitig, wie es die Natur ist, und nicht einseitig. Diese Gottheiten bringt man mit den ältesten Formen der Verehrung in Verbindung, und sie besaßen offenbar wesentlich mehr energetische Eigenschaften als unsere heutigen. Sie waren leidenschaftlicher, verspielter und ekstatischer sowie aktiv zornig und zerstörerisch.

Es lohnt sich aufzuspüren, wie es zu dieser Aufspaltung ins polarisierende Denken kam. Rekapitulieren wir kurz, was in Kapitel 1 gesagt wurde. Am Anfang war die Große Muttergöttin alles, und alles war Teil von ihr, alles war heilig. Es wurde kein Unterschied gemacht zwischen Menschen und Tieren, zwischen Geist und Natur, zwischen

Seele und Körper. So ist der Glaube der Menschen in der Altsteinzeit und der Jungsteinzeit offenbar gewesen. Man findet ihn noch in den sogenannten (wahrscheinlich aus eben dem Grund so genannten) »primitiven« Gesellschaften.

Die Mondgöttin beispielsweise war die Spenderin des Lebens und alles dessen, was die Fruchtbarkeit förderte, gleichzeitig aber war sie die Lenkerin der zerstörerischen Naturkräfte. Darin ist sie eine Vorfahrin der Hindugöttin Kali, deren widersprüchlicher Charakter ein wesentliches Merkmal ihrer Göttlichkeit ist.

Die Muttergöttin hatte in den alten Sagen einen Sohn, der im Lauf der Zeit zu ihrem Gefährten wurde. Im Mittelpunkt der Sage stand nun die Beziehung zwischen der Muttergöttin und ihrem Sohn und Liebhaber, der selbst ein Gott geworden war. So ging im Sumeria der Bronzezeit die Sage von Innana und Dumuzi, in Babylonien die Sage von Ischtar und Tammuz, in Ägypten von Isis und Osiris, in Griechenland von Aphrodite und Adonis und in Anatolien von Kybele und Attis.

In der nächsten Phase wurde die Muttergöttin von dem Gott getötet. Das berichtete die Sage aus der späten Bronze- und der frühen Eisenzeit von Tiamat, der Muttergöttin; ihr Leichnam wurde vom allmächtigen Marduk, dem Himmels- und Sonnengott, in Erde und Himmel gespalten. Die Schöpfung sah man jetzt aus Marduks Perspektive als die träge, leblose Substanz, die wir Materie nennen und die nur vom »Geist« geformt und geordnet werden kann.

Schließlich erschuf der Gott die Welt allein, ohne Beziehung zur Muttergöttin. Dies war die Sage aus der Eisenzeit vom hebräischen Jahwe, in der Adam aus Lehm erschaffen und erst lebendig wurde, als er den Geist eingehaucht bekam und in der Eva aus Adam erschaffen wurde. Gott war zu dieser Zeit bereits reiner Geist – von diesem wurde den Menschen etwas eingehaucht, nicht aber den Tieren, den Bäumen oder der Erde selbst. Zu Zeiten des Alten Testaments bestand keine Beziehung zur Muttergöttin.

Anne Barin und Jules Cashford werfen mit ihrer gründlichen Forschung Licht auf diese lange Übergangsperiode. Sie sind der Ansicht, ein Weg zum Verständnis des langen historischen Prozesses der Ersetzung des Göttinnen-Mythos durch den Gott-Mythos bestehe darin, ihn als schrittweisen Rückzug des Menschen von der Teilhabe an der Natur anzusehen. Nach und nach war die Natur für die Menschen immer weniger belebt und immer stärker von ihnen getrennt, schließlich dann etwas, das man bekämpfen und beherrschen mußte.

Zu dieser Sicht von uns und der Natur tendieren wir Menschen heute, außer in einigen erhalten gebliebenen nord- und südamerikanischen Ureinwohnertraditionen, in Teilen des Indischen Subkontinents, bei den Maori und den Aborigines sowie einigen Völkern, die noch nicht den westlichen Einflüssen des zwanzigsten Jahrhunderts ausgesetzt waren.

Diese dualistische oder gespaltene Denkweise brachte Gesellschaften hervor, die vom Materiellen eingenommen, geistig verarmt sowie technikbesessen sind und »gegen« die Natur angehen, sich mit ihr messen.

Trotzdem können wir noch erkennen, daß die Natur sowohl grausam als auch gütig ist. Und wir können erkennen, daß andere Menschen grausam sind. Aber es fällt uns schwer zu erkennen, daß *wir* genauso sind, daß *wir* ebenfalls grausam und gütig sind. Wir haben Mühe, das Licht in uns selbst mit dem Dunklen auszusöhnen, das Großzügige mit dem Gemeinen, das Sanfte mit dem Heftigen.

Die Spaltung der weiblichen Energie in dunkel und hell

Nach meiner Ansicht wird die dualistische Denkweise vor allem in der Art sichtbar, wie das Feminine heute wahrgenommen wird. Die Ganzheit des Weiblichen ist schrittweise verlorengegangen. Wie ich am Ende von Kapitel 1 aufzeigte, ist es einer Frau heute unmöglich, gleichzeitig tugendhaft, mächtig und sinnlich zu sein. Wie es aussieht, haben wir ein ursprünglich sehr wichtiges Element des Femininen ausgeschaltet: eine tiefe, dunkle Macht, manchmal grausam, manchmal zerstörerisch, aber immer voll Energie, Leidenschaft und Kraft.

Ein kurzer Umweg in die alte Geschichte lohnt sich, um das zu veranschaulichen: in die Geschichte von Medea mit all den Nacherzählungen. Am bekanntesten ist Medea heute durch das Drama von Euripides, und berühmt ist sie wegen der Tötung ihrer Kinder als Akt der Rache an ihrem Ehemann Jason. Er heiratete Medea, nachdem sie ihm geholfen hatte, von ihrem Vater das Goldene Vlies zu erlangen. Sie floh mit ihm nach Griechenland, wo er sie verstieß, um die Tochter von König Kreon zu heiraten. Daraufhin setzte Medea ihre Kräfte und ihre Macht gegen ihn ein: Sie überreichte der neuen Braut eine

Krone und einen Schleier, die sich entzündeten, als die Braut sie auf-
setzte, wodurch sie und ihr Hofstaat verbrannten. Bekanntermaßen
tötete sie dann ihre beiden Söhne, um sicherzustellen, daß Jason lange
von Leiden und Bedauern gequält wurde.

Historisch gesehen tritt sie eine ganze Zeit nach der Blüte der
Göttinnen-Religionen auf, und sie hat bereits etwas Ambivalentes, ist
in ihrem Leben eine Entscheiderin. Uns präsentierte man sie in Überlieferungen als Monster. Ihre Kräfte, ob zum Guten oder Bösen eingesetzt, sind irgendwie unnatürlich, sie rächen auf verheerende Weise,
und es geziemt sich nicht, daß eine Frau sie besitzt.

Die dramatische Darstellung von Euripides zog jetzt Robert
Graves auf überzeugende Weise in Zweifel. Er erörtert Medeas Heil-
gaben und weist darauf hin, daß Medea für die Heilung des Herakles
vom Wahnsinn verantwortlich war. Er hebt ihre Listigkeit hervor,
ebenso ihre Fähigkeit, die Initiative zu ergreifen. Graves berichtet, wie
sie Jason und seine Mannschaft rettete, nachdem sie ihnen zu dem
Vlies verholfen hatte, und wie sie Jasons Feind, seinen Onkel, über-
wand und tötete, als die Argonauten nicht mutig genug waren, es zu
tun. Ohne Medeas Zauberkräfte hätte Jason seinen Auftrag, das Vlies
nach Griechenland zu holen, nicht erfüllen können und wäre vermutlich umgekommen. In der Sage heißt es auch, der Götterkönig
Zeus habe sich in Medea verliebt, aber sie habe sich seinen Avancen
widersetzt, was wohl einmalig war unter sterblichen Frauen.

Für uns ist interessant, daß Medea, obwohl eine ungewöhnliche
Frau im griechischen Mythos, uns nie als eine Art Rollenmodell präsentiert wird. Ihre geheimen, dunklen Kräfte machen sie zu einer
unnormalen, unweiblichen Frau, einer Ausgeburt der Natur, einem
Beispiel dafür, wie Frauen nicht handeln sollten.

Das Ausschwingen des Pendels

Wenn die Muttergottheit in der sehr frühen Auffassung von ihr auch
grundlegenden Raum, Leere und Ganzheit in sich selbst umfaßte, so
muß doch gesagt werden, daß sie gedankenlos war, ohne Bewußtsein
und über keine wirkliche maskuline Ergänzung verfügte. Zu ihrer
Zeit begann die Reise zum Bewußtsein natürlich erst. Später verkör-
perten gemäß Marie-Louise von Franz sogar die griechischen Göttinnen »einfach emotionale feminine Reaktionen... Da gab es grenzen-

lose Fruchtbarkeit und Großzügigkeit, uneingeschränkte Nächsten-liebe, ungeheure Eifersucht und Eitelkeit und so fort«. Noch immer fehlte das Bewußtsein.

Als Folge unserer dualistischen Denkweise, unserer Verneinung der Macht des Femininen, hat bei uns heute das Pendel in die andere Richtung ausgeschlagen, wir sind ins andere Extrem verfallen. Grob gesagt, sind wir in Richtung von zuviel Maskulinem aus dem Gleich-gewicht geraten, während in den Tagen der Muttergottheit vermut-lich das Feminine überwog. Die letzten zweitausend Jahre haben eine wachsende Mißachtung und Zerstörung der Natur erlebt, die durch technologische Entdeckungen und eine Verarmung des spirituellen Lebens gefördert und beschleunigt wurden. Wir verfügen vielleicht heute in vieler Hinsicht über mehr Bewußtsein und Bewußtheit, gleichzeitig aber schneiden wir uns von der Welt der Natur und der spirituellen Welt ab. Unser Geist ist lebendig, aber unsere Körper und unsere Seelen verhungern und sterben. Wir sind gescheit, aber aus dem Gleichgewicht.

Das Gleichgewicht brauchen wir, denn Dinge, die dunkel sind, die man verleugnet oder ignoriert, werden unangenehm. Wenn wir also andere Menschen als »schlecht« abtun, werden sie Feinde. Wenn wir weiterhin das Spirituelle ablehnen und wir unserer Seele keine Nah-rung geben, werden wir einfach sterben. Experimente mit Tieren, denen man die Zeit zum Träumen entzog, haben ergeben, daß die Tiere bald sterben. Wenn wir leben, als seien Geldverdienen und Ein-kaufen alles, worauf es ankommt, werden wir zu Robotern – inner-lich tot. Wenn wir weiterhin die Natur ablehnen (Erze aus ihr quet-schen, Wälder abschlachten, Wasser vergiften, den Boden verschmut-zen), wird sie uns ihren lebenserhaltenden Organismus entziehen: nichts mehr zu essen, nichts mehr zu trinken, keine Wärme mehr, kei-nen Reichtum mehr.

Vernichten wir den tropischen Regenwald weiterhin in dem Maß wie gegenwärtig, ist bis zum Ende des Jahrhunderts nichts mehr davon übrig. Schätzungen zufolge werden in den nächsten 25 Jahren 1,5 Millionen Tier- und Pflanzenarten aussterben. Nashörner bei-spielsweise durchstreifen die Erde seit 60 Millionen Jahren, während Menschen erst seit 2,5 Millionen Jahren hier sind; doch von den 65.000 schwarzen Nashörnern, die es 1971 in Afrika gab, sind 1994 ganze 2.300 übrig. Bei gleichbleibendem Öl- und Gasverbrauch wird es in 40 Jahren kein Erdöl und in 60 Jahren kein Erdgas mehr geben.

Wir glauben, daß wir damit fertigwerden können, indem wir uns durch künstliche Mittel versorgen, mit Hilfe der Wissenschaft. Aber wenn wir sagen, »uns«, meinen wir uns Westbewohner, denn den größten Teil der übrigen Welt geben wir jetzt schon dem Hungertod preis.

Es ist nicht länger statthaft zu glauben, daß wir alles unter Kontrolle haben, daß es uns gutgehen wird, was immer wir anderen zufügen. Wir stellen zunehmend fest, daß wir das, was wir der übrigen Welt antun, uns selbst antun. Wenn Menschen in Deutschland Atomtechnologie an Indien verkaufen und es im dortigen Kraftwerk zu einem Super-GAU kommt, könnte Deutschland ausgelöscht werden. Tschernobyl hat uns einen Vorgeschmack davon gegeben. Wenn Menschen in Japan Atomabfälle ins Meer kippen, was sie tun, gibt es bald keinen frischen Fisch mehr für die Zubereitung von Sushi. Wenn die Menschen in Frankreich weiterhin darauf bestehen, im Winter Erdbeeren zu essen, werden die autarken Bauern in Nordafrika durch westliche Agrarunternehmen von ihrem Land vertrieben und zu wirtschaftsbedingten Auswanderern gemacht, die in Frankreich Arbeitsplätze der Einheimischen gefährden. Wenn die Menschen in Peking auf einem Kühlschrank pro Familie bestehen wie wir in Birmingham, wird (ohne entsprechendes FCKW-Verbot) die Ozonschicht weiter abnehmen, und die Menschen in Birmingham werden Hautkrebs bekommen.

Man könnte dies seitenlang fortsetzen. Der springende Punkt ist, daß unsere Welt heute sehr klein ist und rasch kleiner wird. Wir *müssen* uns darum kümmern, was mit anderen geschieht, sonst werden wir selbst sterben. Also sollten wir lieber lernen, was wir brauchen, um dazu fähig zu sein: für andere zu sorgen, Gleichgewicht herzustellen, zu versöhnen und zu vereinen.

Holistisches Denken

Ein wichtiger Weg zur Aussöhnung von Gegensätzen und zur Erlangung von Ganzheit führt über die Änderung unserer Denkweise. Unsere Kultur wird inzwischen von einer Denkweise beherrscht, die als »reduktionistisch« bekannt ist. So nennt man sie, weil sie Probleme zu lösen versucht, indem sie die Sache, um die es geht, in immer kleinere Teile teilt, aus dem Glauben, dadurch lasse sich die Komplexität des Problems reduzieren. Diese Art des Anpackens von Problemen gilt als erfolgreich, weil sie zu einem höheren Maß an materieller Produktion, physischem Wohlbefinden und Komfort geführt hat – in einem solchen Umfang, daß die verbreitete, wenn auch oft nur implizite Annahme herrscht, dies sei die beste und einzig richtige Weise über alles nachzudenken.

Hier möchte ich einen Kursus der Open University über systemisches Denken erwähnen, der veranschaulichte, daß die reduktionistische Denkweise tatsächlich sehr wirksam ist, trotzdem aber ihre Grenzen hat. Es gibt Situationen und Probleme, bei denen ein reduktionistisches Vorgehen einfach nicht funktioniert. Es ist Problemen nicht gewachsen, die aus Komplexität und wechselseitiger Verbundenheit entstehen. Unter solchen Umständen beseitigt jede Trennung von Verbindungen zum Zweck der Vereinfachung des Problems tatsächlich das zu lösende Problem. Es ist unerläßlich, das Problem als Ganzes zu nehmen. Vorgehensweisen, die das tun, nennt man holistisch.

Wir finden also nach und nach heraus, daß die reduktionistische Methode zwar nützlich für das Verständnis der Teile, aber nicht sehr effektiv ist, wenn es gilt, sie in eine Gesamtordnung zu bringen, weil die größeren Probleme eben Probleme des Ganzen sind. In einem fort an den Teilen herumzuflicken, ist vielleicht gut bei einem Auto, hilft aber nicht bei Problemen eines Menschen, der Natur oder der Welt. Hier müssen wir zum Verständnis des Ganzen gelangen, zu einer holistischen Sicht.

Ein hilfreiches Beispiel könnte die Medizin sein. In medizinischem Kontext bedeutet das Wort »holistisch« (vom griechischen *holos*, ganz) die Behandlung des Patienten als Ganzes, statt daß man sich außerhalb des Kontexts auf die Symptome konzentriert. Krankheit ist nicht als pathologischer Befund isolierter Organe zu sehen, als wären sie einfache Rädchen in einer Maschine, sondern als Funktionsstörung eines normalerweise harmonischen, kompletten Lebewesens.

Die chinesische Medizin betrachtete Geist und Körper nie als voneinander getrennt, wie es die westliche Medizin in den letzten beiden Jahrhunderten getan hat. Peter Mole sagt in seinen Ausführungen über Akupunktur, dies gebe den beiden Systemen eine von Grund auf verschiedene Basis, die ihre Theorien und ihre Praxis bis in den innersten Kern durchdringt. Die westliche Haltung hat zu vielen außergewöhnlichen Fortschritten geführt, beispielsweise den bemerkenswerten Entwicklungen in der Chirurgie und der Drogentherapie. Doch die gegenwärtige Unzufriedenheit der Patienten mit der modernen Medizin resultiert weitgehend aus den Grenzen dieser Sehensweise. Sie erkennt nicht, daß Geist und Seele einen äußerst starken Einfluß auf den Körper haben und daß der menschliche Körper mehr ist als die Summe seiner Chemie und Mechanik.

Wie wir zu uns selbst finden

Jetzt möchte ich gern zusammenführen, was in den vorhergehenden drei Kapiteln steht. Viele Schriftsteller haben bereits gesagt, daß Frauen und Männer sich von Stereotypen loslösen müssen. Ich füge hinzu, daß sowohl Frauen als auch Männer die dunklen Kräfte des Femininen erkennen und wiedererlangen müssen, um mehr zu einem Ganzen zu werden.

Bisher haben wir erfahren, wie wir unseren Geist einsetzen können, um uns zu verstehen. Wir haben die Verbindungen zwischen Selbstkenntnis und Macht erkannt. die es uns ermöglichen, andere zu verstehen, uns klarzuwerden über das, was in unserem Leben geschieht, und zu der Person zu wachsen, die wir von unserer Bestimmung her sein sollen. Wir haben auch unseren Körper betrachtet und erforscht, wie Männer und Frauen in ihm eine Quelle innerer Kraft finden können, nicht zu reden von Wonne. Erst auf den letzten Seiten sind wir der Macht begegnet, die in unserem innersten Wege wohnt: der Seele. Es wurde aufgezeigt, wie diese Art Macht entwickelt werden kann und wozu sie uns befähigt, was die Freisetzung der Kreativität und die Bewerkstelligung von Veränderungen anbelangt.

Jetzt will ich sehen, wie man Körper, Geist und Seele vereinigt, denn diese sind nicht getrennt. Ihre Integration bringt uns der Ganzheit näher. Ganz sein bedeutet, fähig zu sein: die innere Macht zu haben, zu reparieren, zu heilen und Veränderungen in jedem Bereich zu bewirken, an dem uns etwas liegt.

Viele der in den letzten drei Kapiteln erwähnten (und im Abschnitt »Weitere Wege und Möglichkeiten« beschriebenen) Methoden und Verfahren, wie Yoga, Akupunktur und Meditation, wirken genau auf diese Integration hin. Zum großen Teil gehen sie von der Vorstellung aus, daß es im Körper sieben grundlegende Energiezentren gibt, die als Chakras bekannt sind. Diese uralte Auffassung aus indischen Yoga-Texten findet man auch in der chinesischen Theorie (besonders im

Taoismus). Die sieben Energiezentren liegen entlang der Mittelachse oder dem Kern des Körpers, sprich dem Rückenmark. Ich werde mittels dieser Konzeption von Chakras veranschaulichen, wie Körper, Geist und Seele und wie Macht und Sex zusammenarbeiten können. In dem Abschnitt hier schöpfe ich aus dem Wissen von Aminah Raheem. Ich beginne mit dem untersten Chakra:

Das Wurzel-Chakra befindet sich in der Mitte der Rumpfunterseite zwischen dem Schambein und dem Steißbein im Dammboden. Es ist das Fundament des Körpers, seine Sicherheit, der Sitz physischen Überlebens. Ist das Wurzel-Chakra stark und gut entwickelt, hat die Person körperliche Kraft und Mut, und sie wird ihre Situation akzeptieren, statt zu wünschen, woanders oder jemand anderer zu sein; ist es nicht stark und nicht gut entwickelt, herrscht Angst um das Leben und das Wohlbefinden.

Das zweite Chakra liegt im Unterleib, zwischen dem Nabel und dem Schambein. Sinnliche Wonne steht im Brennpunkt dieses Chakras. Es ist der Sitz von Kreativität, Sexualität und dem Fortpflanzungswunsch. Die Gefühle sind hier Gefühle der Erregung: Sie können den ganzen Körper beleben, wenn man ihnen erlaubt, ungehindert zu fließen. Die Freude unserer wahren, ungehemmten Sinnlichkeit kann als starker Antrieb zu Wachstum wirken.

Der Bauch wird manchmal das »emotionale Gehirn« des Körpers genannt, weil die Gefühle aus unseren Eingeweiden heraus wachsen. Ein Kind, besonders ein männliches, lernt in der westlichen Gesellschaft sehr früh, wie man Emotionen in den Bauch hinunterdrückt, statt sie zum Ausdruck kommen zu lassen (in einem Schrei, einem Ruf, einem Schaudern). Aus dem Grund ist tiefe Bauchatmung sehr entspannend und bringt uns mit unseren Emotionen in Berührung. Dieses Chakra ist das wichtigste Schwerkraftzentrum für Frauen und Männer in ihrem Umgang mit der Welt. Es hilft ihnen, die alltägliche Tendenz auszugleichen, sich auf das Gehirn zu verlassen, was Weisheit anbelangt.

Das dritte Chakra liegt im Solarplexus, knapp über dem Nabel. Es ist der Sitz von persönlicher Macht sowie der Kraft, Beherrschung und Kontrolle des Egos. Werden Fragen, die mit diesem Chakra zusammenhängen, nicht ins Bewußtsein gebracht und gelöst, wird der daraus resultierende Konflikt dazu führen, daß sich die Person mit der Kontrolle und der Ausübung von Macht über andere Menschen beschäftigt.

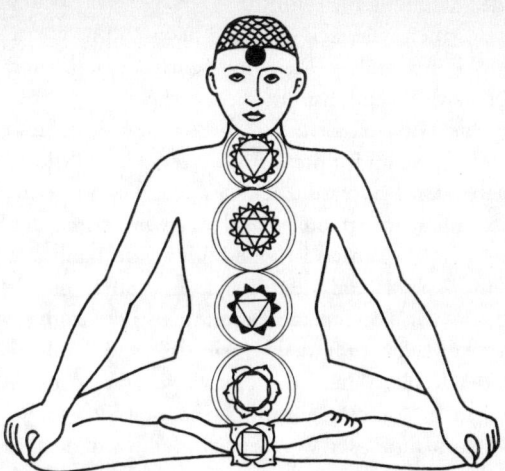

Die Chakras

Hier können wir einen Kontakt zu unseren eigenen Problemen von Beherrschung und Unterwerfung herstellen. Ein Mensch, der sich des dritten Chakras wenig bewußt ist, kann eine tyrannische Art, ein anmaßendes Wesen haben und viel Zeit und Mühe darauf verwenden, die Bereiche persönlicher Herrschaft auszuweiten. Er oder sie kann aber auch das genaue Gegenteil sein: unterwürfig und verschüchtert. Wahrscheinlicher ist jedoch ein Hinundherschwanken zwischen beidem, je nach der Situation. Solche Menschen werden oft als »autoritäre Persönlichkeiten« bezeichnet und neigen dazu, andere sofort »einzustufen«, entweder als höherstehend oder als untergeordnet. Sie weisen anderen die Rollen von Autoritätsgestalten oder Kriechern zu.

Das Herz-Chakra, im Zentrum des Brustbeins gelegen, ist der Sitz von Mitgefühl, Freude, bedingungsloser Liebe und des Einsseins mit allem Leben. Wenn wir mit tiefen Atemzügen zum Herzen atmen, gibt es uns Mut, Courage (*cœur* ist das französische Wort für Herz). Viele Menschen haben das Gefühl, ihr innerstes Wesen oder ihre Seele lägen dort.

Wird ein Kind geboren, ist die Herzregion gewöhnlich offen und frei. Das Kind erfährt natürliche Selbstliebe, spontane Zuneigung und greift nach anderen Menschen aus. Doch das Herz ist empfindlich und leicht verwundbar. Erfährt das Kind Ablehnung, Gleichgültigkeit oder Mißbilligung, wird das Herz verletzt. Ist eine solche Verletzung von Dauer, wird sich das Kind nach und nach von der aus dem Herzen kommenden Reaktion zurückziehen und selbstschützende, defensive Reaktionsmuster entwickeln.

Das Hals-Chakra liegt am unteren Ende des Halses, mitten zwischen vorn und hinten. Es ist der Sitz des Selbstausdrucks. Während Liebe der Hauptausdruck des Herzens ist, kann Wahrheit, die aus tatsächlichem Erfahren abgeleitet wird, durch die Stimme verkündet werden. Nacken und Kehle bilden eine Bahn oder Brücke zwischen dem Körper und dem Kopf. Entstehen hier Verstopfungen oder Blockaden, können die Emotionen nicht vom Bauch heraufsteigen, um Ausdruck zu finden; es tritt das Gefühl auf: »Ich habe einen Kloß in der Kehle.« Hier kann eine Person die Macht erlangen, eine Stimme zu haben, eine einmalige Identität. Das Halschakra hat auch mit der Aufnahme der Wahrheit von anderen zu tun; können wir etwas nicht akzeptieren, sagen wir: »Das bleibt mir in der Gurgel stecken«, »Das kann ich nicht schlucken«. Die mit einem gut entwickelten Hals-Chakra verbundenen Gefühle sind Ruhe, Akzeptanz und Sicherheit.

Das sechste (Brauen-)Chakra oder Dritte Auge liegt auf der Stirnmitte. Dort finden Sehen und Verstehen statt, ebenso die Vereinigung von Gegensätzen. Es ist mit der Fähigkeit verbunden, durch Zeit und Raum zu sehen, und ist der Sitz von höherem Bewußtsein, Unterscheidungsfähigkeit, geistiger Klarheit und spirituellem Verständnis.

Das siebte oder Kronen-Chakra liegt über dem Scheitelpunkt des Kopfes. Dort wird göttliche Führung empfangen, und es ist die Stätte universeller Verbindung und Transzendenz. Die beiden oberen Chakras erzeugen keine Emotion. Sie steuern die Geistesgaben und die spirituellen Kräfte, und in der Yoga-Tradition heißt es von ihnen, sie seien »jenseits der Emotion«, was in dem Sinne gemeint ist, daß sie sich der Emotion bewußt sind, ohne körperlich daran beteiligt zu sein. Emotion »erfaßt« oder »bewegt« dieses höhere Bewußtsein nicht.

Der traditionellen Auffassung nach sind die Chakras mit den verschiedenen Drüsen verbunden, die die Organe und die physischen Funktionen des Körpers steuern. Das Energiesystem der Chakras fungiert somit als eine Art Zwischenebene zwischen den spirituellen und den physischen Energien. Der Energiestrom von einem Chakra zum anderen kann durch Emotionen, Gedanken oder Traumen aus der Vergangenheit blockiert werden; Übungen zur »Öffnung« der Chakras tragen zu einem freien Energiefluß zwischen Seele, Körper und Geist bei.

Wenn wir unsere Chakras eines nach dem anderen visualisieren, geht der Geist in den Körper, und die Seele wird ernährt. Wir können uns durch sie beruhigen und zentrieren und uns über uns selbst unterrichten. Die Vorstellung von Chakras ist nützlich, denn sie hilft uns erkennen, wo sich unsere Energie befindet. Lebensenergie wird durch die verschiedenen Chakras kanalisiert, und jenes Chakra, wo unsere Energie besonders konzentriert ist, gibt unserer Wirklichkeit seinen Anstrich.

Zunächst muß unsere Energie im ersten Chakra sei, damit wir überleben. Ist das Überleben gesichert, beginnt eine Person zu erleben, was sexuelle Erregung bedeutet: Auf der Ebene der Instinkte ist sie notwendig zur Fortpflanzung, aber weil sie so lustvoll sein kann, fesselt sie unsere Aufmerksamkeit. Das Erleben eines Orgasmus dürfte für die meisten Menschen die erste Andeutung eines Zustands der Transzendenz sein. Hat eine Person dagegen ein mächtiges drittes Chakra und das starke Verlangen nach Kontrolle, könnte sie Probleme haben, einen Orgasmus zu erreichen, oder das Orgasmuserlebnis ist kurz, weil der kontrollierende Geist die Vorstellung von Hingabe nicht mag. Und so fort. Die Chakras sind also ein Weg oder einer der Wege, etwas über die Integration von Geist, Körper und Seele zu erfahren und sie zu erleben. Der Körper wird dann ein lebendiger Teil unserer Spiritualität und unseres Denkens und umgekehrt. Fahre ich beispielsweise ein Auto oder lese ich Zeitung, bleibe ich mir meines Körpers bewußt. Beim Liebesakt ist meine Seele beteiligt und mein Herz offen.

Sexualität und Ganzheit

In Kapitel 5 sprach ich von einer dominanten Einstellung zum Sex und von einer Hara-Einstellung. Sie werden sich erinnern, daß zu den Attributen der Hara-Einstellung Hingabe und Verschmelzung gehören. Wenn ich jetzt beides ein wenig weiterführe, stoßen wir auf erstaunliche Implikationen. Die Hin(weg)gabe der Kontrolle ist wichtig für einen Liebesakt, der auf tiefer Ebene befriedigt. Das bedeutet, daß man sich vom dritten Chakra, dem Sitz der Kraft und Kontrolle des Egos, hinaufbewegt in das Herz-Chakra, den Sitz von bedingungsloser Liebe und Einssein. Doch Hingabe impliziert die Auflösung des Egos – darum fürchten wir sie so und widersetzen uns ihr. Sich dem anderen hinzugeben erfordert nicht nur ungeheures Vertrauen, sondern auch die *Akzeptanz der Macht des anderen.* Kann man sie hinnehmen, bekommen unser Körper, unser Geist und unsere Seele das, wonach es sie wirklich verlangt, und nicht nur zeitweilige Linderung der Spannung oder ein Hochgefühl. Wir wissen aus unseren Instinkten heraus, daß wir in Körper, Geist und Seele die Verschmelzung mit dem anderen Menschen suchen. Wir sehnen uns glühend danach, eins zu werden, nicht zwei zu bleiben. Darin liegt die Ekstase.

Nun komme ich zum Kernpunkt. Die beiden Akte, Hingabe und Verschmelzung, haben revolutionäre Folgen, was die Macht anbelangt. Bei dieser Art des Liebesaktes erlangt eine Person Wonne, Befriedigung und Kraft mit einer anderen Person und durch sie. Damit solcher Sex funktioniert, *darf man nicht* wetteifern, konkurrieren; der oder die andere wird zur Ergänzung, wird notwendig. Und je sensibler Sie gegenüber dieser anderen Person sind, je mehr sie sich von ihr ernähren, desto eher werden sie diese höchste, andauernde Ekstase der Verschmelzung erleben. Einerseits *gewinnen* Sie also mehr Macht durch das völlige Zusammensein mit dem oder der anderen. Und andererseits hören Sie auf, Macht über jemanden zu *brauchen.* In solcherart Sexualität liegt somit das Ende des Bedürfnisses nach Herrschaftsmacht.

Diese Erkenntnis verblüffte mich. Ich war immer in der Lage gewesen, mehr oder weniger klar zu sehen, welche Verbindung zwischen Macht und Sex im Sinne von Beherrschung besteht. Aber ich hatte nie voll erkannt, was in der Verbindung von *Hara-Macht* und Sex alles inbegriffen ist. Die Hara-Einstellung macht die Sexualität nicht nur unendlich befriedigender, sondern ermöglicht Ekstase. Sie vereinigt nicht nur Körper und Seele, sondern überbrückt die Kluft, die jahrtausendelang vor uns gähnte, die Kluft zwischen Sexualität und Spiritualität. Schließlich zeigt sie uns, lehrt sie uns, in der Realität zu leben, Macht zu *gewinnen*, indem wir mit jemand anderen zusammen sind, und auf*zuhören*, Macht über jemanden zu *brauchen.*

Der jahrhundertealte Abgrund zwischen Sexualität und Spiritualität bedeutet, daß wir die Fähigkeit verloren haben, offen über diese Dinge zu sprechen. Hören Sie sich das alte Dichtwerk von der heiligen Hochzeit der Göttin Inanna und ihres Liebhabers, des Königs Dumuzi, an:

Was mich angeht, meine Vulva,
Für mich das hoch gehäufte Hügelchen,
Mich – die Maid, wer wird es für mich pflügen?
Meine Vulva, den bewässerten Boden – für mich,
Mich, die Königin, wer wird den Ochsen dort postieren?

Die Antwort lautet:

O Edle Dame, der König wird es für dich pflügen,
Dumuzi, der König, wird es für dich pflügen.

Und Inanna sagt voll übergroßer Freude:

Pflüge meine Vulva, Mann meines Herzens!

Der/die innere Geliebte

Menschen sehnen sich nach Ganzheit. Sie und ich verbringen möglicherweise das Leben mit der Suche nach dem perfekten Anderen, weil wir das Urgefühl haben, die Vereinigung mit diesem Anderen beschere uns Wonne. Aber das Ganze hat einen Haken. Diese »andere Hälfte« kann in einem wirklichen äußeren Menschen personifiziert sein, letztendlich jedoch ist sie im Inneren zu finden. Ich beginne die Suche nach ihr vielleicht im Sex, scheitere aber öfter als nicht, weil ich die andere Person als Objekt behandle. Schaffe ich es, dieses Trennen zu unterlassen, mich dem Anderen hinzugeben und mit ihm zu verschmelzen, bekomme ich eine Ahnung von der Ekstase der Ganzheit, der Vereinigung. Aber der/die höchste Andere, nach dem/der ich suche, ist in mir selbst: der Mann in der Frau, die Frau im Mann. Die Herausforderung besteht also darin, diese schlafende Seite in mir, sei sie maskulin oder feminin, zu erkennen und zu entwickeln. (Nicht unbedingt ist es die Gegenseite zu unserem biologischen Geschlecht, die schläft; in einem »neuen« Mann muß möglicherweise das Maskuline erkannt werden, und eine erfolgreiche Karrierefrau sollte vielleicht auf die Suche nach dem Femininen gehen.)

Habe ich dieses andere in mir erkannt, ist mir das möglich, was Jung *Hieros Gamos – das Mysterium conjunctionis* nennt, die heilige Hochzeit, das Zusammenkommen und die Integration des ganzen

Selbst. Das ist es, worauf ich schon in Kapitel 3 anspielte, als ich davon sprach, Feministinnen sollten ihre femininen Seiten suchen. Ich werde in Kapitel 9 wieder darauf zurückkommen.

Die meisten von uns haben einen idealen Partner in sich, in ihrer Phantasie. Der am häufigsten gewünschte männliche Partner hat folgende Eigenschaften: Er ist physisch stark, er kann mich leicht auf Händen tragen, er ist heiter, voller Scherze und Verspieltheit (wenn ich ihn treffe, hebt er mich hoch und wirbelt mich herum), er macht mich schwindelig vor Wonne, er vermag in die Menschen zu sehen, nötige Pausen zu machen. Ich verbrachte einen großen Teil meines Lebens mit der Suche nach ihm, der Suche *dort draußen*. Wie ich aber nach einem halben Jahrhundert schließlich erkannte, ist er nicht dort draußen, er ist *hier drin*. Ich *bin* er. Irgendwie *habe* ich diese Eigenschaften. Ich wüßte nicht soviel über sie, wenn ich sie nicht besäße.

Das begriff ich, als ich spät an einem Nachmittag im November bei schwindendem Licht in einem Zimmer mit großem Westfenster saß. Draußen stand ein Baum mit knorrigen Ästen, die auf solche Weise mit Zweigen endeten, daß sich ein insgesamt runder Umriß ergab. Vor dem amethystfarbenen Himmel wurde er immer schwärzer. Ich sprach über ihn und ergötzte mich gleichzeitig an diesem Baum, fragte mich, wie es an einem normalen Novemberfreitag diese erstaunliche Schönheit geben könne. Irgendwie nahm ich wahr, anfangs nur undeutlich, daß die Schönheit des Baumes in der Verbindung zwischen ihm und mir lag, in der Tatsache, daß ich ihn sehen konnte. Andere Menschen gingen vielleicht einfach an ihm vorbei. Dieser Baum, diese Form gegen dieses Licht, bedeutete ihnen vielleicht nichts, aber sie war schlicht vollkommen, schön und Nahrung für mich. Ich labte mich daran. Bei ihm ist es genauso. Er macht mich schwindelig vor Wonne, weil ich ihn sehen kann. Ich weiß von ihm. *Das ist er für mich*. Ich kenne ihn.

Nun aber möchte ich eines sagen: *Das ist es nicht*. Das ist keine Vereinigung. Dieses Erkennen des/der idealen Anderen in uns ist eine Voraussetzung dafür, eine Stufe auf dem Weg. Es ist wonnig zu begreifen, daß man selbst dieser/diese Andere ist, daß man diese Eigenschaften besitzen, befreien und einsetzen kann. Und Joseph Campbell sagt: »Folge deiner Wonne.« Ihre Wonne kann Sie dorthin bringen. Sie ist der Weg zur Vereinigung. Aber sie ist keine Vereinigung.

Beziehungen

Ob Sie mit einer anderen Person Geschlechtsverkehr haben oder nicht, eine enge Beziehung bietet die außergewöhnliche Chance zur Entwicklung von Ganzheit. Das gilt besonders, wenn *nicht* alles stimmt, denn Auseinandersetzungen und starke Emotionen decken auf, was wir auf andere projizieren. Manche Menschen sind überzeugt, daß wir einen Partner wählen, der uns mit genau den gleichen Schwierigkeiten konfrontiert, die wir in der Kindheit hatten, damit wir als Erwachsene lernen können, auf diese Herausforderungen zu reagieren und durch sie zu wachsen. In diesem Szenario wird unser Langzeit-Partner natürlich unter dem Gesichtspunkt gewählt, in welchem Maß er/sie uns Wärme gibt, uns versteht, wir uns dank ihm/ihr großartig fühlen.

Darum geht es beim Verlieben. Und dahinter verbergen sich alle die *anderen* Gründe, warum wir diese Person gewählt haben: weil er/sie uns von neuem die Herausforderungen präsentiert, die unsere Eltern ursprünglich an uns stellten. Bei einem Partner müssen wir uns vielleicht mit unserer Angst vor unserem Vater auseinandersetzen, mit unserer Unfähigkeit, uns von der Mutter zu lösen, unserem Horror davor, verlassen zu werden, oder unserer Wut darüber, herabgesetzt zu werden.

Zueinander hingezogen werden wir wegen dem, von dem wir wissen, daß es der andere weiß, auf irgendeiner unbewußten Ebene. Es paßt immer genau zu dem, was wir brauchen, um zu wachsen. Unsere unsichtbare Antenne kann dieses Passende über einen ganzen Raum voller Menschen hinweg aufspüren, und wir verlieben uns. Ist dann die Zeit der Verliebtheit vergangen, kann es der/die Andere nicht lassen, an uns herumzunörgeln. Es scheint, als wisse der/die andere genau, welche Knöpfe wann zu drücken sind, um uns in unsere inneren Tiefen zu treiben. Wir haben dann die Wahl. Wir können dies entweder als Weg benutzen, um viel über uns selbst zu erfahren und anschließend auf sehr schmerzliche Art erwachsen zu werden, oder wir können uns trennen. Tun wir letzteres und gehen wir schließlich eine andere Beziehung ein, werden wir uns unweigerlich wieder den gleichen Problemen gegenübersehen, nur in anderer Verkleidung.

Mit anderen Worten, einer der Wege zu unserem Erwachsensein verläuft durch eine enge Beziehung mit allen ihren Hochs und Tiefs.

Er ähnelt dem dialektischen Modell, wo in einer notwendigen, engen Beziehung Gegensätze existieren, um für einander die Wahrheit eines jeden von ihnen zu widerspiegeln. Ohne solche Dynamik ist die Chance geringer, daß man die Probleme »sieht« und ins Bewußtsein holt.

Auf einer weniger intimen Ebene neigen wir dazu, herumzulaufen und ständig Getrenntheit und Polarität zu bemerken: »Oh, sie ist eine Muslimin, aber ich bin eine Christin.« – »Er besuchte eine Privatschule, also will ich nichts mit ihm zu tun haben.« – »Aber das sind doch *Franzosen*«, und so fort. Ein großer Teil davon ist Voreingenommenheit, Vorurteil. Beides steckt Menschen in Schubladen und versieht sie mit Etiketten. Stereotypisieren ist ein gefährlicher Bestandteil des dualistischen Denkens, denn es verhindert, daß wir Menschen einfach als Mitmenschen sehen, als Personen, die die gleichen Ängste und Hoffnungen haben wie wir.

Die große Weisheit, die man aus den Göttinnen-Traditionen schöpfen kann, kündet von der *Beziehung* zwischen den Aspekten des Seins, nicht von Trennung. Eine der Formen, in denen dieses Tradition weitergegeben wurde, ist die Gestalt der Kali, der hinduistischen Dreifachgöttin der Schaffung, Erhaltung und Auflösung. Laut Barbara Walker war Kali das archetypische Urbild der Mutter Geburt-und-Tod, gleichzeitig Schoß und Grab, Lebensspenderin und Verschlingerin ihrer Kinder: eben dieselbe Zauberin, die in tausend alten Religionen dargestellt wird. Ihr tantrischer Titel lautet Shakti. In ihr hat die im Kapitel 5 erwähnte Schwarze Madonna ihren Ursprung. Sie ist licht sowie dunkel, heftig sowie sanft, grausam sowie gütig. Deshalb verkörpert sie das Leben in all seiner reichen Fülle, aber weil sie Natur ist und unaufhaltsame Zyklen durchläuft, ist sie auch schrecklich und furchterregend. Sie ist fähig, sogar das zu verschlingen, was sie hervorgebracht hat, also das Leben, das sie gegeben hat, wieder in sich aufzunehmen – aus dem Grund ist sie Grab und Tod sowie Schoß und Leben.

Das Buch von Marie-Luise von Franz über Märchen enthält folgenden Abschnitt:

> Manchmal, beispielsweise, sieht man in den Wäldern oder auf den Bergen einen Rehbock, aus dem eine Krebsgeschwulst heraushängt und der über das Eis zu kriechen versucht: Die anderen Rehböcke stoßen ihn beiseite, und er sinkt nieder, kämpft sich wieder hoch und

geht ein paar Schritte weiter, schleppt sich wochenlang mit dem Krebs dahin, bis er eines Tages, Gott sei Dank, nicht mehr aufsteht. Oder ein Fuchs frißt einen im Eis festgefrorenen Schwan an und überläßt ihn sich selbst, Stunden und Stunden des Kämpfens, mit einem abgefressenen Flügel... Die Natur kennt das Geheimnis des Tötens auf grausamste Weise und auch des Gebärens der schönsten Dinge auf die schönste Weise.

Die Göttin Kali

Durch meine Beziehung habe ich diese Kali-Seite in mir entdeckt, die schreckliche, wilde, gewalttätige Zerstörerin. Sie ist mein Schatten, und sie ist furchtbar. Aber sie ist ein Teil von mir, das heißt, ich muß sie kennen und akzeptieren.

Sich selbst zu akzeptieren schafft man schwerlich allein. Wir benötigen Möglichkeiten zu erfahren, daß wir für andere akzeptabel sind, daß es in Ordnung ist, so zu sein, wie man wirklich ist. Ich machte einmal am Actors Institute in London für Schauspieler einen Wochenendkurs mit dem Thema »Meisterung«. Er hilft den Menschen, ihr eigenes kreatives Potential zu erkennen, indem sie lernen, sich auszudrücken. Die Menschen treten in einer zweiminütigen Darbietung irgendwelcher Art auf – singen ein Lied, rezitieren ein Gedicht, halten eine Rede –, und die leitende Person sowie die Gruppe helfen ihnen, damit so zu arbeiten, daß ihr wirkliches Selbst Ausdruck findet. Erstaunliche Dinge geschehen. Das Wunderbarste ist jedoch, daß es den Menschen in dieser von Liebe geprägten Umgebung gelingt, ihre Masken abzulegen, nicht mehr vorzugeben, irgend jemand anderer zu sein, sondern einfach so zu sein, wie sie sind, symbolisch nackt. Schließlich lieben alle in der Gruppe jede Person, die mutig genug ist, das zu tun, wer oder wie immer sie sein mag, weil ihr schlichtes, wehrloses, unprätentiöses grundlegendes Selbst überaus einnehmend ist. Es ist wirklich. Darum erreicht es uns.

Es gibt viele Möglichkeiten für Erlebnisse dieser Art, in denen wir andere nicht als Titel oder Rollen oder Kleider oder Make-up oder Besitztümer sehen, sondern als verletzliche Menschen wie uns selbst. Dann werden wir sie zweifellos lieben.

Auch für Menschen, die kein solches Erlebnis hatten und nicht wissen, wovon ich rede, lohnt es sich, einfach auf das zu achten, was Menschen verbindet, statt auf das, was sie trennt. Die Frau mag eine Muslimin sein und ich eine Christin, aber wir haben beide ein kleines Kind, mit dem wir fertigwerden müssen. Er mag in eine ganz andere Schule gegangen sein als ich, aber auch er hat Kopfweh, genau wie ich.

Eine solche Fähigkeit, »in« beiden Seiten zu sein, nachzuempfinden, wie es ist, beide Seiten zu sein, vermag nicht nur zu Gleichgewicht, Ausgeglichenheit führen, sondern auch zu Heiterkeit. Wir erkennen, daß eine Rose nicht nur eine Rose ist, sondern bald Kompost sein wird, und daß sie Kompost sein wird, damit es nächstes Jahr wieder eine Rose geben kann.

Der vietnamesische Buddhistenmönch Thich Nhat Hanh sagt, wir seien in unseren Vorstellungen von Gut und Böse gefangen. Wir wollen nur gut sein, und wir wollen alles Böse beseitigen. Dem ist so, weil wir vergessen, daß Gutes aus nicht-guten Elementen besteht.

Nehmen wir an, ich halte einen schönen Ast. Betrachten wir ihn mit einem nicht-unterscheidenden Geist, sehen wir den wundervollen

Ast. Doch sobald wir unterscheiden, daß ein Ende das linke und das andere Ende das rechte ist, geraten wir in Schwierigkeiten. Wir können sagen, daß wir nur die linke Seite wollen, nicht aber die rechte (wie man es oft hört), und schon geht es los. Wenn nichts Rechtsseitiges da ist, wie können Sie dann linksseitig sein? Sagen wir einmal, ich will das rechte Ende dieses Astes nicht, sondern nur das linke. Also breche ich die Hälfte von dieser Realität ab und werfe sie weg. Aber sobald ich die unerwünschte Hälfte wegwerfe, wird das verbleibende Ende das rechte (das neue rechte). Denn sobald es ein linkes gibt, muß es auch ein rechtes geben. Ich bin vielleicht frustriert und tue es noch mal. Ich breche das, was von meinem Ast übrig ist noch einmal entzwei, und noch immer ist das rechte Ende da.

Das gleiche läßt sich auf Gut und Böse anwenden. Sie können nicht nur gut sein. Sie können nicht hoffen, das Böse zu beseitigen, weil dank des Bösen Gott existiert und umgekehrt. (1992)

Dank der Arbeit von Archäologen, Psychologen und Anthropologen wissen wir (im Gegensatz zu unseren Großeltern) jetzt, daß voneinander getrennte Völker auf der ganzen Welt Mythen und Legenden haben, die auf unterschiedliche Weise dieselbe Vorstellung zum Ausdruck bringen. Jung fand bei seinen Studien der Mythologien und religiösen Symbole unserer Welt sowie in den Träumen seiner Patienten universelle Muster. Mit anderen Worten, es gibt einige universelle Wahrheiten, die die Menschheit erfährt, erlebt; und so verschieden wir dem Anschein nach auch sein mögen, tatsächlich sind wir eine Einheit. Dies macht Versöhnung, Aussöhnung in internationaler Hinsicht möglich.

Wo bleibt in alledem, so fragen Sie vielleicht, die Macht – Macht in dem Sinne, daß ich weiß, wie ich in der Welt zurechtkomme, wie ich meinem Boß die Stirn biete, wie ich dazu beitragen kann, in der Welt Frieden zu schaffen statt Krieg. Das ist Sache des letzten Teils in diesem Buch. Lassen Sie mich kurz rekapitulieren. Der erste Teil diente der Untersuchung, was Macht ist. Ich schilderte eine Art Macht, die in unserer Welt mehrere Jahrtausende lang vorherrschte – Macht, die als körperliche Stärke, Herrschaft, Hierarchie und letztlich militärische Macht verstanden wurde. Ich bezeichnete sie als Herrschaftsmacht, bei der es im wesentlichen darum geht, *Macht über* jemanden oder etwas zu haben. Ich benutzte Erfahrungen von Frauen, um zu veranschaulichen, wie diese Macht empfunden wird, und wies darauf hin, daß beide Geschlechter sich der Herrschaftsmacht bedienen. Gegen Ende von Kapitel 3 brachte ich eine andere Art Macht zur Sprache – *Macht zu* und *Macht mit* –, die ich Hara-Macht nannte. Der zweite Buchteil widmete sich der Untersuchung von Wegen, auf denen sowohl Männer als auch Frauen diese Macht wiederentdecken und entwickeln können. Kapitel 4 behandelte Macht aus Selbstkenntnis, Kapitel 5 Macht aus dem Körper, Kapitel 6 Macht aus der Seele, und in diesem Kapitel hier ging es um Macht, die man aus der Vereinigung, aus dem Zusammenbringen von Gegenseiten gewinnen kann. Der dritte Teil des Buches wird sich mit den verschiedenen Möglichkeiten befassen, in denen Hara-Macht in unserem Leben und in der Welt eingesetzt, genutzt werden kann.

Doch zuvor gibt es noch ein Kapitel, diesmal keines über unseren Körper, unseren Geist oder unsere Seele, sondern eines über den Großen Geist, die größte Kraft- und Machtquelle, die es gibt.

Kapitel 8

Macht in der Großen Geheimnisvollen

Hier kennt uns die Natur. Die Erde kennt uns. Wir bringen unsere Gaben bestimmten Bäumen dar, bestimmten Felsen, natürlichen Wasserquellen, auf Berggipfeln... Wir haben Lieder und Gebete. Unsere Geschichte kann nicht erzählt werden, ohne daß man die Klippen und Berge nennt, die Zeugen unseres Geschicks waren.

Ruth Benally Yinishye, 1988

In diesem Kapitel lernen wir eine Macht kennen, die von ganz anderer Dimension ist als alles, was Menschen allein vermögen: Es ist die Macht, die dem Kosmos innewohnt. Weil es nicht möglich ist, sich dieser Macht direkt zu nähern, kann man sie durch jene beschreiben, die davon wissen: alte Kulturen, Schamanen und andere Heiler. Ein weiterer Weg, sich dieser »Großen Geheimnisvollen« zu nähern, besteht in dem Gefühl, das sie vermittelt, und zwar an heiligen Orten, wo sie zu finden ist, in der heiligen Sexualität, den heiligen Zeiten des Jahres, dem heiligen Wissen und der Heiligkeit, der man in einigen Gemeinschaften begegnet. Eine dieser Gemeinschaften, jene von Ladakh in Indien, wird genauer beschrieben. Der anschließende Abschnitt zeigt auf, was Menschen tun müssen, um Zugang zu dieser Art von Macht zu erlangen, nämlich den Unglauben aufgeben, Anteil nehmen und teilnehmen, sich hingeben. Zum Schluß betrachte ich, was der Kontakt mit dieser Macht im Hinblick auf das Leben in der heutigen Welt bedeutet.

In den vergangen drei- oder viertausend Jahren, unter patriarchalischen Religionen haben wir im Westen eine Welt erlebt, in der Gott Vater die wirkliche Macht hat. Er delegiert ein bißchen etwas davon an den Menschen, dem er Macht über Tiere und die Erde verleiht. In der Natur existiert keine Macht. Gott ist eine Idee, kein Ort und kein

Gefühl. Macht wird als etwas wahrgenommen, das von außen, von oben kommt.

In Gott Mutter ist die Macht überall. Feminine Schöpfung »bringt von innen hervor«. Bäume, Felsen und Farne sind genauso lebendig wie Tiere und Menschen. Macht erwächst aus dem Energie-Austausch zwischen Wesen und ihrer Gottheit, die überall rundum ist und besonders in der Erde. Einige nordamerikanische Indianer nennen sie die Große Geheimnisvolle. Die Macht ist innen und unten. Darstellen könnte man dies folgendermaßen:

| Gott Vater | Die Macht liegt bei Gott, wird an den Menschen delegiert | Die Macht ist außen und oben |
| Gott Mutter | Die Macht ist überall, im Austausch von Energie | Die Macht ist innen und unten |

In diesen letzten Jahre des 20. Jahrhunderts beginnen einige Menschen wieder zu erkennen, daß unsere Umgebung Macht über uns hat, die Macht von Leben und Tod. Unsere Vorfahren wußten das, darum sahen sie die Kommunikation mit ihrer Umwelt und den von größtem Respekt geprägten Umgang mit ihr als wichtig fürs Überleben an. Wir dagegen wurden in dem Glauben erzogen, der Mensch könne und müsse die Natur »erobern«, der Erde entreißen, was wir von ihr wollen, andere Spezies abschlachten, bis nichts mehr davon übrig ist, die Wälder fällen, diese Lungen der Erde, und Luft und Wasser vergiften. Wir behandeln die Welt, als wäre sie ein Unternehmen, das liquidiert werden soll, und nach Herman Dalys Worten ist sie für uns ein lebloses, eingegangenes Wesen, das man aufbrechen und ausnehmen kann. Es herrscht der Glaube, daß wir das Recht erhalten haben zu töten, wie wir wollen, und alles zu benutzen, wie wir wollen, weil die Natur uns gehört. Gott Vater hat uns die Herrschaft über sie gegeben.

Allmählich begreifen wir wieder, daß es unmöglich ist, so zu verfahren und als Spezies zu überleben. Warum? Weil wir zwar *meinen*, künstlich das wiederherstellen zu können, was wir zerstört haben, aber *nicht voraussagen* können, welche Auswirkungen unser Tun auf das globale Ökosystem haben wird. Das können wir nicht, weil der ganze Globus und alles auf ihm ein großes System ist, in dem alles in Wechselbeziehung zueinander steht. Wenn wir auch nur einen Teil störend beeinflussen, verändert diese störende Beeinflussung alles übrige.

Die Chaostheorie

Die jüngste Entwicklung der Chaos-Theorie in allen Wissenschaften hat formell die in Wechselbeziehung stehende Natur des Universums anerkannt. Die Chaos-Theorie zeigt, daß winzige Veränderungen in einem System sich auf scheinbar willkürliche Weise durch das System bewegen und umfassende Änderungen hervorrufen. Das klassische Beispiel ist die Vorstellung, daß die Wirkung des Flügelschlags eines Schmetterlings auf die Luftmoleküle seiner Umgebung auf der anderen Seite der Erde einen Sturm auslösen könne.

Die vielleicht entscheidenste Implikation der Theorie ist, daß wir im Prinzip das Verhalten komplexer Systeme nicht voraussagen können. Das liegt keineswegs daran, daß wir nicht die geistige Fähigkeit dazu hätten oder daß unsere Computer nicht über die nötige Leistungsfähigkeit verfügen – es ist vielmehr eine systemimmanente Eigenschaft. Edward Lorenz beispielsweise fand durch seine Wettervorhersage-Computermodelle heraus, daß das Wettersystem äußerst empfindlich ist. Die winzigste Änderung in einer einzigen Variablen kann einen riesigen Unterschied ausmachen. Angenommen, die Temperatur beträgt heute 14,00001 Grad Celsius, dann kann auf dem ganzen Kontinent ein Wettermuster entstehen, das völlig anders ist, als es bei einer Temperatur von 14,00002 Grad wäre.

Natürlich befaßten sich zur gleichen Zeit wie Lorenz noch andere wachsame Menschen mit diesen Ideen, doch das Geniale bei ihm war die Erkenntnis, daß es sich hier um eine dem System selbst innewohnende Eigenschaft handelte und nicht um irgendeinen Rechenfehler oder einen Fehler in seinem Modell. Inzwischen haben Menschen unterschiedlichster Berufe seine Schlußfolgerung an allerlei Systemen getestet – einschließlich vieler, von denen niemand glaubte, sie seien überhaupt komplex – und dasselbe herausgefunden.

Die traditionelle Physik verwendete und verwendet heute noch ein Modell der Funktionsweise der Welt, das auf Ursache und Wirkung beruht. Es ist ein großartiges Modell, das eine Menge erklärt und zahlreiche technologische Erfindungen ermöglicht. Doch es hat einen gewaltigen Nachteil: Es ist von Natur aus linear, folgerichtig und notwendig. »Wenn ich dieses Streichholz in ein Faß mit Petroleumdämpfen gebe, entzünden sich die Dämpfe, und es kommt zu einer Explosion« usw. Tatsächlich hat die Logik dieselbe Methodik. »Wenn dies eine Kuh ist und alle Kühe Tiere sind, dann ist dies ein

Tier.« In beiden Fällen ist die Überlegung linear und folgerichtig. Mit »notwendig« meine ich, daß Sie in bezug auf die Schlußfolgerung nicht argumentieren können – oder daß Sie nicht sagen können, Ihnen komme das nicht so vor; es folgt zwangsläufig aus den Vordersätzen.

Das alles funktioniert gut, bis Sie zu komplexen Systemen gelangen. Versuchen Sie mit Hilfe des Modells von Ursache und Wirkung vorauszusagen, was in einer Familie geschehen wird. Versuchen Sie mit Hilfe der Logik Argumente zu sortieren, was einige meiner akademischen Kollegen beharrlich probierten; sie fragten sich ständig verwirrt, warum das nicht funktionierte!

Es gibt ein anderes Modell, das aus östlichen Religionen und Philosophien bekannt ist, nämlich die Interdependenz. Thich Nhat Hanh sage einmal: »Wenn ich in die Hände klatsche, ist der Effekt überall.« Er spricht von dem, was er »interseiend« nennt. Und er zeigt sogar, wie man die ganze Welt in einem Stück Papier sehen kann. Sie ist, wie sie ist, weil alles andere ist, wie es ist. Die neue Physik übernimmt also ein Modell, das der Menschheit seit sehr langer Zeit bekannt ist und von ihr seit sehr langer Zeit benutzt wird.

Wir wissen bereits, daß Gase, die von Kühlschränken erzeugt werden, die Ozonschicht zerstören. Uns ist klar, daß das Dünnerwerden der Ozonschicht schädlichen ultravioletten Sonnenstrahlen erlaubt, unsere Körper zu erreichen und bei uns Krebs zu verursachen. Doch wir beharren weiter darauf, daß wir die Auswirkungen unserer Lebensweise als Spezies kontrollieren können, daß wir ein technisches Reparaturmittel finden werden. Das ist Hybris (damit ist mehr gemeint als einfach Stolz oder Arroganz; damit ist übertriebener Ehrgeiz und Stolz oder frevelhafter Übermut gemeint, der schließlich zum Ruin führt).

Das ist Hybris, weil wir es in diesen Fällen nicht mit einem getrennten, isolierten Teil zu tun haben, sondern der ganze sensible, unendlich komplexe, untereinander zusammenhängende, Billionen Jahre alte Kosmos auf dem Spiel steht. Wie können wir es wagen – wir winzigen Flecken auf einem Sandkorn, die während des Bruchteils einer Sekunde lebendig sind –, wie können wir uns erdreisten zu sagen, wir hätten die Macht, das zu reparieren? Diese Macht ist illusorisch. Um den Bedürfnissen des Kosmos heute gerecht zu werden, ist eine Macht anderer Art nötig.

Haben Sie je einen riesigen Wasserfall gesehen, beispielsweise die

Niagarafälle? Haben Sie einen Vulkan ausbrechen gesehen? Haben Sie gesehen, wie ein Baum vom Blitz getroffen wurde? Welches war der stärkste Sturm, den Sie erlebten? Dann haben Sie einige Hinweise, wenn auch nur winzige, auf die Macht, von der wir sprechen werden, die Macht *im* Kosmos. Die Erde ist geschmolzenes, flüssiges, rotglühendes Gestein. Unter uns, in einer Tiefe, die der Dicke der Schale auf einer Orange entspricht, dort ist diese Glut. Macht. Macht von einer ganz anderen Dimension als kleine Männlein und Weiblein, die in weißen Mänteln in einem Labor oder in grauen Anzügen in Regierungsbüros herumlaufen. Diese Macht werde ich jetzt untersuchen: Wer weiß davon, wie fühlt sie sich an, was erfordert sie von uns, was bedeutet sie?

Wer weiß davon?

Immer mehr Menschen wissen davon. Hier nur einige wenige Beispiele:

Alte Kulturen

Im 20. Jahrhundert sind noch einige Kulturen lebendig, die sich rund um die Kernidee bildeten, daß die Natur lebt. Einige nordamerikanische und südamerikanische Indianerstämme leben gemäß dieser Vorstellung. Die in der Einführung erwähnten Kogi beispielsweise leben in freiwilliger Isolation im dichten Bergdschungel Kolumbiens. Sie betrachten die Welt als ein einziges Lebewesen und haben ihr ganzes Dasein auf seine Ernährung ausgerichtet. Nach ihrem Gefühl hat die Menschheit das ungeheure Privileg und die ungeheure Verantwortung erhalten, für die Welt zu sorgen. Kurz, die Kogi sind eine ökologische Gemeinschaft, die sich in ihrem sittlichen Verhalten ganz der Gesundheit des Planeten verschrieben hat.

Schamanen und Hexen

Überall auf der Erde gibt es Menschen, die für sich die Zauberkräfte von Schamanen und Hexen wiederentdecken. Laut dem Anthropologen Michael Harnet, der eine umfassende Studie des Schamanismus durchgeführt hat, eignen sich von Zürich bis Auckland und von Chicago bis Sao Paulo Menschen diese alten Heil- und Vorhersageverfahren sowie die alte Weisheit wieder an.

Die Schulung kann in Lernzirkeln oder -Gruppen stattfinden, die sich regelmäßig zum Üben und zur Heilarbeit treffen. Solche Gruppen sind autonom, sie arbeiten, wie es Schamanen seit undenklichen Zeiten tun, unabhängig in kleinen Gemeinschaften, um zu lernen, sich selbst und anderen zu helfen. Diese formlosen Gemeinschaften sind Bestandteil einer größeren Gemeinde, die inzwischen international ist. Bei ihr gibt es weder eine Hierarchie noch ein Dogma, denn die spirituellen Autoritäten findet jeder schamanische »Reisende« wie zu Stammeszeiten direkt im Erleben.

Das war für mich eine Überraschung. Schamanen und Hexen hatten in den letzten Jahrhunderten im allgemeinen eine schlechte Presse. »Darauf kannst du wetten«, sagte mein in mir wohnender Skeptiker, »und zwar aus sehr guten Gründen. Jetzt gehst du wirklich zuweit, es ist zuviel verlangt von den Menschen, dich ernst zu nehmen, wenn du über *Hexen* schreibst, um Himmels willen.«

Er ist sehr hartnäckig, mein Skeptiker, und ich muß ihn direkt angehen. Ja, sage ich, wir stellen uns Hexen als schreckliche alte Weiber vor, die kichern, Kindern Angst machen und Menschen in Steine oder Frösche verwandeln. Und das sollen wir tun, es ist so beabsichtigt. Seit vier Jahrhunderten setzt die europäische christliche Kirche ihre ganzen Kräfte ein, um die Reste westlichen Heidentums auszumerzen. Diese Aktion unterstützte die europäische Ärzteschaft eifrig, denn sie sah die Hexen (die auch Kräuterheilerinnen und Hebammen waren als wirtschaftliche Konkurrentinnen an. Darum überrascht es nicht, daß es uns heute schwerfällt, diese jahrhundertelange Konditionierung zu überwinden. Es kostet uns Überwindung, unsere Abwehrhaltung gegenüber Ritualen, Mondscheinzeremonien und großen Freudenfeuern abzulegen. Geht es um die Fähigkeit, von einer Form in eine andere zu transmutieren, tun wir das als Magie ab und weichen sofort zurück.

Doch alle diese Dinge geschehen rund um uns, mit einigen außergewöhnlichen Ergebnissen. Wir müssen nur unser Herz und unseren Geist dafür öffnen. Der erste Schritt dazu ist die Anerkennung der *Möglichkeit,* daß etwas Wahres dran sein könnte.

Unsere Vorurteile über Hexerei und die Arbeit der Schamanen

haben zur Folge, daß diese Wissensquellen immer noch auf wenige Menschen beschränkt sind. Nie und nimmer würden Sie heute eine Hexe oder einen Schamanen etwa so aufsuchen wie Ihren Arzt! Einer der Gründe dafür ist vielleicht, daß der Schamanismus im Sinne von Macht definiert wird statt in jenem des Heilens. Aus unserer Einstellung heraus konzentrierten wir uns auf die exotischen Elemente des Schamanismus – Elemente des Dramatischen und der Zauberei, statt uns über die tiefen, verwandelnden Aspekte dieser Heilkünste zu informieren. Vicki Noble sagt, das sei verständlich, weil wir Verwandlung nicht so verstehen wie Macht. Westliche Beobachter bemerken nur selten, daß der Schamanismus irgend etwas mit dem Femininen zu tun hat, doch alle Schamanen – aus welchem Teil der Welt sie auch stammen – arbeiten immer im Bereich des Femininen.

Ein weiterer Grund ist die Angst vor dem Unbekannten, die wir uns zugelegt haben, möglicherweise weil die Kirche stets alles Nichtchristliche als dunkel und angsterregend dargestellt hat. Für jene Menschen, die Herrschaftsmacht ausüben, ist charakteristisch, daß sie alles, was sie nicht verstehen, zu zerstören versuchen, weil sie darin eine Bedrohung sehen. Auf diese Machtfrage werden wir am Ende des Kapitels zurückkommen.

Andere Heiler, die Energie nutzen

Heiler anderer Art, die ebenfalls alte Methoden anwenden, kennen die damit verknüpfte Macht, weil sie Energie einsetzen. Die Akupunktur wirkt seit Jahrtausenden nach dem Energieprinzip, und das chinesische Wort, das oft zur Bezeichnung von Energie gebraucht wird, heißt *Chi*. Yoga arbeitet ebenfalls mit Energie; in Indien lautet der Ausdruck für Energie *Shakti*, und er ist einwandfrei weiblich, weil das Weibliche als Erweckerin von Energie gesehen wird. Zero-balancing oder Nullausgleich ist ein Beispiel jüngerer Nutzung von Energiebahnen in der Knochenstruktur zur Freisetzung und Heilung von Unbehagen und Schmerzen.

Haben wir erst einmal begonnen, uns ernsthaft für Energie zu interessieren, erkennen wir schnell, daß sie nicht nur im menschlichen Körper sehr stark wirkt, sondern auch über den Körper hinaus, in der Aura. Von da ist es nur ein kleiner Schritt zum Verständnis dessen, was für alte Völker das Kernprinzip ihrer Existenz war und für einige überlebende Völker heute noch ist – nämlich daß jegliches Leben Energie hat und daß die Energie eines Lebewesens (sei es ein Baum, Hund oder Mensch) nicht nur auf einen anderen wirkt, sondern auch zu einem anderen strömen kann. Die moderne Quantenphysik hat dies eben erst entdeckt und »bewiesen«, was in gewisser Weise ziemlich komisch ist, aber auch bedeutet, daß jetzt einige noch nie dagewesene Verbindungen hergestellt werden können. Weil es heute mehr oder weniger achtbar ist, solche Ideen gutzuheißen, kann zwischen Wissenschaft und Spiritualität wesentlich mehr Kontakt und Interaktion stattfinden.

Wenn Macht überall ist, wie fühlt sie sich dann an?

Hier möchte ich einige Beispiele anführen, die Hinweise darauf geben, wie sich Macht dieser Art anfühlt – an heiligen Orten, in heiligem Sex, heiligen Zeiten und Erlebnissen, heiligen Wissen –, und ich möchte eine Gemeinschaft in Nordindien beschreiben, die inmitten dieser Macht und durch sie lebt.

Heilige Orte

Als wir klein waren, gab es für uns, falls wir Glück hatten, einen Ort, an den wir verschwinden konnten, wenn irgendwelche Dinge schlecht standen: ein Baumhaus vielleicht, eine Stelle ganz hinten im Garten oder am Kanal. Dort fanden wir wieder zu uns selbst und gewannen unsere Kraft zurück. Vielleicht gibt es, falls wir Glück haben, immer noch einen solchen Ort: Wenn uns das Leben im Büro oder in der Küche zuviel wird, kennen wir einen Platz zum Luftholen: ein bestimmtes Rosenbeet in einem Park, einen besonders geliebten An- oder Ausblick, der unsere Seele nährt, irgendeine Stelle im Freien, wohin wir uns zurückziehen können, um Kraft zu tanken. In solchem Tun unterscheiden wir uns nicht von den zahllosen Generationen vor uns. Das ist unsere spirituelle Zweiwegekommunikation mit der ehrfurchtgebietenden Macht der Erde. Es ist keine Naturverehrung, sondern eine persönliche Beziehung zur Natur. Wir beziehen Vertrauen und Energie aus der Umgebung, die wir gut kennen. Hier ein einfaches, unmittelbares Beispiel: Während ich an diesem Buch schrieb, schickte mir eine hilfreiche Freundin einige Unterlagen. Der letzte Absatz ihres Briefes lautet:

> Ich sitze um 6.45 Uhr früh mit der Katze und einer Tasse Tee im Garten. Es ist wonnig. Bienen krabbeln an den Fingerhüten auf und ab, und während ich schreibe, hat sich die Sonne über den halben Garten ausgebreitet, und ich sehe fünf Schmetterlinge, die ihre Flügel ausgebreitet haben, um in der Wärme ein Sonnenbad zu nehmen. Kein Geräusch außer leisem Vogelgezwitscher. Wieder eine wunderbare Stunde, bevor ich hineingehen und den Tag beginnen muß.

Joseph Campbell und Carl Jung teilten die Leidenschaft für Mythologie, Legenden und Folklore und verbrachten viel Zeit bei abgeschieden lebenden Völkern, deren Kulturen kaum von der Technologie des 20. Jahrhunderts beeinflußt sind. Beide waren erstaunt über die Verwurzeltheit, der sie bei Völkern begegneten, die in engem Kontakt mit der Erde und ihren Rhythmen lebten; Campbell nannte das »die ungeheure Macht, die diese in der Natur lebenden Völker die ganze Zeit erfahren«.

Der brasilianische Arzt und Psychiater José Rosa interessiert sich für die gleiche Sache. In seiner Praxis fand er heraus, daß eine Person, wenn sie sich physisch, psychisch und geistig stärker verwurzelt, indem sie in ein Feld oder einen Wald geht und Kontakt zur Erde herstellt, Freude, Beschütztheit und Sicherheit im Sinne von »zu Hause sein« verspürt.

Er beschloß, diese Erkenntnis bei Patienten in der Psychotherapie zu nutzen, und brachte einige von ihnen zu Einkehrtagen an einen Ort in den Bergen bei einem Wasserfall im Südwesten von Rio de Janeiro. Dort half er jeder Person, eine Stelle in der Natur zu suchen, zu der sie oder er sich instinktiv hingezogen fühlte, und arbeitete dann dort mit dieser Person. Am Ende des Workshops stellte er fest, daß die geleistete psychologische Arbeit konzentrierter und stärker gewirkt hatte als die gleiche Arbeit, wenn man sie in der Praxis durchführte. Seine Patienten verfügten über größere emotionale und mentale Klarheit sowie über mehr Mut, sich der Wahrheit zu stellen. Nach weiteren Experimenten führte er dies auf die Kraft und Macht zurück, die sie durch den Aufenthalt an einer bestimmten, für sie genau richtigen Stelle empfingen.

Das bringt uns wieder zu der Verbindung mit der Erde, die wir als

Kinder oft hatten. Während wir heranwachsen, lernen wir, uns gegen unsere Gefühle abzuschotten, und als Folge davon verlieren wir die Verwurzeltheit. Das ruft in uns ein Unsicherheitsgefühl hervor, das wir zu überwinden versuchen, indem wir materielle Güter anhäufen und die Natur zu beherrschen trachten. Dieser schädliche Kreislauf eskaliert, denn Mißbrauch und Ausbeutung führen zu schweren Umweltproblemen, die unsere ganze Existenz bedrohen. Das macht uns sogar noch unsicherer und wurzelloser. Harner gelangt zu der Folgerung:

> Nur indem wir zum Land zurückkehren, indem wir die Erdenmutter respektieren und Frieden mit ihr schließen, können wir die gefährlichen Teufelskreise durchbrechen, die unsere Existenz gefährden. Indem wir uns wirklich verwurzeln, werden wir fähig (sowohl individuell als auch kollektiv), unsere Gesellschaft, die sich in einem Krisen- und Verfallszustand befindet, umzuwandeln.

Heilige Sexualität

Die Vorstellung, Sex sei heilig, ist für die meisten von uns am Ende des 20. Jahrhunderts schlicht abwegig, vielleicht weil wir uns daran gewöhnt haben, Sex im Sinne von »Leistung« oder Befriedigung zu sehen. Doch für unsere fernen Vorfahren, bei denen Sex keineswegs Unreinheit mit einbegriff, ebenso für einige noch existierende Urvölker war und ist zeremonieller Sex ein machtvoller Akt, der zu spiritueller Perfektion führt.

Monica Sjoo und Barbara Mor haben Szenen aus der Jungsteinzeit rekonstruiert. Sie beschreiben, wie die Mondgöttin in orgiastischen Riten verehrt wurde, weil sie die Gottheit der matriarchalischen Frauen war, die völlig frei Liebhaber wählen konnten, so viele sie wollten. Frauen konnten sich der Göttin »hingeben«, indem sie in ihrem Tempel mit einem Fremden den Liebesakt vollzogen. Wie wir bereits gesehen haben, bezeichneten Historiker das als »heilige Prostitution«, aber der Ausdruck ist völlig irreführend. Es war kein irgendwie gearteter Dienst für Männer, und keine Frau mußte es tun, um leben zu können. Es war für die Frau eine Möglichkeit, einen rituellen Moment lang das Gefühl der Verschmelzung von Maskulinem

und Femininem zu erleben. Ins Sein tritt die Göttin »im Moment der
Vereinigung« – einem Moment psychischen sowie sexuelle Einsseins.
Und es bot auch Männern die Möglichkeit, an ihrem Wesen teilzuha-
ben: durch den Körper einer Frau.

> Der Ritus war dazu bestimmt, die lebende Göttin zu kräftigen und
> das Ichbewußtsein der Frau zu einer Erfahrung kosmischer Sexual-
> kraft und kosmischen Fließens zu steigern. Es war für jede Frau ein
> Weg, sich selbst als »Mond« zu erfahren.

Weit hergeholt? Nun, bei Forschungen, die derzeit durchgeführt werden, fand man heraus, daß neurologische Verbindungen zwischen religiöser oder Trance-Erfahrung und weiblicher Sexualität bestehen. In
einem Bericht über die Arbeit des Neurophsychologen James Prescott
am Institute of Humanistic Science heißt es:

> In den Gehirnen von Frauen gibt es einzigartige Nervenverbindun-
> gen zwischen dem Vorderhirn und dem Kleinhirn, was allen physi-
> schen Lustempfindungen erlaubt, direkt in den Neokortex oder das
> Großhirnzentrum integriert zu werden. Das erklärt, warum einige
> Frauen den Orgasmus so tief erleben, daß sie in »religiöse« Trance
> oder veränderte Bewußtseinszustände gelangen. Und diese ekstatische
> weibliche Orgasmuserfahrung, in der das Physische und das Spirituel-
> le verschmelzen und als ein Einziges freigesetzt werden, bildet den
> Kern jeder mystischen Erfahrung.

Offenbar gibt es solche neurologischen Verbindungen in männlichen
Gehirnen nicht. Es wird darauf hingewiesen, daß sich beim Menschen
die männliche Sexualität nicht radikal über die Primatensexualität
hinausentwickelt hat, während weibliche Menschen durch den Wechsel vom Östruszyklus zum Menstruationszyklus (in scharfem Gegensatz zu Primaten) eine sexuelle Fähigkeit entwickelt haben, die *nicht*
strikt für die Fortpflanzung angelegt ist, sondern auch für Zuneigung
und das Knüpfen von Liebesbanden. Die Forscher folgern, daß die
Frauen die Führung in der weiteren menschlichen Evolution übernehmen müssen – einer Evolution »hin zur Integration des bewußten
und des unbewußten Geistes sowie einem tieferen Verständnis der spirituellen Natur der Spezies«.

Diese Entdeckungen treffen genau den Kern dessen, was ich über weibliche Sexualität und Dualismus sage. Ursprünglich gab es keine Trennung zwischen Materie und Geist, zwischen Körper und Seele. Langsam, schrittweise finden wir den Weg »zurück« zu dieser Verbindung zwischen dem Sexualleben und dem Spirituellen, aber wir gehen ihn hoffentlich so, daß auf der Reise einiges von der Erfahrung der Menschheit sichtbar wird. Der Schmerz und das Wissen, die sich im Kollektiv angesammelt haben, werden vielleicht die heilige Sexualität von morgen zu etwas noch Reicherem und Ekstatischeren machen, als wir sie uns im Gestern vorstellen können.

Bis dahin muß eine Person, die in sich die femininen Eigenschaften entwickelt, nach meiner Ansicht eine Art Pendler/in zwischen dem Supermarkt und dem Schrein werden, zwischen den Realitäten der heutigen Hauptstraße und den Realitäten anderer Sehensweisen.

Heilige Zeiten

In Kapitel 5 sprach ich über die Wirkung des Rituals: daß Menschen es brauchen, um mit den harten Lebenserfahrungen fertigzuwerden und die wunderbaren Lebenserfahrungen zu verdauen. Stirbt eine uns nahestehende Person, und es findet kein Begräbnis statt oder wir gehen aus irgendeinem Grund nicht zu dem Begräbnis, fällt es viel schwerer, diese Person zur Ruhe zu betten. Heiraten zwei Menschen ohne eine Zeremonie, ein Fest mit Singen und Tanzen, entgeht ihnen eine Dimension ihrer Freude. In den alten Tagen pflegte das Landvolk das Einbringen der Ernte groß zu feiern.

Uns in Großbritannien sind die meisten alten jahreszeitlichen Feste verlorengegangenen – nur einen Tanz um den Maibaum gibt es gelegentlich noch. Doch diese »Markierungen« des Jahres, des Zyklus von Geburt, frühem Wachstum, Fruchtbarkeit, Reifen, Ernten, Verfall, Tod und dann Wiedergeburt, sind sowohl für unsere psychische als auch unsere physische Gesundheit wichtig. Für unsere psychische Gesundheit, weil sie uns Jahr für Jahr zeigen, daß Tod nicht endgültig, sondern Teil eines Zyklus ist, daß alles wiederkommt; das wirkt zutiefst verwurzelnd und beruhigend auf uns. Für unsere physische Gesundheit, weil sie uns ermutigen, unserem Körper zu gestatten, mit den Jahreszeiten in Einklang zu stehen: im Sommer die ganze Nacht zu tanzen, wenn wir wollen, im Winter viele Stunden zu schlafen und Energie zu speichern. Sie helfen uns auch zu verstehen, was in unserem Leben vorgeht. Wenn wir beispielsweise deprimiert sind, und es ist November, wissen wir, daß das nicht verwunderlich ist: Etwas in uns muß sterben, damit das neue Wachstum im neuen Jahr erfolgen kann.

Sonnenfeste

Aufregend ist, daß einige Menschen die alten jahreszeitlichen Feste wieder ausgraben und zu feiern beginnen. Neben den Sonnenwenden und den Tagundnachtgleichen gibt es vier Quartalstage, die dazwischenliegen und für das Feminine besonders wichtig sind, weil sie zur Erde und ihren Zyklen in Verbindung stehen. Ich werde ihren allgemeinen Namen nennen, dann den keltischen, das Datum und die Bedeutung des Festes.

Lichtmeß	Imbolc oder Brigid	
	2. Februar	Frühlingserwachen, neues Leben, symbolisiert durch Schneeglöckchen
Maitag	Beltane	
	1. Mai	Fruchtbarkeit, Fortpflanzung, symbolisiert durch Tanzen.
Ernte	Lammas oder Lughnasad	
	1. August	Einbringen des ersten Getreides und Brotbacken.
Allerheiligen	Samhain	
	1. November	Tod und Übergehen in andere Reiche.

Am Allerheiligenabend des Jahres 1993 ging ich mit meinem Partner und meiner Stieftochter zu dem Steinkreis von Avebury in Wildshire. Der Ort gilt als jungsteinzeitliches Zentrum der Göttinnen-Verehrung, und die Göttin zog sich nach Samhain oder Allerheiligen angeblich in die Unterwelt zurück. Wir stiegen zum Long Barrow hinauf. Dieser Grabhügel ist gut 110 Meter lang und scheint zum gigantischen Bild der Göttin geformt worden zu sein; der Eingang erfolgt durch den Geburtsgang, und die Kammern im Inneren verkörpern ihren Schoß.

Den Vollmond verbarg eine dicke Wolkenschicht, es war windig, feucht und kühl. Ich fragte mich, ob es eine gute Idee war, hierher zu kommen, denn meine damals siebzehnjährige Stieftochter fand es spinnig, und die Atmosphäre war wirklich wie in einem Grab: kalt und dumpfig. Wir kauerten uns unter den riesigen Stein, der den Eingang zum Long Barrow bewacht, und zündeten unsere Kerzen an. Plötzlich kamen Stimmen aus dem Inneren. Wir gingen den Steingang entlang. Zu meiner Verwunderung drang weiches flackerndes Licht aus dem Hügel, und drinnen war es warm. Woher die Wärme kam, weiß ich nicht. Vier oder fünf Menschen meditierten bei Kerzenschein. Wir gesellten uns für eine Weile zu ihnen. Als wir durch den Gang zurückgingen, kamen weitere Menschen, die Trommeln und Flöten dabei hatten.

Das ist nur ein Fall von Wiedereinführung alter jahreszeitlicher Feste. Wenn Sie die anderen alten Stätten an Beltane oder Lammas besuchen, können Sie dort leicht auf Menschen stoßen, die im Kreis tanzen, genau wie unserer Vorfahren vor viertausend Jahren.

Die besonderen heiligen Zeiten im Leben von Frauen sind natürlich Menstruation, Geburt und Klimakterium; jede dieser Zeiten erinnert sie an die Macht in ihrem Bauch oder das Hara, und jede markiert für sie einen Übergang in eines der drei Alter der Frau: Jungfrau, Mutter und alte Frau. Wir entdecken in zunehmendem Maß Wege, um diese Übergänge zu feiern.

In den alten Tagen bestand das Ritual für ein Mädchen bei der ersten Menstruation vielleicht darin, daß sie einfach in einer Hütte saß und sich klarmachte, was mit ihr geschah, daß sie jetzt ein Vehikel transpersonaler Macht war. Diese Dinge widerfuhren ihr unabhängig von ihren persönlichen Wünschen, und es lag nicht in ihrer Macht, im Hinblick darauf Entscheidungen zu treffen. Laut Joseph Campbell könnte man sagen, daß das Leben die Frauen damit überrennt. Doch die transpersonale Macht der Natur überrennt nie einen Jungen in vergleichbarer Weise, also mußte er in den traditionellen Gesellschaften ein physisches Erlebnis haben, das stark genug war, um ihn zu einem Träger oder Vehikel von irgend etwas zu machen.

Aus dem Grund gab es Initiationszeremonien – die entscheidende Zeit, in der ein Junge den Übergang zum Mannestum vollzog. In manchen Gesellschaften waren diese Rituale äußerst anspruchsvoll, sie brachten die jungen Männer an die Grenzen des physischen Überlebens.

Junge Männer jener Urvölker, die in den Jahren um 1830 am Oberlauf des Missouri River lebten hatten keine Wahl, was den Ablauf dieser Zeremonie anging. Sie wurden zunächst in eine große Hütte gebracht und mußten fünf Tage ohne Nahrung dort sitzen. Campbell beschreibt, daß ihnen Einschnitte in die Brust gemacht wurden, in die man Holzpfähle von etwa 30 Zentimetern Länge und 5 Zentimetern Durchmesser schob und durch ihre Brustmuskeln bohrte wie Fleischspieße. An den herausstehenden Enden der Pfähle befestigte man Seile. Auch durch ihre Schenkel- und Wadenmuskeln trieb man Holzspieße, und an sie hängte man schwere Büffelschädel. Campbell zitiert einen Zeugen, der sagte, wenn die Pfähle durch ihre Muskeln getrieben worden seien, hätten die Jungen besonderes Gewicht darauf gelegt, zu lächeln und so zu tun, als sei nichts.

An den Seilen, die man um die Spieße in ihren Brustmuskeln befestigt hatte, hängte man die Jungen dann am Hüttendach auf. Die Männer schlugen mit langen Stangen auf sie ein, so daß sie herumwirbelten, bis sie schließlich das Bewußtsein verloren. Waren alle Jungen bewußtlos, ließ man sie zu Boden fallen. Sobald sie wieder zu sich kamen, wurden sie von zwei starken Männern gepackt und zuerst rund um die Hütte, dann draußen um das Zeremonienfeld geschleift. Das ging so lange, bis die Spieße schließlich aus den Beinmuskeln der Jungen herausrutschten. Danach ließen die Männer sie fallen. Zu dem Zeitpunkt waren sie natürlich fast erledigt. Campbell schließt:

> Der Sinn des Rituals war, daß die Jungen den Tod erfahren sollten. Das heißt, ein völliges Aufgeben erfahren, ein Erlebnis des Ruhens in Gott, der völligen Hingabe an die göttliche Macht.

Interessanterweise sagten diese jungen Männer damals: »Wir müssen leiden lernen, im Ausgleich für das Leiden unserer Frauen.« Wie Joseph Campbell erklärt, bringt das Leben einer Frau Leiden, und der Mann muß es ihr gleichtun, indem er selbst Leiden über sich verhängt.

Alle alten Initiationsriten basierten aus sehr guten Gründen auf dem Motiv von Tod und Wiederauferstehung. Bis in ihre Teenagerjahre sind junge Männer von ihren Eltern abhängig, als Kinder sind sie ohne die Eltern hilflos. Sie müssen aus dieser psychischen Abhängigkeit ausbrechen, hinein in eine autonome Identität mit eigener Authentizität, müssen fähig werden, eigene Ansichten zu haben und auszudrücken, eine eigenständige Person zu sein. Für den Vollzug und die Markierung dieser Änderung ist eine tiefe Erfahrung nötig.

Im zeitgenössischen westlichen Leben findet man nur schwer solche Initiationsriten, wie wir in Kapitel 3 sahen. Die Jungen driften einfach ins Erwachsenenalter hinein, nehmen oft ihre Jungenhaftigkeit mit. Der Bar-Mizwa im jüdischen Glauben ist eine Reifefeier aber kein Initiationsritual – der Jugendliche wird nicht mit dem Tod konfrontiert. Heutzutage erfinden junge Männer ihre eigenen Initiationen, unbewußt und auf bedenkliche Weise: Sie huldigen in allerlei tollkühnen Sportarten dem Schrecken. Doch genau wie das Kriegserlebnis funktioniert ein solches Erlebnis nicht, weil es vom Zufall bestimmt wird und der Tod durch einen Unfall eintreten kann. Damit eine Initiation wirkt, muß sie von älteren Männern kontrolliert und überwacht werden, und die Beteiligten müssen sich der Bedeutung dessen, was geschieht, voll bewußt sein.

Am nächsten kommt einer starken modernen Initiation für Männer eine Prozedur, die ich in *The Horned God* von John Rowan fand. Er schildert in einem eigenen Kapitel ausführlich ein Initiationsverfahren, das die fünf Stufen Verwundung, Stille, Heilen, Anwendung und Aufrechterhaltung umfaßt. (B4)

Tod

Aus solchen Berichten geht klar hervor, daß die stärkste Erfahrung, die ein Mensch haben kann, die Konfrontation mit dem Tod ist. Bis vor wenigen Jahrzehnten widerfuhr das Frauen jedesmal, wenn sie ein Kind gebaren (und in vielen Teilen der Welt ist das heute noch der Fall). Todesangst zu empfinden, durch sie hindurchzugehen und am anderen Ende herauszukommen, das verändert einen Menschen zutiefst. Angst ist für jeden von uns anders. Bei dem einen kann es Angst vor einer bestimmten Todesart wie Ertrinken oder Ersticken sein. Bei einem anderen die Furcht vor Versagen – Versagen wäre sein/ihr Tod. Bei wieder einer anderen Person kann die Angst ein privates Monster in Gestalt einer Autoritätsperson sein, die sie/ihn als Kind in Schrecken versetzte. Die Aufgabe besteht darin, sich der Angst zu stellen, und nicht endlose Strategien zu erfinden, um ihr auszuweichen oder ihr Vorhandensein zu leugnen, ihr also genau *zwischen* die Augen zu schauen.

Der Anthropologe Michael Harner führte bei den Jivaro-Indianern im Gebiet der Ostabdachung der ecuadorianischen Anden praktische Untersuchungen durch. Er beschreibt, wie er nach jahrelangen Studien die praktische Anwendung des Schamanismus in der Art der Jivaro lernen wollte. Bevor sie ihn unterwiesen, mußte er dem Tod ins Auge sehen. Man nahm ihn auf eine fünftägige Wanderung über hohes Gebirge mit; in halsbrecherischem Tempo ging es durch dichten Wald, wobei ihm feste Nahrung untersagt war und man ihm wenig Schlaf gewährte. An einem Punkt ließen ihn seine Gefährten absichtlich allein zurück, auf sich gestellt mußte er bei Nacht durch das Dickicht wandern. Danach bekam er eine starke Kräuterdroge.

Aus dem Schlaf riß ihn ein Lichtblitz, gefolgt von einer donnernden Explosion, die ihn vor Schreck aufspringen ließ. Stechender Regen prasselte auf seinen Körper nieder, und der Wind zerrte an seinen Kleidern. Plötzlich gewahrte er zwischen Baumstämmen, etwa siebzig Meter entfernt, eine leuchtende Form, die langsam in seine Richtung schwebte. Er beobachtete voll Entsetzen, wie sie größer und größer wurde, sich zu einer riesigen Reptilform auflöste, die direkt auf ihn zuschlängelte. Ihr Körper leuchtete in hellen Grün-, Purpur- und Rottönen, als sie sich bei dem Geblitze und Gedonner heranwand. Immer drohender ragte sie mit einem seltsamen hämischen Grinsen vor ihm auf.

Ihm fiel ein, was die Indianer zu ihm gesagt hatten. Rasch packte er einen Prügel von etwa einem Fuß Länge und griff das Ungeheuer verzweifelt an, den Prügel ausgestreckt in der Hand. Ein ohrenbetäubendes Kreischen erfüllte die Luft, und plötzlich war der Wald leer. Das Ungeheuer war verschwunden, zurück blieben nur Stille und Heiterkeit. (B11)

Wie weltklug wir auch zu sein glauben, noch immer werden wir in unserem Dasein mit Angst und Schrecken sowie mit Freuden konfrontiert, und wir müssen an bestimmten Punkten gewaltige körperliche und hormonelle Veränderungen bewältigen. Wir haben die Wahl, diese Ereignisse entweder ohne sonderliche Beachtung verstreichen zu lassen oder mittels eines Rituals den in ihnen enthaltenen altehrwürdigen Reichtum zu entdecken.

Heiliges Wissen

Welches Wissen haben Hexen und Schamanen den meisten von uns tatsächlich voraus?

Als erstes muß man sagen, daß wirkliche Hexen und Schamanen eine sehr lange, schwierige, anspruchsvolle Ausbildung durchlaufen. Keine Wochenend-Workshops hie und da; statt dessen Jahre des Probierens, der Frustration, des scharfen Beobachtens, der Rückschläge und gelegentlichen Ekstase, der schrittweisen Beherrschung ihrer eigenen Person und des Lernens, Lernens, Lernens. Wir bringen eine ähnlich lange Zeitspanne mit der Schulung für eine Berufslaufbahn zu, aber was wir lernen, ist die Beherrschung von Systemen und anderen Menschen statt uns selbst.

Meine Erfahrung bei einigen Stammesangehörigen lehrte mich, daß sie ihre gesamte Umwelt als lebendig, intelligent und Teil ihrer selbst wahrnehmen. Im Lauf der Jahrhunderte haben sie eine ganze Reihe von Prinzipien erforscht, ausgearbeitet und in Sagen sowie Lehren des Inhalts gekleidet, wie man zum größten Nutzen für alle richtig mit der Umgebung arbeitet. Der Medizinmann oder die Medizinfrau ist gewöhnlich Hüter/in dieser Prinzipien und ihrer Anwendung, muß darum über besonders viel Selbstbewußtheit und Disziplin verfügen.

Die Selbstbeherrschung ist notwendig, um es dem Schamanen oder der Hexe zu ermöglichen, in Notfällen und gefährlichen Situationen, die ein ruhiges, effektives Reagieren erfordern, voll und ganz anwesend zu sein. Er/sie vermag dann Dinge zu vollbringen, die man normalerweise für unmöglich hält.

Mircea Eliade, eine geachteter Gelehrter und Historiker für Mythologie, bezeichnet die Schamanen als die letzten Menschen, die mit Tieren reden können. Personen, die zu Schamanen herangebildet werden, erkennen mit der Zeit, daß das, was die Menschen als »Realität« wahrnehmen, kaum die Großartigkeit und das Mysterium des Universums streift. Die gleiche Erfahrung berichten Personen, die regelmäßig und tief meditieren; je besser es mir gelingt, das Gefängnis des kleinen Selbst und all seiner Zwänge zu verlassen, desto mehr gelingt es mir, die verblüffende Schönheit und Macht rund um mich wahrzunehmen.

Die Hauptkraft der Schamanen und anderen Heiler – sie teilen sie mit jenen Personen, die voll Hingabe einen spirituellen Weg gehen – ist das Gefühl, gehalten zu werden, geschützt zu sein, *in Sicherheit* zu sein. Diese Sicherheit rührt daher, daß sie unausweichlich und unfraglich ein Teil von allem anderen sind – ihr Selbst als Zelle im Körper der Menschheit erfahren; sie rührt aus dem Wissen, daß sowohl die Zunkunft als auch die Vergangenheit günstig beurteilt werden und daß sie sich darin befinden, ob sie ihr gegenwärtiges Leben leben oder tot sind; und sie rührt aus der Erfahrung eines ekstatischen Gefühls, daß für sie gesorgt wird, daß sie Teil von allem sind, sicher sind. Das erinnert natürlich an das wundervolle Gefühl eines Kindes, in den Armen der Mutter sicher und geborgen zu sein.

Hierin finden sich Anklänge an Michael Harners Schilderung der Erfahrung werdender Schamanen, die nicht einsam, wenn auch allein sind, denn sie haben begriffen, daß keiner von uns je wirklich isoliert ist. Bei ihnen findet gewöhnlich eine Verwandlung statt, wenn sie die unglaubliche Sicherheit und Liebe des normalerweise verborgenen Universums entdecken. Die kosmische Liebe, der sie auf ihren Reisen wiederholt begegnen, drückt sich zunehmend in ihrem täglichen Leben aus. Es ist, als seien sie überall von Leben, von einer Familie umgeben.

Die heilige Gemeinschaft

Die Umgebung, in der Menschen leben, kann ihnen große Kraft und Macht geben. Mit Umgebung meine ich die psychische Umwelt, nicht nur die Familie, sondern die größere stützende Struktur, ihre Gemeinschaft, in der sie sich zu Hause fühlen. In Afrika leben die Menschen länger als die Gebäude; im Westen überdauern die Gebäude die Menschen. Das Heim besteht bei einem Westler aus Ziegeln und Mörtel; für einen Afrikaner ist das Heim eine Menschengruppe und ein Stück Land, nicht aber eine künstliche Konstruktion. James Hillman, ein Psychologe, der die moderne Psychologie in vielerlei Hinsicht verbesserte, fand heraus, daß die individuelle Identität eng in den Rahmen der Gemeinschaft eingebunden ist. Er untersuchte, wie es chinesische politische Häftlinge schafften, keine Geständnisse zu unterschreiben; nach seinen Erkenntnissen lag es an ihrer verinnerlichten »Gemeinschaft« von Vorfahren, Geistern, geliebten Menschen und all jenen, die ihre Wertvorstellungen teilten. Auf die Weise kann ein Mensch, so allein oder isoliert er/sie sich auch fühlen mag, immer von einem starken inneren Stützsystem umgeben sein.

Falls dies stimmt, behauptet Hillman, läßt sich das wachsende Gefühl der Einsamkeit und Isoliertheit in der Welt teilweise auf einen Ichverlust zurückführen, zu dem es kommt, weil die Menschen die Verbindung mit der Gemeinschaft und der sich aus ihr reichlich entfaltenden Identität verlieren. Wir fügen uns selbst und unseren Gemeinschaften großen Schaden zu, indem wir es versäumen, dem Stimmenkranz rund um uns, der unser Leben ziert, zu lauschen und Ehre zu erweisen. Hillman sagt:

> Das heroische unbewegliche Zentrum ist weniger eine einzige Monade, eine innere Replik eines einzigen Gottes, als ein Gruppenethos... Stellen wir sie uns als innere Geheimgesellschaft oder Stammeseinheit vor, die gemeinsam Rat hält... Wie beobachten wir sie im Lauf unserer Tage? Halten wir unseren Geist lebendig? Wie stellen wir uns vor, auf solche Weise zu leben, daß wir Mitglieder der Geistwelt, Vorfahren werden?

Eben dieses Gemeinschaftsgefühl, das Jahr um Jahr, Schicht für Schicht aufgebaut wird, verleiht dem Individuum »Verwurzeltheit«. Das Zitat am Kapitelanfang handelt von solcher Verwurzeltheit.

Ladakh

In der nordwestindischen Gebirgslandschaft Ladakh leben die Menschen noch so. Dort, hoch oben im Himalaja am Westrand des tibetischen Hochlandes, wird das Leben von den Jahreszeiten diktiert: Im Sommer dörrt die Sonne die Region aus, im Winter friert sie für sechs Monate zu. Ladakh gehört heute zum indischen Staat Dschammu und Kaschmir, doch das Gebiet stand kulturell immer Tibet nahe: Die vorherrschende Religion ist das Mahayana, die tibetische Schulrichtung des Buddhismus, und in Architektur, Mythologie, Medizin sowie Musik spiegelt sich das reiche tibetische Erbe. Die meisten Ladakhi sind autarke Bauern, die in isolierten kleinen Dörfern leben – leuchtend grünen Flecken in der öden Bergwüste. Bis vor einigen Jahrzehnten war Ladakh fast völlig isoliert von den Kräften der westlichen Industriekultur, deshalb blieben die Wurzeln der Harmonie von Gesellschaft und Umwelt sehr stark.

Wenn tiefe Meditation auch außerhalb der Klöster nur selten praktiziert wird, so verbringen die Menschen doch relativ viel Zeit in einem halbmeditativen Zustand. Besonders ältere Menschen sagen Gebete und Mantras auf, während sie gehen oder arbeiten und sogar mitten in einem Gespräch. Eine Frau geht auf dem Weg vorüber, sie spinnt beim Gehen, und das buddhistische Mantra OM MANI PADME HUM fließt von ihren Lippen. Jüngste Forschungen im Westen erbrachten, daß eine Person während der Meditationen in einen Geisteszustand gelangt, in dem sie Ganzes und Muster wahrnimmt, statt die Dinge zu isolieren und einzeln zu registrieren. Ladikhi sprechen davon, daß sie die Welt durch ihr *Semba* wahrnehmen, eine Kreuzung von Sinnen und Gefühlen sowie Intellekt.

Wenn die Sonne ihren Schatten bei dem *Nyitho* (Obelisk), der über jedem Dorf steht, an die richtige Stelle wirft, beginnt die Zeit der Aussaat. Der Astrologe wählt einen günstigen Tag, an dem die Elemente von Erde und Wasser zusammenpassen; eine Person, deren Zeichen er für günstig hält, wird zum Ausbringen der ersten Samen ausgewählt. Als nächstes werden die Geister von Erde und Wasser, die *Lu* oder *Nagas* und die *Sadak* befriedet, die Würmer des Bodens, die Fische der Flüsse, die Seele des Landes. Man bereitet ein Fest zu ihren Ehren vor, und die Mönche sagen den ganzen Tag lang Gebete auf, während niemand Fleisch ißt oder *Chang* (Gerstenbier) trinkt. In einer Baumgruppe am Rand des Dorfes, wo für die Geister ein kleiner Hügel aus Tonziegeln errichtet worden ist, wird ein Milchopfer dargebracht. Bei Sonnenuntergang werden weitere Opfergaben in die Flüsse geworfen.

Mit Eseln wird Mist herangeschafft und am Rand der Felder aufgehäuft; bei Sonnenuntergang verteilt man ihn rasch in die Furchen. Bei Sonnenaufgang versammelt sich die ganze Familie, die Männer tragen die Holzpflüge, und Kinder führen das *Dzo* (eine Kreuzung zwischen Kuh und Jak) heran, das ins Joch gespannt wird. Die Menschen beginnen in festlicher Stimmung zu arbeiten, Gelächter und Lieder schallen über die Äcker, mischen sich mit den meditativen Gesängen der Mönche. Das *Dzo* zieht den Pflug in einem würdigen, gemächlichen Tempo. Hinter ihm wirft der Sämann den Samen aus und singt:

Manjushri, Verkörperung der Weisheit, lausche!
Ihr Götter, ihr Nagas, Besitzergeister der Mutter Erde, lauscht!
Mögen hundert Pflanzen aus einem Samenkorn wachsen!
Mögen tausend aus zwei Samenkörnern wachsen!

Mögen alle Körner Zwilling sein!
Bitte gebt genug, damit wir die Buddhas und Bodhisattvas
   verehren können,
Damit wir den Sanga unterhalten und den Armen geben können!

Sogar in der Erntezeit, wenn es die meiste Arbeit des Jahres zu erledigen gilt, geschieht alles in einem entspannten, gemütlichen Tempo, das es einem Achtzigjährigen genauso erlaubt wie einem kleinen Kind, sich einzureihen und mitzuhelfen.

Ganze Familien arbeiten auf den Feldern, einige schneiden die Gerste, andere stapeln sie, wieder andere säubern das Getreide. Für jede Tätigkeit gibt es ein eigenes Lied. Die Ernte liegt in goldenen Garben da, Hunderte auf einem Acker, so daß man die blanke Erde kaum noch sieht. Klares Licht taucht das Tal in hellen Glanz. Diesem Land wurde keine häßliche Geometrie aufgezwungen, es gibt keine eintönigen Reihen. Alle ist angenehm fürs Auge, beruhigend für die Seele.

Gedroschen wird die Gerste auf einem großen Kreis festgestampfter Erde von einer Gruppe Tiere, die an einem Mittelpfosten festgebunden sind. Besonders anmutig ist das Säubern: Zwei Menschen stehen einander gegenüber und werfen das Getreide mit Holzgabeln locker und rhythmisch in die Luft. Sie pfeifen beim Arbeiten, laden den Wind ein:

O reine Göttin des Winds!
O schöne Göttin des Winds!
Trage die Spreu fort!

Anschließend wird das Korn gesiebt. Bevor man es in Säcke abfüllt, legt man die kleine Figur oder das kleine Bild einer Göttin feierlich auf den Haufen, damit sie die Ernte segne.

Im Raum mit dem Familienschrein auf dem Dach führen Mönche Zeremonien zum *Skangsol* (Erntefest) durch. Ihr Tag beginnt mit der Sonne; sie formen Pyramiden aus Gerstenteig, dekoriert mit Blütenblättern aus Butter und Mehl, als Opfergaben für die fünf *Dharmapalas* oder Schutzgottheiten des Buddhismus. Mehrere Tage lang feiern sie die Ernte und den Beginn eines neuen Zyklus. Gebete um Glück und Wohlergehen werden gesprochen, nicht nur für diese Familie oder dieses Dorf, sondern für jeden empfänglichen Geist im Universum.

*Mönche feiern das Erntedankfest im Heim der Familie Chungpa
im Dorf Sankar bei Leh, Ladakh*

Am Abend versammeln sich die Menschen zum Singen, Trinken und Tanzen. In der Küche wird eine Butterlampe angezündet, Girlanden aus Weizen, Gerste und Erbsen werden um die hölzernen Säulen gewunden. Den Menschen wird Tee serviert; sie sitzen an niedrigen Tischen, in die verschlungene Muster mit Drachen und Lotosblüten geschnitzt sind; flackerndes Licht beleuchtet die Fresken an der Wand, die viele Generationen alt sind.

Die Männer haben lange Gewänder aus grobem Wollgewebe an, einige in Naturbeige, andere gefärbt zum tiefen Kastanienbraun der Berge. Viele tragen große Türkisohrringe und die traditionelle Frisur: einen Zopf auf dem Rücken und den vorderen Teil des Kopfes kahlgeschoren. Die Frauen sind in fülligere Gewänder mit Brokatwesten gekleidet und tragen viel Schmuck: Armbänder, Ringe, Halsketten und phantastische *Peraks*, einen Kopfputz, der buchstäblich mit Hunderten Türkisen und Korallen besetzt ist, die sich ihren Rücken hinabschlängeln. Bei den Ladakhi besteht kein großer Unterschied zwischen Arbeit und Fest, zwischen Spiritualität und der Pflege ihrer natürlichen Umwelt. Alle Handlungen sind in den Existenzkreislauf integriert und haben darin ihre Bedeutung.

Ein Gefühl der Verbundenheit besteht, auf einer spirituellen und psychischen Ebene sowie auf einer rein physischen. Der Lebensbereich der Ladakhi ist klein genug, damit sie ihre wechselseitige Abhängigkeit unmittelbar erfahren, ihre Abhängigkeit voneinander und vom Land. Bei einem solchen tief verwurzelten Gefühl der Zugehörigkeit zu einer Gemeinschaft besteht weniger Grund zu Angst, Zorn und Konflikten. Empfindet man sich als Teil eines Kontexts, als aufgenommen und verbunden, ist das Selbstgefühl ausgeprägter. Ist die Wirkung der eigenen Handlungen auf das Ganze klar erkennbar, fällt es leichter, sich sicher zu fühlen und Verantwortung für das eigene Leben zu übernehmen.

Bei uns im Westen wurden die zwischenmenschlichen Beziehungen durch den Prozeß der Industrialisierung auf systematische Weise verändert. Die Eingliederung in wesentlich größere sozio-ökonomische Einheiten wirkt sich zutiefst auf das Selbstbild und das Machtgefühl eines Menschen aus, ebenso auf seine Verbindung mit der Erde und mit anderen Menschen. Unsere Kultur hat die Werte verschoben, weg von solchen, die eine starke, mitfühlende Beziehung zu allem Lebenden fördern, und hin zu einer Objektivität, die auf äußerer Macht und Manipulation basiert. Statt die spirituelle Bewußtheit zu haben, mit der lebenden Welt verbunden und von ihr abhängig zu sein, neigen wir zu einem Verhalten, als stünden wir abseits. Das Leben in Ladakh ist ein lebendiges Beispiel dafür, daß etwas anderes möglich ist, daß wir kein zerstückeltes, machtloses Leben führen müssen.

> Wenn alle von uns und besonders die Männer und Frauen in Machtpositionen die wechselseitige Abhängigkeit zwischen einem Menschen und einem anderen, zwischen Menschen und Tieren, Tieren und Pflanzen, dem Boden und dem Wasser erkennen, kann eine glückliche und harmonische Welt für alle Lebewesen geschaffen werden. (Tashi Rabgyas, 1986)

Was erfordert diese Art von Macht?

Die vorstehenden Abschnitte beschrieben einige der Wege, auf denen ein Mensch mit der Macht in der Großen Geheimnisvollen in Berührung gelangen kann. Dieser Abschnitt ist praktischer, er gibt Hinweise, wie sich den Kontakt hier und jetzt herstellen läßt.

In unseren modernen westlichen Gesellschaften ist die Erziehung von Kindheit an darauf ausgerichtet, uns mißtrauisch gegenüber Magischem zu machen. Praktiken, die wir nicht erklären können oder nicht verstehen, beurteilen wir abfällig als Aberglauben. Jedes Phänomen, das wir nicht erklären können oder nicht verstehen, ist verdächtig statt eine Quelle des Staunens. Geheimnisvolles ist Material für spannende Krimis oder Detektivromane, aber nicht Bestandteil der Natur. Darum ist es für die meisten von uns sehr schwer, die Große Geheimnisvolle zu erreichen. Die Voraussetzungen dafür sind: Einstellung des Unglaubens, Anteilnahme und Hingabe. Dostojewski wußte das:

> (Iwan) Das Leben mehr lieben als seinen Sinn?
> (Aljoscha) Ja, gewiß. Liebe es ohne Rücksicht auf die Logik, wie du sagst. Ja, ganz gewiß ohne Rücksicht auf die Logik, denn nur dann wirst du seinen Sinn erfassen.

Aufhebung des Unglaubens

Nach drei Jahrhunderten des wissenschaftlichen Zeitalters erfüllt es uns geradezu mit Stolz, alles in Frage zu stellen, alles zu bezweifeln, bis es materiell bewiesen ist. Natürlich hat das seine Vorteile: Ohne die Suche nach wissenschaftlichen Beweisen wären wir nicht in den Genuß der ungeheuren Gewinne gekommen, die uns beispielsweise die Entdeckung des Penizillins auf dem Gesundheitssektor brachte, ebensowenig in den Genuß der physischen Bequemlichkeit unseres Lebens, die durch technische Errungenschaften möglich wurde.

Diese Leidenschaft für Beweise treiben wir jedoch zu weit; wir sind aus dem Gleichgewicht geraten. Es ist, als hätten wir das Gespenst zu Tode gebracht, ihm Injektionen gegeben, es seziert, analysiert und vermessen, ihm Shampoo in die Augen gegossen, seine Fingerspitzen mit einem Knüppel zerschlagen, ohne je zurückzutreten in ehrfürchtigem Staunen darüber, was für ein phantastisches Wesen es doch ist. Ohne ihm irgendwelchen Respekt zu bezeigen. Ohne auch nur hinzuhören für den Fall, daß es uns etwas zu sagen hatte. Es ist, als hielten wir eine Waage: In der linken Schale liegt Beweis, in der rechten Geheimnisvolles. Beweis wiegt in unserer Gesellschaft eine Tonne. Er wiegt schwer. Er überzeugt. Rätselhaftes, Geheimnisvolles dagegen ist hoch oben irgendwo im Wind, wiegt kaum etwas. Das Problem ist, daß das Tonnengewicht des Beweises, wenn es mit seiner großen Schwere auf den Boden kracht, auf lebenden Dingen und der Natur landet und sie fast erdrückt. Binnen kurzem kann es geschehen, daß wir verhungern. Dabei hat das Geheimnisvolle unsägliche Nahrung für uns, wenn wir ihm nur etwas Bedeutung beimessen, die Waagschale herunterziehen und es uns ansehen. In der rechten Waagschale befinden sich die Samen von Nahrung für unsere Seelen, winzig kleine Samen. Sät man sie aus und gießt sie, wachsen sie zu Apfelbäumen, Weinreben, Buchenwäldern, duftenden dunkelroten Rosen mit schweren Köpfen, Sonnenblumen, Getreide.

Jene unter uns, die eine wissenschaftlich oder rational orientierte geistige Einstellung haben (die meisten als Folge unserer Erziehung), stehen also vor einem Problem: loszukommen vom großen Trennen, das die wissenschaftliche Revolution einführte, so daß sich Körper und Geist nun auf entgegengesetzten Seiten des Zauns befinden. Morris Berman bezeichnet das als »die psychische Distanz, die so sehr im Mittelpunkt der modernen Erkenntnis steht«. Nach seiner Ansicht werden wir das moderne Bewußtsein aufgeben müssen, zumindest zeitweilig, »und das bedeutet, einen bestimmten Typ von egoistischer Persönlichkeitsstruktur aufzugeben, um dem Geist zu erlauben, in den Körper zu sinken, gewissermaßen«.

Nehmen wir als Beispiel Geschichtenerzähler, die glauben, Menschen seien *nicht* rational, man könne sie im Sinne der objektiven Analyse nicht verstehen, und sie würden ihre tiefsten, bedeutsamsten Erfahrungen auf einer Ebene erleben, die weitgehend unsichtbar ist, in einer Schattenregion, wo Geist und Körper sich zu einer endlosen Zahl flüchtiger Kombinationen ineinander hinein und auseinander heraus bewegen. Geschichten sind Träger der kollektiven Weisheit einer Gemeinschaft sowie des kollektiven Unbewußten. Wenn wir sie uns anhören, überläuft uns darum oft eine Art Schauer, weil sie eine Saite unseres eigenen Unbewußten anschlagen.

Löst man sich vom Unglauben, befindet man sich keineswegs in einem Zustand der Unklarheit, Unentschlossenheit. Ganz im Gegenteil, es läßt zu, daß sorgfältige, detaillierte Gefühlsurteile gefällt werden. In mythologischen Sinn ist das Trennen der guten Körner von den schlechten eine Arbeit, die Geduld erfordert, weder eilig ausgeführt noch irgendwie beschleunigt werden kann. Ich glaube, daß die Ladakhi das meinen, wenn sie davon sprechen, die Welt durch ihr *Semba* zu erleben – eine Kreuzung von Geist und Herz.

Eine kluge Akupunkteurin; die mich vor kurzem behandelte, fragte mich, wie es wäre, wenn mein Kopf im Dienst meines Herzens stünde. Die Frage verblüffte mich, was aufzeigt, wie unvorstellbar so etwas für mich war. In den folgenden Wochen dachte ich fast täglich darüber nach, bis ich es schließlich in der Meditation »sah«. Was ich sah, war ein Bild meines Herzens, das sich rosig von seinem üblichen Platz aus nach oben ausdehnte, etwa zur fünffachen Höhe meines Körpers. Das bedeutete, daß ich und mein Geist ein bedeutsames Stück darunter standen. Es fühlte sich ungewöhnlich an – eine absolute Umkehr dessen, wie ich fünfzig Jahre lang gelebt hatte. Es fühlte sich warm an, aufregend und ein bißchen wie Heimkommen.

Teilnahme

Dieser Abschnitt ist kurz und einfach. Indem wir Yoga, T'ai Chi, Meditation oder irgendeine von hundert anderen Techniken anwenden, um dem Geist zu erlauben, in den Körper zu sinken, können wir den Unglauben aufheben. Und von da ist es nur ein kleiner Schritt zur Teilnahme, zum »Hiersein«. Das kann man nur wirklich erfahren, nicht beschreiben. Es bedeutet, daß wir *werden*, was wir beobachten. Wenn wir unseren Atem beobachten, *werden* wir unser Atem und so fort.

Hingabe

Hingabe ist schwieriger. Wir haben unseren Willen eingesetzt, um dorthin zu kommen, wo wir sind. Es fällt schwer, das aufzugeben. »Zivilisiert« und »entwickelt« zu sein bedeutete vom ganzen Wesen her, daß wir uns technische Meisterschaft aneigneten, um uns von der Natur zu isolieren. Wir haben das Gefühl, wenn wir das aufgäben, könnten wir von Chaos und Zerstörung verschlungen werden.

Wir werden geschult, täglich und methodisch, Kontrolle für überaus wichtig zu halten. Die Kontrolle zu haben bedeutet, am Ruder zu sein, würdig zu sein, an die Spitze zu gelangen. Die Kontrolle zu haben bedeutet, Macht zu haben. Außer Kontrolle geraten beinhaltet allerlei Angsterregendes: durchgehende Pferde, Inflation, Gewalt, Wildheit – kurz, das Öffnen der Büchse der Pandora.

Die wirksame Alternative zum Innehaben der Kontrolle ist bewußte Hingabe – sich selbst in die Obhut einer höheren Macht geben. Weil wir nicht genau wissen, was diese höhere Macht ist, sondern nur so ein Gefühl davon haben, erfordert dies zweifellos Mut. Es kommt dem nahe, was eine Frau in den Wehen tun muß. Eine unaufhaltsame Bewegungskraft übernimmt das Ruder, und ihr bleibt keine Wahl, als sich dieser Kraft zu ergeben. Sich ergeben klingt aber auch unangenehm, denn es ist das, was die Besiegten in einem Kampf tun. Und etwas, was Frauen tun. Das macht es für Männer schwerer.

Vielleicht sollte man sich diese Hingabe zunächst einfach als Vertrauen vorstellen, das wichtig sein kann, um Leben zu retten. Versetzen Sie sich in folgende Situation: Sie stehen am Rand eines riesigen Feldes. Sie wissen, daß es vermint ist – mit Minen der Sorte, die bei der leisesten Berührung hochgehen. Aber Sie müssen auf die andere Seite, und es gibt keinen Weg außen herum. Eine buddhistische Nonne bietet Ihnen an, Sie durch das Minenfeld zu führen. Sie wissen, daß sie so etwas bereits hundertmal getan hat und den Weg kennt wie ihren Handrücken. Ihnen bleibt nichts anderes übrig als ihr zu vertrauen. Sie gehen zusammen los. Mit jedem Schritt wächst Ihr Vertrauen. Gegen die Feldmitte zu hat die Nonne Sie ganz in der Hand, Sie würden *genau* tun, was sie sagt. Das heißt, Sie haben sich ergeben. Und bei der Ankunft auf der anderen Seite des Feldes sind Sie überwältigt vor Dankbarkeit.

Stellen Sie sich vor, Sie seien erblindet. Bis man Ihnen einen Hund oder einen Stock besorgt, müssen Sie anderen Menschen vertrauen, die Sie führen. Sie müssen darauf vertrauen, daß diese anderen Sie nicht in einen Laternenmasten laufen oder in einen Abgrund stürzen lassen. Sie müssen sich den Augen, dem Urteil und der Führung dieser Menschen überlassen. Je mehr sie das tun, desto entspannter wären Sie tatsächlich, und desto schneller könnten Sie gehen.

Andererseits glaube ich jetzt, daß wir uns tatsächlich in Gefahr bringen, wenn wir Dinge erzwingen, »durchboxen«, uns antreiben. Früher gebrauchte ich zur Veranschaulichung der Gefahr, die ein beschleunigtes Streben nach Selbstkenntnis birgt, den Vergleich von der Schlange, der man die Haut abzieht, bevor sie bereit ist, sie abzustreifen. Ich weiß jetzt, daß der Versuch, eine strenge Kontrolle aufrechtzuerhalten, genauso tödlich ist.

Das erfuhr ich an mir selbst, als ich 1994 durch den Himalaja wanderte. Ich fürchtete, weder die Kondition noch die Ausdauer zu haben, um über die hohen Pässe zu kommen. Anfangs versuchte ich es mit Willenskraft zu schaffen, was zur Folge hatte, daß ich erschöpft und verzweifelt war. Nach etwa vierzehn Tagen dann, als wir uns dem steilsten Anstieg näherten, fand ich etwas heraus: Wenn ich aufhörte, »es selbst zu tun«, wenn ich aufhörte, in jeden Schritt Mühe und Entschlossenheit zu legen, sondern einfach alles geschehen ließ, ging ich tatsächlich wie von selbst. Von da an war, wenn ich in ähnlichen Situationen mich daran erinnerte, nie eine Anstrengung meinerseits nötig. Ich ließ metaphorisch und tatsächlich locker und gestattete, daß mir geholfen wurde.

Wovon ich spreche, das ist Hingabe an etwas Großartiges, etwas unendlich Weises und Zeitloses. Es ist fest wie ein Fels und fester noch. Mächtig wie ein Vulkan und mächtiger noch. Schön wie eine Kirschblüte und schöner noch. Ehrfurchteinflößend wie Blitze. Endloser als der Raum. Aber ich setze Vertrauen in das, dem ich mich ergebe, und das Gefühl, das ich dabei habe, ist größte Erleichterung und Freude. Ich lerne, mich der Gnade des Universums zu ergeben. Es wäre größte Arroganz zu glauben, ich sei gescheiter als sie.

Was bedeutet diese Art von Macht für das Leben in der heutigen Welt?

Die Kontaktaufnahme mit dieser Art Macht bringt unweigerlich Verantwortung. Sie macht uns die Umweltkrise bewußt und unsere (bisher) lahme Reaktion darauf. Die meisten Umwelt-Experten sind sich darin einig, daß noch Zeit ist, die Schädigungen zu reduzieren und aufzuhalten – aber nicht mehr lange, vielleicht ein oder zwei Jahrzehnte. Wir haben also Gelegenheit, alle die beschriebenen Werkzeuge einzusetzen, um mit der Krise fertigzuwerden, stärkere Werkzeuge, als die meisten von uns je benutzt haben. Statt hierhin und dorthin zu rennen, hektisch Manifeste herauszugeben und Petitionen zu unterschreiben, können wir einfach zuhören. Horchen wir nach innen, dann werden wir wissen, was zu tun ist. Und *wenn* wir es tun, wird es von einer Kraft unterstützt, die größer ist als unsere. Das funktioniert. Hierfür gibt es buchstäblich Tausende von Beweisen. Während des Vietnamkriegs war Daniel Ellsberg, ein Militäranalytiker des Pentagons, auf dem Weg zurück in die USA, und seine Maschine wurde in Tokio aufgehalten. Er verbrachte den Tag in einer Teestube, wo er mit dem Dichter Allen Ginsberg diskutierte. Das Gespräch änderte seine Einstellung zu der Arbeit, die er tat, und späteres Nachdenken änderte sein eigenes Leben sowie das Leben vieler tausend Menschen, weil er als Folge davon die Pentagon Papers veröffentlichte und so die geplante Bombardierung Kambodschas enthüllte.

»Alles schön und gut«, sagt der mir innewohnende Skeptiker, »aber was ist, wenn Leute wie dieser Kerl in Waco, in Texas, schwarze Magie dazu benutzen, Menschen in den Tod zu führen?« Ich antworte, daß Macht dieser Art mißbraucht werden kann und auch mißbraucht wird. Fragen Sie irgendwelche Schamanen oder Hexen, und man wird Ihnen erzählen, wieviele Vorsichtsmaßnahmen gegen den Mißbrauch dieser phänomenalen Kräfte, dieser großen Macht getroffen werden. Weil die Macht auf der Erde gründet, können nur Menschen sie in beschränktem Maß mißbrauchen. Mit anderen Worten, sie ließe sich nicht in großem Umfang wie beispielsweise für einen Völkermord einsetzen, weil es nicht möglich ist, sie durch eine Hierarchie zu kanalisieren. Der Unterschied zwischen Weißen und Schwarzen Magiern besteht darin, daß sich die ersten *dem Befehl* göttlicher Mächte unterstellen, während letztere das *Kommando über* göttliche Mächte zu erlangen suchen. Erstere arbeiten in rechtmäßiger, göttlich-moralischer Weise und deshalb vollkommen unpersönlich und selbstlos, als Instrument der Großen Geheimnisvollen. Letztere setzen die göttlichen Mächte ein, um egoistische Ziele zu erreichen.

Als Abschluß dieses Kapitels möchte ich eine allgemeine Beobachtung wiedergeben. Viele Menschen in unserer Gesellschaft versuchen ihr Leben lang, eine Menge Geld zu verdienen, erfolgreich zu sein oder berühmt zu werden – und das alles, um ein besseres Selbstgefühl zu erlangen. Wir haben also einen Mahlstrom von Menschen, die alle das gleiche wollen und einander schlagen müssen, um es zu bekommen. Die Folge ist, daß sich sehr wenige, wenn überhaupt welche, am

Ende zufrieden fühlen. Fast alle sind großem Streß ausgesetzt. Ich neige extrem zum Wetteifern und wünschte mir während eines großen Teils meines Lebens sehnlich, berühmt zu sein, also kann ich das nachempfinden. Aber selbst wenn Menschen nicht so geartet sind, ist doch die hektische Geschäftigkeit unseres Alltagslebens größtenteils Kampf darum, mehr Geld zu verdienen, einen besseren Job zu bekommen, sich kaufen zu können, was man will – und das Ganze, um glücklich zu sein, Sicherheit zu haben, Erfüllung zu empfinden. Das Ironische an der Sache ist, daß die Menschen, wie die letzten fünf Kapitel aufzuzeigen versuchten, dies alles – Sicherheit, Erfüllung, ein besseres Selbstgefühl – erhalten können, und zwar in ihrem Wohnzimmer, ruhig und ohne Streß. Wie dieses Kapitel veranschaulicht, ist die Menge der verfügbaren Macht grenzenlos, so daß der Gedanke an Wettstreit seltsam unsinnig wird.

Der nächste und letzte Teil des Buches schildert, wie diese Macht in unserem täglichen Leben und in der Welt genutzt werden kann, um eine Veränderung zu bewirken.

Teil III

Hara-Macht:
Wie sie eingesetzt
werden kann

Der erste Teil des Buches umriß das mit Herrschaftsmacht verknüpfte Problem. Der zweite Teil handelte davon, wie man eine andersartige Macht entwickeln kann. Der Schlußteil führt nun beides zusammen: Er zeigt auf, wie diese andersartige Macht, die Hara-Macht, eingesetzt werden kann, wenn jemand von Herrschaftsmacht bedroht ist oder mit ihr zu tun bekommt.

Das anschließende Kapitel 9 zeigt auf, wie eine Einzelperson, die in einer persönlichen Situation – in einer Beziehung, in der Familie, bei der Arbeit, auf der Straße – mit Herrschaftsmacht konfrontiert wird, diese Macht nutzen kann. Kapitel 10 weitet den Rahmen aus, um zu untersuchen, wie die Hara-Macht in einem größeren Bereich der Welt wirken kann, bei Fällen von Diskriminierung, Ungerechtigkeit, Unterdrückung, Gewalt und Krieg.

An dem Punkt ist es geboten, die in der Einleitung angesprochenen Definitionen von Macht wieder ins Gedächtnis zu rufen, denn jetzt kommen wir zu Detailpunkten dessen, was Macht bedeutet, und da ist Klarheit wichtig. Über die letzten zweitausend Jahre gibt es eine große Zahl gelehrter Werke, in denen viele Männer und einige wenige Frauen die Machtfrage erörtern und mit allerlei nützlichen, umfassenden Definitionen aufwarten.

Wird in diesem Buch der Ausdruck »Herrschaftsmacht« gebraucht, ist etwas ganz Spezifisches gemeint: Die Macht einer Person oder Personengruppe, eine andere Person oder Personengruppe zu zwingen, etwas gegen ihren Willen zu tun. Mir ist vollkommen klar, daß dies, wie Kenneth Boulding und andere verdeutlichen, nur ein einziger Aspekt der generellen Natur von Macht ist.

Häufig ist sie hier als Macht *über* bezeichnet worden. Wie Kapitel 11 zeigt, glauben viele Menschen, daß man dieser Art von Gewalt oder Zwang nur mit der gleichen Art von Gewalt wirksam begegnen kann. Das ist genau die Frage, die ich ansprechen möchte.

Unsere Gesellschaft tendiert dazu, Macht mit Beherrschung gleichzusetzen, damit, daß eine Person oder Sache ihren Willen gegenüber einer anderen durchsetzt. Das Resultat ist ein Spiel des Gewinnens und Verlierens, in dem Mächtigsein bedeutet, den Forderungen oder Einflüssen eines anderen zu widerstehen, und starke Verteidigungswaffen nötig sind, wenn man seinen Vorteil wahren will. Doch so funktioniert die Natur nicht. Das ganze Planetensystem hat sich im Lauf von Billionen Jahren durch Formen des Lebens entwickelt, die miteinander auf komplexe, flexible, intelligente Weise interagieren. Veränderung und Evolution werden durch ebendiese Fähigkeit ermöglicht, neue Energie und Informationen aufzunehmen.

Was die nächsten Kapitel *nicht* bieten, ist eine Untersuchung, wie Machtmißbrauch mittels Schaffung von Institutionen – Parlamenten, »Wachhunden«, Verfassungen und so fort - eingedämmt werden kann. Für dieses Gebiet sind andere zuständig. Ich bleibe auf dem Terrain der Einzelperson. Ich möchte sehen, wie die Einzelperson sich dem Machtmißbrauch widersetzen kann, und zwar auf eine Art, die nicht zur Eskalation von Gewalt führt, sondern auf der Ebene des wirklich bestehenden Konflikts wirkt und darum vielleicht eine Welt anderer Art zu schaffen vermag.

Bevor ich Kapitel 9 beginne, möchte ich Sie daran erinnern, daß Sie nur Buchseiten voller Wörter vor sich haben – daß nicht das Lesen wichtig ist, sondern Ihre Erfahrung. Manche alten Lehrsysteme unterscheiden zwischen Wissen und Verständnis. Wissen ist das, was man sich mit Hilfe von Büchern aneignen kann, es betrifft Fakten und Ideen. Doch um Verständnis zu erlangen, braucht man Wissen und noch etwas anderes. Dieses Andere wird als Sein bezeichnet; es hat mit dem zu tun, wer ein Mensch ist und was er erfahren, erlebt hat. Man könnte beispielsweise jemandem alles über das Fischen erzählen, ihm die Beschreibung einer Angelrute zu lesen geben, aber verstehen würde er oder sie die Sache nicht, bevor er/sie zum Fischen gegangen ist.

Die bloße Ansammlung von Ideen als solche wird Sie nicht befähigen, Hara-Macht anzuwenden. Erlangen werden Sie die Fähigkeit im Prozeß des Ausprobierens einiger der in den Kapiteln 4 – 8 geschrie-

benen Dinge in Verbindung mit den Empfehlungen aus den folgenden beiden Kapiteln und vielleicht mit der Verwirklichung einiger der
Vorgehensweisen, die Sie in dem Abschnitt »Weitere Wege und Möglichkeiten« besonders ansprechen. Außerdem fördert es die Fähigkeit,
wenn Sie täglich darauf achten, wie Sie Dinge erledigen oder tun, und
wenn Sie vielleicht einige Änderungen vornehmen oder Experimente probieren; kurz, ausschlaggebend ist die Entwicklung von Verständnis und nicht das Ansammeln von Wissen.

Kapitel 9

Wie man sich gegen einen Tyrannen wehrt (ohne zum Mörder zu werden)

Wo Macht ist, ist die Liebe nicht.

C. G. JUNG

Das Gesetz der Liebe wirkt, genau wie das Gesetz der Schwerkraft wirkt, ob wir es akzeptieren oder nicht... Je mehr ich mich mit diesem Gesetz beschäftige, desto mehr Freude habe ich am Leben, Freude am Konzept dieses Universums. Es schenkt mir einen Frieden und ein Verständnis der Geheimnisse der Natur, die zu beschreiben ich nicht vermag.

M. K. GANDHI

Dieses Kapitel ist das erste von zweien, die sich mit der praktischen Anwendung der Hara-Macht befassen. Es beschreibt, wie eine Einzelperson, die in einer persönlichen Situation mit Herrschaftsmacht konfrontiert wird, Hara-Macht einsetzen kann. Es untersucht die Wahlmöglichkeiten, die der Person in einer solchen Situation zur Verfügung stehen: Sichfügen, Manipulation, Eskalation und Kommunikation. Der Abschnitt über Kommunikation ist umfangreich, er stellt Methoden vor, die es ermöglichen, voll anwesend zu sein, Gefühle darzulegen, verletzlich zu sein, direkt zu sein, das Positive zu erwarten und Autorität zu haben. Anschließend spreche ich die Arten an, in denen Frauen oft im Zusammenhang mit Sex oder in der Familie Macht ausüben pflegen – Machtarten, die nichts mit Hara-Macht zu tun haben. Das Kapitel wäre nicht vollständig, würde ich die Frage von gewalttätigen Angriffen nicht behandeln: Dieser Abschnitt vereinigt Techniken und Ideen aus vorhergehenden Kapiteln. Die meisten Beispiele in dem Kapitel hier betreffen

Frauen. Es versteht sich von selbst, daß auch Männer Mühe haben, sich gegen Tyrannen in einer Weise zu wehren, die nicht passiv, keine Manipulation ist und nicht zur Eskalation führt. Und es versteht sich von selbst, daß Männer mit Dominanz, mit Herrschaftsmacht zu tun haben, besonders in Beziehungen, genau wie Frauen. Ich hoffe, daß die Beispiele auch Männer ansprechen werden und daß männliche Leser mir bis zum Ende des Kapitels treu bleiben werden, wo ich aufzeige, daß sich die Hara-Auffassung von Macht völlig vom traditionellen Feminismus unterscheidet und daß Männer die Macht dieses Typs genauso für sich entdecken können wie Frauen.

Sie oder ich können in unserem Alltagsleben jederzeit mit Herrschaftsmacht oder Tyrannei in dieser oder jener Form konfrontiert werden: zu Hause, bei der Arbeit, auf der Straße, auf dem Spielplatz der Schule. Bei einer Befragung von 7 000 Schülern an 24 Schulen im Gebiet von Sheffield, die sich über einen Zeitraum von zweieinhalb Jahren erstreckte, ergab sich, daß eines von fünf Kindern entweder ein Opfer oder ein Tyrann ist. Gefängnisse, das Militär und Einrichtungen für ältere oder behinderte Menschen sind ein fruchtbarer Boden für Tyrannei. Frauen werden täglich mit unerwünschten sexuellen Avancen tyrannisiert. Wir alle, Männer wie Frauen, wissen sehr wohl, wie Tyrannei aussieht und wie sie sich anfühlt.

Herrschaftsmacht ist der Versuch einer Person, eine andere Person zu kontrollieren und die Schwäche dieser Person auszunützen. In der rohen Form nutzt sie physische Schwäche aus: die Tatsache, daß die andere Person kleiner, weniger stark, weniger schnell oder in anderer Weise unfähig ist, sich gegen die rohe Form von Gewaltanwendung zu wehren. Andere machen sich psychische Schwächen zunutze: die Tatsache, daß der andere weniger sicher ist, weniger cool, ängstlicher oder anfälliger für Schuldgefühle, eher bereit, sich die Verantwortung an einer mißlichen Sache zuschieben zu lassen. Und wie werden wir damit fertig? Gewöhnlich zeigen wir eine von vier Hauptreaktionen.

Nachgiebigkeit und Passivität

Es gibt einen Typ Mensch, der sich einem Tyrannen fügt oder wegläuft. Personen dieses Typs vermeiden es, die Verantwortung für Entscheidungen zu übernehmen, sie sehen sich als Opfer von Unfairneß und Ungerechtigkeit und finden immer etwas oder jemanden, dem man die Schuld geben kann. Vielen Menschen fällt es schwer zu akzeptieren, daß in Opfer/Verfolger-Situationen das »Opfer« eine Rolle übernimmt. Doch wir brauchen nur auf die Signale zu achten, die Menschen aussenden. In Schulen von Neuseeland/ Aotearoa haben Lehrer festgestellt, daß es »Opfer«-Kinder tatsächlich zu Tyrannen hinzieht: sie setzen sich oft neben sie. Außerdem legen sie sich eine kriecherische Körpersprache mit hängenden Schultern und gesenkten Köpfen zu, und sie machen so wenig Lärm wie möglich.

Lassen Sie mich ein anderes Beispiel schildern, das eine Beziehung betrifft, ein Ehepaar. Beide Partner scheinen nette, freie, gleichberechtigte Menschen zu sein. Wird die Lage jedoch schwierig, verwandelt er sich in den Verfolger und sie in das Opfer. Die Sache läuft folgendermaßen ab: Sie bringt die Rede auf etwas, was er getan hat und was sie für falsch hält. Er fühlt sich angegriffen, fährt seine Verteidigungsgeschütze auf und will nichts hören; er zieht sich zurück, gibt sich kalt. Sie gerät in Panik und versucht ihn zu besänftigen. Schließlich entschuldigt sie sich. Er geht schlafen. Am Morgen ist sie traurig und voller Selbstmitleid. Sie legt sich die Art des Opfers zu, weint innerlich und ist unfähig zu erklären, was nicht stimmt. Das macht ihn wütend. Und so geht es weiter.

Beide Menschen in diesem Szenario spielen Rollen. Um das Syndrom zu beenden, müssen beide die Rollen ablegen. Sogar wenn nur einer von ihnen es schafft, aus der Rolle herauszutreten, zerbricht die Spannung, von der das Syndrom lebt. Stellen Sie sich vor, was geschähe, falls sie, wenn er kalt wird, nicht in Panik gerät, sondern bewußt ihre anderen Kraft- und Trostquellen aufsucht – die frische Luft, Meditation, eine kluge Freundin, die ihr hilft, Boden unter die Füße zu bekommen –, mit anderen Worten, in ihrer inneren Quelle Sicherheit schöpft. Dann könnte sie ruhig bleiben Das würde ihn vom Kämpfen befreien, dem Angriffskampf oder dem Kampf um Besänftigung, und er hätte dann eher eine Wahl in bezug auf das, was er sich anhören kann.

Lassen Sie mich mit der Wahrheit herausrücken Ich kenne dieses Beispiel, denn die »sie« bin ich, und das Beispiel stammt aus jüngster Zeit, liegt viel zu kurz zurück, als daß man getröstet sein könnte. Ich glaube die meiste Zeit über nicht, daß ich mich wie ein Opfer benehme, doch wenn ich das nachfolgende Gedicht lese, fühle ich mich ertappt, denn es zeigt mir, wann ich es tue. Wenn ich damit beschäftigt bin, jemand zu suchen, dem ich die Schuld zuschieben kann, versinke ich vollkommen in Gefühlen und werde unfähig, mich überhaupt noch »hinauszusehen«.

> Frau ist geboren zum Leiden, wird mißhandelt, betrogen.
> Man schult uns für dieses Treibhaus der Ausbeutung.
> Nie fühlen wir uns so lebendig, so in unserer Rolle,
> als wenn wir uns in ganznächtlicher Trauer ergehen.
> Wenn ein abwesender Mann, der besser fort ist,
> ein Mangel wird, der zu einem Gasballon anschwillt
> und jedes Denken und Fühlen, jeden Entschluß aus uns drückt.
>
> Marge Piercy, 1973

Manipulation

Sie ist die Reaktion des Gewieften, der Versuch, aus einer Situation herauszukommen, indem man mit dem Unterdrücker ein Geschäft macht. Der Gewiefte kann eine direkte Reaktion nicht riskieren und versucht durch Schmeicheln, Beschwatzen oder Handeln zu vermeiden, andere zu verletzen. Eine Person, die das tut, vertraut weder sich selbst noch jemand anderem. Sie unterminiert eine echte Kommunikation, weil sich darauf baut, indirekt zu sein: das wirkliche Problem nicht zu benennen. Sie läßt das Tyrann-Opfer-Syndrom unweigerlich fortbestehen.

Emotionale Erpressung ist ein gutes Beispiel, besonders wenn wir das Schuldgefühl einer anderen Person dazu benutzen, sie zu manipulieren. Wir entwickeln solches Geschick darin, daß wir glauben, die andere Person merke es nicht; und schließlich gelangen wir an einen Punkt, wo *wir selbst* nicht mehr merken, daß wir es tun. Manipulation zählt zu den Angewohnheiten, die am schwersten abzulegen sind, beispielsweise in einer Beziehung, denn wir verfallen immer wieder in sie, bis wir endlich imstande sind, sie zu bemerken.

Eskalation

Eine aggressive Person ist gut in Eskalation: Angesichts einer bedrohlichen Situation reagiert sie mit offenem Angriff, zielt auf die wunden

Punkte der anderen Person. Das kann die tyrannische Person aufhalten, aber auch eine noch aggressivere Reaktion bei ihr auslösen, die sich zu physischer Gewalt auswächst. Die Überreaktion ruft bei allen Anwesenden oft Abneigung hervor und hinterläßt eine Spur der Verletzungen oder von Gefühlen der Erniedrigung. Nur selten löst sie Probleme. Wie Martin Luther King sagte:

> Das alte Gesetz des Auge um Auge macht alle blind. Es ist unmoralisch, weil es versucht, den Gegner zu erniedrigen, statt sein Verständnis zu gewinnen; es versucht eher zu vernichten als zu bekehren… Gewalt endet damit, daß sie sich selbst besiegt. Sie erzeugt Bitterkeit bei den Überlebenden und Brutalität bei den Zerstörern.

Die Person, die mit Eskalation reagiert, hat *immer* das Ziel zu gewinnen. Eskalation bedeutet, Feuer mit Feuer zu bekämpfen. Naomi Wolf rät Frauen, das zu tun und macht es tatsächlich zum Titel ihres Buches. Darin zeigt sie, daß Frauen im männlichen Machtspiel genauso gut sein können wie Männer, und sie spendet ihnen Beifall zur Einsetzung von Mitteln wie Rache, Geld und Triumph. *The Tao of Pooh* sieht die Dinge ganz anders:

> Der Gewalt wird nie Gewalt entgegengestellt; sie wird vielmehr mit Nachgeben überwunden. Es »fließt wie Wasser, reflektiert wie ein Spiegel«, sagte Pooh im Vorübergehen.

Ja, doch die große Frage ist, wie gibt man nach, ohne zertrampelt zu werden? Die Antwort liegt in der Kommunikation.

Kommunikation

Das Ziel von Kommunikation ist nicht zu siegen, sondern das eigentliche Problem anzusprechen, nicht zu demütigen, sondern es zu lösen. Es gibt verschiedene Wege, das zu tun. Seien Sie sich der Situation scharf bewußt, legen Sie Ihre Gefühle klar dar, erlauben Sie sich, verletzlich zu sein, seien Sie direkt, bringen Sie Ihr ganzes Gewicht ins Spiel, erwarten Sie das Positive, seien Sie sich Ihrer Autorität bewußt und suchen Sie die kreative Lösung.

Seien Sie voll da

Sie müssen auf der grundlegendsten Ebene *wissen*, daß Sie tyrannisiert werden, bevor Sie wissen können, was zu tun ist! Als erstes müssen Sie sich darum dessen bewußt werden, was vorgeht. »Ach – so ist das!« *Erkennen Sie im Augenblick* des Geschehens, was sich abspielt. Das kann im Bruchteil einer Sekunde geschehen, wenn man gut darin ist, sich der Dinge bewußt zu sein. Als Gandhi in seinen Garten ging und ein Fanatiker ihn erschoß, lautete das Wort, das ihm in der Sekunde vor seinem Tod über die Lippen kam, »Ram«, Gott. Werden wir bedroht, neigen wir dazu, bewegungslos zu werden, zu erstarren; Angreifer und Unterdrücker verlassen sich oft darauf, folglich ist es wichtig, daß man sich daraus löst und in den Augenblick geht.

Registrieren Sie dann, was Sie fühlen: Angst? Zorn? Besorgnis? Atemlosigkeit? Würgen in der Kehle? Verwirrung? Kühle Gelassenheit? Abscheu? Verlegenheit? Erschöpfung? Schuld? Hilflosigkeit? Feindseligkeit? Verletztheit? Wut? Eingeschüchtertheit? Nervosität? Niedergeschlagenheit? Panik? Verständnislosigkeit? Schwäche? Zittern? Schock? Argwohn? Schweißnasse Handflächen? Entsetzen? Gleichgültigkeit? Zermürbtheit? Wackeligkeit? Müdigkeit? Isoliertheit, Bangigkeit? Diese vielen Worte habe ich aufgeführt, weil es ein erstaunliches Spektrum möglicher Gefühle gibt und weil es wertvoll ist, die eigene Reaktion zu kennen.

> Nehmen Sie Ihre Angst als Schutzwache. Sie ist wie das Hörvermögen. Sie kann Ihnen Konsequenzen leidenschaftlich präsent machen. Versuchen Sie Ihre Sensibilität zu bewahren und setzen Sie sie ein, als wäre sie eine Fähigkeit wie der Gesichtssinn. (George Eliot)

An diesem Punkt sagt mein innerer Skeptiker: »Sei nicht lächerlich. Ich werde also bedroht, und du glaubst, ich werde fähig sein zu wissen, was für *Gefühle* ich habe?« Darauf habe ich zwei Antworten. Erstens: Ja, mit ein bißchen Übung kannst du das. *Sei einfach hier*, wenn du dich das nächstemal herausgefordert fühlst, nicht unbedingt in einer Situation der Tyrannei – es könnte auch ein Gespräch in der Schule deines Kindes sein, ein Treffen mit deinem Arbeitgeber, ein Zusammenstoß mit einem anderen Passagier im Bus oder Zug. Zweitens: Das Üben lohnt sich, denn wenn du deine Gefühle kennst, wirst du wach, das heißt, du bemerkst, wo *du* dich in dieser Interaktion befindest, bemerkst welches deine Wertvorstellungen sind und was du willst; das ist das erste wichtige Teilstück auf dem Weg zu einer Lösung. Unsere Gefühle sind Boten, die uns von unseren Werten künden; haben wir keinen Kontakt mit unseren Gefühlen, dann haben wir auch keinen Kontakt mit unseren Werten.

Ein großer, kühner Samurai suchte einst einen kleinen Mönch auf. »Mönch«, sagte er mit einer Stimme, die sofortigen Gehorsam gebot, »unterrichte mich über Himmel und Hölle!« Der Mönch schaute zu diesem gewaltigen Krieger empor und antwortete voller Verachtung: »Dich über Himmel und Hölle unterrichten. Dich könnte ich in gar nichts unterrichten. Du bist dreckig. Du stinkst. Deine Klinge ist rostig. Du bist eine Schande, eine Peinlichkeit für deinen Kriegerstand. Geh mir aus den Augen. Ich kann dich nicht ertragen.«

Der Samurai war wütend. Er zitterte, Röte stieg ihm ins Gesicht, der Zorn machte ihn sprachlos. Er zog sein Schwert, hob es hoch über seinen Kopf, bereit, den Mönch zu erschlagen

»Das ist die Hölle«, sagte der Mönch leise.

Der Samurai war überwältigt vom Mitgefühl und von der Hingabe dieses kleinen Mannes, der sein Leben riskiert hatte, um ihn zu unterrichten und ihm die Hölle zu zeigen! Langsam senkte er sein Schwert, erfüllt von Dankbarkeit und plötzlichem Frieden.

»Und das ist der Himmel«, sagte der Mönch leise.

Werden Sie sich Ihrer Gefühle bewußt

Wenn es irgend möglich und wenn es angebracht ist, *sagen* Sie, was Sie fühlen, nennen Sie Ihre Reaktion. Das wird für den Angreifer völlig überraschend kommen. Doch es erfordert Mut − wir sind nicht gewöhnt, so etwas zu tun, und dem Anschein nach macht es uns sehr verletzlich. Ihr Ehe- oder Lebenspartner könnte beispielsweise sagen: »Wenn du das weiterhin machst, dann gehe ich.« Sie holen tief Luft. Ahh… So. Sie bemerken, daß Sie Panik empfinden, gefolgt von Hoffnungslosigkeit und Isoliertheit. Also sagen Sie: »Ich bin in Panik, habe ein Gefühl der Hoffnungslosigkeit, und das läßt mich zurückweichen.« Weil Sie die Wahrheit sagen, ohne Retourkutsche (ohne sich an Ihrem Partner zu rächen), bringen Sie Ehrlichkeit in die Situation; voll Offenheit enthüllen Sie, was in Ihrem Herzen vorgeht. Ihr Partner hat nun die Information, die er oder sie zuvor nicht hatte: welches Ihre Wirklichkeit ist, nicht Ihre Verteidigung – Ihr Inneres, nicht Ihre Fassade.

Jetzt sind Sie in einer Position, um eine echte Kommunikation in Gang zu setzen. In einer Ehe oder Partnerschaft läßt sich dies mit einem Verfahren machen, das in jedem von beiden das persönliche Wachstum anregt: durch Erkennen, *warum* sie sich mit dieser besonderen Person zusammengetan haben. Eine Hilfe dabei ist ein Buch mit dem Titel *Getting the Love You Want*. Der Autor, Harville Hendrix, hat eine tiefe Wahrheit über Paare herausgefunden und in die Praxis umgesetzt: daß wir Menschen zum Partner wählen, die alle die Schwierigkeiten und Herausforderungen verkörpern, mit denen wir bei unseren Eltern konfrontiert wurden; daß wir das tun, weil diese Menschen uns die Möglichkeit bieten, einen Teil unseres Selbst wiederzuerlangen, der uns aberkannt wurde oder verlorenging. Hendrix beschreibt in einer sehr direkten, verständlichen Weise, wie das geht, und bietet ein zehnwöchiges Übungsprogramm, das man zu Hause durchführen kann. (B9)

Am Anfang dieses Abschnitts brachte ich das Beispiel einer engen Beziehung, weil diese bei den meisten von uns an erster Stelle steht. Aber was ist beispielsweise mit einer bedrohlichen Situation am Arbeitsplatz? Sollen wir auch dort wagen, über unsere Gefühle zu sprechen? »Na, hör mal«, sagt der mir innewohnende Skeptiker, »wenn der Boß mir sagt, falls ich keine Überstunden mache, gebe er meinen Job jemand anderem, der dazu bereit ist, kann man doch nicht ernsthaft von mir erwarten, daß ich einfach so dastehe und ihm sage, ich sei entsetzt und eingeschüchtert, oder?« Hm, doch. Denn wenn das die Wahrheit ist, wird es ihn wesentlich schneller und direkter erreichen als irgendwelche anderen Reaktionen wie wütendes Davonstürmen oder gespielte Tapferkeit – von denen keine Ihren tatsächlichen Gefühlen entspricht. Auf diese Weise verwurzeln Sie sich in der Realität, und auf dieser Basis hat die andere Person eine Chance, in ähnlicher Stimmung zu reagieren: Der Chef könnte sich beispielsweise bewegt fühlen, Ihnen zu erklären, warum er dringend Überstunden braucht, und dann hätten Sie die Gelegenheit, als Gleichwertiger auszuarbeiten, wie sie einzurichten sind: durch Jobsharing, Gelegenheitsarbeiter oder was immer.

Ohne mir ganz bewußt zu sein, was ich tat, erprobte ich diese Technik an einem verschneiten Montagmorgen in den Yorkshire

Dales an Trish Dickinson. Sie hat bei Marshall Rosenberg gelernt und arbeitet an seinem Programm zur Ermöglichung einer Kommunikation zwischen Israelis und Palästinensern mit.

Trish und ich verbrachten ein verlängertes Wochenende bei Freunden mit Wandern. Wir hatten unsere Hunde mitgenommen. Meiner ist eine schwarze, wollige Collie-Mischlingshündin, ziemlich alt inzwischen und ziemlich feige. Sie heißt Fizzy. Trishs Hund Kiri ist eine junge deutsche Schäferhündin, die schier platzt vor Energie und nach meinem Eindruck einen großen Teil des Wochenendes damit zubrachte, angriffslustig knurrend auf meine Hündin loszugehen. Ich legte ihr Verhalten als Aggression aus, weil ich sah, daß Fizzy Angst hatte, und gab mehrmals ziemlich unbestimmt zu verstehen, vielleicht durch Körpersprache, daß ich wollte, Trish solle Kiri bändigen. Sie legte ihr Verhalten als harmlosen Übermut aus und merkte nicht, daß ich immer ärgerlicher wurde.

Am Montag früh, als Kiri knurrend in unseren Schlafbereich heraufrannte, begann ich zu kochen. Ich trat Trish in der Küche gegenüber. Was ich sagen wollte, war etwas in der Richtung: »Warum kannst du diesen verrückten Hund nicht bändigen? Fizzy hat das ganze Wochenende in großer Angst verbracht, und ich habe das satt bis obenhin. Schaff jetzt diese Hündin hinaus und sorg dafür, daß sie draußen bleibt.« Weil Trish mir von ihrer Schulung erzählt und ich einen Teil der vergangenen Nacht damit zugebracht hatte, über ihre Ausführungen nachzudenken, wußte ich, daß ich in etwa *hätte sagen sollen*: »Ich sehe, daß meine Hündin sehr verängstigt ist. Ich stelle fest, daß ich die ganze Zeit über auf sie aufpasse und daß mich die Sache nervös und ärgerlich macht. Tatsächlich bin ich jetzt wütend. Ich habe etwas Seelenfrieden nötig. Ich möchte, daß du Kiri anbindest, während wir im Haus sind, und daß du sie auf Spaziergängen an die Leine nimmst.«

Was ich hervorstieß, war eine Art Mischung aus beidem, und Trish hörte gottlob sofort. Was ich zu sagen hatte, kam wirklich bei ihr an, aber die Tiefe meiner Frustration entging ihr; sie bedauerte, nicht erkannt zu haben, was vorging. Wir merkten, daß keine die Siegerin war, und einigten uns binnen Sekunden auf eine befriedigendere Art, mit den Hunden umzugehen.

Seien Sie verletzlich

Weist das Obenstehende nicht darauf hin, daß man verletzlich sein sollte? Ist aber Verletzlichkeit nicht das gleiche wie Schwäche? Verletzlichkeit *Hand in Hand mit Angst* bedeutet tatsächlich Schwäche und ist nicht hilfreich beim Umgang mit Menschen, die gewalttätig sind. In unserer westlichen Gesellschaft (vielleicht sogar in allen Gesellschaften) sieht man Verletzlichkeit dieser Art als peinlich an, besonders bei Erwachsenen. Verletzlichkeit *Hand in Hand mit Offenheit* dagegen bedeutet Stärke und ist überaus nützlich beim Umgang mit Tyrannei. Verletzlichkeit dieser Art wird möglich, weil sie auf Verstehen basiert, sowohl der eigenen Person (siehe Kapitel 4) als auch anderer. Marshall Rosenberg sagt dazu:

> Wenn Sie sich öffnen und verletzlich machen und wenn die andere Person mit einer Analyse, einem Urteil oder einer Kritik auf Sie zukommt, dann lehrt unsere Schulung Sie, dieses Urteil in irgendwie ähnlicher Weise zu übersetzen, wie ein Dolmetscher bei den Vereinten Nationen simultan aus einer Sprache in die andere übersetzt. Wir lehren die Menschen, die Gefühle hinter der Botschaft, die diese Person zum Ausdruck bringt, zu *hören*, ebenso ihre unerfüllten Bedürfnisse und ihre Bitte. Mit anderen Worten, worum ersucht diese Person Sie?

Rosenberg bringt als Beispiel einen Vorfall, der sich zutrug, während er mit etwa 170 Muslims in der Moschee eines Flüchtlingslagers der West Bank war. Als herauskam, daß er Amerikaner war, sprang einer der Muslims auf und brüllte aus voller Lunge: »Mörder!« Rosenberg gelang es (gemäß seiner Schulung), seine Aufmerksamkeit auf die Gefühle des Mannes zu lenken, auf das Bedürfnis, das sich hinter dessen Botschaft verbarg. Der Mann lebte in dem Lager unter entsetzlichen Bedingungen. Von seinem Standpunkt aus wurde er tagtäglich durch die israelische Regierung unterdrückt, die Geld von der amerikanischen Regierung bekam. Darum nannte er Rosenberg einen Mörder, als er erfuhr, daß dieser Amerikaner war. Und Rosenberg fragte daraufhin laut: »Sind Sie zornig, und wollen Sie, daß meine Regierung ihre Mittel auf andere Weise verwendet?«

Der Mann schien ziemlich verblüfft, denn wenn Menschen reden wie er, ist es höchst ungewohnt für sie, daß jemand aufrichtig zu verstehen versucht, was sie fühlen und brauchen. Nach ein paar Augenblicken antwortete er: »Ja.« Unvermittelt ging er dann aus sich heraus und erzählte Rosenberg von den schrecklichen Bedingungen, die in dem Lager herrschten, und wie schmerzlich das für sie war und wie wütend die Menschen auf die amerikanische Regierung waren. Rosenberg hörte zu. Zwanzig Minuten später lud der Mann ihn zu einem Ramadan-Essen an dem Abend zu sich nach Hause ein.

Ben Okri formuliert es auf andere Art:

> Vielleicht wird das neue Heldentum der Zukunft eher mit dem Mut zu tun haben zu verlieren, um zu gewinnen; zurückzuweichen, um Boden gutzumachen; ein bißchen schwach zu sein, um unsichtbar stark zu sein, langsam zu leben und mit kleinem, aber lange brennendem Feuer.

Diese Einstellung zu Macht und Bedrohung hat ganz mit der möglichst raschen Veränderung des Ungleichgewichts – zwischen Tyrann und Opfer – in ein Verhältnis von gleich zu gleich zu tun. Natürlich ist sie eng verwandt mit dem Prinzip, das einigen Kriegskünsten unterliegt, nämlich der Überwindung von Aggression, indem man keinen Widerstand dagegen leistet.

Ein entscheidendes Element dieses Wegs besteht darin, daß Sie Ihr Terrain kennen und darauf stehen bleiben, nicht klein beigeben. Vielleicht erscheint es als seltsame Kombination, verletzlich zu sein *und* nicht klein beizugeben, aber glauben Sie mir, diese Kombination ist höchst wirksam. Sie erfordert, daß man sich völlig klar über das ist, was man meint und was man will. Seien Sie dann absolut fest. Susan Faludi schreibt über den »toten Gang« in der Frauenbewegung während der siebziger Jahre. Sie sagt, Männer hätten sie bekämpft, aber auch aufgenommen und in ihre private Erfahrung eingegliedert; und als sie sahen, daß die Frauen nicht klein beigaben, hätten viele Männer Entgegenkommen gezeigt, um die Frauen, die sie liebten, in ihrem Leben zu halten.

Seien Sie direkt

Opfer neigen gewöhnlich dazu, weniger direkt zu sein als Tyrannen. Opfer versuchen zu beschwichtigen, den anderen herumzukriegen, zu manipulieren. Manchmal haben sie schlicht physische Angst. Häufig jedoch ist ihre Indirektheit ein subtiler Versuch, Macht zu erlangen.

In ihrem Buch *A Woman in Your Own Right* erklärt Anne Dickson, daß es Frauen noch immer schwerfällt, diesen indirekten Zugriff auf andere aufzugeben. »Soll er doch glauben, daß es seine Idee war«, ist ein Satz, der die heimliche Einstellung vieler Frauen zu Männern charakterisiert: Nach außen lächeln, nicken und sagen, »ja, Liebling«, im Inneren jedoch Männer wie kleine Jungen behandeln und sich sehr überlegen fühlen.

Dickson macht richtigerweise darauf aufmerksam, daß sich hinter dieser subtilen Äußerung gönnerhafter Verachtung eine sehr wirkliche Angst verbirgt, nämlich die Angst, eine andere Verhaltensweise funktioniere nicht, sowie die Angst vor männlicher Autorität und körperlicher Kraft. Direkt und positiv bestimmt zu sein stellt nicht nur eine Alternativmethode zu dieser ermüdenden Täuscherei dar, sondern darin liegt auch, weil es viel echter ist, wesentlich mehr Energie für alle Beteiligten.

Hier ein erstklassiges Beispiel dafür, welche Macht der Direktheit innewohnt. Ike Turner behandelte seine Frau Tina seit Jahren brutal, schlug, trat und vergewaltigte sie, doch Tina wollte ihn nicht verlassen, weil sie von *ihrer* Mutter verlassen worden war und wußte, wie schmerzhaft so etwas ist. Jahrelang ertrug sie Verletzungen und Demütigungen, bis sie schließlich lernte, selbst stark zu werden – tatsächlich gelang ihr das durch Singen. Sie verließ Ike und schaffte ein Comeback als Solosängerin. Ike war außer sich vor Wut, pumpte sich mit Kokain voll und beschloß, sie müsse zu ihm zurückkehren. Er tauchte eines Abends, als sie allein in ihrer Garderobe war, dort auf und drückte ihr einen Revolver an den Kopf. »Was willst du damit, mich umbringen?« fragte Tina. »Ich habe keine Angst mehr vor dir, Ike Turner.« Ike wich zurück und ging.

Bringen Sie Ihr Gewicht ins Spiel

Damit meine ich, daß Sie ihre ganze Präsenz und Stärke in die Situation einbringen sollen. Spüren Sie Ihr Schwerkraftzentrum in Ihrem Hara – fühlen Sie die Kraft dort, die sich aus Ihren sämtlichen Erfahrungen aufgebaut hat. Bewegen Sie sich von dort aus; legen Sie, wenn Sie wollen, die Hände auf Ihren Bauch, wie es Schwangere tun.

Bedienen Sie sich dieses Zentrums und nicht Ihres Kopfes. Das mag unsinnig klingen, aber ich versichere Ihnen, es funktioniert. Wenn Sie sich das nächstemal bedroht oder eingeschüchtert fühlen, probieren Sie es aus. Ich kann es nicht wirklich erklären, aber nach meiner Meinung geschieht folgendes: Man gibt den Geist, das Argument, die Logik und das Siegenwollen (wo sich die meisten von uns ohnehin nicht auf sehr festem Boden fühlen) zugunsten des Orts der weiblichen Urkraft auf, wo wir auf wesentlich festerem Boden stehen. Sind wir Hara-zentriert, wird ein Gegner oder Angreifer instinktiv (vermutlich aber unbewußt) Signale auffangen, die besagen, daß mit uns nicht zu spaßen ist.

Reagiert man in Situationen, in denen man bedroht oder tyrannisiert wird, mit Muskeln und Hirn, verschlimmert sich das Ganze gewöhnlich nur noch und endet oft sogar in einer Katastrophe. Kann man solche Situationen dagegen auf der Gefühls- und Kommunikationsebene angehen, besteht Hoffnung auf eine Lösung.

Bevor ich mich im Mai 1994 einer Fraueninitiative für Aussöhnung im ehemaligen Jugoslawien anschloß, verbrachte ich eine Woche in Kroatien, wo ich mit Bosnienflüchtlingen und Kroaten arbeitete, die schwer unter dem Krieg gelitten hatten. Die außergewöhnlichen Frauen dort zogen mich in ihre Rettungs- und Wiederaufbau-Arbeiten hinein. Emsuda Mujagic ist Koordinatorin der Organisation, die die Frauen von Bosnien und Herzogowina in Zagreb geschaffen haben.

> Menschenrechte und alles das sind nichts als Worte auf Papier. Darum haben wir Flüchtlingsfrauen unsere eigene Organisation gegründet, und Frauen aus der ganzen Welt kamen uns zu Hilfe. Wir möchten den Krieg nicht nur in Bosnien beenden, sondern überall.

Emsuda war aus dem Konzentrationslager Trnopolje geflohen, wo sie mit angesehen hatte, wie man ihre Freundin Velida Mahmuljin mit Starkstromkabeln zu Tode folterte, weil sie gegen den Krieg protestierte. Jetzt hat Emsuda hundertzehn Frauen organisiert und nutzt deren Fertigkeiten im Stricken von Pullovern und Nähen von Kinderkleidern, die sich in den Niederlanden gut verkaufen. Jede Strickerin oder Näherin erhält die Hälfte des Verkaufspreises, die andere Hälfte geht an Waisen in Sarajewo.

Nusreta Sivac war vor dem Krieg Richterin in Prijedor bei Banja

Luka. Sie zählte zu den 36 berühmten Frauen im Konzentrationslager Omarska, wo sie jeden Tag nach den Foltersitzungen das Blut vom Boden wischen mußte. Wiederholt wurde sie vergewaltigt. Jetzt leitet sie im Rahmen der Organisation der Flüchtlingsfrauen ein Genesungsprojekt für Opfer von Folter und Vergewaltigung, das von einer norwegischen Stiftung finanziert wird.

Nada Dugandzic und ihr Mann hatten eine Pizzeria in Sarajewo, außerdem eine große Wohnung, ein Auto und ein Häuschen dem Land. Jetzt hausen sie mit ihren beiden Teenager-Töchtern in einem Kellerraum in Kroatien, aber sie schätzen sich glücklich, weil sie am Leben sind. »Wir haben zwar alles verloren, aber wenigstens haben wir einander nicht verloren«, sagt Nada, «also sind wir diejenigen, die mit der Wiederaufbau-Arbeit anfangen müssen. Und mit dem Verzeihen.« Nada hat genügend Energie, um eine Lötlampe anzuzünden. Ihre Vollzeitbeschäftigung und ihre Leidenschaft ist die Pflege verwundeter Bosnier, die man nach Zagreb evakuiert hat. Sie nahm mich zu einem Besuch von Fikret Semenic ins Krankenhaus mit. Am 13. März 1994 war die Kugel eines Heckenschützen in seine rechte Schläfe eingedrungen und unter seinem linken Ohr ausgetreten. Er ist blind, auf einem Ohr taub und hat Mühe beim Essen, weil sein Kinn zerschmettert ist. Nada war entschlossen, 4 000 DM aufzutreiben und ihn nach Antwerpen in ein Krankenhaus zu schicken, wo die Sehfähigkeit eines Auges gerettet werden könnte. Würde dies erreicht, könnte er für den Rest seines Lebens seine Familie versorgen. Er wußte nicht, wie seine Angehörigen sich am Leben hielten, seit er sie zuletzt gesehen hatte.

Zehn Tage nach der Geburt ihres ersten Kindes wurde Pava Antunovic von einer Handgranate schwer verletzt. Sie lag vier Monate im Koma. In ihrem Schädel waren große Splitter eingedrungen, ihr linker Fuß war verstümmelt und sie hatte Löcher in der Schulter und in den Schenkeln. Als Nada sie zum erstenmal besuchte, konnte sie kaum sprechen, und sie erinnerte sich nicht daran, daß sie ein Baby hatte. Jetzt unterhält sie sich mühelos, sie kämpft darum, wieder gehen zu lernen, und mittlerweile wurde sie von Nada mit einem geliehenen Auto zu einer operativen Entfernung der Splitter nach Italien gefahren.

Mich erfaßte Ehrfurcht bei dem Gedanken an die endlosen Stunden des Energieaufwands und der Pflege, die bei dem Versuch erforderlich sind, diese Körper und Seelen zu heilen, Körper und Seelen, die durch einen bloßen sekundenlangen Druck auf einen Auslöser zerstört wurden. Ich stellte mir den Heckenschützen vor, wie er den jungen Fikret ins Fadenkreuz des Zielfernrohrs an seinem Gewehr nahm, und den Soldaten, wie er den Stift aus der Handgranate zog, die Pava zerriß. Ich erinnerte mich an den jovialen Waffenhändler in Manchester, den ich kenne und der indirekt das Gewehr geliefert haben könnte. Er sagte, er leide keineswegs an Schlaflosigkeit, denn was er tue, sei legal. Ich dachte an Minister in meiner Regierung, die behaupten, britische Arbeitsplätze hingen vom Waffengeschäft ab.

Die bosnischen Frauen zerbrechen diese verrückte Kette irgendwie. Und das tun sie, so schmalzig es klingen mag, durch Liebe. Sie sitzen an ihren Nähmaschinen und singen Liebeslieder, mit gewaltigen Stimmen, die einen im Innersten erschüttern; sie rauchen eine Zigarette nach der anderen, erzählen Bosnierwitze und brüllen vor Lachen; sie richten einander die Haare. Sie waren in der Hölle und kamen daraus zurück; sie besitzen nichts, dennoch haben sie Liebe. Und sie sehen eine Million Dollar in diese Liebe hinein.

Seien Sie Ihr Symbol

> Die Arbeit des Sehens ist getan.
> Nun tu die Herzensarbeit
> Auf den Bildern in dir.
>
> RAINER MARIA RILKE, 1875–1926

Die Menschen geben Ihnen, wenn Sie sorgfältig hinsehen, starke Hinweise darauf, was Sie von ihnen denken sollen. Ein tyrannischer Machttyp kann sehr wohl ins Zimmer treten und eine starke Aura verbreiten, die besagt: »Ich erwarte, daß Sie mich für erstaunlich halten.« Die indirekt angesprochenen Menschen folgen ihm dann entweder auf dem Egotrip oder billigen ihn passiv oder sie fordern den Machttyp heraus. Tun sie letzteres, gibt es einen Kampf: im Grund zwischen zwei Egos, die beide Aufmerksamkeit und Raum haben wollen. Vielleicht versuchen sie, den Tyrannen zu manipulieren, indem sie ihm auf die eine oder andere Weise schmeicheln, aber das verleiht ihnen keine Macht der Art, von der wir sprechen, weil sie eigentlich das gleiche Spiel spielen wie der Tyrann.

*Zeichnung von
meiner Buche*

Nun ist es an der Zeit, daß Sie sich an Ihr persönliches Symbol (siehe Kapitel 4) erinnern und es einsetzen.

Hier ein Beispiel. Ich mußte meinen ehemaligen Mann zu einer Unterredung über Geld aufsuchen. Auf dem Weg dorthin war ich schrecklich nervös. Und dann, an einem Punkt der Unterredung, fühlte ich mich sehr klein. Mein Mann hielt mir einen Vortrag und schalt mich. Plötzlich wurde ich mir meiner Körperhaltung bewußt: zusammengekrümmt, nach vorn geneigt, den Kopf zur Seite, voller Angst. Ich erinnerte mich an ein Bild, das ich auf dem Herweg vom Auto aus gesehen hatte, das Bild einer schönen großen Buche, die fest, stark und voller Anmut war. Ich richtete meinen Rücken gerade, ließ die Schultern sinken, beruhigte mich und *wuchs* – ich muß sichtbar gewachsen sein auf meinem Stuhl, denn meinem Mann fiel das Kinn herunter, und er hörte mitten im Satz zu sprechen auf. Bei der ersten Gelegenheit gab ich ihm eine starke, klare Antwort mit einer Tiefgründigkeit, von der ich gar nicht wußte, daß ich sie hatte.

Denken Sie daran, daß Menschen mit wirklicher Macht eine sehr positive, bemerkenswerte Aura ausstrahlen. Ist das bei Ihnen der Fall, haben Sie also bereits selbst eine gute, starke Präsenz. Sie können es sich leisten, etwas Zeit zu investieren und alles in sich aufzunehmen. Wenden Sie dann Ihre Aufmerksamkeit von Ihrer eigenen Person ab und den anderen Menschen im Raum zu. Versuchen Sie, nicht zu urteilen. Versuchen Sie, die andere Person nicht als Feind zu sehen; wenn Sie das tun, tendiert die andere Person dazu, ein Feind zu *sein*. Gibt es etwas an Ihnen, was die anderen unterschätzen, fragen Sie sich, was das ist, und benutzen Sie Ihr starkes Bild, um zu zeigen, wie Sie wirklich sind. Wichtig ist dabei, daß Sie dem treu bleiben, was oder wie Sie wirklich sind, und dabei wird Ihnen Ihr Vorstellungsbild davon, wie Sie wirklich sind, viel helfen. Begehen Sie keinen Fehler, Ihr wirkliches Ich besitzt eine grundlegende, unleugbare Schönheit. Bleiben Sie in dieser Schönheit

Die Menschen verstehen weit, weit mehr als bloße Worte. Von dem Augenblick an, in dem wir eine andere Person sehen, sammeln und verarbeiten wir Informationen, tausendemal pro Sekunde: über ihr Aussehen, ihre Gesten, Farbe, Gesichtsausdruck, Haltung, Auftreten, Einstellung, Geruch, ihre Art der Annäherung, den Abstand zu Ihnen, die Geschwindigkeit ihrer Bewegungen, die Konsequenz, mit der sie handeln, und so fort. Ihre Körperhaltung oder Ihr Auftreten ist also sehr wichtig. Es ist beispielsweise nicht gut zu sagen: »Ich bin extravertiert«, wenn Ihre Arme um den Körper geschlungen und Ihre Beine verschlungen sind. Wenn Sie sich als Opfer fühlen, senden Sie einem Tyrannen unweigerlich Opfersignale. Und wenn Sie sich stark fühlen, senden Sie Signale aus, die sagen: »Es hat keinen Sinn, hier anzugreifen.«

Neunzig Prozent der Botschaften, die wir empfangen, rühren von der Körpersprache her, weil man uns dahingehend konditioniert hat, daß wir dem, was Menschen sagen, nicht trauen. Unsere Körperhaltung spricht Bände, und vorausgesetzt, wir nutzen sie positiv, wird sie uns mit Sicherheit ein besseres Gefühl im Hinblick auf das geben, was wir anderen vermitteln wollen, und sie wird dafür sorgen, daß die anderen uns ernstnehmen.

Erwarten Sie das Positive

Vor kurzem sprach ich davon, was wir von einem Tyrannen denken sollen, was er in der Hinsicht von uns erwartet; jetzt möchte ich eine Anmerkung dazu machen, was wir in der Hinsicht von anderen erwarten, also was sie von uns denken sollen.

Das klingt vielleicht unheimlich, aber es ist wahr: Die Menschen denken von uns im allgemeinen genau das, was wir erwarten. Mit anderen Worten, wenn wir *erwarten*, daß sie denken, wir seien durcheinander, zögerlich oder falsch informiert, *werden* sie das denken. Wenn wir bei der gleichen Person mit den gleichen Fähigkeiten in die gleiche Situation geraten, aber erwarten, daß sie uns für klarsichtig, gewandt und gut unterrichtet hält, wird sie genau das tun.

Einmal versuchte ich einen Journalisten zu überreden, einen Artikel über etwas zu schreiben, für das ich leidenschaftlich eintrat. Er begann mich nach den Fakten zu fragen. In mir stieg Ärger hoch, und ich argumentierte. Er sagte Dinge wie:»Jeder, dem es mit diesen Fragen ernst ist, weiß ganz genau, daß...« Er rümpfte die Nase über mich. Ich ging von ihm weg wie ein Hund mit eingezogenem Schwanz. Später, nachdem ich mich von der Demütigung erholt hatte, dachte ich:»Ich habe von ihm erwartet, daß er mich nicht ernst nimmt, und genau das tat er. Ich dachte, daß ich recht habe, aber ich erwartete, daß man mir nicht recht geben würde.« Wäre ich zu der Unterredung in der *Erwartung* gegangen, man werde mich ernstnehmen und meine Meinung respektieren, wäre das Gespräch ganz anders verlaufen.

Seien Sie sich Ihrer Autorität bewußt, ohne autoritär zu sein

Wir bringen die beiden Ausdrücke meistens durcheinander, doch zwischen ihnen besteht ein krasser, entscheidender Unterschied.

Autoritäre Menschen wollen und erwarten. daß man ihnen gehorcht. Für sie ist wichtiger, daß *wir* tun, was *sie* wollen, als daß *sie* wissen, was *wir* wollen. Im Grunde sind sie nicht an uns interessiert. Sie sind nur daran interessiert, die Kontrolle zu haben und zu behalten.

Menschen mit Autorität dagegen wissen, daß sie eine Sache verstehen oder gut ausführen können. In Situationen, wo das von Nutzen sein könnte, bieten sie uns ihr Wissen oder Können an. Verfügen sie tatsächlich über das Wissen oder Können, werden sie deswegen respektiert, und sie besitzen Autorität. Sie haben es nicht nötig, jemanden zu kontrollieren, um die Macht der Autorität weiterhin zu behalten. Ein augenfälliges Beispiel ist ein Unfall, bei dem jemand verletzt wird. Der erste Arzt/die erste Ärztin am Unfallort hat sofort Autorität, weil man sein/ihr Können und Wissen braucht. Es besteht keinerlei Grund, autoritär zu sein.

Tyrannen achten immer besorgt darauf, wo andere rangmäßig stehen, über oder unter ihnen. Sie stufen andere gemäß der von ihnen zu erwartenden Nützlichkeit auf einer abfallenden Skala ein. So funktioniert Herrschaftsmacht. Eine mit Hara-Macht ausgestattete Person dagegen tritt zu anderen in Beziehung, statt sie einzustufen, und sieht in ihnen das Menschenwesen statt den Titel oder Fallensteller.

Suchen Sie die kreative Lösung

Eine Lösung ist kreativ, wenn beide Seiten ein gutes Gefühl dabei haben, im Hinblick auf sich selbst und auf den anderen. Das scheint viel verlangt vom Opfer: Weil es gelitten hat, möchte es, daß der Tyrann ebenfalls leidet. Tatsache ist jedoch, daß der Tyrann bereits leidet. Ram Dass erklärt das sehr gut:

> Wenn Sie sich mit Macht befassen, wie ich die meiste Zeit im Leben, dann werden Sie Beziehungen im Sinne von Macht sehen: Sie werden fürchten, kontrolliert zu werden, unterdrückt zu werden oder abhängig zu sein. Das alles ist Macht in bezug auf Dinge. Und das ist der Grund, warum Sie sich mit Macht befassen, wegen Ihrer Gefühle der Unzulänglichkeit, der Kraftlosigkeit oder was immer.

Menschen, die sich innerlich stark fühlen und ein gutes Selbstgefühl haben, laufen nicht herum und tyrannisieren andere. Das heißt nicht, daß Sie den Tyrannen bedauern sollen. Seien Sie nur distanziert. Lassen Sie sich nicht einfangen. Lassen Sie sich von den unguten Gefühlen des Tyrannen nicht zu eigenen unguten Gefühlen hinreißen. Ihn (oder sie) leiden zu lassen ist keine Lösung; keiner gewinnt, alle fühlen sich nur schlechter.

Die kooperative Lösung versucht eine gemeinsame Basis der Bedürfnisse zu finden, mit der sich beide Seiten einverstanden erklären können. Dazu muß jedoch jede Seite wissen, was die andere *will*, nicht dagegen, was mit der anderen Seite nicht stimmt. Marshall Rosenberg beschreibt ein Paar, mit dem er arbeitete. Als er fragte, was jeder vom anderen wolle und nicht bekomme, schaute der Ehemann seine Frau an und sagte: »Du bist vollkommen gefühllos gegenüber meinen Bedürfnissen.« Sie entgegnete mit Lichtgeschwindigkeit: »Das ist unfair.« Rosenberg stellt fest, daß wir oft Gelegenheit haben zu sagen, was wir von einander wollen, daß man uns aber nicht gelehrt hat, *im Sinne dessen zu denken, was wir wollen*, und wir es darum nicht klar und deutlich sagen können. Geübt sind wir statt dessen im Analysieren und Beurteilen der Dinge, die bei der anderen Person nicht stimmen.

Um also zu einer Lösung zu kommen, müssen wir wissen, was jeder braucht. Tyrannen erzeugen vielleicht den Eindruck, daß sie das Geld anderer Leute, Unterordnung, bestimmte Waren oder Gehorsam wollen. Was sie tatsächlich brauchen, ist vielleicht, angehört zu werden, sich fähig zu fühlen, stark zu fühlen. In einer Situation der Bedrohung spielt sich also möglicherweise folgendes ab:

> Eine physisch oder scheinbar starke Person, die sich innerlich schwach und unfähig fühlt, versucht, etwas von einer scheinbar schwächeren Person zu bekommen,

Wir können die Interaktion jedoch völlig umkehren und aus einer Bedrohung eine Lösung machen, wenn wir dem Obenstehenden eine Schlußzeile anfügen:

> die in Wirklichkeit innerlich stark ist.

Stark genug, um die unerfüllten Bedürfnisse des Tyrannen wahrzunehmen und einen kreativen Weg zu ihrer Befriedigung zu finden.

Nach der Untersuchung einer Reihe verschiedener Wege zur Nutzung der Hara-Macht in persönlichen Situationen, die stressig oder bedrohlich sind, möchte ich eine wahre Geschichte über eine Gruppe Frauen erzählen, die sich sehr stark bedroht fühlten und beschlossen, etwas dagegen zu tun, nämlich ins militärische Hauptquartier der NATO zu gehen und persönlich mit den Verantwortlichen zu reden. Die Frauen der Gruppe wandten viele Methoden der Hara-Macht an, wenn auch nicht bewußt oder gezielt. Sie benutzten die innere Veränderung – Änderungen, die sie in sich selbst beobachteten – für den Versuch, eine Veränderung in der äußeren Welt zu bewerkstelligen.

In den achtziger Jahren hatte sich der Kalte Krieg zwischen Ost und West wegen der Entwicklung neuer Kurzstrecken-Atomraketen in Mitteleuropa durch beide Seiten erhitzt. 1986 dann beschloß diese Gruppe Frauen, die genug hatten von der Polarisierung zwischen Ost und West und es satt hatten, daß Millionen Dollar an Steuergeldern in die Rüstung flossen, nach Brüssel ins NATO-Hauptquartier zu gehen und dort mit den entscheidenden Persönlichkeiten darüber zu sprechen. Die NATO ist ein Militärbündnis westlicher Nationen, das Tausende von Atomwaffen kontrolliert. Die Frauen waren größtenteils Mitglieder ihrer Landesparlamente, Vertreterinnen von Frauenorganisationen oder Frauen, die Untersuchungen über die Kriegsindustrie durchgeführt hatten. Obwohl sie gut unterrichtet, friedfertig und in ihren Ländern sehr bekannt waren (zu ihnen zählte die Frau eines Premierministers), hatten sie größte Schwierigkeiten, Termine bei den Herren zu bekommen, mit denen sie sprechen wollten. Es dauerte ein Jahr, und eine Petition von Mitgliedern des Europaparlaments war erforderlich, um den NATO-Generalsekretär zu überzeugen, daß er sich nichts vergab, wenn er mit diesen Frauen sprach.

Im Juni 1987 gewährte man ihnen endlich Zutritt zum Hauptquartier: den ersten Frauen (außer Sekretärinnen, Putzfrauen und Mrs. Thatcher), die diese Schwelle überschritten. Sie begaben sich zu zweit oder zu dritt zu den Generälen und Botschaftern, die ihre eigenen Länder vertraten, und trafen dann mit dem Generalsekretär zusammen, damals Lord Carrington. Er titulierte sie als »ihr jungen Frauen, die nichts vom Krieg verstehen«.

Die Frauen waren zutiefst beunruhigt über das, was sie herausfanden: beispielsweise, daß es keinen Kommunikationskanal zwischen der NATO und dem Warschauer Pakt gab und daß NATO-Entscheidungen den Parlamenten der Mitgliedsländer monate- und sogar jahrelang nicht mitgeteilt wurden und man oft gar nicht über sie debattierte. Die Frauen begannen in ihren Ländern klar und deutlich darüber zu sprechen; sie stellten Fragen in den Parlamenten. Im April 1988 reisten sie erneut zur NATO, um vor einer Versammlung der Verteidigungsminister der nuklearen Planungskommission direkte und ganz spezifische Fragen zu stellen. Sie erzielten in der Tat Ergebnisse. Ein Kommunikationskanal zwischen NATO und Warschauer Pakt wurde eingerichtet. Ein Fernseh-Dokumentarfilm über das Fehlen von Debatten über NATO-Entscheidungen wurde gedreht und im britischen Fernsehen gezeigt.

Kurz davor, im März 1988, waren Parlamentarierinnen aus NATO-Ländern nach Sofia in Bulgarien gereist, um sich mit dem damaligen sowjetischen Außenminister Eduard Schewardnaze und anderen Außenministern der Warschauer-Pakt-Staaten zu treffen. Sie hatten erörtert, wie man gegenseitige Sicherheit durch politische Verhandlungen statt durch militärische Gewalt erreichen könne.

Acht Monate später gelang ihnen wieder etwas Erstmaliges: Weibli-

*Eduard Schewardnaze, damals sowjetischer Außenminister, empfängt
Parlamentarierinnen aus NATO-Ländern (März 1988).*

che Führungspersönlichkeiten aus NATO-Ländern forderten ihre Kolleginnen aus den Ländern hinterm Eisernen Vorhang auf, ins NATO-Hauptquartier zu kommen und mit den Herren dort Verteidigungsfragen zu diskutieren. Heute mag es seltsam klingen, aber bis dahin hatten noch nie führende Politiker aus einem der Machtblöcke des Kalten Kriegs das militärische Nervenzentrum des anderen besucht. Die NATO war in der Hinsicht sehr zurückhaltend; dennoch, in einigen Einzelgesprächen fand ein wirklicher Dialog statt, der es jeder Seite ermöglichte, den Standpunkt der anderen Seite zu erfahren. Weniger als ein Jahr danach fiel die Berliner Mauer. Im Lauf des Frühlings und Sommers 1990 verlor der Kalte Krieg an Spannung. Ende Dezember 1991 zerfiel die Sowjetunion, sie wurde zu einem Verband Unabhängiger Staaten. Diese Frauen sowie jene, die zwölf Jahre lang vor dem US-Stützpunkt bei Greenham Common in Großbritannien campierten, jene Frauen, die das Pentagon in Washington DC. umringten, sowie jene Frauen und Männer, die bei Militärstützpunkten in Kanada, Italien, Deutschland und Frankreich Wache hielten – alle diese Menschen spielten eine wichtige Rolle bei der Beendigung des Kalten Krieges.

»Was für eine Rolle genau?« fragt der mir innewohnende Skeptiker. »Natürlich war es die wirtschaftliche Misere in der Sowjetunion, die Gorbatschow zwang, den Amerikanern Verhandlungen anzubieten, nicht wahr? Natürlich war es das neu gewonnene Selbstvertrauen der osteuropäischen Staaten, das sie befähigte, sich gegen Moskau zu stellen und die Berliner Mauer niederzureißen, nicht wahr? Natürlich kannst du nicht behaupten, daß Wache halten, Reisen zur NATO und Reden oder das Campen vor Militärbasen viel damit zu tun hat, oder?« Ich kann es behaupten, und ich behaupte es. Allein schon die Tatsache, daß wir mit einer Person zusammentreffen und sprechen, die ganz ruhig gegensätzliche Ansichten vertritt wie wir, beeinflußt uns, sei es auf bewußter oder unbewußter Ebene. Ob wir es zugeben oder nicht, wir halten inne. An der Oberfläche denken wir vielleicht: »Ach, geh mir doch aus dem Weg«, aber irgendwo tief drinnen sagt eine Stimme: »Oh, diese Person mißbilligt, was ich tue, und das ist ihr so wichtig, daß sie zu mir kommt und es mir sagt.« Man macht vielleicht Witze darüber, wischt es verächtlich beiseite, aber es ist da, in ihre Psyche gelegt wie ein kleines Samenkorn (und bei manchen Menschen keimen diese Samenkörner zweifellos sehr schnell).

Insider aus der NATO, dem britischen Verteidigungsministerium, dem Heer, der Marine und der Luftwaffe sagten zu mir: »Solche Nachrichten von außen sind willkommen. Besuche wie Ihrer sind selten. Das ist wirklich der einzige Weg, auf dem wir neue Meinungen zu hören bekommen.« So äußerte sich mir gegenüber im Juli 1992 ein hoher Beamter der NATO-Abteilung für Verteidigung, der in die Kantine kam, um nach meinem offiziellen Besuch bei seinem Vorgesetzten mit mir zu sprechen. Und ein Commodore der Royal Air Force, den ich 1992 interviewte, versicherte mir: »Ich genoß dieses Gespräch wirklich... Bekomme selten die Gelegenheit, äh, Fragen dieser Art zu erörtern, und, äh, wie Sie sehen, sind wir uns nicht einmal unter uns immer einig.«

Je ruhiger der Protestierende ist, desto stärker ist oft die Wirkung. Ermahnendes Zureden ist völlig kontraproduktiv. Es hat keinen Sinn, den Menschen Vorträge zu halten, daß sie die Verantwortung für den Planeten übernehmen »müßten«. Moralisch hohe Forderungen abzustecken, wie es einige grüne Bewegungen tun und wie ich es getan habe, bewirkt nach meiner Erfahrung nichts, abgesehen von einem ziemlich miesen Schein der Rechtschaffenheit. Die Menschen reagieren nicht auf Ermahnungen und auch kaum auf Zorn. Doch der ganze Unterschied der Welt liegt zwischen »eigenem« Zorn und »Strafpredigten« oder Levitenlesen (was bedeutet, daß man einem oder den anderen die Schuld gibt). Werden Menschen, die das tun, was sie als ihr Geschäft (und ihre Pflicht) ansehen, mit Schuld oder Tadel konfrontiert, greifen sie nur nach Verteidigungswaffen: nichts dringt durch. In fast jedem Fall und ganz bestimmt bei Fremden bewirkt Tadel oder Schuldzuweisung, daß die Menschen sich verschließen. Aufgeschlossen werden sie dagegen, wenn ihnen der andere mit wirklicher Offenheit begegnet. Zu Offenheit gehört natürlich, daß man seine wahren Gefühle benennt, verletzlich ist, direkt ist, sein volles Gewicht einsetzt, das Positive erwartet und so fort.

Machtfallen für Frauen

Nach der Schilderung verschiedener Wege, die Kommunikation als Reaktion oder Antwort auf Bedrohung zu benutzen, möchte ich nun zwei der häufigsten Arten erläutern, auf die Frauen Macht ausüben. Die eine Art hat mit Sex zu tun, die andere mit der Familie. Keine von beiden ist Hara-Macht.

Sex

Die größte Falle, in die Frauen geraten, wenn es um Macht geht, ist der Sex. Unsere Kultur ist bis in jeden Winkel und jedes Versteck von der Vorstellung erfüllt, Frauen hätten Macht über Männer, wenn sie sexy sind. »Sei noch schöner, wenn du mächtiger sein willst«, drängen die Illustrierten. Von Kosmetik bis zu Autos kann alles Sie einflußreicher machen, nicht weil Sie klug oder begabt sind, sondern weil Sie sexy sind.

Statt daß die Sexualität ein wenig aus dem Mittelpunkt rückt, wie die Frauenbewegung in den siebziger und achtziger Jahren hoffte, scheint sie noch stärker dort zu stehen. Die Frauen sind weit davon entfernt, eine größere Gleichheit zwischen den Geschlechtern auszunutzen, um zu bestimmen, wie man uns sehen soll; sie stärken vielmehr selbst die Auffassung, am wichtigsten sei die sexuelle Anziehungskraft einer Frau. Madonna wird laut Ros Coward oft als die Kultfigur einer jungen Frau mit selbstdefinierter weiblicher Sexualität hingestellt, doch sie hat nie etwas getan, womit sie sich gegen die traditionelle Meinung gestellt hätte, daß die größte Machtquelle der Frauen darin liegt, sexuell begehrenswert zu sein.

Wir sind getäuscht worden. Das heißt, wir haben uns selbst getäuscht, weil wir an der Idee festhielten, *Macht über* Männer sei die Lösung. Wenn wir Macht haben wollen und wenn Männer mächtig sind, braucht man nur Macht über sie zu gewinnen. Ganz einfach ist das. Und *dumm.* Warum?

- Weil Macht dieser Art nicht von Dauer ist. Eine Runzel oder zwei, und er kann sich eine neue Frau zulegen. Und wenn Sie Ihren ganzen Machtsinn darauf ausgerichtet haben, sexy zu sein, werden Sie einen scheußlichen Schock kriegen, sobald Sie es mit einem Baby zu tun bekommen – oder auch mit dem Klimakterium.
- Weil sie sehr begrenzt ist. Denken Sie nur an alle anderen Arten von Macht, die eine Frau haben kann: Respekt aus eigenem Recht, die Urmacht der Fortpflanzung, die Macht der Weisheit, Macht in einer Gruppe. Angesichts dieser Möglichkeiten ist es doch ziemlich doof, in Netzstrümpfen herumzustöckeln, um einen Mann so weit zu bringen, daß er etwas für Sie tut, was Sie viel leichter selbst für sich tun könnten
- Weil es die Vorstellung am Leben hält, daß Männer mächtige Patriarchen und Frauen hilflose Opfer sind.
- Weil es gewissermaßen jedermann einen Prügel in die Hand gibt, mit dem er sie schlagen kann, wenn sie nicht mehr sexy sind. »Nicht sexy« ist eine der erniedrigendsten Beleidigungen in der heutigen Welt.

Die Familie

Die einfache Version lautet so: Männer können in der Außenwelt ruhig mächtig sein, aber zu Hause, wo es zählt, besitzt die Frau die ganze Macht. In dieser Version weist man uns erstens darauf hin, wie wichtig Mutterschaft ist und wieviel Macht eine Frau über künftige Generationen hat, weil sie diese in der Kindheit beeinflußt. Das mag so sein, aber sie kassiert auch den »Rückprall« all der Frustrationen, die kleine Kinder mit ihren ersten Fürsorgern erleben: Wut, Hilflosigkeit, Zerstörungsdrohung.

Zweitens handelt es sich bei der Macht, die eine Frau angeblich in der Familie hat, um emotionale Macht. Diese unterscheidet sich stark von der Herrschaftsmacht und ebenso stark von der Hara-Macht. Sie ist noch in Richtung *Macht über* orientiert, hat aber dem Anschein nach mit passiver Feminität zu tun. Sie bringt die Frau in eine häßliche Position: irgendwohin zwischen Manipulatorin und Betrugskünstlerin. Manche Frauen gebrauchen ihre Macht tatsächlich, um Männer im Haushalt und beim häuslichen Engagement, ja sogar beim Kontakt mit ihren Kindern auszustechen oder ganz auszuschalten. Es gibt eine Geschichte über den Zeitungsmagnaten Lord Beaverbrook, einen äußerst mächtigen Mann, der seine Tage damit zubrachte, Winston Churchill zu beraten und die Weltgeschehnisse im allgemeinen zu beeinflussen. Wenn er jedoch nach Hause kam, durfte er sein Wohnzimmer nicht mit Schuhen betreten. Seine Frau erlaubte zwar anderen, beschuht einzutreten, bestand aber darauf, daß er seine Schuhe an der Türe auszog.

Drittens wird Macht im Zuhause so hingestellt, als sei sie irgendwie mit innerer Macht verwandt. Sie befindet sich jedoch nicht in Körper, Geist und Seele, sondern innerhalb von vier Wänden. Die Art Macht, von der man annimmt, daß Frauen sie haben, erstreckt sich in diesem Sinne nicht weiter als bis an die Wände des Zuhauses und ist somit begrenzt. Sie ist nicht Bestandteil von etwas Größerem, beispielsweise nicht in der Großen Geheimnisvollen verwurzelt. Als Folge davon ist die »Macht« von Frauen, die ans Haus gefesselt sind, isoliert, abgeschnitten; solche Frauen sind nicht Teil eines großen Netzes, wie ihre Vorfahrinnen es waren, nicht Teil eines Wissenssystems, das von Generation zu Generation weiterging, nicht Teil eines allen gemeinsamen Systems der Verehrung. Sie erhalten keine Schulung darin, was sie mit wirklicher Macht bewirken könnten, so sie denn welche besäßen; die Macht die sie tatsächlich haben, wird in der Welt nicht eingesetzt. Der Ausweg für eine Frau besteht darin, daß sie sich des Unterschieds zwischen dieser Art Macht und der Hara-Macht bewußt wird, Hara-Macht entwickelt – und dann beobachtet, welche Änderungen in ihrem Leben geschehen werden!

Sexuelle Gewalt

Ein Angriff, der plötzlich erfolgt und gewalttätig ist, läßt wenig Raum für die in diesem Kapitel bereits erörterten Kommunikationsreaktionen. Geschieht so etwas, kann die beste Reaktion nur irgendeine Form physischer Selbstverteidigung sein. Es gibt heute viele Möglichkeiten, sich darin schulen zu lassen oder sich selbst zu schulen; einige werden in »Weitere Wege und Möglichkeiten« am Ende dieses Buches erwähnt.

Viele Schriftsteller befaßten sich mit dem Thema Vergewaltigung, sowohl von historischen und soziologischen Standpunkten als auch im Hinblick auf das Überleben. Der Aspekt, den ich untersuchen möchte, ist die Verhütung. Mich interessiert, was Angreifer von einer sexuellen Begegnung erwarten und wie Opfer konditioniert sind, sich zu verhalten. Einem traditionellen Ratschlag zufolge soll eine Frau anfangs auf den Angreifer eingehen, »ihm schmeicheln und sogar sexuelles Interesse an ihm äußern. Dann, wenn sich die Gelegenheit ergibt, sollte sie Widerstand leisten«. Das ist zweifellos absurd. Doch weil es Teil der herrschenden Kultur ist, müssen wir uns unbedingt darüber im klaren sein, daß wir alle in gewisser Weise diese Vorstellungen erben, vom Tag unserer Geburt an damit bombardiert werden und sie sogar in alltäglichen, nicht erkannten Handlungen fortbestehen lassen. Das heißt jedoch keineswegs, daß wir uns nicht von solchen Klischees befreien können.

Die Frauen in unserer Gesellschaft sind jahrhundertelang konditioniert worden, ihr möglichstes zu tun, um Männer anzuziehen: sich so zu kleiden, so zu gehen und so zu lächeln, daß sie Blicke auf sich ziehen. Und dann verlangen wir von den Frauen, das alles abzuschalten, wenn sie irgendwo sind, wo es gewalttätige Menschen geben könnte. Dies scheint mir ein völliger Widerspruch. Wie soll beispielsweise ein Mädchen, das sich entsprechend zurechtgemacht hat, um in einer Disco Jungs anzuziehen, plötzlich zu einer Vogelscheuche werden, um durch die dunklen Straßen ungefährdet dorthin zu kommen?

Ich halte das für ein wirklich schwieriges Problem. Mich drängt es zu sagen, Frauen bräuchten *nicht* bestimmte Kleider zu tragen, *nicht* in einer bestimmten Weise zu gehen und zu lächeln, um Männer anzuziehen; wir sollten einfach wir selbst sein. Außerdem haben heute viele junge Frauen unendlich mehr Selbstsicherheit als meine Generation, was die Kleidung und das allgemeine Dasein anbelangt. Wenn sie die Straße entlanggehen, erzeugen sie den Eindruck, daß sie mit den meisten Dingen gut fertigwerden. Jemand, der ihnen auflauert, würde höchstwahrscheinlich eine scharfe Bemerkung ernten und gesagt bekommen, sie seien sexuell nicht zu haben, außer sie träfen selbst die Wahl.

Das garantiert natürlich keineswegs, daß sie nicht angegriffen werden. Darum möchte ich prüfen, wie das Material in den Kapiteln 4, 5 und 6 potentiellen Angriffsopfern helfen kann, sich in Nicht-Opfer zu verwandeln. In Kapitel 4 zeigte ich auf, daß wir um so stärker sind, je mehr wir über unsere Schwächen wissen. Beispielsweise die Bewußtmachung und Durcharbeitung der Angst, angegriffen zu werden, verwandelt diese Angst in eine Kraftquelle. Ich beschrieb die Macht des »Benennens«. Die Geschichte aus den Anden, wo ein Beamter einer jungen Frau das Visum erst geben wollte, nachdem er mit ihr Sex gehabt hatte, veranschaulicht die Macht des Benennens. Als die junge Frau die Situation benannte – ihm sagte, sie würde der ganzen Stadt von seinem »Handel« erzählen –, wich er sofort zurück. Die Entwicklung eines eigenen Symbols für Stärke kann eine wichtige Zutat im Selbstschutz werden, denn Menschen senden vielerlei nonverbale Botschaften aus, wenn sie eine Straße entlanggehen.

In Kapitel 5 lag das Hauptgewicht auf der Suche von Macht im Inneren des Körpers. Diese hängt in hohem Maß von der Einschätzung der Funktionen unseres Körpers und unserer Ausrichtung im Hara ab. Wenn Sie das Experiment probiert haben, bei dem man jemand umzustoßen versucht, der gut zentriert ist, werden Sie wissen, welche Stärke in Ihrem Schwerkraftzentrum zu finden ist. Diese Ausrichtung sendet die feine, möglicherweise unbewußte Botschaft aus, daß sich ein Angriff auf die betreffende Person nicht lohnt.

Bei Frauen ist auch die Befreiung von sexueller Schuld wichtig, damit sie diese Botschaft aussenden können. Damit meine ich Befreiung von der Last des früh Gelernten, daß die Frau an allem schuld ist, was sexuell geschieht, daß die Männer, weil die Erfordernisse der männlichen Sexualität überaus gebieterisch sind, sich nicht beherrschen können und Erleichterung nötig haben und daß an dem Zustand, in dem sie sich befinden, provozierende Frauen schuld sind. Die Befreiung von dieser Schuld zeigt sich im Körper und im Gebaren einer Frau. In dem Zusammenhang erinnere ich mich mit Freude an das Bild der großen, mächtigen mexikanischen Frauen, von denen ich früher berichtete: Bei ihnen ist keinerlei Spur einer sexuellen Schuld zu finden. Letztendlich bedeutet natürlich das Vorbereitetsein auf den Tod und die Bereitschaft zum Sterben, sofern man diese Ebene der Heiterkeit zu erreichen vermag, daß man im Augenblick des Angriffs keine Angst hat; und das Freisein von Angst verschafft einem Zeit und Energie, um mit der Situation in einer Weise fertigzuwerden, die andernfalls nicht möglich wäre. In Kapitel 6 veranschaulichte ich, wie die Fähigkeit, »im Augenblick« zu sein, anwesend zu sein, entwickelt werden kann. Das dauert seine Zeit, aber wenn eine Person ihre (oder seine) innere Stärke kennt, teilt sich das nonverbal mit. Gelingt es einer Person, von Augenblick zu Augenblick wach und sich des Geschehens voll bewußt zu sein, entsteht die Bereitschaft, auf alles, was passiert, im Nu zu reagieren.

Feminismus und Macht

Was ich hier beschreibe, ist nicht das gleiche wie der gängige Feminismus. Worüber ich spreche, das ist eine Hara-zentrierte Art, mit Herrschaftsmacht umzugehen, die genauso gut von einem Mann wie von einer Frau angewandt werden kann. Es gibt viele Menschen, die biologisch Frauen sind und gar nicht mit ihr umgehen können; andererseits gibt es viele Menschen, die biologisch Männer sind und sich sehr gut darauf verstehen. Ich brauchte lange, um mich zu der Erkenntnis durchzukämpfen, daß Hara-Macht *nicht* geschlechtsabhängig ist, weil ich sehr stark vom Werk von Feministinnen beeinflußt worden und der feministischen Bewegung zu Dank verpflichtet bin.

Jetzt möchte ich mir ansehen, was verschiedene Zweige des Feminismus über Herrschaftsmacht sagen. Das feministische Schrifttum befaßt sich zweifelsohne mit Machtfragen, aber weniger im Sinn einer Konfrontation mit Herrschaftsmacht auf der Weltbühne, sondern mehr im Sinne des Kampfs um Gleichberechtigung, um die Kontrolle der Frauen über ihren Körper und so fort. Der liberale Feminismus, der in dreihundertjährigen Traditionen wurzelt, vertritt die Ansicht, daß Frauen generell unterdrückt werden, insofern als sie unter einer ungerechten Diskriminierung leiden, die zum größten Teil vom Rechtssystem nicht vorgeschrieben ist, sondern auf Bräuchen basiert.

Marxistisches Denken mit seinen hundertjährigen Wurzeln behauptet, Frauen würden durch ihren Ausschluß von Lohnarbeit unterdrückt, und die fortdauernde Untergeordnetheit der Frauen liege im Interesse des Kapitalismus; in der Praxis jedoch gestehen traditionelle Marxisten dem Kampf gegen männliche Dominanz kaum Priorität zu. Der 1970 geborene sozialistische Feminismus hat erkannt, daß die Unterschiede zwischen Frauen und Männern keine präsozialen Gegebenheiten sind, sondern daß sie sozial konstruiert worden und deshalb sozial veränderbar sind.

Der radikale Feminismus, den die Frauenbefreiungsbewegung Ende der neunziger Jahre hervorbrachte, kämpft gegen männliche Kontrolle über die sexuellen Fähigkeiten und die Fortpflanzungsfähigkeiten der Frauen; das unmittelbare Ziel ist, den Frauen wieder zur Kontrolle über ihre Körper zu verhelfen, und auf lange Sicht soll eine neue Gesellschaft aufgebaut werden, die von radikalfeministischen Werten wie Ganzheit oder Unversehrtheit, Vertrauen, Zuwendung und Sinnlichkeit belebt ist. Zahlreiche andere Vorschläge für eine soziale Veränderung betreffen die Reorganisation der sogenannten Privatsphäre; sie unterscheiden nicht zwischen ihr und der sogenannten öffentlichen Sphäre unpersönlicher Politik. Die Vertreter dieser Richtung glauben, ihre Werte seien zur Regelung der gesamten Gesellschaft geeignet. Ihre Einstellung bedeutet einen scharfen Bruch mit der westlichen Tradition auf dem Gebiet der politischen Theorie. Macchiavelli beispielsweise argumentierte, es sei unverantwortlich, in der Politik Moralmaßstäbe anzulegen, die für intime Beziehungen geeignet seien. Er fand, Verrat, Täuschung und Gewalt seien in der Politik notwendig und gerechtfertigt.

Es lassen sich also drei Phasen der Revolution, wie Frauen sich selbst und die Gesellschaft definieren wollen, ausmachen. Phase eins begann, als Frauen gleiche Rechte forderten. In der nächsten Phase versuchten Frauen, Eingang in die Männerwelt zu erlangen und dort einen Platz einzunehmen. Jetzt erreichen wir eine Phase, in der sich Frauen zunehmend über ihr eigenes Wertesystem klarwerden, einige Werte der dominanten Kultur übernehmen, andere aber verwerfen und stärker darauf vertrauen, daß ihre eigene Ansicht Gültigkeit hat.

Der Ökofeminismus erforscht, wie männliche Beherrschung von Frauen und Beherrschung der Natur wechselweise verbunden sind; und er untersucht die kulturellen sowie die sozialen Wurzeln, die zerstörerische Beziehungen zwischen Männern und Frauen gefördert haben. Einige ökofeministische Schriftstellerinnen wie Rosemary Radford Reuther empfehlen sogar...

...Wege zum Vorankommen bei dieser Arbeit der transformativen Öko-Gerechtigkeit durch Basisgemeinschaften von Spiritualität und Widerstand. In solchen Basisgemeinschaften können Menschengruppen lokale Unterstützung finden, sowohl für persönliche *Metanoia* (oder Bewußtseinsveränderung) als auch bei der Weiterführung eines langen Kampfes gegen Beherrschungssysteme.

Andere feministische Schriftstellerinnen sprachen das Machtthema in unterschiedlicher Weise an; auf einige habe ich bereits ausführlich Bezug genommen, andere werden in dem Abschnitt »Zusätzliches Material und Anmerkungen« zitiert. Eine Hauptbeobachtung kann man machen, nämlich daß die meisten Zweige des Feminismus, wenn nicht alle, den Kampf als einen Kampf von Frauen gegen Männer ansehen, wobei Männer die mächtigeren und häufig die Unterdrücker sind.

Hara-Macht und Geschlecht

Meine Auffassung unterscheidet sich grundlegend von jener der Feministinnen. Ich mache einen Machttyp aus, der destruktiv für den Planeten und das Überleben der Menschheit geworden ist, sowie einen anderen Machttyp, der sich gegen die destruktive Macht stellen und sie umkehren kann. Der erste Typ wird manchmal als männlich charakterisiert, weil er von Eigenschaften abhängt, die man in der Regel als männlich ansieht, aber er ist nicht auf Männer beschränkt. Der zweite Typ wird manchmal als weiblich charakterisiert, weil er von Eigenschaften abhängt, die man in der Regel Frauen zuspricht, aber er ist nicht ausschließlich bei Frauen zu finden. Folglich können wir damit rechnen, daß sowohl Männer als auch Frauen eine neue und gleichzeitig sehr alte Machtart entdecken, die sich einsetzen läßt, um den Modus der Herrschaftsmacht umzukehren.

Hara-Macht ist weder männlich noch weiblich. Die einzige männlich/weibliche Unterscheidung, die vertretbar ist, liegt in der Richtung: männliche Macht fließt durch Aktion nach außen, weibliche Macht fließt durch Empfangen nach innen. Verzerrte männliche Macht wird dominierend, brutal. Verzerrte weibliche Macht wird trügerisch, verschlagen. Hara-Macht ist sowohl männlich als auch weiblich; am zugänglichsten ist sie jedoch, wenn man sich nach innen wendet, und das ist eine weibliche Richtung. Was wir über die Zeit der Göttin wissen, läßt die seinerzeitige Reaktion sinnvoll erscheinen, von dieser Richtung wegzugehen, hin zu männlichen Werten. Inzwischen ist die Menschheit zwei- oder dreitausend Jahre nach außen gegangen und dadurch unter die Herrschaft männlicher Werte gekommen. Diese Werte sind aus dem Gleichgewicht geraten und haben uns blind gemacht für die nach innen gehenden weiblichen Werte. Darum erscheint es jetzt sinnvoll, sich wieder zum Inneren hinzuwenden.

Kapitel 10

Macht und Weltkonflikt

Begriffe wie Wahrheit, Gerechtigkeit und Mitgefühl können nicht als abgedroschen verworfen werden, wo sie doch oft die einzigen Bollwerke sind, die sich gegen rücksichtslose Macht behaupten.

AUNG SAN SUU KYI, 1990

Die Macht eines Wasserfalls ist nichts als eine Menge zusammen-wirkender Tropfen.

MICHAEL MAYNARD und ANDREW LEIGH, 1933

In den Mittelpunkt des Interesses rückt nun eine größere Ebene: Dieses Kapitel untersucht, wie Hara-Macht im Kontext der Weltprobleme eingesetzt werden kann. Als erstes spreche ich jene Philosophie an, auf welcher der Großteil der internationalen Politik heute basiert: den Realismus; und ich werde zeigen, warum er nicht funktioniert. Dann prüfe ich, wie Ungleichgewichte von Macht und Interessenskonflikten auf gewaltfreie Weise behoben werden können, nämlich mit Hara-Macht. Anhand zahlreicher Beispiele werden die verschiedenen Wege der Arbeit mit Hara-Macht ergründet, unter anderem Jiu-Jit-su (wo das Opfer die Kraft des Angreifers nutzt, um ihn zu Fall zu bringen), gewaltloser Widerstand, Hebelpunkte, mit deren Hilfe man maximale Effektivität erreicht, das Hinausgehen über die Denkweise, die den Konflikt hervorrief, Einsatz und Teilen von Informationen sowie Preisgabe der Macht. Drei Kernfragen werden angesprochen: Sind alle Konflikte zweiseitig? Wie lassen sich Konflikte verhindern? Und kann ein struktureller Konflikt nur durch eine Strukturänderung gelöst werden? Das »Herz« des Kapitels liegt im Schlußabschnitt, der die vier Elemente von Hara-Macht in Aktion erklärt: gegenseitige Abhängigkeit, gegenseitige Verbundenheit, Beziehung und Klarheit. Das Kapitel endet mit einem heiteren Blick auf die Fallgruben bei der Arbeit mittels Hara-Macht.

Wird man mit Weltproblemen konfrontiert – wie Hunger, Übervölkerung oder Waffenhandel –, überwältigen einen Gefühle der Hilflosigkeit, denn was können Sie, ein einzelner Mensch, dagegen tun? Fassen Sie Mut. Das ist eine durchaus vernünftige Antwort. Es ist die Grundlage für eine völlig neue Einstellung zu Weltproblemen. Und zwar, weil eine Veränderung auf der Ebene des einzelnen Menschen, wie zunehmend erkannt wird, wichtig ist für die Veränderung in riesigen Weltsystemen. Nachstehend die Beobachtungen von drei Menschen, die aus ihrer speziellen Perspektive gründlich über Veränderung nachgedacht haben; eine ist Biologin, eine Buddhistin und eine Staatswissenschaftlerin.

In dem Ausmaß, in welchem unser künftiges Überleben auf unser eigenes Verhalten – unsere Anpassungsfähigkeit – zurückgeht..., haben wir die Möglichkeit, unsere Vorstellungen davon dahingehend zu überprüfen, welche Arten des menschlichen Verhaltens und der menschlichen Kulturinstitutionen anpassungsfähig *sind*. (Mary Clarke in Sandole und van der Merve, 1993, Seite 50)

Grundlage der meisten spirituellen Traditionen sowie der Weltsicht-Systeme ist die Erkenntnis, daß wir keine separaten, isolierten Wesenheiten sind, sondern integrale, organische Teile des unermeßlichen Lebensnetzes. Als solche sind wir vergleichbar mit Nervenzellen in einem Nervennetz, durch das Ströme der Bewußtheit dessen fließen, was mit uns geschieht – als Spezies und als Planet. In diesem Kontext ist der Schmerz, den wir für unsere Welt empfinden, ein lebendiges Zeugnis unserer gegenseitigen Verbundenheit mit ihr. Wenn wir diesen Schmerz ableugnen, werden wir wie blockierte und atrophierte Nervenzellen, denen man ihren Lebensstrom nahm und die den größeren Körper schwächen, in dem unser Sein stattfindet. Doch wenn wir zulassen, daß er sich durch uns bewegt, bestätigen wir unsere Zugehörigkeit; unser kollektives Bewußtsein nimmt zu. (Joanna Macy, 1993, Seite 42)

...dieses maskuline Beschäftigtsein mit dem Öffentlichen und Strukturellen ist es, was das transformative Potential der meisten Revolutionen des zwanzigsten Jahrhunderts verkümmern ließ. Es begrenzte sie einfach darauf: eine Revolution, ein Drehen der wichtigsten Machträder, die keine Veränderungen in der grundlegenden globalen

Ordnung brachten. Solche Änderungen entfernen eine bestimmte Gruppe von der politischen Macht, stellen aber keine Verbindungen zu Änderungen im zwischenmenschlichen Bereich her... Maskuline Umgestaltungsmodelle zeigen wenig oder gar keine Berücksichtigung der persönlichen und individuellen Veränderungen, die nötig sein werden. (Betty Reardon, 1985, Seite 90)

Bevor wir uns genauer anschauen, was dies in der Praxis bedeutet, wollen wir einen Blick auf die Alternative werfen: die Haltung, die in der Landes- und der Weltpolitik seit mehr als vierhundert Jahren vorherrscht und als Realismus bekannt ist.

Realismus

Diese Philosophie basiert auf der Existenz des Volksstaats und des darauf aufgebauten Systems internationaler Machtpolitik. Politische Gemeinden entwickeln separate Interessen, die ihre Führer vertreten und verfolgen. Zwangsläufig kommt es zu Kollisionen solcher Interessen. Die Oberhand gewinnen wird bei den Kollisionen der Staat mit der größeren Macht. Weil militärische Gewalt letztendlich die entscheidende Machtform in einem Konflikt ist, liegt den Beziehungen zwischen Staaten immer die Anwendung oder Androhung von Gewalt zugrunde. Die unvermeidliche Konsequenz realistischen Denkens ist Krieg. Werden Konflikte ohne Gewaltanwendung beigelegt, zeigt dies schlicht, daß beide Seiten durch die Machtteilung erkennen, wer siegen wird. Selbst wenn Macht in Konflikten kein offenes Element ist, so verbirgt sie sich doch unter der Oberfläche und bestimmt die Ereignisse. Folglich sind Staaten gezwungen, sich auf Macht zu verlassen, um ihre Interessen zu schützen. Konflikte sind Machtproben.

Es gilt als die vordringlichste Pflicht politischer Führer, diese Realitäten zu erkennen. Darum sieht jeder Staat oder jedes Bündnis seine Sicherheit wie »von innen« und versucht »unsere« Interessen vor dem zu schützen, was außen ist. So gesehene Macht beruht auf der Bereitschaft zur Anwendung von Gewalt.

Diese Art von Grundhaltungen, in welchen die Annahme herrscht, daß die anderen dort draußen (»sie«) bösartig sind und »uns« Schaden zufügen, wenn wir es nicht verhindern oder sie nicht aufhalten, geht bis zur Idee von der Erbsünde zurück. Ihr Ausgangspunkt ist, daß die Menschen von Natur aus aggressiv, habgierig, gewalttätig und selbstsüchtig seien und darum wahrscheinlich das an sich bringen wollen, was ihre Nachbarn haben, notfalls mit Gewalt. Wenn »sie« so sind, müssen »wir« uns verteidigen. Dann geschieht natürlich folgendes: »Sie« sehen »uns« bis an die Zähne bewaffnet, damit beschäftigt, neue Waffen herzustellen; »sie« fühlen sich bedroht und fangen an, dasselbe zu tun, und so geht es weiter – hinein in die Spirale des Wettrüstens.

Im Mittelpunkt dieser Verhaltensweise steht der (auf den Seiten 44 und 133 beschriebene) Projektionsvorgang, bei dem die negativen Eigenschaften, die wir haben und uns nicht eingestehen können, auf andere projiziert werden. Nicht »wir« sind aggressiv, habgierig, gewalttätig und selbstsüchtig, sondern »sie«. Darum müssen wir uns gegen sie verteidigen und mehr Macht haben als sie. Unsere derzeitigen militärischen Führer, von denen ich einige ausführlich interviewt habe (siehe Kapitel 3), sind alle der Ansicht, wir müßten uns gegen Feinde »dort draußen« verteidigen. Einzelne Regierungen sehen die Dinge aus einem Standpunkt wie »von innen«. Sicherheit, die weitgehend im militärischen Sinn verstanden wird, bedeutet Schutz »unserer« Interessen oder Werte vor dem, was draußen ist.

Einige der größten Denker dieses Jahrhunderts wiesen warnend darauf hin, wie gefährlich das ist. Zu ihnen zählt Bertrand Russell:

> Jeder Krieg, vor allem aber der moderne Krieg, fördert die Diktatur, indem er die Schüchternen veranlaßt, einen Führer zu suchen, und indem er die kühneren Geister von einer Gesellschaft in ein Pack verwandelt... Die Kriegsgefahr verursacht eine bestimmte Art der Massenpsychologie, und diese Art wiederum steigert, wo sie vorhanden ist, reziprok die Kriegsgefahr sowie die Wahrscheinlichkeit von Despotismus. (1975.B7)

Außerdem kann es nur ein Fehler sein, internationale Beziehungen auf der Basis von Drohungsmacht zu »pflegen«. Sowohl Bedrohung als auch destruktive Macht verlieren ihre Wirksamkeit, sobald ihre Legitimität zerstört wird, wie die Machtlosigkeit der USA in Vietnam und der Sowjetunion in Afghanistan überaus klar demonstrierten.

Weshalb die realistische Position unhaltbar ist

Es gibt viele Gründe für die Unhaltbarkeit dieser Position, aber beginnen sollte man mit zwei praktischen:

- Wer über Drohungsmacht der genannten Art verfügt, wird sie unweigerlich verlieren. Sehen Sie sich nur an, was aus all den großen Imperien geworden ist. Wo ist das Heilige Römische Reich Deutscher Nation heute? Wo ist das Osmanische Reich? Das Spanische Reich? Das Britische Empire? Macht in dem Sinne, wie Realisten sie anwenden, ist Macht für eine Seite und keine Macht für die andere. Der Prozeß verläuft deshalb einfach zyklisch. *Macht über* tendiert dazu, Widerstand gegen sich selbst hervorzurufen, eine gleich starke, entgegengesetzte Macht zu erzeugen. Das Nettoergebnis: Ist ein Staat heute eine »Großmacht«, wird er morgen erniedrigt werden.

- Drohungsmacht wird heute vom Waffenhandel völlig unterminiert. Die fünf Staaten, die ständige Mitglieder des Sicherheitsrates der Vereinten Nationen sind, sind auch die fünf größten Waffenverkäufer der Welt. Der Drang nach Exporteinnahmen ist stärker als irgendeine andere Überlegung in der Regierung, einschließlich der Vorsicht im Hinblick auf die Bewaffnung eines potentiellen Feindes, wie die britische Öffentlichkeit (nach dem Ereignis) in der Scott Inquiry erfuhr, der Untersuchung von Waffenverkäufen an den Irak. Die Details wären Stoff für eine Posse, bestünde nicht die Tatsache, daß es sehr viele Tote gab. Während des Golfkriegs verbargen sich irakische Piloten, die in Großbritannien ausgebildet worden waren, in Luftschutzbunkern britischer Konstruktion; irakische Truppen tarnten sich mit Uniformen, die in Großbritannien entworfen worden waren; der Irak besaß mehr in Frankreich hergestellte AS-30-Laserfernlenksysteme für Raketen als Frankreich selbst, und französische Piloten versuchten, mit ihren Raketen die in Frankreich gebauten Exocet-Raketen Kuwaits zu zerstören. Schlußendlich mußte Frankreich seine eigenen Mirages aus dem Kriegsgeschehen zurückziehen, weil es auf den Radarschirmen zu Verwechslungen mit jenen Mirages kam, die Frankreich dem Irak verkauft hatte. Und so fort.

Es gibt noch einen anderen, tieferliegenden Grund, warum die realistische Position heute nicht mehr brauchbar ist. Dies zeigt folgende

Parabel mit dem Titel »Tragedy of the Commons« (Tragödie der
Gemeindeländereien, des Weiderechts).

> In einer Gruppe armer Bauern haben alle Zugang zu einem Stück
> Gemeindeland, auf dem sie ihre Kühe weiden können; nehmen wir
> einmal an, es sind zehn Bauern und jeder hat sechs Kühe. Die Kühe
> liefern jedem Bauern und jeder Bauernfamilie den Lebensunterhalt.
> Mehr noch, keiner von ihnen hat eigenes Land, auf dem er seine
> Kühe weiden könnten; sie haben nur Zugang zu dem Gemeindeland.
> Wenn alle Bauern Selbstbeschränkung üben und jeder auf dem Land
> nur drei Kühe weiden läßt, wird das Gras weiterwachsen, und die
> Kühe werden gedeihen. Andernfalls, wenn sie alle ihre sämtlichen
> Kühe auf das Land treiben, wird es bald überweidet sein und binnen
> kurzem keinem von ihnen mehr den Lebensunterhalt einbringen
> (Open University, 1991, Seite 28)

Diese Tragödie läßt sich heute auf den Planeten umsetzen. Der Rea-
list würde aus seiner Position heraus sagen, wer immer der Stärkere
ist, läßt seine Kühe auf dem Gemeindeland weiden, und zwar so viele
Tiere, wie er will. Er würde sagen: »Wenn jemand anderer versucht,
mich zu vertreiben, soll er es ruhig probieren. Wir werden sehen, wer
gewinnt«, oder: »Weil ein Konflikt nicht zu vermeiden ist, stellen wir
besser sicher, daß wir obenauf bleiben.« Genau diese Haltung haben
stärkere Staaten heute gegenüber den Ressourcen der Erde – Öl, Gas
und, in zunehmendem Maß, Wasser –, deretwegen viele der gegenwärtigen Kriege geführt werden. Das Problem ist natürlich, daß die
Weltressourcen sich erschöpfen, begrenzt und nicht erneuerbar sind.
Wendet nun ein Staat Gewalt an, um sich zu nehmen, was er will,
muß man vernünftigerweise damit rechnen, daß andere dasselbe tun.
Das offensichtliche Resultat ist, daß es immer mehr bewaffnete Auseinandersetzungen über die Ressourcen geben und bald für nieman-
den mehr etwas übrig sein wird.

Es ist kein Geheimnis, daß die realistische Denkweise Probleme
hat. Waffenverkäufe schlagen zurück wie Bumerangs; die Kriege, die
wir führen, lösen das Problem nicht; die NATO hat ihren Feind verloren und keine Ahnung, was sie mit sich selbst anfangen soll; und der
Westen war trotz all seiner Waffen nicht imstande, in Bosnien für Frieden zu sorgen.

Dieses Problem betrifft jedoch nicht nur das Militär. Es ist viel weitreichender, erfaßt auch die Art, wie wir über die Welt denken (wovon wir in vorhergehenden Kapiteln sprachen). Jene Betrachtung der Dinge, die wir in der Vergangenheit als gesunden Menschenverstand akzeptierten, funktioniert nicht mehr, weil wir immer klarer erkennen, daß keine Einzelaktion isoliert ist. Wie also erreichen wir Ausgewogenheit zwischen den Interessen des Einzelnen einerseits und den Interessen der Gemeinschaft, dem gemeinsamen Hab und Gut, schwieriger noch, dem Hab und Gut künftiger Generationen andererseits?

Letztendlich läuft es darauf hinaus: Sind wir bereit, unser Überleben als Spezies zu riskieren, um die »nationalen Interessen« zu verteidigen? In früheren Zeiten war das Menschengeschlecht nicht gezwungen, zu einer Entscheidung über gegenseitige Abhängigkeit zu kommen: über unsere Bedürfnisse *und* die Bedürfnisse anderer, über unsere Aggression *und* die Aggression anderer. Jetzt sind wir dazu gezwungen. Jetzt geht es nicht mehr um *mein* Problem oder *dein* Problem; jetzt ist es *unser* Problem.

Hara-Macht bietet die Lösung. Während ihr wachsende Aufmerksamkeit gewidmet wird (sowohl von Frauen als auch von Männern), zeigt sie, wie man Machtungleichgewicht und Interessenskonflikte auf gewaltfreie Weise löst, so daß die sich dahinter verbergenden Unsicherheitsfragen angesprochen werden. Anfangen werde ich damit, daß ich aufzeige, wie Hara-Macht in der Praxis wirkt, auf lokaler sowie auf internationaler Ebene; danach werde ich die Bestandteile untersuchen, aus denen sie sich zusammensetzt.

Hara-Macht in Aktion – lokal und national

Wenn die Interessen unserer Gemeinschaft durch irgendeine starke Macht bedroht werden – eine multinationale Körperschaft beispielsweise oder ein Regierungsministerium – und wir alle geeigneten Mittel ohne Erfolg eingesetzt haben, was können wir tun? Es gibt mindestens drei Möglichkeiten: Jiu-Jitsu, gewaltlosen Widerstand und Einsatz der Hebelpunkte.

Jiu-Jitsu

Ein grundlegendes Prinzip der Kriegskünste lautet, daß ich, wenn ich Widerstand leiste oder mit meinem Gegner kämpfe, Verletzung oder Tod riskiere. Die beste Strategie besteht deshalb darin, die Gegner zu kennen, ihre Schritte vorauszuahnen und ihnen ein Ziel zu verweigern, so daß sie sich selbst besiegen. Hierbei nutzt der weniger Mächtige die Macht und Schwungkraft des Mächtigeren, um ihn bewegungslos zu machen, aus dem Verkehr zu ziehen. Tut man das mit Phantasie, kann es ebenso unterhaltsam wie effektiv sein

Nur ein Beispiel: Den Bewohnern des subventionierten Wohnheims eines Fürsorgeprojekts in den USA drohte die Bank, die das Projekt besaß, mit der Zwangsräumung, weil sie das Gebäude abreißen und dort ein Haus mit Appartements zum Verkauf auf dem Yuppie-Markt errichten wollte. Alle Proteste und die ganze Publicity der Bewohner hatten keinerlei Wirkung auf den Entschluß der Bank. Die Bewohner setzten sich zusammen, beratschlagten und gebaren eine Idee. Eines Freitags gingen alle Bewohner mit sämtlichen Freunden, Verwandten und Helfern, die sie auftreiben konnten, zu den Zweigstellen der Bank, und zwar jeder Bewohner mit seinen Leuten zu einer anderen Zweigstelle in der Stadt. Dort stellten sie sich an, um ein 5-Dollar-Konto zu eröffnen. Die Schlangen reichten an allen Kassenschaltern bis auf die Straße hinaus. Jene Kunden, die normalerweise an einem Freitag Einnahmen einzahlten oder Lohngelder abhoben, konnten die Kassenschalter nicht erreichen. Die Geschäfte der Bank kamen zum Stillstand. Nach drei solchen Tagen war die Bank bereit zu Verhandlungen mit den Bewohnern und ließ den Abrißplan fallen.

Diese Geschichte erklärt sich selbst. Die essentielle Macht des Jiu-Jitsu liegt darin, daß niemand verletzt, aber die Aktion des Angreifers auf schnelle, unanfechtbare Weise in etwas Harmloses verwandelt wird. Das Opfer nutzt die Kraft des Angreifers, um das zu erreichen. Das Opfer benötigt dazu einige entscheidende Dinge:

- Phantasie. Um das für einen bestimmten Angreifer geeignete Vorgehen zu ermitteln, muß man die kreativen Kräfte befreien.
- Wachheit und Bewußtheit. Es ist wichtig, daß man äußerst bewußt vorgeht und dem Angreifer immer einen Schritt voraus ist. Laut Koichi Tohei, dem Meister des Aikido-Zen, muß man sich bei der

Verteidigung gegen einen Angriff »bewegen, wenn sich sein/Ihres Gegners/Geist bewegt«.

- Zahlen. Nicht immer, aber oft erwehrt man sich eines Unterdrückers vom Schlag Gullivers am besten mit Lilliputanerhorden.

Gewaltlose direkte Aktion

Hierbei handelt es sich keineswegs um feige negative Passivität, sondern um eine aktive Alternative zu Gewalt, die mehr Mut erfordert als Gewalt selbst. Gandhis *Satjagraha*-Kampagnen in Indien, wo Zehntausende Dorfbewohner sich gegen die Salzsteuer der britischen Herrschaft wehrten, indem sie Meerwasser trockneten, ist vielleicht das bekannteste Beispiel, gefolgt von jenem, das die Frauen von Greenham Common gaben. Das Friedenscamp der Frauen hielt mehr als zehn Jahre lang Wache an den Toren des amerikanischen Luftwaffen-Stützpunkts in Berkshire, wo Fernlenkraketen stationiert waren. Die Frauen sprachen mit den Soldaten und Polizisten, die den Stützpunkt bewachten, luden andere Frauen ein und umringten den Stützpunkt (eine ununterbrochene Reihe von ca. 14,5 km), schnitten wiederholt den Draht durch, betraten den Stützpunkt, tanzten auf den Raketensilos und bemalten die Gebäude. Sie erreichten ihre Ziele: Die Raketen verschwanden, das *Common* wurde wieder zum Gemeindeland, und weltweit fühlten sich Frauen zu mehr ermächtigt.

Die Bürgerrechtsbewegung in den Vereinigten Staaten wiederum wandte Gewaltlosigkeit auf solche Weise an, daß die Rassentrennung illegal wurde. Authentische Friedensstiftung ist im wesentlichen ein positives, proaktives Unternehmen und kein reaktives. 1963 schockierte Martin Luther King die Menschen, als er »Spannung«, »direkte Aktion« und »Krisenschaffung« in der Bewegung für eine gerechtere Welt als legitime Aktivitäten verteidigte. Er schrieb aus seiner Gefängniszelle in Birmingham:

Gewaltlose direkte Aktion versucht, eine solche Krise zu erzeugen und eine solche Spannung zu fördern, daß eine Gemeinde, die ständig Verhandlungen ablehnt, gezwungen ist, sich der Frage zu stellen... Meine Erwähnung der Schaffung von Spannung als Teil der Arbeit des gewaltlosen Widerständlers mag ziemlich schockierend klingen ...

aber es gibt eine Art konstruktiver, gewaltloser Spannung, die für Wachstum nötig ist.

Tatsächlich gibt es ohne Gerechtigkeit keine authentische Harmonie oder Versöhnung, und Gerechtigkeit sichert man sich nur selten ohne Kampf, weil Unterdrücker in der Regel keine Macht abgeben. Die Grundlage des gewaltlosen Widerstands muß Furchtlosigkeit sein – nicht nur aus den offensichtlichen Gründen, sondern auch in tieferem Sinne. Gandhi arbeitete das mit großer Klarheit aus. Er sagte, wenn der Geist von einer negativen Emotion – am häufigsten Furcht – überflutet werde, sei die Wahrnehmung verzerrt und das aus ihr resultierende Urteil beeinträchtigt. Darum müsse das, was er Gewaltlosigkeit des Geistes nenne, angewandt werden, damit man einen richtigen Einblick in irgendeine Situation erhalte; nur dann könnten wir unsere Emotion davon trennen. Ausgangspunkt der *Satjagraha*-Kampagne ist deshalb die radikale Unrechtmäßigkeit einer Situation, nicht unsere eigene Emotion. Das Ziel der gandhischen Konfliktlösung ist nicht, den Gegner zu besiegen, sondern ihn zu bekehren, so daß er die Rechtmäßigkeit der Sache erkennt, die man vertritt.

Ein anderes Beispiel – es gibt buchstäblich Tausende, aus denen man auswählen könnte – kommt von den Philippinen. Im Jahr 1974 versuchte das staatliche Stromversorgungsunternehmen im Norden der Insel Luzon entlang des Chico-Flußbeckens zwei riesige Staudämme zur Stromerzeugung zu bauen. Das hätte Hunderte Familien heimatlos gemacht und das unschätzbare Erbe jahrhundertealter Bewässerungssysteme zerstört, nicht zu reden von der Vernichtung der Eingeborenenkultur der Kalinga und Bontoc. Die Menschen versuchten alles: Protestdelegationen, Briefe, Publicity. Nichts half. Eine Strategie aber wirkte dann und hielt die Erschließungsteams auf: Unbekleidete Frauen stellten sich ihnen in den Weg. Eine Reihe nackter Frauen blockierte die Straße. Die Erkundungsteams wollten nicht gegen sie angehen, und so wurde Gewalt verhindert.

Über die Technik und die Philosophie des gewaltlosen Widerstands ist viel geschrieben worden. Einige Analytiker behaupten, auf die Zahl der Beteiligten komme es an. Für mich ist das Entscheidende jedoch die Kombination der »Zentriertheit«, die solcher Widerstand erfordert (man muß wirklich »in seiner eigenen Haut« sein, um Erfolg zu haben), und des Adrenalins, das er erzeugt. Gewaltloser Widerstand fordert viele, kann aber auch begeisternd sein.

Hebelpunkte für die Machtlosen

Es gibt eine Geschichte von einem Autofahrer, der alles versucht hatte, um seinen Wagen in Gang zu bringen. Schließlich schob er ihn um die Ecke in die Garage. Der herbeigerufene Mechaniker öffnete die Motorhaube, musterte den Motor eine Zeitlang, nahm dann einen großen Hammer aus seinem Werkzeugkasten und versetzte dem Motor eine kräftigen Hieb.

»Versuchen Sie's jetzt«, sagte er zu dem Autobesitzer. Der Motor sprang sofort an.

»Was schulde ich Ihnen?« fragte der begeisterte Mann.

»Zehn Pfund«, antwortete der Mechaniker.

»Zehn Pfund!« rief der Autobesitzer, und seine Miene verdüsterte sich. »Zehn Pfund für einen einzigen Schlag mit einem Hammer?«

»O nein«, entgegnete der Mechaniker. »Fünfzig Pence für den Schlag mit dem Hammer und neun Pfund fünfzig für das Wissen, wohin ich damit schlagen mußte.«

Viele machtlose Menschen geraten in Wut, protestieren und beklagen sich. Das mag zwar wirksam sein, aber wenn man Zeit hat, ist es manchmal wirksamer, zurückzutreten, kurz zu forschen und herauszufinden, worauf man die verfügbare Energie richten soll, um größten Einfluß zu erzielen; mit anderen Worten, die Punkte zu ermitteln, an denen eine Änderung erfolgen könnte, wenn Druck ausgeübt wird. Dieses Thema liegt mir sehr am Herzen, und ich möchte es erklären, indem ich die Arbeit der Oxford Research Group schildere.

Die Geschichte beginnt mit einer Erfahrung, die mich tief beeindruckte. Ich war im Sommer 1982 in New York, um auf der zweiten Sondersitzung der UN für Abrüstung zu versuchen, die Abgeordneten zu beeinflussen. Eine Woche verbrachte ich in dem UN-Gebäude, deprimiert über die Sterilität des Verfahrens und die festgefahrenen Positionen der Teilnehmer. Dann ging ich zu einer Abrüstungsdemonstration in den Central Park. Eine Million Menschen erschien. Sie erzeugten eine derart starke Atmosphäre der Hoffnung und des Verlangens nach Änderung, daß schließlich sogar die Polizisten ihre Krawatten von oben bis unten mit Abzeichen vollgesteckt hatten. »Das«, so dachte ich, »wird die Sitzung verändern, nur zu.«

Tags darauf war ich wieder im UN-Gebäude. Absolut nichts hatte sich verändert. Die Million Menschen hatte es schlicht nicht gegeben. Ihre Botschaft war nicht durchgekommen. Wenn die UN-Delegierten nicht einmal die Menschen auf ihren Türstufen hören konnten, welche Hoffnung bestand dann, daß die Männer in den Waffenlabors, den Ministerämtern, der Abwehr und den Militärdienststellen sie hörten? Die Überbrückung dieser Kluft, so dachte ich, der Kluft zwischen den Demonstranten und jenen, die die Entscheidungen trafen, wäre ein wichtiger Schritt, um Fortschritte in Richtung Abrüstung zu erzielen.

Ich hatte die Idee, daß Gruppen von Bürgern mit den entscheidenden Männern sprechen sollten. Statt Fahnen vor ihren Büros zu schwenken, und Widerstandsparolen zu skandieren, sollten sie sich mit ihnen zusammensetzen und die Fragen ruhig, nüchtern, vor dem Hintergrund wirklichen Wissens diskutieren. Ich sah solche Gruppen nicht nur im Westen, sondern in allen fünf Atomstaaten und auch in den Staaten, deren Regierungen Atomwaffen entwickelten.

Während der nächsten paar Monate beschäftigte ich mich intensiv damit, herauszufinden, ob so etwas machbar war. Als erstes mußte ich feststellen, ob man überhaupt ermitteln konnte, wer die Menschen waren, die Entscheidungen in Atomfragen trafen. Ich besaß im Hinblick auf Atomwaffen nur das Wissen eines intelligenten Laien und hatte keine Ahnung, ob sich irgendwie in Erfahrung bringen ließ, wer in China und in der Sowjetunion die Entscheidungsträger waren. Bei mehrmonatigen Nachforschungen in diversen Bibliotheken fand ich zu meiner gelinden Verwunderung heraus, daß man diese Informationen relativ leicht erhielt. Dabei erlebte ich einige Überraschungen. Informationen über die Sowjetunion fanden sich in CIA-Dokumenten auf einem offenen Bord in einer bestimmten Bibliothek. Die Bücherei der amerikanischen Botschaft besaß die Tagesordnung von Sitzungen gemeinsamer anglo-amerikanischer Komitees, deren Existenz Whitehall leugnete. Trotzdem ließ sich feststellen, wer dort die Entscheidungen traf, also machte ich mich an die Arbeit. Die Oxford Research Group begann ihre Existenz auf dem Küchentisch eines kleinen Landhauses, in dem ich mit meinem Töchterchen lebte.

Im nächsten halben Jahr weiteten sich die Nachforschungen immer mehr aus. Will man feststellen, wer die Entscheidungen trifft, muß man ermitteln, welches die Schlüsselpositionen im Entscheidungsbereich sind; und um das herauszufinden, muß man wissen, welches die wichtigen Organisationen und in diesen die wichtigen Gruppen sind. Diktiert wird das natürlich in einem gewissen Ausmaß von den Beziehungen zwischen den Organisationen. Und das ist dann nur die offizielle Geschichte. Zweifellos gibt es in jeder komplexen Unternehmung scheinbar wichtige Personen, von denen niemand Notiz nimmt, und Personen in unbedeutenden offiziellen Positionen, die große Macht ausüben. Darum wurden ziemlich rasch die nötigen Mittel organisiert und sechs Forscher und Forscherinnen engagiert, die kurzfristige Verträge erhielten und Teile der Arbeit übernahmen. Zwei kamen aus Frankreich, einer aus Amerika. Wir scharten uns um den Küchentisch, aßen zusammen, arbeiteten die halben Nächte durch ... Ein halbes Jahr später hatten wir Analysen von Entscheidungen über Atomwaffen in allen Atomstaaten und in den sich dazu entwickelnden Staaten, dazu Biographien der Entscheidungsträger.

Nun war es an der Zeit, mit Hilfe der Forschungsarbeiten zu prüfen, ob sich die ursprüngliche Idee eines Dialogs von Gruppen und Entscheidungsträgern verwirklichen ließ. Wir setzten uns mit verschiedenen Gruppen Freiwilliger in Verbindung, Frauengruppen, Friedensgruppen, Quäkergruppen, Berufsgruppen sowie Kirchengruppen, und fragten an, ob sie einen Dialog versuchen wollten. Den Gruppen sagten wir, jede würde einen Packen detaillierter Informationen erhalten, die ihr das nötige Wissen für einen fachlichen Dialog mit einer bestimmten Person vermittelt, dazu einige Vorschläge und Ideen für die Kommunikation mit einem Menschen, der entrückt und sehr beschäftigt war, sie als Gefahr sah und auf die Annäherung möglicherweise feindselig reagierte. Ich ersuchte auch jede der Gruppen, an einen Entscheidungsträger in China zu schreiben; es war wichtig, daß die Gruppen die Sache als Weltproblem sahen und nicht nur als britisches oder westliches (Entscheidungsträger in der UdSSR wurden für Gruppen in Amerika aufgehoben).

Die meisten Gruppen waren Feuer und Flamme für die Idee. »Der Schwung dieses Projekts trug mich vorwärts«, schrieb ein Gruppenmitglied. Für die Menschen, die sich dem überwältigenden Ausmaß des Wettlaufs der Waffen entgegenstellen wollten, gab es hier eine zu bewältigende Aufgabe, bei der die Chancen ganz gut standen, daß sie tatsächlich etwas bewirkte.

Schließlich begannen zehn Gruppen ein Pilotprojekt. Ihre Erfahrungen überzeugten die Geldgeber (inzwischen eine Reihe nationaler wohltätiger Stiftungen) und bewogen sie, das Projekt um weitere sechzig bis siebzig Gruppen auszuweiten – entsprechend der Zahl britischer Entscheidungsträger, die wir im Rahmen der Forschungen identifiziert hatten. Was wurde aus diesen sechzig oder siebzig Gruppen? Als erstes muß man sagen, daß sie eine ungeheuer vielfältige Zusammensetzung hatten und daß jede von ihnen sich eigene Ziele setzte. Einige erörterten die Ethik der Atomwaffen, andere die technischen Methoden zur Wiederverwendung spaltbaren Materials. Einige wollten mit einem Entscheidungsträger argumentieren, andere einfach seinen Standpunkt verstehen. Einige präsentierten wirtschaftliche Argumente für die Umstellung bestimmter Fabriken von militärischen Produkten auf zivile, andere trugen technische Argumente für die Entwicklung raffinierter Verteidigungswaffen vor.

Das Projekt erbrachte drei Hauptergebnisse, von denen sich keines nur auf die Atomwaffenfrage bezog. Das erste und sichtbarste Ergebnis war die Wirkung auf die Gruppen und ihre Mitglieder. Viele hatten das Projekt mit Gefühlen der Hilflosigkeit und Depression begonnen. Auf sie übte es eine ermächtigende, kraftgebende Wirkung aus. In gewissem Maß war das auf sein Grundkonzept zurückzuführen. Ein Mitglied erklärte nach etwa sechs Monaten: »Die Hoffnung, die mir dieses Projekt gab, wirkt gegen die Verzweiflung, mit der mich der Wettlauf der Waffen erfüllte.« Doch zum großen Teil war die ermächtigende, kraftgebende Wirkung eine Folge der Sachkenntnis, die sich die Gruppenmitglieder rasch aneigneten. Die Grundlage dazu bildeten die Informationen in dem Packen, den die Projektleitung lieferte; dann wuchs es dank anderer Informationen an, die von den Gruppenmitgliedern gesammelt wurden, manchmal dank der von verschiedenen Gruppen eingeladenen fachkundigen Redner; vor allem aber nahm es durch die intensiven, gelegentlich stürmischen Debatten innerhalb der Gruppe zu, Debatten darüber, wie sie an ihren jeweiligen Entscheidungsträger herantreten sollten, welche Fragen sie stellen und welche Punkte sie bei den Treffen oder im Schriftverkehr ansprechen sollten. Dieser Vorgang läuterte die Ideen, zwang die Menschen, ihre Fakten zu kontrollieren, und schickte sie auf die Suche nach spezifischen Einzelinformationen. Tatsächlich erfanden sie, während sie miteinander sprachen, Relevanzkriterien, die ihnen halfen, ihre Bemühungen und ihre Aufmerksamkeit zu konzentrieren. Als sie Experten wurden, kamen sie bald dahinter, daß sie in ihrem erwählten Bereich mindestens soviel wußten wie ihr Entscheidungsträger, wenn nicht mehr.

Dies hatte eine ungeheure Wirkung. Es untergrub die Vorstellung, die von den Entscheidungsträgern genährt und von anderen oft akzeptiert wurde, nämlich daß das alles für normale Mitglieder der

Öffentlichkeit viel zu kompliziert sei und den dafür zuständigen Fachleuten überlassen werden solle. Schließlich steigerte die persönliche Unterstützung der Gruppenmitglieder untereinander bei vielen das Vertrauen. Insgesamt gab es eine deutliche Veränderung weg vom anfänglichen Gefühl der Machtlosigkeit.

Das zweite Ergebnis war, daß das Projekt einige interessante Aspekte der Rechenschaftsablegung ans Licht brachte. Theoretisch sind in Großbritannien Minister dem Parlament Rechenschaft für die Entscheidungen schuldig, die von Staatsbeamten, Wissenschaftlern und Offizieren gefällt werden. Das ist ein wichtiger Punkt, denn die Entwicklung komplexer Waffensysteme dauert ganze zehn bis fünfzehn Jahre, während die durchschnittliche Amtsdauer eines britischen Verteidigungsministers etwa zwei Jahre beträgt. Als Folge davon wird allgemein akzeptiert, daß viele wichtige Entscheidungen nicht von Ministern getroffen werden, sondern von den Leuten mit langen Berufslaufbahnen im Verteidigungsministerium. Theoretisch sind sie dem Minister Rechenschaft schuldig, und dieser verantwortet die Entscheidungen gegenüber dem Parlament sowie letztlich auch gegenüber der Öffentlichkeit. Die Gruppen machten die Erfahrung, daß man ihnen, wenn sie einem Staatsbeamten Fragen stellten, in der Regel sagte, sie sollten die Angelegenheit dem Minister vortragen; versuchten sie das, bekamen sie von einem jüngeren Staatsbeamten eine Antwort, die keine war, sich über die Regierungspolitik in rundfunkgerechten Formulierungen äußerte und auf ihre Fragen nicht einging.

Das dritte Ergebnis mußte die Wirkung auf die Entscheidungsträger und durch sie auf das System als Ganzes sein. Natürlich habe ich darüber keine klaren, belegten Informationen, weil die Gespräche vertraulich waren, aber es gibt Anzeichen, daß der Dialog bei einigen der Entscheidungsträger Wirkungen zeitigte. Und es gibt ein paar Beweise dafür, daß das Projekt bei den eng mit der Verteidigungspolitik befaßten Personen die Erkenntnis beschleunigte, umfassende Reduzierungen der Atomwaffenzahlen seien höchst wünschenswert.

In der Vortragsreihe der Open University über das Fällen von Entscheidungen, die eine längere Version dieser Geschichte enthält, wird der Schluß gezogen:

Sehen Sie sich einem aus vielen Einzelwesen bestehenden großen System gegenüber, das Ergebnisse hervorbringt, die Sie ändern oder beeinflussen möchten, ist es einfach unrichtig oder unrealistisch zu glauben, es gebe nichts, was ein Einzelner tun kann. Mit einer kleinen Zahl Verbündeter lassen sich die Wirkungen der Entscheidung eines Einzelnen in aufsehenerregender Weise durch das ganze System verbreiten, und dadurch lassen sich die Entscheidungen, die es produziert, verändern.

Alle angeführten Beispiele erfordern bestimmte grundlegende Arbeitsweisen, die immer von entscheidender Bedeutung sind, wenn Personen mit weniger Macht eine Änderung herbeiführen. Einige dieser Arbeitsweisen habe ich bereits beleuchtet − beispielsweise Bewußtheit und den Einsatz Ihrer Phantasie −, aber es gibt noch fünf andere, die genauso nützlich sind:

- Die Mittel müssen die gleichen sein wie das Ziel,
- über die Denkweise hinausgehen, die den Konflikt auslöste,
- informieren Sie sich,
- die Stärken anderer nutzen,
- das Erlangte wieder hergeben.

Die Mittel müssen die gleichen sein wie das Ziel

Gandhi sagte:

»Mittel und Ziele sind in meiner Lebensphilosophie austauschbare Ausdrücke.« Die Qualität des Geistes während einer Aktion ergibt die Qualität des Geistes, wenn das Ziel erreicht ist.

Darin liegt ein Prinzip, das ein wahrer Edelstein ist. Um Ihr Ziel zu erreichen, müssen Sie Methoden wählen, die mit dem Ziel übereinstimmen. Mit anderen Worten, Ihre Mittel müssen vom gleichen Charakter und von gleicher Qualität sein wie Ihr Ziel. Ich gehe noch weiter: Je mehr die Methoden dem Ziel entsprechen, desto schneller und effektiver wird das Ziel erreicht. Ist also unser angestrebtes Ziel eine Welt, in der Hara-Macht angewandt wird, müssen wir Hara-Macht einsetzen, um dorthin zu gelangen. Und aus dem Grund müssen wir bei uns selbst anfangen. Es hat wenig Sinn, über die Macht von Interdependenz und Kooperation zu reden, wenn ich meinen Körper verleugne, nicht in Kontakt mit mir selbst bin und von einer ganzen Schar finsterer Schattenbilder verfolgt werde. Als erstes müssen wir uns darum um unsere persönliche Änderung kümmern. Gleichzeitig können wir nach Initiativen mit Nutzung von Hara-Macht Ausschau halten und sie unterstützen, während wir unsere eigene Hara-Kraft bis zu dem Punkt entwickeln, an dem wir selbst die Initiative ergreifen können.

Die Geschichte von Schwester Chan Khong, einer kleinen vietnamesischen buddhistischen Nonne, führt vor Augen, wie eine Pazifistin ihr ganzes Leben lang Augenblick für Augenblick Frieden schafft und im wesentlichen Frieden wird – ist. Friedlich und liebevoll baute Schwester Chang Khong mitten im Vietnamkrieg Kommunen auf, gründete Schulen und unterrichtete in ihnen, pflegte die Verwundeten und Kranken, begrub die Toten und verkleidete sich sogar als Eigner eines Fischereifahrzeugs, um Hunderte von Bootsflüchtlingen zu retten, die vor Thailand im Meer von Piraten angegriffen wurden. Gleichzeitig stand sie, wie sie erzählt, vor den Entscheidungen, die eine Frau treffen muß: Sollte sie heiraten, nicht heiraten, ihr Haar abschneiden, ihre Familie verlassen. Alle ihre Taten vollbrachte sie während des langen, eskalierenden Bürgerkriegs in Vietnam unter härtesten Bedingungen. Schwester Chang Khong behielt zusammen mit Thich Nhat Hanh und zwölf anderen Mönchen und Nonnen eine Position bei, die weder nationalistisch noch kommunistisch, weder nördlich noch südlich war. Letztendlich wurden diese Menschen für die verfeindeten Parteien zu einem Kommunikationsweg und einem Weg zur Beendigung des Krieges.

Über die Denkweise hinausgehen, die den Konflikt auslöste

In den meisten heutigen Kriegen wenden jene, die die Probleme zu lösen versuchen, genau jene Konzepte und Methoden an, die ursprünglich zu dem Krieg führten: die altbackene Diplomatie, das oberflächliche Verständnis der menschlichen Natur, den sinnlosen Glauben an brutale Gewalt.

Es ist nicht möglich, einen Konflikt mit dem Denksystem zu lösen, das ihn erzeugt hat. Wir müssen aus diesem Denksystem heraustreten und auch aus der Sprache, die das künftige System so definiert, wie das jetzige ist. Aus dem Grund bringt es nichts, müde ältere westliche Politiker ins ehemalige Jugoslawien zu schicken, um die Probleme dort zu lösen. Hierfür sind andere Denksysteme und eine andere Art der Kommunikation erforderlich.

»Disput-Lösung« beispielsweise ist eine Idee, die aus Techniken der amerikanischen Gewerkschaftsführung hervorging und jetzt zu einer modischen Vorgehensweise in kommunalen Rechtsprechungssystemen der USA geworden ist. Sie endet jedoch allzu leicht damit, daß sie einfach auf die herrschende Situation reagiert, statt zu den Wurzeln des Problems vorzudringen. Die Strategie des Disput-Lösers wird gewöhnlich von jenen diktiert, die das Problem schufen. Man flickt die Sache also, statt sie ins Wanken zu bringen.

Die »Friedenssicherung« wird zunehmend militarisiert. Heute sind von jeweils sieben Friedenssicherern sechs Soldaten. Ist das klug oder wirksam, wenn dort, wo sie den Frieden sichern sollen, die Bevölkerung zuvor von Männern in Uniform terrorisiert, vergewaltigt oder geschlagen worden ist? Viele der entsandten Truppen haben zwar Schulungsprogramme absolviert, aber keine oder nur wenig Instruktionen im Hinblick auf interkulturelle Beziehungen, Menschenrechte, Machtfragen oder Meditationsfähigkeiten erhalten. So schickte man beispielsweise ein indonesisches Elitebataillon, das bei der Unterwerfung Ost-Timors eingesetzt worden war, als UN-Friedenstruppe nach Kambodscha. Es gibt in einem Blauhelm keinen automatischen Schalter, der einen für den Krieg geschulten Soldaten im Handumdrehen in einen Menschen verwandelt, der darauf vorbereitet ist, gewaltlos und voll kultureller Sensibilität für die Lösung eines Konflikts zu arbeiten.

Der jüngste praktische Einsatz der Transnational Foundation for Peace and Future Research zeigt überdeutlich, daß sich zwar UN-Friedenstruppen in Kroatien befanden, aber kein bevollmächtigter Vertreter, der die ehemaligen Kriegsgegner auf den Weg zur Versöhnung, struktureller Veränderung und friedlicher Koexistenz hätte bringen können. Die internationale Gemeinschaft hat auch noch keine Möglichkeit gefunden, künftige Gewalt zu verhindern, wenn die Friedenstruppen abrücken müssen. Gegenwärtig gibt es keine lokalen, regionalen oder internationalen Bemühungen, die wirklich Frieden schaffen wollen, also jene Strukturen und Vorstellungen ändern wollen, die in erster Linie zu dem Krieg führten.

Im vorigen Absatz gebrauchte ich den Ausdruck »die internationale Gemeinschaft«. Damit sind keineswegs Männer in grauen Anzügen in

Genf oder New York gemeint, sondern Sie und ich. Jetzt ist nicht die Zeit, diese Probleme anderen zu überlassen, denn die anderen haben nur veraltete Karten, die bei der Wegsuche keine große Hilfe sind. Zu wirklicher Veränderung kommt es, wenn die Menschen befähigt werden oder von sich aus fähig werden, ihr Denken und ihre Energie auf neue Weise einzusetzen: ein anderes Denkmodell und eine andere Sprache zu gebrauchen sowie neue Zukunftsvisionen zu haben.

Sogar bei fest verschanzten Herrschaftsmacht-Systemen muß man unbedingt daran denken, daß jede andersartige Aktion, wenn sie beharrlich beibehalten wird, eine Änderung bewirkt.

> Herrschaft ist ein *System*, und wir *sind* ein Teil davon, und genau darin liegt die Hoffnung. Denn jedes System ist immer in einem empfindlichen Gleichgewicht, hängt bezüglich seiner Stabilität vom Feedback seiner Teile ab. Wenn sich das Feedback ändert, ändert sich auch das System. Zuerst reagiert es, um seine Stabilität wiederzugewinnen, doch wenn das Feedback aufrechterhalten wird, dann wird das System verändert werden. (Starhawk, Seite 314)

Dies ist ein entscheidender Punkt. Es geht auf das zurück, was weiter vorn in dem Kapitel über die große Bedeutung der Beharrlichkeit und in Kapitel 6 über schrittweise Veränderungen in der »Landschaft« des Gehirns gesagt wurde. Die Gruppen, die eine Kommunikation mit Entscheidungsträgern in Atomangelegenheiten in Gang zu bringen versuchten, machten die Feststellung, daß sie ihre Bemühungen fortsetzen mußten, manchmal viele Jahre lang, bevor eine wahrnehmbare Veränderung stattfand. Eine britische Gruppe schrieb einem General vier Jahre lang und erhielt immer nur kürzeste Antworten, bis er einen Sitz im House of Lords bekam, dem Oberhaus des britischen Parlaments. In seiner Jungfernrede brachte er fast wortwörtlich die Fakten und Argumente aus ihren Briefen vor.

Informieren Sie sich

Eine der verbreitetsten Methoden zur Kontrolle von Menschen ist der Informationsentzug. Wenn Sie nicht wissen, was vorgeht, können Sie nichts dagegen unternehmen; wenn Menschen Geheimnisse vor uns haben, üben sie Macht über uns aus.

Wollen wir etwas ändern, ob nun uns selbst oder die Art der Leitung einer Spielgruppe oder gar die Welt, benötigen wir in erster Linie Informationen. Der Mensch, der als erster sagte: »Information ist Macht«, scherzte keineswegs, und genauso wenig scherzten alle die anderen, die es seither sagten. Um sich aus einer Situation der Machtlosigkeit zu befreien, müssen Sie wissen, wie man Informationen erhält. Jede Situation ist anders, trotzdem aber hier einige Hinweise:

- Arbeiten Sie aus, was Sie wissen wollen oder wissen müssen:
  - wofür Sie die Information wollen,
  - wie Sie es anstellen könnten, sie zu bekommen,
  - und schreiben Sie das auf.
- Teilen Sie die Aufgabe in einzelne Happen auf und verteilen Sie diese.
- Gehen Sie Ihrer Nase nach und vertrauen Sie Ihren Ahnungen im Hinblick darauf, wo Sie anfangen sollen.
- Gehört es zu Ihrem Projekt, daß Sie lesen, suchen Sie sich Lektüre mit einem Schreibstil, den Sie mühelos lesen können, und weisen sie anderes zurück. Ist ein/e Autor/in schwer lesbar oder verwirrend, liegt es wahrscheinlich daran, daß er/sie das Thema nicht ganz versteht. Es wird nicht unbedingt von Ihnen verlangt, daß Sie sich durch ganze Stapel schriftlichen Materials arbeiten; haben Sie keine Hemmungen, Menschen anzurufen, ihnen Fragen zu stellen und sie um Hilfe zu bitten.
- Seien Sie beharrlich. Jene, die Informationen zurückhalten, hoffen, daß Sie aufgeben.
- Schaffen Sie sich ein System, um Ihre Informationen zu ordnen. Sie können einfach ein Notizbuch mit losen Blättern nehmen oder auch einen ganzen Aktenschrank bereitstellen, sogar eine Bücherei füllen; was immer Sie tun, wenn Ihnen die Art, wie Sie Ordnung halten, richtig erscheint, wird sie zu einem Freund und einem Schlüsselelement Ihrer Macht.
- Sorgen Sie dafür, daß Ihr System für Sie angenehm aussieht: Wenn Sie Karteikästen oder bunte Tabs mögen, kaufen oder machen Sie sich welche. Wichtig ist, daß es Ihnen Freude bereitet, in Ihre Informationen hineinzuschauen, und Sie keine Abneigung dagegen haben.
- Wenn sich Ihnen kein System von selbst aufdrängt, probieren Sie eine holistische Weise, Ihr Wissen zu ordnen. Schreiben Sie jede nützlich Tatsache, auf die Sie stoßen, und jeden brauchbaren

Gedanken, der Ihnen kommt, auf einen dieser gelben Haft-Notizzettel, die man in kleinen Blöcken kaufen kann. Befestigen Sie einen großen Papierbogen an Ihrer Wand und kleben Sie die gelben Zettel darauf. Anfangs können Sie sie an eine beliebige Stelle kleben, doch mit der Zeit werden Sie feststellen, daß sich die Zettel zu Ideengruppen zusammenstellen lassen. Zeichnen Sie Kreise um die Gruppen, wenn sie ein Ganzes zu bilden scheinen. Dann können Sie eine Verbindungslinie zwischen zwei Kreisen ziehen und auf die Linie schreiben, worin das Verbindende besteht.

Einer der verborgenen Vorteile des Ordnens von Informationen ist, daß man Muster zu sehen beginnt. In einem wunderbaren Buch mit dem Titel *People Power* stellt Tony Gibson die Idee von einer »Nachbarschafts-Faktenbank« vor: numerierte Karten, die relevante juristische, technische und finanzielle Informationen enthalten. Sie können herumgereicht werden, so daß alle sie zu sehen bekommen, dann auf dem Tisch ausgebreitet, geordnet und immer wieder neu geordnet werden, während die Gruppe die Rangfolge ihrer Prioritäten ausarbeitet und so fort. (B2)

Ein sehr rascher Weg, um aus unseren Stärken Nutzen zu ziehen, ist die Weitergabe der Informationen, die wir bereits haben. Überlegen Sie, wie wenig Gespräche wir beispielsweise über Sex, Menstruation, Schwangerschaft und Geburt führen. Überlegen Sie, wieviel wir aus diesen wenigen Gesprächen lernen, wie selten wir solche Informationen weitergeben und daß wir diese Themen Halbtabus bleiben lassen, weil wir im Hinblick auf sie nicht offener sind.

Hier ein Beispiel von Informationsweitergabe in der Geschäftswelt: Gerard Fairtlough war Chefmanager von Celltech, einem äußerst erfolgreichen Unternehmen für Biotechnologie, das er aus dem Nichts aufgebaut hatte. Im Jahr 1989 sah sich der größte Aktionär von Celltech gezwungen, seine Aktien zum Verkauf anzubieten. Das hätte ein Übernahme-Angebot für die ganze Firma auslösen können. Der Aufsichtsrat beschloß, die richtige Vorgehensweise sei eine Zusammenarbeit mit potentiellen Bietern. Diese Entwicklung der Dinge durfte auf keinen Fall nach außen dringen, während man die notwendigen Vorkehrungen traf. Einige Aufsichtsratsmitglieder meinten, man sollte sie auch vor der Belegschaft geheimhalten, denn wie es einer formulierte: »Wenn wir es den Mitarbeitern sagen, steht es morgen in der *Financial Times*.« Gerard konnte dem Aufsichtsrat glaubhaft versichern, das sei unwahrscheinlich, weil der ganze Firmenbetrieb von Anfang an auf der Tatsache basierte, daß »offene Kommunikation von Vertrauen abhängt und Vertrauen von offener Kommunikation abhängt«. Er war bereit, seinen Ruf dafür aufs Spiel zu setzen. Jeder in der Firma, damals etwa vierhundert Personen, erhielt die vertrauliche Information, und jeder hielt dicht, bis drei Wochen später eine öffentliche Bekanntgabe erfolgte.

Die Stärken anderer nutzen

Ein wichtiger Teil des Aufbaus neuartiger Macht ist die Nutzung der Stärken anderer. *Herrschaftsmacht sucht die Schwächen anderer und schlägt Vorteile daraus, Hara-Macht hält nach den Stärken anderer Menschen Ausschau und verläßt sich auf sie.* Hara-Macht fragt die Menschen, worin sie am besten sind, was ihnen an ihnen selbst gefällt, und befähigt sie dann, das zu nutzen.

Bemerkenswerte Dinge geschehen, wenn wir die Stärke anderer nutzen. Vor allem ergänzen die Menschen einander. Steckt man in irgendeiner Sache fest, kann der andere sie lösen. Weil sich niemand der Illusion hingibt, alles zu können, ruft man um Hilfe, wenn man etwas tun soll, was man nicht kann. Ich kannte beispielsweise zwei Personen, die in der Friedensbewegung arbeiteten und regelmäßig »Skelett-im-Schrank«-Sitzungen abhielten: Sie holten aus ihren Akten die Briefe hervor, die sie nicht zu beantworten wußten, oder die Probleme, mit denen sie sich einfach nicht befassen konnten, und tauschten sie aus. Und tatsächlich bereiteten Dinge, die für eine der beiden Personen unüberwindliche Hürden zu sein schienen, der anderen keine Schwierigkeiten.

Auf solche Weise vernetzen sich die verschiedenen Stärken der Menschen, statt miteinander zu konkurrieren. Und wird die Stärke eines Menschen auf die Probe gestellt, erkannt und anerkannt, wächst sie zusehends. Sie beginnt selbst schöpferisch zu werden und Ideen zu haben.

Macht dieser Art erzeugt eine größere Gesamtsumme an Energie, weil sie kein Nullsummenspiel ist, bei dem einer den anderen besiegt (was ich gewinne, das verlierst du). Es ist ein Spiel mit positiver Summe, bei dem beide mehr erhalten.

Vielleicht kann ich das an einer einfachen Zahlenübung veranschaulichen. Stellen Sie sich vor, jede Person sei gleich eins. Wenn eine Person einer anderen begegnet und sie beherrscht, nehmen die Macht und die Energie der zweiten Person ab, vielleicht um die Hälfte, so daß die Summe der Macht und Energie dieser beiden Personen eineinhalb beträgt. Begegnen einander zwei Personen und treten in eine Beziehung der Partnerschaftsmacht, betrüge die Summe ihrer Energien dagegen mindestens zwei. Hätte jeder der beiden obenerwähnten Friedensarbeiter allein gearbeitet statt kooperativ, wären mit ziemlicher Sicherheit viele der Problembriefe unbeantwortet geblieben. Es traf sich aber, daß sie beschlossen, eine Partnerschaft einzugehen und ihre Stärken zu vernetzen, so daß nicht nur diese Probleme erledigt wurden, sondern die Summe ihrer kombinierten Energien größer war, als ihre Energien gewesen wären, hätte jeder von ihnen für sich allein gearbeitet.

Weil wahre Macht in der Lage ist, zusammen *mit* anderen Menschen mächtig zu sein, sind mit ihr oft Kompromisse verbunden. Der Grund liegt darin, daß wirkliche Macht bedeutet, in einem gleichwertigen Verhältnis zu anderen stark und man selbst zu sein; und darum gehört zu ihr, daß man die Standpunkte der anderen sieht und respektiert, selbst wenn deswegen nicht alles nach dem eigenen Kopf gehen kann. Letztendlich jedoch steigert es die Macht eines jeden.

Das Erlangte wieder hergeben

Wenn Sie Hara-Macht erlangt haben, geben Sie sie weg! Diese Macht gedeiht, wenn man sie weggibt. Sie kann immer wieder weggegeben werden, weil sie sich ständig regeneriert, genau wie die Liebe. Wird ein zweites Kind geboren, heißt dies nicht, daß das erste nur noch halb so sehr geliebt werden darf, damit man das zweite lieben kann. Genauso verhält es sich mit Hara-Macht. Ich muß sie nur in mir selbst suchen, dann verfüge ich über eine unerschöpfliche Menge. Gebe ich etwas davon weiter, bedeutet das keineswegs, daß ich weniger habe, sondern im Gegenteil, daß ich mehr habe.

Weil sich diese Macht im Inneren regeneriert, können wir sie anderen geben. Tatsächlich ist es charakteristisch für sie, daß sie mit anderen geteilt wird. Sie macht andere fähiger, wärmt sie, ermutigt sie, verleiht ihnen Kraft. Jean Baker Miller, Erziehungsdirektorin am Wellesley College in Massachusetts, die unzählige Frauen interviewt und beraten hat, gelangt zu dem Schluß:

Als Ergebnis dieser umfassenden Erfahrungen innerhalb der Familie sowie am Arbeitsplatz und in anderen Organisationen glaube ich, daß sich die meisten Frauen in einer Welt am wohlsten fühlen würden, in der wir sicher wären, daß wir die Macht anderer Menschen nicht einschränken, sondern steigern, während wir gleichzeitig unsere eigene Macht vergrößern. Betrachten Sie diese Behauptung genauer: Der Teil über die Steigerung der Macht anderer Menschen ist für die Welt schwer verständlich, denn er entspricht nicht dem, wie die »wirkliche Welt« Macht definiert hat. Dennoch, ich bleibe dabei, daß Frauen in einem solchen Kontext mit wesentlich größerem Wohlgefühl funktionieren würden.

Das gilt auch für Männer. Es ist das Gegenteil des Festhaltens an Macht, also dessen, was Despoten und Tyrannen immer tun. Eine alte Redewendung lautet: »Willst du einen Sklaven im Graben halten, mußt du bei ihm dort bleiben.« Auf ebendiese Weise funktioniert Herrschaftsmacht: Wir müssen die Kontrolle behalten, und je größere Macht wir haben wollen, desto größere Kontrolle müssen wir haben. Ein endloser Kreislauf, der Menschen in lächerliche Situationen bringt. Er führt dazu, daß Unternehmen pleitegehen, mächtige Männer ungewöhnliche Testamente hinterlassen und zahllose Menschen umkommen.

Qualitäten wie Sicherheit und ein Identitätsgefühl, die unsere Gesellschaft heiß ersehnt, sind tatsächlich endlos regenerierbar. Die entscheidende Tatsache ist, daß eine für alle ausreichende Menge vorhanden ist: es handelt sich bei diesen Qualitäten nicht um begrenzte Ressourcen. Aber sie unterliegen Bedingungen. Und die wichtigste davon ist Kooperation. Einzig durch Kooperation kann man ein Nullsummenspiel *auf niemandes Kosten* in ein Spiel mit positiven Summen verwandeln.

Hara-Macht in Aktion – international

Diese Funktionsweisen der Hara-Macht treffen genauso zu, wenn sich das Interesse von der lokalen auf die internationale Ebene verlagert. Hier erheben sich drei Fragen, die einer Antwort bedürfen: Sind alle Konflikte zweiseitig? Wie können Konflikte verhindert oder gelöst werden? Und läßt sich ein struktureller Konflikt nur durch eine Strukturänderung lösen?

Sind an allen Konflikten zwei Parteien beteiligt?

Nach den Aussagen der meisten Protagonisten in einem Konflikt könnte man glauben, daß immer die andere Seite anfing, alle Abscheulichkeiten beging und deshalb dafür zuständig ist, die Sache beizulegen. Doch es gibt fast keinen Fall (außer vielleicht, wenn Kinder betroffen sind), in dem nicht sogar der am stärksten Unterdrückte eine gewisse Verantwortung trägt. Hier interessiert uns nun, wie die scheinbar Schwachen sich gegenüber den scheinbar Starken auf solche Weise behaupten können, daß ein weiterer Konflikt vermieden und Kommunikation hergestellt wird und am Schluß alle das Gefühl haben, zu einem guten Abkommen gelangt zu sein.

Adam Curle schreibt schon sein ganzes Leben lang über Friedenstiften und praktiziert es.

> Wie alles andere vereinigt Friedenstiften Yin und Yang in sich, Inneres und Äußeres, Öffentliches und Privates. Wenn die beiden nicht in Harmonie sind, so daß Yang vorherrscht, ist der Friedenstifter auf die Manipulierung äußerer Bedingungen angewiesen, auf politisches Manövrieren, abwechselnde Drohungen und Versprechungen, auf die Spitzfindigkeiten von Handel und Kompromiß. Das ist die Methode eines Kissinger oder Metternich. Sie kann die Beilegung eines bestimmten Disputs bewirken, stellt aber selten die tiefe Harmonie der Versöhnung her; sie kann lediglich die Symptome des Unfriedens beseitigen, nicht aber deren Ursache.
>
> Wenn Menschen das Yin betonen, versuchen sie, Gefühle und Haltungen zu ändern. Sie verlassen sich auf Protest, Überredung oder moralischen Druck statt auf Verhandlung, politische Analyse oder Diplomatie. Gewöhnlich haben sie wenig Einfluß auf Ereignisse.
>
> Werden Yin und Yang in Harmonie gebracht. sind Friedenstifter »weise wie Schlangen und harmlos wie Tauben«; politisch klug und realistisch, aber von einer Menschlichkeit, die groß genug ist, um bei einer Vertretung der Opfer von Unterdrückung auch deren Gegner mit einzubeziehen. Sie streben einen dauerhaften Frieden zwischen allen streitenden Parteien an. (1981)

Lassen Sie mich Adam Curles Aussagen auf die »realistische« Vorgehensweise anwenden, bei der internationale Angelegenheiten im Sinne von Kulturen, Ideologien und Interessenskonflikten ausgelegt, als Äußerungen der menschlichen Natur wahrgenommen werden. Es gilt als oberste Pflicht politischer Führer, diese »Realitäten« zu erkennen. Alles wird vom Standpunkt einer bestimmten Regierung gesehen wie »von innen«. Das ist eine Yang-Vorgehensweise. Sie muß durch eine Vorgehensweise ersetzt werden, die sich für unsere Zeit besser eignet, nämlich die »Sicht von oben« oder die *transformationistische* Verfahrensweise. Diese geht von der Wahrnehmung aus, daß die Welt heute vor globalen Problemen steht, die das blanke Überleben der Menschheit gefährden. Zu diesen Problemen zählen die ungeheure Vermehrung der Waffen und die atomare Bedrohung, aber auch das Bevölkerungswachstum, krasse Unterentwicklung und Mißbrauch der Umwelt. Geht man diese Probleme nicht sofort an, werden sie wahrscheinlich Unordnung und Konflikt großen Ausmaßes hervorrufen. Die genannten Gefahren sind von Natur aus gemeinsame Gefahren und können nur durch eine gemeinsame Reaktion überwunden werden. Sie überlagern lokale Interessen vollkommen und wenden sich gegen realistische Einstellungen zur Sicherheit. Zeitgenössisches militärisches Denken, das noch vom Kalten Krieg strukturiert ist und auf der traditionellen Rolle des Nationenstaates basiert, ist völlig unfähig, mit ihnen fertigzuwerden – es trägt vielmehr zu ihnen bei.

Nötig ist die Ausweitung des Sicherheitsbegriffs von staatlichen Interessen auf das Wohlergehen von Nationen und von den militärischen Bereichen auf wirtschaftliche und Umwelt-Bereiche. Eine fortdauernde Entwicklung muß das wirtschaftliche Wachstum als vorherrschende Philosophie ersetzen, und globale Sicherheit muß die nationale Sicherheit ersetzen. Von der Blockkonfrontation und der Abschreckung in Europa muß sich das Gewicht auf gemeinsame Sicherheit und Abrüstung verlagern. Kurz, die politischen Führer müssen lernen, Dinge unabhängig von bestimmten Staaten oder Bündnissen und wie »von oben« zu sehen.

Wenn wir an Getrenntheit glauben, wird von uns gefordert, daß wir stark und unverletzlich sind, Macht über andere haben und Kämpfe gewinnen. Wenn wir unsere eigene Verbundenheit mit allem sehen, erkennen wir, daß der Sieg des Einzelnen letztendlich ein Mythos ist; wir können in der Isolation nicht gedeihen. Das gilt auch für Staaten und Nationen.

Wie können Konflikte vermieden oder gelöst werden?

Konfliktlösung ist in internationalen Kreisen eine Art Dauer-brenner-Ausdruck geworden, genau wie Friedenssicherung – und jeder, der ihn benutzt, verbindet mit ihm etwas anderes. Die UN bei-spielsweise hat ein Auge auf Situationen, die zum Krieg führen könn-ten, und der Generalsekretär stellt vielleicht seine Büros oder die sei-ner Mitarbeiter für Vermittlungsversuche zur Verfügung. Shuttle-Diplomatie ist die allgemein angewandte Methode.

Internationale Diplomatie und Verhandlungen zwischen Regie-rungen helfen jedoch gewöhnlich nicht bei ethnischen und Minder-heitskonflikten in Ländern, deren Parteien sich gegenseitig die Legiti-mität abstreiten. John Burton und andere haben einen Weg ent-wickelt, um mit solchen Situationen fertigzuwerden, den sie Diplo-matie des »zweiten Geleises« nennen. Vertreter der Parteien werden eingeladen, an inoffiziellen Diskussionen von Angesicht zu Angesicht teilzunehmen. Die Hauptschritte in diesen »problemlösenden Work-shops« sind:

1. Der Schirmherr tritt an die Parteien heran und ersucht Entschei-dungsträger, Vertreter zu benennen.
2. Die Vertreter erscheinen in privater Eigenschaft.
3. Ein Fördergremium wird gebildet.
4. Jede/r Teilnehmer/in trägt seine/ihre Sache vor. Unterbrechungen sind nicht gestattet.
5. Das Gremium stellt klärende Fragen.
6. Das Gremium identifiziert und benennt wirkliche Probleme und sucht die Zustimmung der Parteien zur Erläuterung der Probleme.
7. Die Parteien untersuchen Lösungen.

Die Workshops können mehrere Tage dauern und nach längeren Zeitintervallen wiederholt werden. Die Parteien müssen keine Vorab-verpflichtungen eingehen und müssen keine bindenden Abmachun-gen erreichen. Ziel ist es, einen gemeinsamen Standpunkt zu schaffen und Verständnis aufzubauen, das später in offiziellen Verhandlungen zwischen den Parteien von Nutzen sein kann. Die Workshops ermög-lichen reiche Erfahrungen und Lektionen, besonders im Prozeß der Hinbewegung zu einem Abkommen in festgefahrenen Situationen.

Quäker-Vermittlung

Die »Gesellschaft der Freunde« hat eine lange Tradition in ruhiger Vermittlung bei gewalttätigen Konflikten. Gearbeitet wird meist nach folgenden Richtlinien:

1. Die »Gesellschaft der Freunde« benennt gewöhnlich zwei Vermittler, die Anteil an einem bestimmten Disput nehmen.
2. Die Vermittler suchen um Treffen mit den Führern beider Konfliktparteien nach.
3. Sie bedienen sich des aktiven Zuhörens, versuchen Freundschaft mit den Führern zu schließen und ihr Vertrauen zu gewinnen. Sie zielen besonders darauf ab, den Zorn, den Groll, die Angst und die Schuld anzusprechen, Emotionen, von denen die Führer in Konfliktzeiten beeinflußt werden, und eine andere Sicht der Ereignisse zu ermöglichen, wenn die Wahrnehmungen verzerrt sind.
4. Die Vermittler pendeln zwischen den Parteien und erbieten sich, Botschaften zu überbringen. Sie achten auf Punkte der Übereinstimmung.
5. Das Ziel ist, den Punkt zu erreichen, an welchem die Parteien bereit sind, in direkte Verhandlungen zu treten.

Quäker betonen, daß es wichtig ist, langfristig Anteil an dem Konflikt zu nehmen, und daß die Vermittlung sich manchmal über mehrere Jahre erstrecken kann. Sie sind sich durchaus bewußt, daß Menschen gewöhnlich innere Konflikte in äußeren Situationen zum Ausdruck bringen. So kann beispielsweise ein hohes Maß an Furcht oder Zorn in einer Person einen Ausbruch von Gewalt auslösen. Im Gegensatz dazu und im genau gleichen Grad können Selbstkenntnis und Akzeptanz zur Konfliktlösung führen. Adam Curles neuestes Buch enthält einen ergreifenden Bericht darüber, wie gewöhnliche Menschen in dem Konflikt zwischen Kroatien und Serbien mit ihren eigenen Gefühlen und mit den harten politischen Realitäten umgingen, denen sie sich gegenübersahen.

Betont wird in beiden obigen Beispielen die *Art* der Kommunikation, die bei Konfliktvermeidung oder Vermittlung mit den besten Ergebnissen eingesetzt werden kann; praktisch besteht kein Unterschied, ob die Konfliktverhinderung oder Vermittlung auf internationaler Ebene stattfinden soll oder auf der Ebene eines Gemeinderats, der einen Grenzstreit ausficht. Hier einige grundlegende, wichtige Schritte:

1. Bieten Sie jenen, die verletzt oder geschädigt worden sind, die Gelegenheit, ihren Schmerz und Zorn in einer sicheren Umgebung auszudrücken. Nach einem Krieg oder nach Greueltaten konzentriert sich das Interesse als Folge von Kriegsverbrechertribunalen manchmal auf die Schuld. Wichtiger ist jedoch, auf die Stimmen derer zu hören, die mißbraucht worden sind: Das ist der einzige Weg zur Heilung von dem Schmerz und Zorn, der andernfalls weiterlebt und in einem anderen Krieg als Rache zum Ausbruch kommen wird.

   Reporterinnen verstehen es besonders gut, den Geist ihrer Leser auf die wirklichen Kriegsopfer hinzulenken. Viele ausgezeichnete Kriegsberichterstatterinnen haben sich geweigert, den absurden Maßstab anzulegen, nach dem »gute« Kriegsberichterstatter beurteilt werden: Unparteilichkeit, Objektivität, die Notwendigkeit, als »neutraler« Beobachter zu agieren. Aus ihren Berichten sprechen vielmehr Leidenschaft und Anteilnahme. Ein gutes Beispiel hierfür ist Maggie O'Kane, die starke, erschütternde Berichte über die Zerstörung des Lebens Einzelner während des Kriegs im ehemaligen Jugoslawien geschrieben hat.

2. Schaffen Sie, wenn irgend möglich, Raum und Zeit für die geistige Vorstellung, wie Frieden in der Situation, vor der Sie stehen, aussehen könnte. Wenn wir keine Vision von dem haben, was sein *könnte*, vom Ziel, kein Wunder, daß der Weg dorthin dann schwer zu finden ist. Darum ist es äußerst wertvoll, sich hinzusetzen und Bildvorstellungen heraufzubeschwören. Elise Boulding hat einen detaillierten Vorstellungsprozeß entwickelt:

   Ich fordere die Teilnehmer auf, sich selbst dreißig Jahre in der Zukunft zu sehen, und sage ihnen, daß es dort keine Waffen gibt. Während sie sich diese Welt vorstellen, dränge ich sie, ihre Phantasien graphisch und detailliert sein zu lassen: Gesichter zu sehen, Gerüche wahrzunehmen, die Rauheit oder Glattheit von Gegenständen zu spüren. Ich frage, welche Art Familien, Landwirtschaft, Arbeit und Regierung in ihrer künftigen Welt ohne Waffen existiert. Wenn jede Person eine klare Vorstellung hat, schreibt sie alles nieder und erzählt den anderen davon. Für den letzten Schritt fordere ich die Teilnehmer auf, sich rückwärts in die Gegenwart zu bewegen, immer ein paar Jahre, und zu prüfen, was getan werden muß, um die Vision zu verwirklichen. Wenn die Menschen rückwärts arbeiten, schaffen sie eine zukünftige Geschichte und wissen, welche Schritte sie unternehmen müssen, damit ihre Vision Wirklichkeit wird.

3. Wählen Sie als Vertreter nicht unbedingt die Führer aus, sondern besser Personen, die von jeder Seite geachtet werden und wenig Ego haben. Mit anderen Worten, solche Menschen, die sich *nicht* vordrängen, um in ein Komitee zu kommen oder den Vorsitz zu übernehmen. Auf diese Weise ist die Chance größer, daß die früher erörterte »leuchtende Klarheit des Geistes« entsteht, die aus innerer Ruhe erwächst und sehr hilfreich ist, wenn sichergestellt werden soll, daß alle Gehör finden. Hier ein Beispiel von *Gabriella*, der Schutzorganisation von Frauengruppen auf den Philippinen:

   Sie zerlegen ein Problem in primäre und sekundäre Teile. Erstere sind das, was sie ändern müssen, wie die Macht des Grundbesitzers, das Fehlen von Werkzeugen, Samen, Transportmitteln usw. Das Sekundäre beinhaltet, sich zu organisieren und die Fähigkeit zu entwickeln, Unterschiede in der Gruppe auszuräumen. Jede wird geschult, in geheimer Abstimmung eine Führerin zu wählen. Abzulehnen sind Typen wie der »Diktator«, der/die »Aufgeblasene«, der »Nikolaus«; gewählt werden soll die Demokratin. Vor einer Wahl wird eine Planungsgruppe zusammengestellt, der jene Frauen angehören, die sich um die Führung bewerben möchten. Wie sich herausstellt (Überraschung, Überraschung), haben die ersten drei Typen dafür oft keine Zeit, und wenn sie welche haben, kommen sie für das Amt nicht in Frage, weil sie bereits einen ähnlichen Posten bekleiden, beispielsweise in einer Gewerkschaft.

4. Vereinbaren Sie einige Regeln, die den Teilnehmern helfen, offen zu bleiben. Marshall Rosenberg entwickelt und lehrt seit dreißig Jahren Fähigkeiten der gewaltlosen Kommunikation und arbeitet jetzt in Konfliktsituationen, die dreizehn Länder betreffen. Sein Modell für gewaltlose Kommunikation betont ausdrücklich, daß die Teilnehmer es vermeiden müssen, zu kritisieren und die Verantwortung für ihre eigenen Gedanken, Gefühle und Taten auf andere zu schieben oder abzuleugnen. Beobachtungen müssen (zumindest während der ersten Sitzungen) in der ersten Person gehalten sein; ich muß sagen, was *ich* beobachte, was *ich* fühle, was *ich* brauche, was *ich* erbitte.

Das vorige Kapitel enthielt das Beispiel mit den Hunden Kiri und Fizzy. Die Lösung des Problems von zwei Hunden und ihren Besitzerinnen in den Yorkshire Dales ist ja nicht gerade eine internationale Angelegenheit. Aber das Prinzip bleibt dasselbe, und alle guten Verhandler wenden es in der einen oder anderen Form an. Uri und Fisher erklären in ihrem berühmten Buch *Getting to Yes*, wie man Verhandler von ihren »Positionen« wegbringt und zu ihren wirklichen Interessen und Bedürfnissen hinführt. Ebendiese Techniken waren verantwortlich für den Durchbruch in Camp David zwischen Anwar Sadat aus Ägypten und Menachim Begin aus Israel.

5. Nach meiner Ansicht ist eine weitere Zutat wichtig für Konfliktvermeidung und Konfliktlösung, besonders auf größeren Schauplätzen und in komplexeren Situationen. Am besten kann ich das so ausdrücken: »Tritt zur gleichen Zeit zurück, in der du vorgehst.« Dabei geht es um die Beobachtung dessen, was sich abspielt, also die Verfolgung des Vorgangs, und um Bewußtheit. Ein Beispiel: In den frühen Diskussionen über die Friedenspilgerfahrt von Frauen für Bosnien im Jahr 1994 war ein Mann dauernd anderer Meinung als eine der Bosnierinnen und kritisierte sie ständig. Schließlich unterbrachen die beiden einander, und keiner hörte mehr zu. Jemand sagte: »Ich bemerke, daß wir unterbrechen und streiten. Warum lassen wir nicht einen Augenblick Ruhe einkehren und kommen dann auf das zurück, wozu wir hier sind.« Die Bosnierin begann zu weinen, ihre Gefühle brachen sich Bahn; jemand holte eine Gitarre und fing zu singen an. Die ganze Atmosphäre veränderte sich.

Dieses Beobachten, dieses Sehen, was in der Gegenwart vorgeht, kann zu einer nützlichen Gewohnheit werden. Es ist genau das gleiche wie die buddhistische Vorstellung von Achtsamkeit, Aufmerksamkeit und wie das, was Ram Dass als »jetzt hier sein« (siehe Seiten 170 und 349).

Können strukturelle Konflikte nur durch strukturelle Veränderungen gelöst werden?

In Situationen struktureller Ungleichheit, wenn eine Person wegen eines Gesetzes oder Brauchs benachteiligt ist oder unter Drohung steht, wird die Unterstützung seitens einer Gewerkschaft, einer Druck ausübenden oder politischen Gruppe wichtig. Für eine Einzelperson ist es zu schwierig, allein auf sich gestellt gegen institutionalisierte Ungerechtigkeit zu kämpfen. Jemand, der vom System unfair behandelt wird, kann für eine Beschwerde oder einen Protest nur Kanäle benutzen, die das System selbst bietet. Darum kann die Einzelperson in ihrer Umgebung nur eine Veränderung erreichen, wenn die Unfairneß *vom* System anerkannt wird und wenn das System Beschwerde- oder Wiedergutmachungsverfahren erlaubt oder einrichtet.

Hugh Miall, der eine umfassende Studie über Konfliktlösung durchführte, stellte fest, daß es in Fällen von Unfairneß, die das System nicht erkennt und anerkennt, unmöglich ist, Konflikte ohne grundlegende Veränderung in den Beziehungen zwischen den Parteien zu lösen. Eine Strukturänderung erfolgt nicht immer oder nicht zwangsläufig durch Gewalt. Bei der Beendigung der Apartheit spielte direkter Gewaltdruck kaum eine Rolle. Miall führt weitere Beispiele für Strukturänderungen an, die im wesentlichen friedlich verliefen, einschließlich der von den Suffragetten und ihren Nachfolgerinnen erreichten Änderung des Status von Frauen und der von Gewerkschaften durchgesetzten Änderung im Status der Klasse der Industriearbeiter.

Er sagt weiter, daß aus solchem Bewußtsein das Verlangen erwächst, Beziehungen zu ändern, und daß soziale Bewegungen, die Änderungen anstreben, ihren Mitgliedern Fähigkeiten und Macht verleihen. Daraus entsteht die Möglichkeit, den Verteidigern des Status quo mit einer gleich starken politischen Bewegung entgegenzutreten. Dann kann der Weg zu einer Verhandlungslösung oder zur Anwendung gewaltloser Sanktionen offen sein.

Ich stimme dem im großen und ganzen zu. Aber etwas anderes läuft wie eine Strömung durch die meisten Frauenbewegungen für Veränderung, an denen ich in letzter Zeit beteiligt war. Es ist etwas wie die Suche nach einer anderen Art, Dinge zu erledigen, einer anderen Art, die Welt zu sehen, einer anderen Art, Beziehungen mit anderen Völkern und Ländern zu knüpfen. Ans Licht trat diese Strömung erstmals 1979, als ich von der UNESCO aufgefordert wurde, über die Rolle von Frauen in den Friedensbewegungen und der Friedensforschung zu berichten. Der Bericht sollte 1980 der Weltkonferenz des UN-Jahrzehnts für Frauen in Kopenhagen vorgelegt werden. Zusammen mit anderen Frauen untersuchte ich sechs Beispiele weiblicher Friedensinitiativen: in Südafrika, den Philippinen, Skandinavien, New York,

Kuba und Nordirland (das war vor dem Friedenslager der Frauen von Greenham Common). Wir zogen folgende Schlußfolgerung:

> In den meisten Fällen protestieren Frauen gegen die Gewalt, die sie umgibt oder bedroht, aus dem *Inneren* des gewalterzeugenden Systems heraus. Sie versuchen, Änderungen mittels traditioneller politischer oder sozialer Strukturen herbeizuführen, und die Wertsysteme, die diesen Strukturen unterliegen, bleiben oft unangetastet. Doch zumindest in zwei Fällen (und möglicherweise embryonisch in anderen) registrierten wir etwas anderes. Dort gibt es Hinweise auf eine tiefe Unzufriedenheit der Frauen mit akzeptierten Wertsystemen und etablierten Strukturen. Bei den schwedischen Frauen findet sie in klaren Worten Ausdruck; die nordirischen Frauen empfanden sie zweifelsohne; viele international für Abrüstung tätige Frauen diskutieren darüber. Ohne in jedem Fall genau zu wissen, wie, versuchen diese Frauen voll lebendiger Begeisterung, Möglichkeiten zu finden oder wiederzufinden, anders zu leben, in größerer Harmonie mit ihrer Umgebung, und die Wurzeln der Gewalt in der Struktur ihrer Gesellschaften zu erforschen.

Die letzten obigen Sätze sind genau das, wovon das Buch hier im wesentlichen handelt.

Das »Herz« der Sache

Nun möchte ich die Ideen dieses Kapitels zusammenführen und die Hauptelemente von Hara-Macht in Aktion identifizieren. Geschehen kann das, so glaube ich, unter einer Reihe Überschriften: Kooperation, gegenseitige Verbundenheit, Verantwortung und Beziehung, sowie eher das Sein als das Tun oder Klarheit. Diese Hauptwörter erscheinen mir ziemlich gewichtig und schwerfällig, darum will ich lieber Verben verwenden: einander stützen, verbinden, ertragen und sein.

Einander stützen (Kooperation)

Müssen zwei Menschen sehr lange stehen, werden ihre Rücken unendlich müde. Würden sie sich aber aneinanderlehnen, Rücken an Rücken, gerade so fest, daß sie sich gegenseitig stützen und keiner

sich auf den anderen stützt, können sie ohne Anstrengung stunden-
lang stehen. Genau dies tun Eselspaare auf steilen Bergpfaden: beide
lehnten sich nach innen, um eine Stütze für ihre Lasten zu finden.
»Alles schön und gut«, sagt der mir innewohnende Skeptiker. »Wir
alle wissen, daß Kooperation sehr erfreulich und wünschenswert und
alles das ist, aber sie ist eben nicht das, was Menschen *tun*. Was die tun,
ist wetteifern. Warum? Um zu gewinnen. Um ein besseres Selbstgefühl zu haben. Um mehr für ihre Familien herauszuholen.« Dem
konnte ich entgegenhalten, daß wir nicht alle Sieger sein können. In
hierarchischen Organisationen kann tatsächlich nur einer der Menschen an der Spitze sein. Behandelt man das Leben als Wettrennen,
sind zwangsläufig 99 Prozent Verlierer oder bestenfalls Zweiter oder
Dritter. Den meisten Menschen behagt das ganz sicher nicht. Warum
tun wir dann so etwas?

Die Antwort ist einfach. In unserer gegenwärtigen Gesellschaft
ermutigt uns alles zum Wettstreit, im Grunde deshalb, weil es gut fürs
Geschäft ist. Wenn ich Ihnen einreden kann, daß Ihr Auto nicht mehr
neu genug ist, Ihre Kleider unmodern sind, ein Urlaub Ihr Leben verändern wird, kaufen Sie mir vielleicht meine Waren ab. Doch um Sie
soweit zu bekommen, muß ich Ihre Unsicherheit ausnützen. Ich ver-
unsichere Sie also (stärker als Sie ohnehin sind), um Sie soweit zu
kriegen, daß Sie etwas kaufen (was Ihnen keineswegs ein Gefühl
größerer Selbstsicherheit gibt). Das gleiche gilt für einen Stellungs-
wechsel: Gewöhnlich ist das Ziel größere Sicherheit, aber dieser
Schritt führt nur selten dazu.

Immer mehr Menschen erkennen, daß sich die Probleme, vor
denen unsere Gesellschaften und unsere Welt stehen, durch Wettstreit
nicht lösen lassen. Daß man sich ihnen mit Hilfe von Wettstreit nicht
einmal nähern kann. Der einzige Weg, auf dem sie sich angehen *lassen*,
ist die Entwicklung von Handlungsweisen, die auf Kooperation beruhen.

Die Wurzel der Kooperation ist Mitgefühl – die Fähigkeit, sich vorzustellen, wie es ist, die andere Person zu sein. Mitgefühl wohnt, wie
wir in den Kapiteln 5 und 6 gesehen haben, dem Herzen inne. Und
Kooperation führt zu mehr Gutem für alle; es befähigt uns alle zum
Überleben (erinnern Sie sich an die Tragödie mit dem Weiderecht auf
dem Gemeindeland?).

Hier ein Beispiel aus jüngster Zeit, wie Menschen voll tiefem Mitgefühl auf die Nöte anderer reagierten. 1994 strömten hunderttau-

Aus » Turning the Tide«
(siehe Seite 377)

send ruandische Flüchtlinge über die Grenze Tansanias in ein Gebiet, wo Wasser sehr knapp ist. Die tansanischen Behörden stellten Wasseringenieure, Handwerker und Arbeiter als Helfer ab. Diese Männer lebten mit den Flüchtlingen in Zelten, in einer rauhen Umgebung und einer gespannten Atmosphäre. Sie arbeiteten wochenlang fast rund um die Uhr, um die Wasserversorgung zu sichern; sie verlegten Rohre, bauten Tanks, installierten Pumpen in diesen riesigen Lagern voller Elend, Krankheit, Hunger und Angst. Jim Howard wurde von Oxfam gebeten, die Lager zu besuchen. Er war zutiefst bewegt von dem dort herrschenden Geist. Den Vorarbeiter Kabeza beschreibt er so:

Sehr entschlossen und begeistert, treibt sein Team tagtäglich an. Diese Männer arbeiten Hunderte Meilen entfernt von ihren Familien und dem häuslichen Komfort und sind in einer solchen Atmosphäre der Verzweiflung eine große Ermutigung. Ihr Geist zeigt das Beste der Menschheit, das sich dem Blutvergießen und den Tötungen in Ruanda entgegenstellt.

Verbinden (gegenseitige Verbundenheit)

Das Thema haben wir bereits ziemlich ausführlich behandelt, nämlich folgende Vorstellung: Menschen mit Hara-Macht wissen intuitiv (und Wissenschaftler entdeckten wissenschaftlich), daß wir tatsächlich alle untereinander verbunden sind; daß das, was eine Gruppe Menschen in irgendeinem Teil der Welt tut, andere beeinflußt, die Tausende Kilometer davon entfernt sind; daß ein Mikrogramm Plutonium, das in den Atlantik gelangt, den Fischern in Alaska ihren Lebensunterhalt rauben kann. Computernetze und Faxe haben diese Entdeckungen für uns noch aktueller und wirklicher gemacht. Eine Maorifrau auf ihrem Gehöft in Aotearoa/Neuseeland kann jetzt an einer Diskussion über Minderheitsrechte teilnehmen, während diese in London stattfindet. Inzwischen ist sogar klar geworden, daß man, selbst ohne etwas zu *tun*, etwas anderes oder jemand anderen beeinflussen kann: durch bloßes *Beobachten* (siehe Seite 356). Das westliche Interesse an der tibetischen Kultur beispielsweise verändert sie unabsichtlich. Wie Irina Tweedie sagt:

> Die Erkenntnis, daß jede Handlung, jedes Wort, jeder Gedanke von uns nicht nur unsere Umgebung beeinflußt, sondern auf geheimnisvolle Weise einen integralen Bestandteil des Universums bildet und hineinpaßt wie dafür geschaffen, genau in dem Augenblick, wo wir handeln, sprechen oder denken, ist eine überwältigende, ja sogar erschütternde Erfahrung.

Schön langsam wird es also auch dem hartnäckigsten Rationalisten möglich sein, zu akzeptieren, daß das, was religiöse Menschen seit Jahrhunderten behaupten, wahr sein könnte, nämlich daß Beten hilft.

Werden diese Vorstellungen akzeptiert und zudem auch gelebt, verändern sie unsere Einstellungen zur Welt und zu anderen Menschen vollständig. Bringen wir es fertig, uns bewußtzumachen, daß unsere *sämtlichen* Handlungen für andere Konsequenzen haben, daß wir Veränderungen erreichen können, ohne herumzurennen, und daß wir andere beeinflussen können, indem wir lediglich unsere Aufmerksamkeit auf sie richten, dann *ist* diese Welt eine andere Welt. Manche werden behaupten, das bedeute eine Rückkehr zur Welt der Hexerei, andere werden sagen, das gehöre in den Bereich der Science-fiction. Ich sage, das ist das Jetzt, und es ist eine aufregende Zeit, um darin zu leben.

Diese Vorstellungen gehen Hand in Hand mit dem Verständnis der Macht der Erde und der aus den Uranfängen stammenden Schöpferkraft des Femininen. Zwischen ihnen besteht ein Zusammenhang, und ihnen wohnt Kraft inne; sie untermauern die Gründe, aus denen eine Veränderung notwendig ist, und zeigen den Weg zu ihrer Verwirklichung.

Ertragen (Verantwortung und Beziehung)

Möglicherweise gebrauchen Frauen diese Ausdrücke anders als Männer. Carol Gilligan verbrachte zehn Jahre damit, Menschen zuzuhören, die über Moralität sprachen, und ab der Hälfte der Zeit begann sie einen Unterschied zwischen dem herauszuhören, was Frauen sagten und was Männer sagten. Die Anliegen der Frauen betrafen Verantwortlichkeiten, jene der Männer dagegen Rechte. Sie stellte fest, daß die Moralität der Rechte sich von jener der Verantwortlichkeiten unterscheidet, und zwar in der Betonung von Getrenntheit statt Verbindung sowie in der Höherbewertung des Einzelnen statt der Beziehung.

Für jene, die Hara-Macht einsetzen, ist Verantwortlichkeit unlösbar mit Beziehung verbunden. Erlaubt man dieser anderen Haltung, sich zu entwickeln und auszubreiten, übt sie eine ausgesprochen frische, andere Wirkung auf Weltangelegenheiten aus. Nehmen wir als ein Beispiel nur die weitverbreitete Sorge über die Atomwaffen-Eskalation in den achtziger Jahren. Wenn wir uns den Vierjahreszeitraum von 1982 bis 1986 ansehen, stoßen wir auf 34 direkte gewaltlose Aktionen, und an jeder waren Menschen aus anderen Ländern beteiligt, in den meisten Fällen Menschen aus Ländern, die damals als »verfeindet« galten.

In jedem einzelnen Fall war der Anlaß der Aktion, ob es sich bei ihr nun um ein Friedenscamp, eine Unterschriftenkampagne oder eine Konferenz handelte, die Sorge um die Gemeinschaft, denn die Atomwaffen bedeuteten nicht nur für mich oder Sie eine Bedrohung, sondern für uns alle, unsere Kinder, unsere Zukunft. Die Verbindungen, die zwischen sowjetischen und amerikanischen Frauen entstanden, ebenso zwischen Frauen aus Ost- und Westeuropa, halten nun schon länger als ein Jahrzehnt und haben sich vor allem zu Bildungsnetzen und Koalitionen für ökologische Reinigung und Krisenhilfe ausgewachsen.

Beim Thema Verantwortlichkeit stellt sich natürlich die Frage der Führerschaft. Frauen haben wirkliche Probleme damit, weil sie nicht in die Fallen des »servilen Führers« oder des geltungsbedürftigen Verantwortungsnehmers usw. tappen wollen. Bei Starhawk findet sich eine Formulierung, die die Hara-Macht-Lösung beschreibt.

> *Macht mit,* der Einfluß, den wir in einer Gruppe von Gleichberechtigten ausüben können, unsere Macht, den Kurs der Gruppe zu bestimmten und seine Richtung zu ändern, ist vielleicht die flexibelste aller Machtformen. »Reagierende« Führerschaft ist die Kunst, *Macht mit* auf Arten auszuüben, die die Freiheit fördern... Ich wählte den Ausdruck *reagierend*, weil solche Führung auf die Bedürfnisse der Gruppe und auf die Gelegenheiten in der Umgebung reagiert, sowohl mit Fühlen als auch mit Denken und Handeln. Ein Grundprinzip der agierenden Führerschaft ist das Zusammenarbeiten von Macht und Verantwortlichkeit. Wenn Sie Macht haben, sind Sie dafür verantwortlich, daß diese in einer befähigenden, ermächtigenden Weise eingesetzt wird. Wenn Sie Verantwortlichkeit haben, brauchen Sie Macht, um ihr gerecht zu werden.

Dieses Verbinden von Beziehung und Verantwortlichkeit ist zweifellos nicht nur Frauen gegeben – es ist eine Haltung, eine Weltsicht, die wir als Menschengeschlecht jetzt brauchen und zunehmend entdecken.

Sein (Klarheit)

Während einige Menschen in Weltkrisen-Situationen sofort aktiv werden, neigen jene mit Hara-Macht dazu, ihr Bewußtsein zu intensivieren. Ich möchte das weiterführen und sagen, daß darin der Unterschied zwischen *tun* und *sein* liegt. In vorausgegangenen Kapiteln haben wir über »hier sein« gesprochen, wenn in einer Familie oder Beziehung ein Streit entsteht; dasselbe gilt für den Sicherheitsrat der Vereinten Nationen oder an einem Kontrollpunkt in Bosnien, wenn man sich zornigen bewaffneten Soldaten gegenübersieht.

Gehen wir einen Moment zurück, damit wir diesen Gedanken wieder zu fassen bekommen. In Krisen- und Spannungssituationen läuft das einzelne Ego gewöhnlich voll Panik herum und sucht Wege, auf denen »ich« unbeschädigt aus der Situation herauskommen kann. Ist das Ego dagegen fähig, sich zu entspannen, dann erlaubt es einer leuchtenden Klarheit des Geistes, einer scharfen Wahrnehmungsfähigkeit, durchzudringen. *Genau* das braucht man in Krisen- oder Machtsituationen. Der Haken ist, daß die meisten von uns diesem Entspannungszustand nur in der Meditation nahekommen. Deshalb müssen wir üben, trainieren wie für eine Olympiade, so daß wir *hier sein* können, wenn es am schwierigsten ist, *hier* zu *sein*. Die großen Weisen haben herausgefunden, wie man inmitten von Chaos zu Ruhe gelangt. Ihre Mission ist es nicht, die Welt zu verändern oder anderen eine bestimmte Wahrheit aufzuzwingen, sondern im Einklang mit den Wahrheiten zu leben, die sie erkannt haben. Die Macht des Herzens ist ansteckend; der Geist der Bewußtheit und Integrität ist ansteckend. Wenn wir Frieden haben wollen, müssen wir Frieden sein.

Fallstricke und Fallgruben der Hara-Macht

Die Arbeit mit Hara-Macht ist genauso voller vielfältiger, tückischer Fallen wie jede andere Arbeit. Dieser Abschnitt liegt mir besonders am Herzen, weil ich in die meisten Fallen getappt bin.

Wichtigtuer und Schwindler

Man braucht nicht lange, um zu erkennen, daß im Bereich des persönlichen und spirituellen Wachstums genauso viele von uns auf Profit ausgehen wie anderswo. Und genauso viele heucheln. Vielleicht sogar mehr, weil jene, die spirituell verloren sind, häufig charakterlich abrutschen und sich gern aufblasen – zwei Seiten derselben Münze.

Nur ein Beispiel: Im Januar 1994 wurde in Kroatien die erste Versammlung einer Friedensinitiative einberufen, die sich »Durch das Herz zum Frieden« nannte; entstanden war sie als Folge der spirituellen Erfahrungen zweier Frauen, die sich dadurch inspiriert fühlten, Frauen aus der ganzen Welt zusammenzurufen, um zur Beendigung des Kriegs in Bosnien beizutragen. Dreihundert Frauen kamen zu der Planungsversammlung. Jeder Frau, die sprechen wollte, wurde Zeit am Mikrophon eingeräumt. Eine serbische Dichterin bot mutig ihr Versöhnungslied dar. Menschen aus vielen Ländern sprachen. Dann stieg eine junge Frau in fließenden weißen Gewändern auf die Bühne, machte eine dramatische Pause hinterm Mikrophon, deutete mit den Fingerspitzen zum Himmel und breitete die Arme aus. »Ich beschwöre die Energien des Erzengels Michael.« Pause. »Seine heiligen Stätten befinden sich auf den gleichen Breiten wie der Ort hier.« Weitere dramatische Armbewegungen. »Ich spüre, daß sich die Energien seiner Engel hierher bewegen, um diese Versammlung zu segnen.«

Ihre Augen waren geschlossen, eine Hand dramatisch in Richtung der Zuhörer gereckt. Eine Zeitlang ging das so weiter, bis mehrere respektlose Seelen unter den Zuhörern zu grinsen begannen. Die Frau klang aus einem einfachen Grund nicht echt, nämlich weil ihr Tun nicht aus ihrem Hara kam. Sie zog eine Schau ab, wogegen das, was andere auf der Bühne machten, so einfach es auch sein mochte, echt war und darum bei anderen eine Saite zum Klingen brachte. Ich erzählte meiner neunzehnjährigen Tochter von dem Auftritt. »Ja«, sagte sie, »Dinge der Sorte sind es, die dem Spirituellen einen schlechten Namen eintragen.«

Die Welt auf eigene Faust retten

Im Zusammenhang damit werde ich ausgesprochen nostalgisch, denn mich trieb jahrelang der innere Befehl an, etwas zu tun, und zwar bei fast allen Dingen, die auf der Welt nicht in Ordnung waren: Flüchtlinge, Apartheit, Kriege, Atomwaffen, Atomwaffenfabriken, Folter — jemand benannte etwas, und schon war es mein Problem. Ausgenommen vielleicht Delphine, um sie schienen sich schon genügend Menschen Sorgen zu machen. Meine Gefühle für Menschen, die litten, überwältigten mich schier. Es ist schwer vorstellbar, daß ein Mensch so beladen und gleichzeitig so aufgeblasen sein kann, aber ich glaube, das kommt sehr häufig vor. Ich möchte solche Triebe nicht verächtlich machen, denn sie erzeugen zweifellos eine große Menge Energie und Kraftstoff, die in Veränderungen einfließen; doch ich bezweifle, daß sie von der richtigen Stelle kommen, um wirklich tiefe Veränderungen herbeiführen zu können. Mein Ego war einwandfrei mit im

Spiel; ich brauchte das Gefühl, daß *ich* etwas tat, um zu helfen. Daran ist nichts Unrechtes, sagen Sie vielleicht. Stimmt, nur hing ich ausgesprochen an dem, was *ich* als Resultat sehen wollte. Es dauerte eine Weile, bis ich akzeptieren konnte, daß die Dinge sich entwickeln, daß zahlreiche Ströme in sie hineinfließen und daß das Resultat der Bemühungen vieler Menschen ganz anders aussehen kann, als irgend jemand vorhersagte oder erwartete. Ich mußte immer *tun* und genehmigte mir nicht viel Zeit, um zu *sein*. Tatsächlich rechnete ich es mir nicht sehr hoch an, überhaupt zu sein. Joanna Macey formuliert überaus sensibel:

> Mitgefühl, das Kummer über den Kummer anderer ist, stellt nur eine Seite der Münze dar. Die andere Seite ist Freude an der Freude anderer – die im Buddhismus *Mudita* genannt wird. In dem Ausmaß, in welchem wir uns mit den Leiden anderer Wesen identifizieren, können wir uns auch mit ihren Kräften identifizieren. Dies ist sehr wichtig für ein Gefühl der Zulänglichkeit und der Spannkraft, weil wir uns in einer Zeit großer Herausforderungen befinden, die von uns mehr Verpflichtung, Ausdauer und Mut verlangen, als wir aus unserem individuellen Vorrat schöpfen können. (1993)

Überarbeitung und der Aktivist

Weitere alte Favoriten von mir. Wir geraten in eine Spirale zu erledigender Dinge – Termine, die eingehalten werden müssen, Post, die hinaus muß, Kontakte, die geknüpft werden müssen, Menschen, die besucht werden müssen, nicht zu reden von den Stapeln an Material, das gelesen werden muß –, bis wir nur noch eine einzige Masse von »muß und müssen« sind. Nie ist genügend Geld da, nie gibt es genügend kompetente Hilfskräfte, nie genügend Zeit und nie eine wirkliche Befriedigung. Alles geschieht in bester Absicht, doch Zeit für Freude ist kaum enthalten. Nicht viel Lachen. Keine Zeit zum Luftholen. Ganz bestimmt keine Zeit zum Nachdenken, um ein bißchen Abstand zu gewinnen und die Perspektiven zurechtrücken zu können. Wie Thomas Merton sagt:

> ...Es gibt eine allgegenwärtige Form zeitgenössischer Gewalt, welcher der idealistische Kämpfer für Frieden durch gewaltlose Methoden über-

aus leicht erliegt: Aktivismus und Zuvielarbeit. Die Hetze und der Druck des modernen Lebens sind eine – vielleicht die verbreitetste – Form der ihm innewohnenden Gewalt. Zuzulassen, daß man von einer Vielzahl zueinander im Widerspruch stehender Sorgen mitgerissen wird, allzu vielen Forderungen oder Bitten nachgibt, sich in zu vielen Projekten verpflichtet, allen in allen Dingen helfen will – das bedeutet, der Gewalt zu unterliegen. Mehr noch, es ist Kooperation in Gewalt. Die Hektik des Aktivisten neutralisiert seine Arbeit für den Frieden. Sie zerstört seine eigene innere Friedensfähigkeit, weil sie die Wurzel innerer Weisheit abtötet, die eine Arbeit fruchtbar werden läßt. (1962)

Einige Aktivisten sehen das jetzt, stärken sich immer wieder und geben sich etwas Raum. Die besten von ihnen bestehen darauf, daß an ihren Jahrestreffen Clowns teilnehmen. Das meine ich ernst: Die SEVA-Foundation zählt einen Clown namens Wavy Gravy zu ihren Vorstandsmitgliedern und verpaßt jedem, der das Wort »ernst« gebraucht, eine Groucho-Marx-Nase und -Brille. Dann schleicht sich wieder Freude in die Arbeit, und in ihrem Gefolge kommt die Kreativität, kommen die großartigen Ideen.

Widerlich gut

In Kreisen der Friedensbewegung *sagt* man wirklich »weiße Tauben«, aber ich bin an einem Punkt angelangt, wo ich keine weißen Tauben mehr *sehen* kann. Vielleicht sind sie nach dem Geschmack anderer Leute, ich jedoch würde mich bei ihrem Anblick am liebsten erbrechen. Der Grund ist, glaube ich, die Sentimentalität, die Vorstellung, daß etwas Süßes, Sanftes, Weißes zum Ziel führen könne. Diese Art pappige Güte hemmt die Arbeiten, was mich anbelangt. Sie hält die Menschen naiv. Es ist ein bißchen, als sage man: »Die Leute dort draußen sind sehr hart, also müssen wir hier drinnen sehr sanft sein.« Das Ganze läuft darauf hinaus, daß wir alle gut sind und sie (die Kriegstreiber, Waffenverkäufer, Robbenkiller usw.) alle schlecht sind, ist also nur eine andere Version von »uns« und »sie« – den Feinden dort draußen. Dies stimmt einfach nicht. Wir alle haben Mieses in uns, genau wie Schönes. Wenn wir uns ändern wollen, müssen wir aufhören, entweder Opfer oder Heilige zu sein.

Kapitel 11

Wie die Hara-Macht bei Männern und bei Frauen wirkt

Nimm deine praktischen Kräfte und dehne sie aus, bis sie die Kluft zwischen den beiden Widersprüchen überbrücken... Denn das Gute möchte sich in dir erkennen.

RAINER MARIA RILKE, 1875–1926

Dieses letzte Kapitel zieht die Fäden aus dem ganzen Buch zusammen, wird aber mehr sein als eine bloße Zusammenfassung. Es wird zeigen, wie destruktiv die Machtbegriffe sind, mit denen wir leben, warum wir eine neuartige Macht brauchen und wie diese neue Sicht der Dinge aus der uralten schöpfen kann. Die prähistorische Macht des Femininen wird noch einmal kurz beleuchtet, besonders die Macht, die der weiblichen Sexualität innewohnt. Die menschliche Reise wird beschrieben, der Weg des Menschen heraus aus dem Paradies, durch Kämpfe zur Entwicklung des Bewußtseins und hinein in die späteren Jahrhunderte, in denen Rationalität und das männliche Prinzip dominieren. Der Rest des Kapitels ist dem gewidmet, was diese neuartige Macht – Hara-Macht – für uns heute bedeuten kann und warum sie eng mit Sexualität verbunden ist. Ich untersuche, wie entwickelte Hara-Macht in einer Frau und in einem Mann aussieht, und schildere zum Schluß, was Hara-Macht für mich bedeutet und wie ich sie nutze.

Der Machtbegriff, mit dem wir leben, ist tödlich

Unser Ausgangspunkt in diesem Buch war, daß die Welt in Unordnung ist. Die Statistiken sind inzwischen allgemein bekannt. Es kann noch lange gehen, aber fest steht, daß wir nicht überleben werden und auch die Erde nicht überleben wird, wenn wir so weitermachen wie bisher.

Der Machtbegriff, der uns in diese Situation gebracht hat, heißt Beherrschung. Mehrere tausend Jahre lang waren Männer für die grundsätzlichen Entscheidungen zuständig, die die Welt beeinflussen, und selbst heute noch werden die meisten dieser Entscheidungen von Männern getroffen. Herrschaftsmacht ist *Macht über*. Sie ist ein Trieb, der dazu führt, daß die Menschen um Arbeitsplätze, Geld, Waren, Sicherheit und Liebe wetteifern. Sie treibt Nationen dazu, um die Übermacht zu kämpfen, Waffen mit solcher Zerstörungsmacht zu bauen oder zu kaufen, daß andere Nationen dadurch eingeschüchtert werden. Staaten benutzen die Herrschaftsmacht (wirtschaftlich oder militärisch), um anderen, weniger mächtigen Staaten Waren zu unfairen Preisen abzunehmen, um ihnen Gebiete zu entreißen oder um eine fortwährende Versorgung mit Gütern sicherzustellen, die sie als unerläßlich für die Aufrechterhaltung des Lebensstandards ihrer Bevölkerung ansehen. Dadurch werden die Nordstaaten immer reicher und verbrauchen immer mehr der Ressourcen, während die Südstaaten immer tiefer in Schulden geraten. Das ist der Grund, warum auf der Südhalbkugel Millionen Menschen vom Hungertod bedroht sind. Die Kriege, zu denen es wegen der Herrschaftsmacht kommt, haben zur Folge, daß Millionen Flüchtlinge durch die Welt ziehen oder in Lagern elend dahinvegetieren. Und während das alles abläuft, wird die Umwelt ständig weiter zerstört.

Obwohl die Herrscherstaaten soviel erworben haben – Atomwaffen für die Sicherheit, einen »Sitz am Tisch eins« der UN und viel Nahrung, Wärme, Autos und Waschmaschinen –, sind ihre Bewohner nicht glücklich. Sie nehmen Drogen, begehen Selbstmord, bringen einander um und sind kränker als je zuvor. Traditionelle Lebensmuster sind ausgelöscht worden; alte Quellen spiritueller Nahrung hat man aufgegeben; im Leben der Menschen gibt es wenig Stabilität und Inhalt.

Bei einer solchen Weltsicht ist Macht ein Nullsummenspiel: je mehr du hast, desto weniger habe ich; wenn du gewinnst, verliere ich. Eine solche Abwehrhaltung verhindert Feedback. Und Feedback – die freie Zirkulation von Informationen und Energie – ist in jedem System für das Überleben wichtig. Systeme, in denen bewußtes Feedback fehlt, die ihre Wahrnehmungen gegen die Folgen ihres Verhaltens abschotten, begehen Selbstmord. Es ist nicht länger vertretbar zu glauben, daß wir alles unter Kontrolle haben, daß es uns gutgehen wird, was immer wir anderen auch antun. Wir stellen zunehmend fest, daß wir das, was wir anderen antun, uns selbst antun. Wenn wir überleben wollen, brauchen also Frauen wie Männer eine neue Sicht der Macht.

Auf dem Uralten aufbauen

Frühere Kapitel gingen viertausend Jahre zurück und stießen auf eine Welt, wo offenbar alles ganz anders war, wo Frauen an der Seite von Männern Macht ausübten, wo Städte und Dörfer nicht befestigt waren, wo sich das Leben um das Heilige drehte, wo die weibliche Göttin die höchste Gottheit war. Der Großen Mutter huldigte man unter vielen Namen, in dem ganzen Gebiet, das heute Europa, der Nahe Osten und Indien ist. Ihre Verehrung hielt sich bis in unsere Zeit bei den Eingeborenenvölkern Nord- und Südamerikas sowie in vielen Teilen Asiens. In Gott Mutter ist die Macht überall. Weibliche Schöpfung »bringt von innen hervor«. Bäume, Felsen und Farne sind genauso lebendig wie Tiere und Menschen. Macht erwächst aus dem Austausch von Energie zwischen Wesen und ihrer Gottheit, die überall rundum und besonders in der Erde ist. Manche nennen sie die Große Geheimnisvolle.

Wir sammelten einige Hinweise darauf, woraus diese Macht bestand. Zweifellos hatte sie mit der Urkraft des Weiblichen zu tun, Leben zu erzeugen und zu gebären; darum beinhaltete sie auch die Verehrung ihres Körpers, ihres Bluts, ihres Schoßes und ihrer Sexualität. Weibliche Sexualität und Sinnlichkeit wurden als heilig angesehen, bildeten einen Hauptteil der religiösen Riten und wurden in der Kunst gefeiert: in der Schnitzerei, der Malerei und der Bildhauerei.

Ein wesentliches Element der Verehrung der Göttin war ihre Ganzheit – die Tatsache, daß sie sowohl Licht als auch Dunkelheit war, sowohl Geburt als auch Tod, gleichzeitig Schoß und Grab, Lebensspenderin und Vernichterin ihrer Kinder. Eine der Gestalten, in denen sie uns überliefert wurde, ist Kali, die Hindugöttin der Schaffung, Erhaltung und Auflösung. Ihre dunkle Seite verhält sich wie der kalte, harte Winter zum Sommerblühen, sie ist die Unterwelt, in die Persephone für einen Teil des Jahres gehen muß. Zu finden ist sie in der Wildheit der Natur: in der Art, wie der Blitz eine große Eiche zersplittert, wie ein Zyklon oder Erdbeben Leben vernichten, wie ein Meteor in unseren Planeten einschlagen und ihn auslöschen kann. Sie offenbart sich in der Härte des Spruchs des alten Weibs, der Dunkelheit des Orakels. Oft stürzt sie uns in Verwirrung. Sie spricht eine Sprache, die schwer zu dechiffrieren ist.

Dieses weibliche Element mit seinen beiden Seiten stand offenbar jahrtausendelang im Mittelpunkt des Lebens der Menschen, bis die Menschheit sich zu verlagern begann. Bewaffnete Stämme aus dem Norden eroberten diese Gesellschaften, und die phänomenale Macht des Weiblichen wurde nach und nach unterjocht. Das erfolgte im Lauf von Jahrhunderten auf verschiedene Arten: durch Aufspaltung der Göttin in Gegensätze, durch scharfes Einschreiten gegen die weibliche Sexualenergie und dadurch, daß man Sex zur Sünde machte.

Seit dem Mythos vom Paradies ist die Frau eine Verführerin, die den Mann vom rechten Weg abbringt, während sie zuvor die Priesterin gewesen war, die alle lebensnotwendigen Verbindungen zwischen Geist, Körper und Seele darbot. Hinweise auf die alten Verbindungen zwischen Sexualität und Spiritualität finden sich noch im tantrischen Buddhismus, im Sufismus, Schamanismus und Gnostizismus. Diese Traditionen wurden von den monotheistischen Religionen, die samt und sonders weibliche Sexualität mit Sünde gleichsetzen, zerstört oder an den Rand gedrängt. Der letzte große Kampf zur Zerstörung der als Hexerei definierten Macht und Sexualität von Frauen dauerte in Europa dreihundert Jahre. Die Frauen lernten, sich ihrer Körper und ihrer Körperfunktionen zu schämen. Die weibliche Sexualität wurde kontrolliert, die Menstruation verwandelte sich in einen Fluch, Gebärmütter begannen entbehrlich zu werden.

Zu den Folgen alles dessen zählt, daß die Frauen nun *entweder* gut *oder* schlecht waren, Jungfrauen oder Huren. Eine Frau, die sich offen zu ihrer Sexualität bekennt, kann keine »gute« Frau sein, sogar heute noch nicht. Und was wir verloren haben, ist eine sehr starke Energiequelle.

Ganz bestimmt vertrete ich nicht die Ansicht, daß wir versuchen sollten, die beschriebenen Kulturen nachzuahmen oder zu ihnen »zurückzukehren«. Ihre Bedeutung liegt in der Tatsache, daß sie existierten, so lange existierten. Und ein gewisses Verständnis dieser Kulturen sowie dessen, was den Frauen in den seither vergangenen Jahrhunderten widerfuhr, wirft ein völlig neues Licht auf unsere heutigen Probleme.

Erstens bedeutet das, daß der Kampf der Frauen sich nicht *gegen* Männer richten sollte. Dieser wird zum Interessenkonflikt, zur Frage des »wir« gegen »sie« – mit anderen Worten zum Kampf der Geschlechter. Ein solcher Kampf äfft nur die grundlegende Art der Entscheidung in einer männlichen orientierten Gesellschaft nach, nämlich die Entscheidung durch einen Machtkampf.

Zweitens bedeutet es, daß wir durch Identifizierung und Entwicklung einer neuartigen Macht die Welt und ihre Problemen in einer grundlegend anderen Weise angehen können. Lassen Sie mich klarstellen, wie das aussieht.

Der neue Machtbegriff

Den Mittelpunkt dieser neuartigen Macht bildet das Hara; es ist der Sitz von Kreativität und Sexualität. Ein solcher Mittelpunkt macht es möglich, daß unsere Weltauffassung in einer völlig anderen Gruppe von Voraussetzungen entspringt. Statt jene als die Besten zu identifizieren, die »gewinnen«, können wir jene als die Besten definieren, die sich am besten in ihre Umgebung einfügen. Die Doktrin von der Erbsünde können wir durch die Doktrin von der Erbgesundheit ersetzen: Wir können sagen, daß die Menschen bei der Geburt rein und von Natur aus gesund sind. Statt darauf zu beharren, daß Agression angeboren und eine Tatsache des Lebens ist, können wir als unseren Ausgangspunkt nehmen, daß Fürsorge und Liebe stärkere und vorherrschendere Kräfte sind.

Das führt uns in eine völlig andere Richtung. Weil wir eine gute Meinung von unserem Nachbarn haben – eine »bedingungslos positive Ansicht« –, wird er oder sie wahrscheinlich auch eine gute Meinung von uns haben. Kommunikation wird möglich, und sie wiederum führt zu Kooperation. Weil wir ein Gefühl der Verwandtheit statt der Getrenntheit haben, fühlen wir uns mit unserem Nachbarn verbunden. Dieses Gefühl der Verwandtheit und gegenseitigen Verbundenheit dehnt sich auf unsere Umgebung aus, wir empfinden uns als Teil der Welt der Natur, und das veranlaßt uns, sie auf verantwortungsvolle Weise zu behandeln. Wir können nicht ausbeuten und verschmutzen, was ein Teil von uns ist.

Diese Gruppe von Haltungen vermittelt uns ein Gefühl der Verwurzeltheit und Sicherheit. Je sicherer wir sind, desto weniger ist es

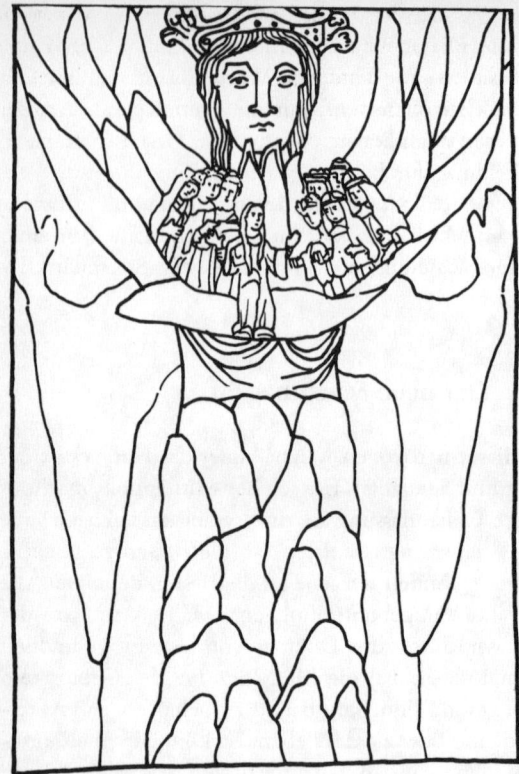

*Ausschnitt aus
Sophia, Mutter
Weisheit.
Illustration von
Hildegard von
Bingen
(1098–1179)*

nötig, daß wir unseren Nachbarn fürchten oder seine/ihre Besitztümer begehren. Diese Arten des Seins eröffnen uns nicht nur einen
leichteren Zugang zu unserem eigenen höheren Ich, sondern auch
zur Großen Geheimnisvollen – und machen es deshalb möglich, daß
unser Leben in einem heiligen Sinn verwurzelt ist.

Ich möchte mich kurz auf einige charakteristische Merkmale der
Hara-Macht konzentrieren, weil sie große Bedeutung besitzen. Das
erste Merkmal ist *Bewußtsein.* Wir müssen wissen, was vorgeht, auf tiefer Ebene und im Augenblick des Geschehens. Wir müssen zurücktreten und erkennen, was wir tun. Die Kapitel 6 und 9 schilderten
Methoden, mit denen man das machen kann, einschließlich der
Meditation und der Visualisierung. Außerdem müssen wir mit unseren Gefühlen vertraut werden, verletzlich sein und direkt sein.

Das zweite Merkmal ist *Kommunikation*. Das Ziel besteht hierbei nicht darin zu gewinnen, sondern darin, das Problem zu lösen: es beizulegen, nicht jemanden zu demütigen. Fast alle in Kapitel 9 beschriebenen Methoden, mit einem Tyrannen fertigzuwerden, ohne daß man zum Mörder wird, haben mit Kommunikation zu tun.

Das nächste ist *Kooperation*. Sie erwacht aus dem Mitgefühl – aus der Fähigkeit, sich vorzustellen, wie es ist, die andere Person zu sein – und führt zu mehr Gutem für alle. Wir sahen in Kapitel 10, wie Kooperation in der Praxis zum Vorteil aller wirken kann, die zu ihr bereit sind.

Es folgt die *gegenseitige Verbundenheit*. Wer Hara-Macht entwickelt, der erkennt, was auch Wissenschaftler allmählich begreifen, nämlich daß wir tatsächlich alle gegenseitig verbunden und deshalb voneinander abhängig sind. Hara-Macht würde also aus der Voraussetzung heraus handeln, daß alles, was eine Gruppe in irgendeinem Teil der Welt tut, andere beeinflußt, die Tausende Kilometer entfernt sind. Davon handelt die Chaostheorie. Dieses Gefühl der Verwandtheit und gegenseitigen Verbundenheit bedeutet, daß wir uns als Teil der Natur statt als ihre Beherrscher fühlen und daß wir sie deshalb verantwortungsvoll behandeln.

Dies führt zum letzten Merkmal, der *Verantwortlichkeit*. Das Grundprinzip der reagierenden Führerschaft ist, daß Macht und Verantwortlichkeit zusammenarbeiten. Wir müssen heute mehr denn je die Verantwortung für unsere Umgebung übernehmen und endlich anfangen, langfristig und global statt kurzfristig und habgierig zu denken.

Macht und Sex

Das Problem beim Schreiben über solche Dinge ist, daß die Ausdrücke, die man schließlich wählt (wie Verantwortlichkeit, Verwandtheit, gegenseitige Verbundenheit, Kooperation), nicht sehr aufregend klingen. Sie sind nicht das, was meine Freunde in der Medienwelt sexy nennen würden, wogegen Kämpfe und Morde und Menschen, die einander in Kriegen umbringen, irgendwie sexy sind.

Die Sache hat jedoch etwas Ironisches, weil hinter allen diesen Ausdrücken die Sexualität als eine der Quellen der neuen Macht steht. Die älteste Religion war eine sexuell-spirituelle Religion, und viele Menschen entdecken heute von neuem die Energie ihrer wirklichen

Sexualität. Diese ist völlig anders als das, was man sie von Kindheit an zu glauben lehrte, schockierenderweise lehrte. Ihr Erregungspotential ist riesig; sie können intensive Lust genießen, wann immer sie wollen, mit oder ohne Partner. Die weibliche Sexualität, jahrhundertelang grausam unterdrückt und verunstaltet, beginnt etwas von ihrem vollen Potential zurückzugewinnen.

Das Zentralthema dieses Buches ist die Verbindung zwischen Macht und Sex. Für Frauen war Sex mit Schuld, Manipulation oder falschem Glamour verbunden. Das machte es sehr schwer für sie, Hara-Macht anzuwenden, die von Offenheit, Freimütigkeit, Ehrlichkeit und Vertrauen abhängt. Hara-Macht wird den Frauen helfen, ein stärker verwurzeltes Sexgefühl und einen genußreicheren praktischen Sex zu haben.

Für Männer war Sex mit Kontrolle, Beherrschung, Aggression verbunden. Das machte es schwer für sie, Hara-Macht anzuwenden, die von Hingabe, Gleichheit oder Gleichberechtigung, Gegenseitigkeit und Vertrauen abhängt. Hara-Macht wird das Sexleben der Männer bereichern. Und ein reicheres Sexualleben wird ihnen mehr Hara-Macht geben, so daß sie die Herrschaftsmacht, die sie aufgeben müssen, dadurch ersetzen können. Das Verständnis der Verbindung zwischen Macht und Sex wird sie zu einem gesünderen Verständnis des Körpers und der Natur führen.

In Kapitel 5 sprach ich über den Unterschied zwischen einer dominierenden Einstellung zum Sex und einer Hara-Einstellung, und in Kapitel 7 führte ich das Thema weiter, um aufzuzeigen, wie wichtig das Aufgeben der Kontrolle und die Verschmelzung mit der anderen Person für den Liebesakt sind, damit er auf tiefer Ebene befriedigt. Bei einem solchen Liebesakt erlangen wir unsere Wonne, unsere Befriedigung und unsere Kraft mit dem/der anderen und durch ihn/sie. Wir erlangen mehr Macht, indem wir ganz mit dem/der anderen zusammen sind, und wir brauchen keine *Macht über* mehr. Das Ende des Bedürfnisses nach Herrschaftsmacht liegt also in Sexualität dieser Art.

Erlauben die Menschen ihrer Sexualität und ihrer Spiritualität, zusammenzuarbeiten, ist die freigesetzte Energie großartig. Mit Ausnahme unserer modernen Welt ist und war die Sexualität immer und überall eine Manifestation des Heiligen. Sie war lange als Weg ins Geheimnis der Schöpfung und als Erkenntnismittel anerkannt. Sexualität kann Menschen das offenbaren, was über sie hinausgeht – mit anderen Worten, das Göttliche. Vielleicht messen wir alle der Sexualität unbewußterweise so große Bedeutung bei, weil sie ein Weg ist, in die heilige Realität zu gelangen und sie zu erkennen.

Die Menschen sehnen sich leidenschaftlich nach Vereinigung. Aber dahinter verbirgt sich möglicherweise die Sehnsucht nach einem Gefühl des Einsseins, der Ganzheit, der Vollkommenheit, des Friedens *in uns selbst*. Wir empfinden das tiefe Bedürfnis, die beiden Prinzipien zusammenzubringen, die Zerspaltung in Dualität, zu der es vor so langer Zeit kam, zu heilen. Das Ziel der Seele im Menschen ist es, die Vereinigung unserer inneren männlichen und weiblichen Teile zu erreichen.

Die menschliche Reise

Vielleicht hat das, was ich in diesem Buch herausfand, etwas mit der Bewußtseinsreise des Menschengeschlechts zu tun. Vielleicht brachen die Menschen von einem Punkt auf, den man als Naturzustand bezeichnen könnte. Die frohe Auffassung von der Muttergottheit bedeutete grundlegenden Raum, Leere; die Gottheit war ohne Gedanken, ohne Bewußtsein (dies war das Paradies), und sie hatte kein maskulines Gegenstück. Dann erschien der Sohngott, und durch die Kämpfe der beiden entwickelte sich das Bewußtsein, zusammen mit dualistischem Denken. Die Menschen wurden sich des Unterschieds zwischen Gut und Böse bewußt. Das maskuline Prinzip erlangte nach und nach die Vorherrschaft: logisches Denken, wissenschaftliche Forschung und »Realismus« wurden immer stärker, besonders im Westen.

In den letzten paar Jahrhunderten sind wir auf diesem Weg zu weit gegangen – zu weit weg von der Natur und hinein in ihre zunehmende Mißachtung und Zerstörung, die von technologischen Entdeckungen und einer Verarmung des spirituellen Lebens noch gefördert und beschleunigt wurde. Die Menschen mögen in vielerlei Hinsicht heute mehr Bewußtsein und Bewußtheit haben, gleichzeitig aber sind sie von der Welt des Natur und von der spirituellen Welt abgeschnitten. Unser Geist ist lebendig, aber unsere Körper und Seelen hungern und gehen ein. Wir mögen klug sein, aber wir sind aus dem Gleichgewicht.

Der Gleichgewichtsbegriff stellte ein Thema dieses Buches dar. Yin und Yang sind eine Gleichgewichtsidee. Desgleichen die Paare hell und dunkel, maskulin und feminin, Selbstbehauptung und Hingabe, alt und modern. Ebenso die Dreiheit Geist, Körper und Seele. Die Idee von Chakras ist ein Gleichgewichtsbegriff. Die Menschen benötigen Überleben, Sinnlichkeit, Mitgefühl, Zähigkeit, Wahrheit, geistige Klarheit und Spiritualität – alles das und alles im richtigen Gleichgewicht. In jeder Situation muß jede Person ihr eigenes Gleichgewicht finden, und lebenslanges Lernen ist der einzige Weg, sich diesem Ideal zu nähern. Wir müssen lernen, mit Paradoxen und Unsicherheit zu leben. Wir müssen fähig sein, Sicherheit und Zweifel auszubalancieren. Die Betonung liegt in diesem Buch auf dem Experimentieren, auf dem eigenen Ausprobieren von Dingen und Methoden, auf deren Aneignung und auf fortwährendem Lernen.

Was im 20. Jahrhundert geschah, ist nach meiner Ansicht, daß Frauen ihre maskulinen Eigenschaften entwickelt haben: Sie ziehen los und forschen und wenden ihre Talente in der Welt an und kämpfen um Gleichberechtigung und um die Durchsetzung ihrer Rechte. Das ist bewundernswert und gut. Dennoch, jetzt ist die Entwicklung ihrer *femininen* Kraft und der *femininen* Kraft der Männer vonnöten. Die Welt braucht beide Geschlechter, um diese neuartige Macht entwickeln zu können. Hara-Macht ist Synthese, keine These oder Antithese. Sie ist ebendiese Verbindung von Innerem und Äußerem, von Spirituellem und Sexuellem, von Veränderung im Selbst und Änderung in der Struktur, von Yin und Yang, in der unsere Zukunft und unser Überleben liegen.

Das Problem, ein *ausgewogenes* Menschsein zu erreichen, beschäftigt die Menschheit seit undenklichen Zeiten, daher die Vielzahl und Komplexität von Initiationsriten auf dem ganzen Globus. Um zu lernen, was er lernen soll, muß der Sohn das verlassen, was er bereits kennt – die Trennung von der Mutter ist sehr wichtig. Einige dieser Riten stellen Männer in solcher Form auf die Probe, daß sie dem Tode nahekommen. Im Westen haben wir derartige Riten aufgegeben; statt dessen gibt es Ersatzriten wie gefährliche Sportarten und den Militärdienst, die jedoch kläglich scheitern, weil das spirituelle Stützwerk fehlt: Unterstützung durch erfahrene ältere Männer, dank derer die Eingeführten aus ihrer Erfahrung Wertvolles gewinnen.

Das Problem bleibt, wie man es Jungen ermöglichen soll, Männer zu werden, ohne daß sie auf Aggression als dem charakteristischen Merkmal von Heldentum und Macht bestehen. Das Patriarchat begann erst vor kurzem zu bröckeln, und neue Beschreibungen von Männlichkeit sind noch schwer zu finden.

Der Mann mit Hara-Macht

Ein Mann mit Hara-Macht will die Weltmuster kennen, sich selbst verstehen und seine Verbindung mit dem Ewigen erfahren. Das ist seine ernsteste Lebensaufgabe. Er wird ständig herausgefordert, von seinen eigenen Problemen, von denen anderer und jenen der Welt, doch weil er gelernt hat zu lernen, stellt er sich Problemen voll Flexibilität und Aufnahmefähigkeit.

Seine Macht rührt nicht aus irgendeiner Stellung her, die er innehat, sondern kommt von innen. Er braucht weder ein Schießeisen noch Gottvater an seiner Seite. Er weiß, daß er andere nicht schädigen kann, ohne sich selbst zu schädigen. Er schert sich wenig um den Erwerb materieller Dinge oder äußeren Schein und würde ein Vermögen aufgeben, um Wälder, Seen und Tiere zu erhalten.

Er hat Mitgefühl mit den Leiden anderer und bringt so in jenen, mit denen er zusammenlebt und arbeitet, das Beste zum Vorschein. Er übernimmt Verantwortung und übt Führerschaft nicht aus dem Wunsch nach Selbsterhöhung aus, sondern weil er erkennt, daß die volle Nutzung seiner eigenen Talente die Menschen in seiner Umgebung ermutigt, das gleiche zu tun. Er biegt Regeln auf liberale Weise so zurecht, daß sie verschiedenen Situationen angemessen sind.

Er verspürt den Drang, zu entdecken und zu erneuern. In der Vergangenheit stand hinter wissenschaftlichen Kenntnissen und technologischer Erfindung oft das Verlangen, zu beherrschen oder zu kontrollieren. Männer mit Hara-Macht dagegen verbinden ihren Forscherinstinkt mit einem Gefühl der Verantwortung für die Natur und des Respekts vor ihr. Sie zeigen Neugier für seltsame neue Phänomene, Kulturen und Erfahrungen und akzeptieren sie.

Ist Hara-Macht in einem Mann entwickelt, besitzt seine Maskulinität etwas Solides, und sie ist im Körper auf eine Weise gegenwärtig, die seine geistige Aktivität ausbalanciert. Er zieht seinen Körper zu Rate, statt ihn einfach zu benutzen. Er versucht ihm zu geben, was er braucht, statt ihn bis an seine Grenzen zu treiben. Er lernt von seinem Körper und findet ihn ohne jeden Zweifel schön. Als Liebhaber ist er sanft, sensibel und läßt sich so tief in den Liebesakt sinken, daß es den Schauspieler, die handelnde Person nicht mehr gibt. Er schätzt das Sein genauso wie das Tun.

Mit Frauen lebt und arbeitet er auf der Basis von Gleichberechtigung und Respekt. Er ist stabil. Er spielt gern, mag Kinder wegen der

Dinge, die sie ihn lehren, und sorgt bereitwillig für sie. Die natürliche Umgebung stärkt ihn, und er verbringt soviel Zeit im Freien, wie er kann. Er ist fähig, Hilfe zu erbitten, wenn er etwas nicht weiß oder kann. Er muß nicht sicher sein, aber er muß mutig sein.

Hier kommt der Held ins Spiel. Er weiß, daß er keine Angst vor Veränderung zu haben braucht, wenn es ihm gelingt, das zu finden, was er tun soll, der zu werden, der er sein soll – also sein wirkliches Selbst. Er wird vielleicht seine Stellung verlieren, wird vielleicht Perioden der Enttäuschung oder des Kummers erleben, aber sein Blick auf das Ewige wird bewirken, daß er in solchen Ereignissen Gelegenheiten erkennt, mehr über sich selbst zu erfahren und in dem was er tut, effektiver zu werden.

Die Frau mit Hara-Macht

Diese Frau hat gelernt, sich auf die Botschaften ihres Körpers und ihre Selbstkenntnis zu verlassen. Sie horcht sorgfältig auf ihren Körper und erlaubt sich, tief in seine Gefühle hineinzugehen. Dadurch gewinnt sie Einblick in das, was sie tun soll und wie sie es tun soll. Sie hat starke innere Bilder, die sie nicht von sich weist, sondern aufnimmt, in denen sie nach Hinweisen auf ihre Situation und auf den Weg forscht, den sie am besten einschlagen sollte.

Das alles verleiht ihr die Macht, auf ihre eigene Weise in die Welt hinauszutreten. Sie fühlt sich nicht gezwungen, ihre Intuition im Hinblick auf das zu Tuende zu zügeln. Sie schätzt vielmehr ihre kreativen Instinkte und handelt nach ihnen. Das bringt sie über die Kritik hinweg, die sie erntet, und befähigt sie, nicht gegen jene zu kämpfen, die sie heruntermachen, sondern mit ihnen zusammenzuarbeiten. Die Menschen fühlen sich bei ihr sicher, weil sie mit beiden Füßen fest auf dem Boden steht.

Ihre Macht kommt von innen. Sie benutzt sie nur im Licht ihrer festen Überzeugung, daß alles auf der Welt gegenseitig verbunden ist und daß jede ihrer Handlungen andere auf der Erde beeinflußt. Sie kann sehr wild sein. Was sie vor dem Ausbrennen bewahrt, ist ihr spirituelles Wissen: Sie hat erkannt, daß sie nicht der Mittelpunkt von allem ist. Das verleiht ihr Freiheit.

Sie besitzt Geduld und Ausdauer, eine Folge der Fürsorge für Kinder – seien es ihre eigenen oder die Kinder anderer und jenen Sinn fürs Alltägliche, den man bekommt, wenn ein kleines Persönchen einem gerade beim Aufstoßen alles über die Schulter gespuckt hat. Nennen Sie das Bescheidenheit oder wie immer, es bringt jedenfalls ein Gefühl für die richtige Perspektive ins Leben und gewöhnlich auch einen Sinn für die komische Seite von allem. Ihre Ausdauer und das Empfinden, mit allem verbunden zu sein, was wirklich grundlegend und alltäglich ist, geben ihr die Kraft, immer und immer wieder, sich weiter der Fürsorge und dem Wiederaufbau zu widmen.

Sie ist zutiefst schöpferisch: Ihr Blut und ihr Schoß werden von ihr geschätzt, weil diese Teil ihrer lebensspendenden Kräfte sind. Ihre Sexualität wächst und entwickelt sich während ihres ganzen Lebens und gewährt ihr Einblick in jenen Seinszustand, in dem man Einssein erfährt, wo sie eins-in-sich-selbst ist, wo es keine Grenze gibt zwischen ihr und allem anderen, was ist.

Sie erlangt Selbstkenntnis und Verständnis durch ihre Zyklen und ihre Verbindung mit der Erde, hat sozusagen das Ohr am Boden. Manchmal scheint sie destruktiv, chaotisch, irrational zu sein – zum allermindesten unbeständig und unberechenbar. Das ist ihre Natur und ein Teil ihrer Kraft.

Sie wird mit zunehmendem Alter weiser, und sie wird wichtiger für ihre Gemeinschaft, nicht unwichtiger. Sie weiß, daß der Tod nur ein Teil eines unaufhörlichen Kreislaufs ist, und hat keine Angst vor ihm.

Persönliches Postskriptum

Wie aus der Bibliographie zu ersehen, schreiben viele Menschen auf andere Weise über dasselbe wie ich. Akzeptieren Sie nicht passiv, was ich sage. Setzen Sie es in die Praxis um, probieren Sie es aus und prüfen Sie, ob es bei Ihnen funktioniert, sich für Sie eignet. Mit anderen Worten, der Gewinn, den Ihnen die Lektüre dieses Buches bringen soll, ist nicht die Ansammlung von Wissen, sondern die Entwicklung Ihres Verständnisses, Ihrer eigenen Sicherheit und Überzeugung.

Schließen möchte ich mit einer persönlichen Anmerkung dazu, was Hara-Macht für mich bedeutet und wie ich sie in meinem Leben nutze. Ein gutes aktuelles Beispiel ist das Schreiben dieses Buches. Als ich den vierten Entwurf fertig hatte, schickte ich das Manuskript an etwa dreißig Männer und Frauen, die sich netterweise bereit erklärt hatten, es zu lesen und mir Kommentare dazu zu geben. Natürlich hoffte ich, wie es wohl die meisten Schriftsteller getan hätten, daß diese Leser mehr oder weniger sofort anrufen würden, hingerissen von meiner außergewöhnlichen Leistung, und mir sagen würden, die Lektüre habe ihr Leben verändert. Ich täuschte mich. Einige Manuskripte kamen mit hingekritzelten Schimpfbemerkungen auf jeder zweiten Seite zurück. Das löste Zorn und Verletztheit aus. Die Menschen fanden mein Werk humorlos und geschwollen. Es gab jedoch auch Freude und Ergötzen sowie wirkliche Entdeckungen in den Kommentaren der Leser – aber das waren nicht diejenigen, mit denen ich mich befassen mußte.

Die, mit denen ich mich zu befassen hatte, zeigten mir schließlich, wieviel Zorn ich in mir trug und in das Buch hatte einfließen lassen: Zorn auf das System der Beherrschung, das den weiblichen Geist so stark unterjocht hat. Ich mußte mich also zuerst einmal hinsetzen und den Zorn wirklich erkennen. Als ich ihn erst einmal erkannt hatte, fand ich ihn auf fast jeder Seite des ersten Buchteils. Es beleidigte mein Ego, daß eine so kluge Frau wie ich so schiefliegen konnte. Anschließend mußte ich mich ruhig hinsetzen und den Zorn angehen. Es gelang mir, ihn aus meinem Kopf in mein Herz zu befördern, wo ich mich um seine Wurzeln kümmern konnte; ich hielt ihn dort und durchlebte noch einmal die persönlichen Verluste, die ihn verursacht hatten. Wenn ich mich recht erinnere, dauerte das einige Wochen, dann hatte ich die destruktiven Teile des Zorns ganz aufgenommen und verändert. Daraufhin änderte ich das Manuskript, Kapitel für Kapitel, und dabei erfuhr ich fast auf jeder Seite etwas über mich selbst. Vieles dessen, was ich erfuhr oder lernte, kam aus den Kommentaren der Leser; ich bin jedem einzelnen dieser Menschen dankbar.

Die Geschichte enthält einiges von dem, was Hara-Macht für mich bedeutet. Nun werde ich zu beschreiben versuchen, wie ich sie einsetze. Das erste Beispiel ist ein internes, das zweite stammt aus der Außenwelt. Vor kurzem zog ich mich für fünf Tage zu einer Einkehr zurück. Als ich zu meditieren versuchte, erschien ständig ein Strom banaler Bilder, und meine erhabensten Gedanken bewegten sich etwa auf dem Niveau dessen, was für Hundefutter ich kaufen sollte. Zwei Tage schlug ich mich mit einem Wirrwarr von Gefühlen herum, die größtenteils damit zu tun hatten, daß ich nicht die Liebe bekam, nach der ich mich sehnte. Plötzlich dämmerte mir, daß ich nach der vielen Zeit, die ich im vergangenen Jahr mit Nachdenken über dieses Thema zugebracht hatte, ziemlich genau wußte, was für eine Art Liebe ich mir wünschte. Warum also nicht versuchen, sie mir selbst zu geben?

Der folgende Tag war ein Tag absoluter Stille, und es gab nichts auf der Welt, was ich hätte tun sollen, nichts zu arbeiten, nichts sauberzumachen, kein Geschirr zu spülen. Keine Post würde kommen, kein Telefon würde läuten. Warum also den Tag nicht ganz mir selbst widmen, mir die Liebe geben, die ich haben wollte? Die Sache erschien mir seltsam riskant. Kritische Stimmen in mir redeten von »Menschen, die sich selbst lieben«, doch ich begrüßte sie und fing an. Ich war wirklich gut zu mir. Ich widmete mir *volle Aufmerksamkeit*. Ich dachte über meine besseren Eigenschaften nach statt über jene, die mich zusammenzucken lassen. Ich verzieh mir bei jeder Gelegenheit. Ich schaute in den Spiegel, und mir gefiel, was ich sah. Ich kümmerte mich um meine Bedürfnisse.

Gegen Ende des Vormittags spürte ich ein Aufwallen von Leichtigkeit in meiner Brust, eine Art Kribbeln entlang meines ganzen Brustbeins. Und von diesem Augenblick an gelang es mir zeitweise, mich selbst zu »sehen« – gewissermaßen von meinen Gefühlen auf Armeslängen zurückzutreten und sie zu sehen. Das bedeutet, daß ich zumindest für ein paar Momente nicht »in« dem Gefühl war. Wenn nötig, bin ich also fähig, mich um ein Gefühl zu kümmern, ohne auf es zu reagieren, beispielsweise ohne verletzt zu *sein* oder zornig oder was immer ich empfinde. Das Ganze geht so: Ich beobachte, wie ich bin, sodann weiß ich, was ich fühle, sodann weiß ich, was ich brauche, sodann kann ich, wenn es angebracht ist, darum bitten.

Ich habe keine Ahnung, welche Verbindung oder ob überhaupt eine zwischen Sich-selbst-Liebe-geben und der Fähigkeit des Sich-selbst-Sehens besteht; aber ich weiß, wie wertvoll diese Fähigkeit ist. Sie bedeutet, daß viel weniger Energie in meine eigenen Stimmungen fließt und viel mehr in das, was auf der Welt vorgeht.

Das andere Beispiel stammt aus der Zeit, als ich in Bosnien war. Zwei mutige bosnische Frauen versuchten, mit drei verschiedenen Armeen zu verhandeln, um Pässe für 150 Menschen zu erhalten, damit diese durch die Linien ins belagerte Sarajewo konnten, um Hilfe und Unterstützung zu leisten. Im Rahmen der Verhandlungen war es nötig, zu einem Armeekommandeur in Ost-Mostar vorzudringen, dem muslimischen Teil der völlig zusammengeschossenen Stadt. Die Frauen baten mich, sie zu begleiten. Sie redeten sich den Weg durch den UN-Kontrollpunkt frei, und wir überquerten die wackeligen Metallträger, die man anstelle der gesprengten Brücke aus dem 15. Jahrhundert über den Fluß gelegt hatte. Wir gingen an Menschen vorbei, die bei dem einzigen noch funktionierenden Hahn um Wasser anstanden, und weiter durch verwüstete Straßen zum Kriegspräsidium. Es wurde von Soldaten bewacht, die uns ärgerlich musterten, als wir um eine Genehmigung zum Eintreten baten. Dem dafür zuständigen Soldaten standen das ganze Elend und die ganze Grausamkeit der durchlebten Monate voll Angst ins Gesicht geschrieben. Ich konnte nicht verstehen, was gesagt wurde, also stand ich einfach da, beobachtete und sann nach. Aus irgendeinem Grund kam mir das Bild einer roten Rose in den Sinn. Also pflückte ich sie geistig und legte sie dem Soldaten ins Herz. In dem Moment brach auf seinem Gesicht ein Lächeln hervor, und er ließ uns ein. Ich weiß nicht, wieviel das mit der Rose zu tun hatte, und wieviel mit dem, was meine bosnischen Freundinnen zu ihm sagten. Doch als wir oben darauf warteten, zu dem Kommandeur vorgelassen zu werden, kam seine Sekretärin heraus und reichte mir vier rote Rosen. Bis auf den heutigen Tag weiß ich nicht, woher sie kamen.

Zusätzliches Material und Anmerkungen

Dieser Abschnitt soll Ihnen Informationen zusätzlich zum Hauptteil bieten. Dazu gehören – wo immer es sachdienlich ist – weitere Geschichten, ja sogar Gedichte und Darstellungen, wie auch Hinweise auf jene Autoren, die ich zitiert habe und deren Beiträge ich nützlich fand. Ziel ist es, die in diesem Buch dargestellten Gedanken zu vertiefen und zu verdeutlichen, wie ich dazu gekommen bin. Wo ich mich auf Veröffentlichungen beziehe, die in der Bibliographie erwähnt werden, wird hier jeweils nur der Verfasser und das Erscheinungsjahr genannt. Genauere Hinweise finden sich in der Bibliographie ab Seite 379, auf deren einzelne Abschnitte die Kürzel (wie z.B.: *B6*) verweisen.

Einführung

Seite 10.
1982 gründete ich die Oxford Research Group, um Forschungen darüber anzustellen, wie und von wem in jedem der Atomstaaten Entscheidungen über Nuklearwaffen getroffen werden. Diese von mir gegründete Gruppe wird von Wohlfahrtseinrichtungen und Stiftungen in Großbritannien und den USA sowie vom Europäischen Parlament unterstützt. Es handelt sich dabei um ein unabhängiges, multidisziplinäres Team von zwölf Forschern und ihren Mitarbeitern, deren Aufgabe darin besteht, genaue Informationen über einen oft unter dem Deckmantel der Geheimhaltung ablaufenden Vorgang zu liefern. Dieses Team hat Veröffentlichungen über alle Stadien der Produktion von Nuklearwaffen in der ehemaligen Sowjetunion, den USA, Großbritannien, Frankreich und China herausgebracht und dabei die Rollen und Voraussetzungen der jeweils Beteiligten – von den Wissenschaftlern und den Politikern bis zu den Auftraggebern von Rüstungsbestellungen – untersucht.

Unter den zahlreichen Veröffentlichungen finden sich: Scilla McLean, 1986 (B6); Hugh Miall, 1987, (B6); Patrick Burke, 1988, (B6). Das letztgenannte Buch enthält Biographien von etwa 650 Entscheidungsträgern aus aller Welt in Fragen der Nuklearwaffen. Interviews mit jenen, die Nuklearwaffen entwickeln und einsetzten, sind unter dem Titel ›The Assumptions of Nuclear Weapons Decision Makers‹ in Barnett & Lee 1989, (B6), zusammengefaßt.

Seiten 13–16. Was Macht bedeutet
Der Abschnitt über die Frage, was Macht im traditionellen Sinn bedeutet, stützt sich auf folgende Werke: Bertrand Russell, 1975, S. 186–187, (B7); Max Weber, 1978, (B14); Robert Dahl, 1957 (B7); Dennis Wrong, 1979 (B7). Das Zitat im nächsten Abschnitt stammt von John Rowan, 1987, S. 9 (B4).

Was das Thema der langen Entwicklung der Menschheit und die Frage anbelangt, ob Menschen von Natur aus aggressiv sind oder nicht, so war ich begeistert, als ich das Buch von Mary Clark, einer Biologin, entdeckte. Sie stellt die westliche Vorstellung von »Fortschritt« als größtenteils auf weitverbreiteten, aber falschen Vorstellungen über die Evolution ganz allgemein basierend in Frage.

Zum einen gibt es die Vorstellung, daß Darwins Ansichten über die natürliche Auslese und das Überleben der Tauglichsten das »Gewinnen« eines gewaltigen Wettkampfes um knappe Ressourcen wie Nahrung, geeignete Behausung und Partner einschließt. Eine solche Interpretation führt ins Feld, daß Individuen und Kulturen, die auf der Strecke bleiben, weniger »fit« sind, weil sie »überlegenen« Personen oder Gesellschaftsformen unterliegen. Wenn man die »Fittesten« als jene definiert, die »gewinnen«, dann erlaubt uns dies in der Tat, die besonders pathologischen gesellschaftlichen Institutionen der westlichen Gesellschaften zu rechtfertigen. (Mary Clark, »Symptoms of cultural pathologies: A hypothesis«, in Dennis Sandale & Hugo van der Merwe, 1993, S. 48–49)

Zwar leugnet sie das Vorkommen von Wettstreit in der Natur nicht, aber sie versichert, daß dies bei weitem keine Erklärung für Tauglichkeit sei. Es wäre viel besser, wenn wir »Fitness« in weit umfassenderem Sinn verstehen würden, nämlich als mit der Umgebung in Einklang stehend. C. G. Simpson stellt dazu fest:

> Die Verallgemeinerung, daß die natürliche Selektion insgesamt und sogar in übertragenem Sinne das Ergebnis von Wettkampf ist, ist nicht ungerechtfertigt ... Kampf gehört manchmal dazu, aber meist eben nicht, und wenn Kampf eine Rolle spielt, kann er sich sogar eher negativ als positiv auf die natürliche Auslese auswirken. Förderlich für die Fortpflanzung ist in der Regel ein friedlicher Prozeß, bei dem das Konzept des Kampfes wirklich irrelevant ist. Häufiger sind dabei Dinge gefragt wie eine bessere Integration in die ökosoziologische Umgebung ... bessere Nahrungsverwertung, bessere Pflege der Nachkommen, Vermeidung von gruppeninternen Auseinandersetzungen .... die der Fortpflanzung hinderlich sein könnten, [und] Ausbeutung der natürlichen Gegebenheiten, die nicht Objekte des Wettkampfs sind oder die von anderen weniger effektiv genutzt werden. (C. G. Simpson, 1949, S. 221–222)

Clark zeigt, daß Menschen eine Reihe von »Bedürfnissen« haben, die andere Primaten nicht kennen. Das sind die Bedürfnisse, die aus dem Bewußtsein und der Befangenheit erwachsen – das Bedürfnis nach einem tieferen Sinn und der Wunsch nach sozialen Bindungen. Das sind Bedürfnisse, auf die unser Verhalten im Sinne von »Überleben der Tauglichsten« (Dominanz–Macht) keine Antwort bietet.

Seiten 16–21. Was dieses Buch bietet
Zum Thema Geschichten über Frauen hat Carol Christ folgendes zu sagen:

> Es wurden keine Geschichten von Frauen erzählt. Und ohne Geschichten gibt es keine Artikulation von Erfahrungen. Ohne Geschichten ist eine Frau verloren, wenn sie wichtige Lebensentscheidungen treffen muß. Sie lernt nicht, ihre Probleme einzuschätzen, ihre Stärken richtig zu bewerten, ihren Kummer zu verstehen. Ohne Geschichten ist sie der tieferen Erfahrungen, ihrer selbst und der Welt, die man als spirituell oder religiös bezeichnet, entfremdet. Sie ist von Schweigen umgeben. (Carol Christ, 1980. B11)

Ich verdanke Nancy Qualls-Corbetts Einführung zu ihrem Buch *The Sacred Prostitute*, 1988, den Keim des Abschnitts über den Widerstand gegen Tabus.

Die Begegnung mit der Schlange ereignete sich wenige Monate, bevor ich etwas über die Göttin las und bevor mir klar wurde, daß die Schlange ein Symbol für sie ist und dieses Symbol in vielen Kulturen für die Urenergie und die ständige schöpferische Erneuerung steht.

Kapitel 1

Seite 22.
Das Zitat von Marija Gimbutas am Anfang des Kapitels stammt aus ihrem Buch *The Language of the Goddess*, 1989, S. 321 (B3).

Seiten 23–25.
Am Ende der Versuchungsgeschichte stelle ich fest, daß ein Großteil der Macht, die Frauen haben, von den Bedürfnissen des Mannes abhängig ist. Es ist natürlich ganz wichtig festzuhalten, daß niemand Macht über einen anderen hat, ohne daß der andere diese Macht akzeptiert. Ich muß Paul Ingram danken, weil er mich darauf gestoßen und mich auf *The Legitimation of Power* von David Beetham (1991, B7) aufmerksam gemacht hat. Zum Prozeß der Rückgewinnung der Macht gehört es, nein sagen zu lernen.

Seiten 26–30. Rückkehr in die Zeit der Frauen
Die Informationen über matrifokale Gesellschaften stammen von Merlin Stone, 1976 (B2), S. Xii, der ich auch Zitate über die Göttliche Ahne verdanke; weitere Zitate sind entnommen von Elinor Gadon, 1989 (B3), S. 6; von Jacquetta Hawkes & Leonard Woolley, 1963, (B14), S. 199–204, 213–214; und von Jacquetta Hawkes, 1963 (B14), S. 26–27, der ich das lange Zitat mit der Beschreibung der Zykladenkunst verdanke. Ich empfehle das zweite Kapitel von Merlin Stones Buch und Kapitel 3 und 4 wie auch die faszinierenden Illustrationen von Elinor Gadons Werk.

Das jungsteinzeitliche Dorf Pan-p'o in China wird beschrieben in *The Continuity of China*, Bd. 1, 1982, S. 160. An dem Ort in Palästina, der heute als Jericho bekannt ist,

> ...belegen viele Funde ein reges religiöses Leben. Weibliche Tonfiguren mit an ihre Brüste erhobenen Händen ähneln Götzenbildern der Mutter-Göttin, die später im Nahen Osten weit verbreitet waren. (Sibylle von Cles-Reden, 1961. B3)

Nach Elise Bouldings Ansicht ist es möglich, daß Priesterinnen in Catal Huyuk (in der heutigen Türkei) drei Arten von Riten zelebrierten – Riten des Gebärens, Hochzeits- und Bestattungsriten. Die große Zahl der gefundenen Kultobjekte belegt, daß beachtlich viele Riten abgehalten wurden und daß die Priesterinnen damit den ganzen Tag beschäftigt waren. (Elise Boulding, ehemals Professorin an der Universität von Colorado und Beraterin der UNESCO, ist Autorin von *The Underside of History*, 1976, einem außergewöhnlich lehrreichen Buch, das die andere Hälfte der Geschichte erzählt.)

Es gibt noch etwa 1000 Megalithengräber in Irland, und viele davon sind mit den Symbolen der Göttin versehen.

> Der Menhir ist die Göttin. Wir wissen von den prähistorischen Stelen in Südfrankreich, Spanien und Portugal, daß der Menhir die göttliche Erscheinung der Eulengöttin ist. Die Verbundenheit der Göttin mit dem Stein ist historisch überliefert. Artemis wurde auch »die aus Stein« genannt, und Ninhursaga aus Mesopotamien wurde als »Herrin des steinernen Bodens« bezeichnet. Im Volksbewußtsein ist der Menhir sogar noch im 20. Jahrhundert als Sitz der irischen Göttin Brigit und der baltischen Laima (Schicksal) verankert. (*Siehe* G. E. Daniel & O. G. S. Crawford, 1957. B3)

Heute geht man davon aus, daß die Erbauer von Megalithen die Göttin verehrten.

Viele Leute glauben, daß alle Götter und Göttinnen ihren Ursprung in Kali, der Dunklen Mutter haben, der dreifachen Göttin der Schöpfung, der Erhaltung und der Zerstörung. So wird sie jedenfalls im Nirvana Tantra beschrieben:

> Verglichen mit Kali, dem riesigen See, ist die Existenz von Brahman und der anderen Götter nicht mehr als eine kleine Vertiefung voll Wasser, die durch den Huf einer Kuh entstanden ist. Genau wie es für eine durch den Huf einer Kuh entstandene Vertiefung unmöglich ist, eine Vorstellung von der unergründlichen Tiefe eines Sees zu bekommen, so ist es für Brahman und die anderen Götter unmöglich, das Wesen von Kali zu erfassen.

Diese Beschreibung stammt von Philip Rawson, 1973, S. 184 (B10), und ist zitiert nach Barbara Walker, 1983, S. 490 (B5).

Religionen, die Göttinnen verehrten, scheinen sich geradewegs über den Pazifik verbreitet zu haben. Rita Gross, Professorin für vergleichende Religionsstudien an der Wisconsin-Eau Clair-Universität, untersuchte die Rolle der Aborigines-Frauen in Australien und melanesische Religionen. Sie faßt zusammen:

> Die Gelehrten erzählten mir alle, daß in diesen Religionen Männer als heilig angesehen würden, während Frauen als profan und unrein gälten und keine Bedeutung im religiösen Leben spielten.
>
> Dennoch stellte ich fest, daß die heutigen Angaben über australische und melanesische Religionen Mythen enthielten, in welchen Frauen ursprünglich die Macht hatten und den Männern alle religiösen Riten beibrachten; erst später, so besagen diese Überlieferungen, raubten Männer den Frauen Macht und Wissen. In den Schriften ist auch von zahlreichen Ritualen die Rede, in denen Männer weibliche physiologische Prozesse imitierten, auch wenn sie zugleich Frauen von der Teilnahme an diesen Ritualen ausschlossen. Irgend etwas schien hier nicht zusammenzupassen. (Rita M. Gross, 1993, Seite 292. B11) (Rita M. Gross, »Tribal Religions: Aborigines Australia«, in: Arvind Sharma [Hrsg.], 1987; auf den Seiten 41–42 findet sich eine Zusammenfassung dieser Literatur und ihre Widerlegung. B11)

Seiten 30–33. Überraschung

Zu den Autoren, die die Verehrung einer Mutter-Göttin in vorhistorischer Zeit in Frage stellen, gehört Peter Ucko, der mit recht verklemmten Worten versichert, daß diese – mit Ausnahme im Nahen Osten – nicht nachgewiesen werden kann.

> Es wurde gezeigt, daß es nur für den Nahen Osten schlüssige historische Beweise für die Verehrung einer Mutter-Göttin – vorwiegend einer Fruchtbarkeitsgöttin – gibt. Man könnte bei der Interpretation prähistorischer Figurinen aus dieser Region dafür eintreten, daß es legitim ist, eine solche Untersuchung voreingenommen anzugehen und zu akzeptieren, daß dieser spätere Kult der Mutter-Göttin möglicherweise für die Anfertigung kleiner anthropomorphischer Figurinen relevant ist. (Peter Ucko, S. 414. B3)

Auch Andrew Fleming, der Autor von »The Myth of the Mother Goddess« in *World Archaeology*, Bd. 2, Oktober 1969, S. 247–261 (B3), ist dieser Meinung. Sein Artikel ist im wesentlichen eine Einwendung gegen die Ansicht von Prähistorikern, daß die Erbauer großer Megalithengräber in Westeuropa Verehrer der Göttin gewesen sind, aber es werden darin keinerlei Beweise geliefert, die dies widerlegen würden.

Das Zitat von Walter Burkert stammt aus *Greek Religion Archaic and Classical*, 1985, S. 12 (B11).

Seiten 33–37. Warum es eine Überraschung ist

Hier zwei weitere Zitate aus Merlin Stones Einführung zu *When God was a Woman*:

> Die meisten Informationen und Kunstgegenstände bezüglich der großen weiblichen Religion, die viele tausend Jahre vor Ankunft des Judentums, des Christentums und des klassischen Hellenismus blühte, wurden ausgegraben, um sogleich in geheimen archäologischen Texten wieder zu verschwinden, die man in bestens geschützten Magazinen von Universitäts- und Museumsbibliotheken sorgsam verstaute. Recht viele davon waren nur unter Vorlage von Ausweisen, die die Zugehörigkeit zum Lehrkörper der Universität oder ein abgeschlossenes Studium belegten, zugänglich ... Durch die Schwierigkeiten, vor die ich mich bei der Materialsammlung gestellt sah, wurde ich zwangsläufig an die alten Schriften und Plastiken erinnert, die mutwillig zerstört worden sein müssen. Berichte über die feindselige Einstellung des Judentums, des Christentums und des Islam gegenüber den heiligen Kunstgegenständen der Religionen, die ihnen vorausgingen, belegen, daß dem so war – insbesondere im Fall der in Kana (Palästina) verehrten Göttin.

> Die blutigen Massaker, die Zerstörung von Statuen (d.h. heidnischen Götzenbildern) und Heiligtümern wird in der Bibel als Befolgung folgenden Befehls von Jahwe beschrieben: »Völlig zerstören sollt ihr all die Stätten, an denen die Völker, welche ihr alsbald verdrängen werdet, ihre Gottheiten verehrten, auf den hohen Bergen, auf den Hügeln und unter jedem grünen Baum. Reißt ihre Altäre ein, zertrümmert ihre Steinmale, verbrennt im Feuer ihre heiligen Bäume, zerhaut ihre Gottesbilder und tilgt so ihren Namen an jener Stätte« (Deuteronomium 12:2,3). Es steht außer Zweifel, daß durch die ständigen Übergriffe, so wie sie im Alten Testament berichtet werden, ein Großteil der wertvollen und unwiederbringlichen Informationen vernichtet wurden.

Immer mehr Frauen wurden Historikerinnen, und ihnen wurde allmählich klar, daß die Geschichte nicht unbedingt aus objektiven Tatsachen besteht (*siehe* Catherine Hall, 1992. B6). Hier Mary Condrens Ansicht:

> Die Geschichte ist nicht die objektive Wissenschaft, für die man sie einst gehalten hat, sondern eine besondere Form von Macht und Wissen, zu der auch die Manipulation von akademischen und politischen Quellen zur Sicherstellung der Dominanz bestimmter Gruppen gehört. (Mary Condren, 1989, S. xxiii. B3)

In *The Living World of the Old Testament* (1978, S. 141. B11) berichtet uns Bernard Anderson:

> Ein wesentliches Merkmal dieses Kults von Kana bestand in der heiligen Prostitution. In dem Akt der Tempelprostitution identifizierten sich der Mann mit Baal, die Frau mit Astarte. Man ging davon aus, daß die Paare, indem sie Baal und seine Partnerin imitierten, das göttliche Paar in befruchtender Vereinigung zusammenbringen könnten. (B11)

Ich schulde Bernard Anderson auch Dank für die Information, daß die hebräische Sprache kein Wort für Göttin besitzt.

Bei der Darstellung der Vestalinnen stützte ich mich auf Nancy Qualls-Corbett, 1988, S. 36, (B10).

Seite 37. Was widerfuhr der Göttin?
Die Beschreibung der Gedenktafel von Catal Huyuk wurde von Merlin Stone, 1976, S. 154, (B3), übernommen.

Der Satz bezüglich der Waffen und der Befestigung von Dörfern beruhen auf Darstellungen von Elise Boulding, 1976, S. 171 und 172, (B13).

Seite 37. Waffen treten in Erscheinung
Ich sollte meine Aussage, »Das Ende der matrifokalen Gesellschaft«, erläutern, da es noch immer einige solche Gesellschaften gibt, zum Beispiel auf der Pazifikinsel Belau. Auf Belau gibt es eine matrilineare Gesellschaft, in der das Erbe über die weibliche Linie weitergegeben wird. Siehe *Daughters of the Pacific* von Zohl de Ishtar, erhältlich nur über 3/164 Annandale Street, Annandale, NSW 2038, Australien.

Die Beschreibung patriarchalischer Eindringlinge und von Zeus, dem Vater-Gott, stützt sich auf Jacquetta Hawkes, 1968, S. 30 (B14).

Seiten 39–40. Der Machtverlust
Im Alten Testament gibt es zahlreiche Hinweise auf die Anbetung der Götter Baal und Astarte (Richter 2:13; 10:6; I. Samuel 7:4; 12:10), die von dem eifersüchtigen Gott Jahwe bestraft wurde. Baal war die männliche Gottheit, und seine Gemahlin wurde in manchen Gegenden als Baalat bezeichnet, ein Name, der der Großen Mutter häufig gegeben wurde.

> Wenn Israel als Nationalstaat mit all dem damit verbundenen militärischen und politischen Drum und Dran wachsen sollte, mußten die Religionen, in denen Göttinnen verehrt wurden, abgeschafft werden. Man sollte nur einem Gott, Jahwe, ergeben sein, und das wichtigste Symbol der neuen Religion sollte auf Versprechen und Geschichte basieren anstatt auf dem durch die Schlange symbolisierten Leben und der zyklischen Regeneration. (Mary Condren, 1989, S. 11. B3)

Einige Autoren, wie auch Bernard Anderson, betrachten den Konflikt zwischen der monotheistischen Religion und der Göttin als einen Konflikt zwischen Gehorsam und Sex:

> In der kanaanitischen Religion wurde Sex in den Bereich des Göttlichen erhoben ... Die Götter waren sexuelle Wesen und wurden durch sexuelle Riten verehrt. Dagegen wurde im Glauben Israels die Macht des Göttlichen in die Sphäre der Geschichte verlegt – das heißt dem Wunder eines nicht wiederkehrenden Ereignisses (des Exodus), das zugleich das Zeichen für Gottes Erlösung seines Volkes von der Knechtschaft und seines Aufrufs an seine gelobte Gemeinde war, seinem Willen zu gehorchen. (Bernard Anderson, 1978. B11)

Philip Slaters Ansicht wird in *The Glory of Hera*, 1968 (B5), dargelegt.

Seiten 40–43. Der westliche Schöpfungsmythos
Im gesamten Mittelmeerraum wurde die Schlange als Darstellung oder Symbol der Göttin gefunden. Schon 1930 schrieb Sir Arthur Evans: »Wir haben immer mehr Belege für das Überleben des Kultes einer Schlangengöttin in Knossos selbst wie auch in anderen Teilen Kretas...« (Evans, 1930, S. 504. B14)

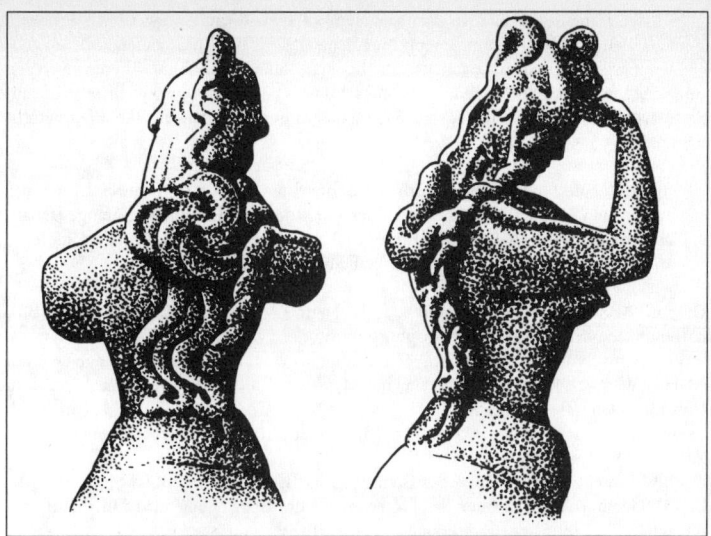

*Oberkörper einer minoischen Bronzefigur mit
dreifach gewundenen Schlangenlocken.*

Symbolische Verbindungen zwischen Schlangen und der Göttin waren auch in anderen Kulturen als jenen des Mittelmeerraums weit verbreitet. Mary Condren schreibt:

> Das Symbol der Schlange war eines der meistgenutzten Symbole, um die Göttin des früheren Nahen Ostens darzustellen beziehungsweise zu verehren oder um die Beziehung zwischen der Göttin und den Menschen zu beschreiben oder darüber zu meditieren. In Ägypten und Mesopotamien war die Schlange nach Beweisen, die man von Skarabäen und Skarabäengemmen ableitet, ein Symbol für das Leben. In der Mythologie der Sumerer war die Göttin Ninhursag die Göttin der Schöpfung. Sie war bekannt als Nuntu, »die Herrin, die gebar«. Eine ihrer gebräuchlichsten Darstellungen war die Schlange. (Mary Condren, 1989. B3)

Sie zitiert folgende Autoren: A. L. Frothingham, 1911, S. 349–377, (B3); A. L. Frothingham, 1915, S. 13–23, (B3); George Roux, 1964, S. 69, (B14); Joseph Camphell, 1974, S. 281–301, (B5); M. Esther Harding, 1971, S. 52–54, (B13); Monica Sjoo & Barbara Mor, 1987, S. 100, 155, 268, (B3); Riane Eisler, 1987, S. 21, 86–87, (B3); K. Joines, 1974, S. 20, (B5); Kramer *The Sumerians*, S. 122; S. H. Langdon, 1931, S. 91, (B5); Edith Porada, »Remarks on Mitannian (Hurrian) and Middle Assyrian Glyptic Art« in *Akkadica* 13, 1979, S. 2–15; und Briggs Buchanan, »A Snake Goddess and her Companions: A Problem in the Iconography of the Early 2nd Milennium BC«, in *Iraq* 33, 1971, S. 1–18.

Ich verdanke Oodgeroo Noonuccal und Kabul Oodgeroo Noonuccal die Informationen darüber, wie Aborigines-Stämme noch heute die Schlange verehren; siehe *The Rainbow Serpent*, 1988, (B5).

Hinweise auf den Baum als weiteres Symbol der Göttin finden sich bei Merlin Stone, 1976, S. 214–216 (B3), Joseph Needham, 1979, (B11) und vielen anderen.

Der Erzählung vom Garten Eden basierte offenkundig auf älteren Mythen und machte sich diese zu eigen. Robert Graves berichtet uns in *Adam's Rib* auf Seite 1, daß die Genesis im Gegensatz zur landläufigen Meinung ein Tatsachenbericht war.

Textuntersuchungen zeigen, daß die Schöpfungslegende in Genesis i,1 bis ii,3 von einem Priester verfaßt wurde, der nach der babylonischen Gefangenschaft, aber nicht später als Ende des fünften Jahrhunderts v. Chr. in Jerusalem lebte; er kannte die Legenden vom Paradies auf Erden, dem Sündenfall ...

Bernard Anderson, 1978, S. 19 und 422, (B11), und Mary Condren, 1989, S. 11, (B3), datieren die Niederschrift des Schöpfungsmythos ein wenig früher als Robert Graves.

Der Hinweis auf die Darstellung Michelangelos von Eva und der Schlange geht auf Marina Warner, *Alone of all Her Sex; the Myth and Cult of the Virgin Mary*, London, Picador, 1985, (B14) zurück. Durch Nancy Qualls-Corbett, 1988, S. 44, wurde ich darauf aufmerksam, und von S. 46 ihres Buches übernahm ich das außergewöhnliche Zitat von Pythagoras. (B10)

Die Menschenrechtsgruppe des Britischen Parlaments veröffentlichte im November 1994 einen Bericht über die Folterungen, Unterdrückung und Hinrichtungen iranischer Frauen unter der Herrschaft der Mullahs.

Der Hinweis darauf, daß in der christlichen Kirche Sex und Spiritualität absolute Gegenpole sind, wurde von Mary Condren, 1989, S. 5, (B3) übernommen.

Seiten 43–47. Der Wechsel ins dualistische Denken

Bezüglich des Übergangs zum dualistischen Denken schreibt Lucy Goodison:

> Die Weiblichkeitssymbole des alten Kreta wurden entweder übernommen, oder sie wurden verunglimpft: ein wohlbekannter Prozeß, bei dem die Götter der alten Religion zu Teufeln der neuen gemacht werden. Dieser Prozeß spiegelt einen historischen, in mykenischer Zeit einsetzenden Übergang in Richtung einer Gesellschaft wider, in der die eine Hälfte der Bevölkerung, die Frauen, der anderen Hälfte politisch unterlegen ist. Die Auswirkungen dieser Veränderung auf symbolischer Ebene ist nicht nur an der Unterscheidung zwischen männlichen und weiblichen Göttern erkennbar, sondern auch an der Trennung von Himmel und Erde, von Geist und Körper, von Spiritualität und Sexualität ... Von Beginn der frühen griechischen geometrischen Epoche an besitzt die europäische Kultur nicht länger das phantasiereiche Vokabular, durch das sich jeder Mensch, ob Frau oder Mann, selbst als ungeteilt und ganzheitlich erleben kann. (Lucy Goodison, 1992, S. 343. B10)

Marija Gimbutas weist darauf hin, daß die Göttin sowohl positive wie auch negative Wesenszüge kombinierte.

> Die »Fruchtbarkeitsgöttin« oder »Mutter-Göttin« stellt ein komplexeres Bild dar, als die meisten Leute meinen. Sie war nicht nur die Mutter-Göttin, die über die Fruchtbarkeit bestimmte, oder die Herrin über die Tiere, die die Fruchtbarkeit von Tieren und der gesamten freien Natur beherrschte, oder die schreckliche Mutter Grausam, sondern eine Kombination all dessen, mit Zügen, die sowohl aus präagrikulturellen als auch agrikulturellen Zeiten stammten. In der agrikultu-

rellen Ära wurde sie im wesentlichen eine Göttin der Erneuerung, das heißt eine Mondgöttin, Ergebnis einer seßhaften matrilinearen Gemeinschaft, die die archetypische Einheit und die Vielfältigkeit der weiblichen Natur einschloß. Sie war die Lebensspenderin und verkörperte alles, was der Fruchtbarkeit förderlich ist, und zugleich war sie die Herrin der zerstörerischen Kräfte der Natur. Die weibliche Natur ist – wie der Mond – sowohl hell als auch dunkel. (Marija Gimbutas, 1982, S. 152. B3)

Der Hinduismus ist eine Religion, in der Gottheiten mit sowohl destruktiven als auch kreativen Kräften verehrt werden. Zum Beispiel die Hindu-Gottheit Ardha-Nari Nateswar, deren eine Hälfte das Weibliche im Sinne von Schöpfung und Erhaltung symbolisiert, während die andere Hälfte das Männliche im Sinne von kreativer Zerstörung verkörpert.

Die Arbeit zweier Analytiker, Anhänger C.G. Jungs, über die geheiligte Vermählung von Göttin und Gott ist zum Thema Projektion informativ:

In der Individualpsychologie wird eine radikale und dauerhafte Spaltung der Psyche in »Gutes« und »Böses« allgemein als Zeichen interpretiert, daß die natürliche Entwicklung der Psyche durch irgend etwas blockiert wurde, das nicht akzeptiert werden konnte, weil es nicht in einen umfassenderen Rahmen eingeordnet wurde, der es verständlich und somit tolerierbar gemacht hätte. Dann wird nach Möglichkeiten gesucht, die Spaltung zu überwinden, und das unakzeptable Gefühl, das in Konflikt zum vorhandenen Weltbild steht, wird nicht ins Unbewußte verdrängt und folglich nach außen auf eine Person oder eine Gruppe von Menschen projiziert, die als Feinde und Bedrohung der Bewußtseinshaltung identifiziert werden. (Anne Baring & Jules Cashford, 1991, S. 668. B3)

Die umfassenderen Konsequenzen dieses Gedankens helfen bei der Erklärung von Konflikt und Krieg.

Das abendländische Denken ist zutiefst dualistisch, was besagt, daß ihm Andersartigkeit wichtiger ist als Ähnlichkeit, oder, anders ausgedrückt, daß Verschiedenheit mehr wiegt als Gleichartigkeit, Abgrenzung mehr als Solidarität. Diese Wertung ist zwingender Bestandteil einer Moral, deren Funktion es ist, einer bestimmten Gruppe oder Kaste von Menschen einen überlegenen Status zu verleihen. Diese Überlegenheit basiert ja gerade auf der Unterscheidung von anderen Menschen. Das philosophische Problem des Entweder/Oder, wie Kierkegaard es nannte, ist daher weitgehend ein künstliches Problem, der Versuch der Philosophen, zu einer Synthese oder Versöhnung von Gegensätzen zu gelangen, die in erster Linie aus ihren eigenen Kategorisierungen hervorgingen. Die Logik lehrt uns, daß etwas »A« oder »Nicht-A« ist und beide Kategorien einander ausschließen. In der Realität selbst existiert eine solche Trennung jedoch nicht, da die einzelnen Elemente fließend ineinander übergehen und ähnliche Eigenschaften besitzen. (Marilyn French, 1985, S. 800. B7)

Über das dualistische Denken stellen Carol Christ & Judith Plaskow folgendes fest:

Das dualistische Denken stellt Seele, Geist, Rationalität und Transzendenz Körper, Fleisch, Substanz, Natur und Immanenz gegenüber ... Der klassische Dualismus wurde außerdem zum Modell für die Unterdrückung der Frauen, als die Männer, die die Kultur schufen, die negativen Aspekte den Frauen zusprachen, über die zu herrschen sie sich das Recht anmaßten. (Christ & Plaskow, 1979, Seite. 5. B11)

Der Bericht von Fliegermajor E.G. Jones trägt den Titel »Women in Combat – Historical Quirk or the Future Cutting Edge?«, 1993, (B6).

Der Brief von Monica Furlong erschien im *Independent*, 25. November 1993.

Die Verbindung zwischen der Legende des heiligen Georg und Perseus findet sich in der *Cassell Enzyklopädie der Mythen und Legenden*, 1992, Seite 156. Medusa ist der negative Aspekt der Göttin Athene.

> Auf ihrem Brustschild trug Athene ein Symbol ihrer Macht – ein mit einem Gorgonenhaupt verziertes Ziegenleder, den Kopf der Medusa. Sie war ein Ungeheuer mit Schlangen an Stelle von Haaren, und ihr erschreckendes Aussehen ließ jeden zu Stein werden, der sie erblickte.

Diese Beschreibung stammt von Jean Shinoda Bolen, 1985, S. 101, (B3), die auf S. 262 Erich Neumanns Aussage zitiert, daß »die Macht der Großen Mutter zu überwältigend ist, als daß ein Mensch den direkten Kontakt mit ihr verkraften könnte«.

Die Perseus-Legende wiederum enthält Elemente der Geschichte, wie der Gott Apollo, der Bogenschütze, die Herrschaft über das mächtige Orakel von Delphi erlangte.

> Aus Quellen geht hervor, daß die Stätte in Delphi ursprünglich ein Heiligtum der Erde war, wo ein weiblicher Drache, beziehungsweise eine Schlange herrschte. Das Zentrum des Heiligtums war ein geheiligter runder Stein, der omphalos – der »Nabel« genannt wurde und an die Bedeutung der Verbindung von Stein und Bauch in der Bronzezeit anknüpfte. Homers Epos über Apollo berichtet, wie er dieses Heiligtum zerstörte:
>
> »Wer immer [der Schlange] entgegentrat, den trug das Schicksal fort, bis der edle Apollo, der von weitem schießt, einen starken Pfeil auf sie schoß ..., und Dunkelheit legte sich über ihre Augen.«
>
> Wenn man davon ausgeht, daß Mythen Ausdruck politischer Entwicklungen sind, kann man schwerlich eine deutlichere Metapher für die Machtübernahme der Männer finden. Die neue männliche Himmel- und Sonnengottheit ... vernichtet gewaltsam die alte erdgebundene, auf das Weibliche konzentrierte und auf Bauch und Stein basierende Religion, die durch den weiblichen Drachen, beziehungsweise die Schlange, symbolisiert wird. Die zuvor verehrte Schlange wird zum Ungeheuer, zu einem Symbol für alles, was von der alten Religion abgelehnt werden muß; sie wird zu einem der ersten bedeutenden Symbole, die durch und durch diskreditiert werden. Durch die Bedeutung, die das Orakel in der griechischen Geschichte spielte, ist klar, daß die Herrschaft über Delphi eine wichtige politische Waffe war, eine vielleicht zu starke und einflußreiche Waffe, um sie unter der Kontrolle der Frauen zu belassen, und wahrscheinlich war der Übergang von der weiblichen zur männlichen Herrschaft über das Orakel eine Phase des Kampfes, die durch das Ringen Apollos mit der Schlange poetisch dargestellt wurde. (Lucy Goodison, 1992, S. 347. B10)

Siehe auch Vicki Noble, 1991, S. 49, (B3).

In dem Kampf um die Vorherrschaft bestand eine der Waffen darin, die weibliche Stärke schlecht zu machen.

Kurz gesagt, die Freude am Weiblichen wurde als reine Frivolität abgetan; ihr lust-volles Dasein als Hurerei verunglimpft oder aber sentimentalisiert und maternali-siert; ihre Vitalität wurde Pflichtbewußtsein und Gehorsam unterworfen. Diese Abwertung brachte unsichere Töchter des Patriarchats hervor, ihre weibliche Stärke und Leidenschaft wurde gespalten, ihre Träume und Ideale weitgehend in einem Geiste aufrechterhalten, der nicht zu den instinktmäßigen Mustern paßte, die durch die Königin des Himmels und der Erde symbolisiert wurden. Sie brachte auch frustrierte Furien hervor. (Sylvia Brinton Perera, 1981, S. 20. B3)

Die unversöhnliche Haltung des Vatikans bezüglich der Geburtenkontrolle ist der eindeutigste Ausdruck des Wunsches (der katholischen Kirche), weiterhin Kontrolle über die Körper der Frauen und ihre Sexualität zu behalten. Das gelingt nicht. Sechs-undsechzig Prozent der katholischen Bevölkerung Großbritanniens verwendet Ver-hütungsmittel, und alles, was der Papst zu erreichen hoffen kann, ist eine Form von Ungehorsam in den Herzen der Menschen wachzurufen. Und gerade in einer Zeit, in der die anglikanische Kirche ihre Einstellung gegenüber Frauen zu lockern beginnt, besteht der Vatikan erneut auf das, was Marina Warner als »dogmatische Rechtfertigung für den Ausschluß, die Mißachtung und Verachtung der Frauen« bezeichnet. Als Rechtfertigung werden ausgesuchte Bibelstellen und die Behauptung herangezogen, daß die Jünger Jesu Männer waren. Diese Behauptung wird in den gnostischen Evangelien nicht bestätigt, die Frauen als enge Gefährtinnen Jesu darstel-len, in die er Vertrauen setzte.

Clare Short, Abgeordnete des Unterhauses, ist direkter als Marina Warner:

Der Papst ist ein dummer alter Trottel. Ich gehöre zu den Millionen Menschen, die als Katholiken erzogen wurden und sich von der Kirche abgewandt haben. Einer der Hauptgründe ist, daß die Lehre der Kirche bezüglich der Geburten-kontrolle ein Witz ist. Erst neulich hat der Vatikan erlassen, daß bosnischen Frau-en, die in Gefahr sind, vergewaltigt zu werden, die Erlaubnis erteilt wird, Verhü-tungsmittel zu nehmen. Das ist doch ein schlechter Witz. Mir tun all die armen katholischen Ehepaare leid, die von Herzen gern loyal zu ihrer Kirche stünden und denen diese Fragen echtes Kopfzerbrechen bereitet. Da gibt es diese Männer, die Priester, die, wenn man ihnen Glauben schenkt, in ihrem Leben nie Sex gehabt haben und anderen Menschen vorschreiben, wie sie sich auf sexuellem Gebiet verhalten sollen. Das ist tragisch.

Sowohl Marina Warner als auch Clare Short wurden in der Ausgabe des *Guardian* vom 5. Juni 1993 zitiert.

Ich muß zugeben, daß mich Clares erster Satz schockiert hat. Da ich als Teenager sehr religiös gewesen bin, hätte ich es nie gewagt, auch nur annähernd etwas Ähnli-ches über den Erzbischof von Canterbury zu sagen. Aber das ist ein weiterer Schock, den Frauen überwinden müssen – den Merlin Stone »das Blitzschlag-Syndrom« nennt. Als sie in ihrem kleinen Zimmer in Oxford saß und nach jahrelangen Nach-forschungen und Untersuchungen der Ausgrabungsstätten und Museen des Nahen Ostens das Manuskript von *When God Was A Woman* tippte, kam ihr pötzlich der Gedanke, daß sie beim Tippen von einem Blitzschlag getötet würde. Es war Angst, die Furcht, ihre frühe religiöse Erziehung in Frage zu stellen und anzuzweifeln.

Als ich den Frauen, die ich kannte, erzählte, daß jede der traditionellen Religio-nen, in der wir aufgewachsen sind, eine entscheidende Rolle gespielt hat, die Frauen in einer untergeordneten Stellung zu belassen, und daß die Menschen sich

Gott früher als weiblich vorgestellt haben, begegnete ich dem, was ich heute das »Blitzschlag-Syndrom« nenne. Es war leicht, Ehemänner und Behörden, die Medien und die Regierung anzugreifen, aber die Kirche oder Gott stellte man einfach nicht in Frage. (Aus *Return to the Goddess: From Ancient Belief to Modern Attitudes*, Rundfunkgesellschaft Kanada, verfaßt und vorgetragen von Merlin Stone.)

Das führt mich zurück zu der Heftigkeit der Emotionen, die beim Thema Macht für Frauen und Männer hochkommen. In den sechziger, siebziger und zum Teil den achtziger Jahren waren Feministinnen voller Zorn. Aber inzwischen ist eine Änderung der Einstellung zu erkennen. Die meisten Frauen sind über die Wut hinaus; sie legen das, was für sie keine Rolle mehr spielt, was für sie keine Autorität mehr besitzt, einfach ab oder werfen es weg. Nancy Kline sagt, sie habe die Wut – sie bedeutet, daß man noch immer Opfer ist – zugunsten von Lösungen eingetauscht (*Observer*, 5. September 1993). Das ist leicht gesagt, aber schwer getan. Meinen eigenen Ärger kennenzulernen und zu verstehen, ihn zu transformieren, war und ist extrem schwierig.

Seiten 47–49. Und dennoch ...
Der von mir paraphrasierte Abschnitt von Marcuse findet sich in *Eros and Civilisation*, 1955, S. 114, (B14).

Die statistischen Daten stammen von Joni Saeger, 1990, (B6). Es gibt eine alte indianische Redensart, die Ausdruck der Weisheit und des Respekts ist, mit dem die Eingeborenenvölker die Erde betrachtet haben. Er besagt in etwa, daß das Fällen von Bäumen das gleiche sei, wie wenn wir unsere Mutter kahlscheren würden, daß das Aufgraben der Erde mit dem Aufschneiden ihres Körpers zu vergleichen sei.

Ich verdanke Rosalind Armson drei Beobachtungen in diesem Kapitel. Die erste betrifft die Entdeckung, daß es effizienter war, Ressourcen zu plündern, als sie selbst anzupflanzen. Die zweite bezieht sich darauf, wie Frauen dadurch, daß ihnen die Jungfrau Maria als Rollenvorbild präsentiert wird, in Ungleichheit gefangen bleiben. Und drittens ist Armson – bezüglich Sankt Georg und dem Drachen – verblüfft von der Erkenntnis, daß der heilige Patrick das Christentum nach Irland brachte und dort auch alle Schlangen ausrottete. Es gab in Irland natürlich das keltische Christentum »lange bevor Patrick erschien und Irland der Abhängigkeit von Rom unterwarf«. Ihre Hypothese (die zu beweisen sie nie die Gelegenheit hatte) ist, daß Schlangen das Symbol für die Anbetung der Göttin waren, die neben dem keltischen Christentum existierte. »Was Patrick in Wahrheit getan hat, war, den orthodoxen Katholizismus einzuführen und die Verehrung der Göttin zu unterdrücken, die zuvor von den viel stärker auf die Schöpfung konzentrierten keltischen Christen toleriert wurde.«

Kapitel 2

Seite 50.
Das Gedicht »A work of artifice« wurde von Marge Piercy, 1973, S. 3, (B14) verfaßt.

Seiten 52–54. Frauen heute
Die bekannten statistischen Daten im zweiten Abschnitt stammen vom *Bericht der Vereinten Nationen*, 1980.

Die statistischen Daten über Führungskräfte in Firmen stammen vom National Institute of Economic and Social Research, 1993. Die im vierten Abschnitt angeführten Daten sind von Efua Dorkenoo und Scilla Elworthy, 1992, S. 11, und den Vereinten Nationen, 1992, (B1). Die Untersuchung von Ros Coward wurde unter dem Titel *Our Treacherous Hearts*, 1993, (B12), veröffentlicht.

Zum Thema Frauen, die bewußt allein leben, siehe Thelma Jean Goodrich, *Women and Power: Perspectives for Family Therapy*, W. W. Norton & Company, New York, 1991, S. 27, (B12).

Seiten 54–55. Männer heute

Für genauere Darstellungen siehe Kapitel 3 und das *Statistical Bulletin on Women in Post-Compulsory Education*, Dezember 1993. Shere Hites statistische Angaben finden sich in *Women as Revolutionary Agents of Change*, 1993, S. 311, (B6). Offizielle Zahlen des Innenministeriums – herausgegeben im November 1993 – zeigen, daß in England und Wales zwischen 1982 und 1992 ein 83prozentiger Anstieg der Suizide von Männern im Alter zwischen 15 und 24 zu verzeichnen war.

Seiten 55–60. Negative Körperbilder

Die Geschichte von Annie Dillard ist aus *A Pilgrim at Tinker's Creek*, Harper & Row, New York, 1974, S. 122, zitiert von Charlene Spretnak, 1993, S. 94, (B11).

Unsere Ambivalenz gegenüber dem weiblichen Körper wurde von Autorinnen wie Simone de Beauvoir, 1984, Margaret Mead, 1978, und H. R. Hays, 1966, am besten beschrieben.

Das Zitat über Teenager, die Supermodels nachahmen, wurde aus dem *Observer*, 4. Dezember 1994, übernommen.

Das Zitat von Germaine Greer stammt aus *The Change*, 1992, S. 423, (B1).

Seiten 60–63. Menstruation

Das Zitat am Beginn dieses Abschnitts über die Menstruation stammt von Penelope Shuttle & Peter Redgrove, 1980, S. 30. (B1)

Die Liste der menstruellen Tabus wurde von Barbara G. Walker, 1983, S. 641–645, (B5), übernommen.

Das Zitat über die Werbung für Tampons stammt von Lara Owen, 1993, S. 14, (B1). Penelope Shuttle & Peter Redgrove (1980, S. 281) führen Untersuchungsergebnisse auf, daß bis zu 100 Prozent der Frauen prämenstruelle Streßsymptome aufweisen.

Seiten 63–67. Geburt und Mutterschaft

Für eine umfassende Darstellung der Hexenverbrennungen siehe Monica Sjoo & Barbara Mor, 1987, S. 198–314, (B3). Siehe auch Elise Boulding, 1976, (B13) und Penelope Shuttle & Peter Redgrove, 1980, S. 208–237, und Julia O'Faolain & Lauro Martines, 1973. Das Zitat über die Hexenverbrennungen in diesem Abschnitt stammt von Marija Gimbutas, 1989, S. 319, (B3).

Zum Thema Frauen, die ihre Babies zu Hause zur Welt bringen, gibt es in Großbritannien Anzeichen für Veränderungen. Im August 1993 veröffentlichte das staatliche Gesundheitsamt einen Bericht, *Changing Childbirth*, der dazu aufrief, den Frauen ein größeres Mitspracherecht bei der Schwangerschafts- und Geburtsversorgung einzuräumen.

Der faszinierende Einblick in den Bauchtanz stammt von *Mamatoto – a celebration of birth*, 1991, (B14). Das folgende Zitat ist von einem Mann, dem Anthropologen Ashley Montagu, dessen Ansichten in *The Natural Superiority of Women*, 1968, S. 22, (B14), erschienen.

Die Feststellung bezüglich des Leidens, das wir täglich um uns herum sehen, geht auf Charlene Spretnak, 1993, S. 33, zurück. Die Kommentare über Machtlosigkeit und Mutterschaft sind aus Heather Hunts Vortrag, den sie in Rom beim Ersten Internationalen Seminar für mentale Störungen bei Frauen im Juni 1988, S. 3, (B12), hielt.

Seiten 67–71. Gynäkologie

Der Hinweis auf überflüssige Operationen an den weiblichen Fortpflanzungsorganen wurde von Angela Phillips & Jill Rakusen, 1986, S. 185, (B1), übernommen. Germaine Greer schreibt dazu: »An keinem menschlichen Organ wurde soviel herumoperiert wie am Uterus, und trotzdem sind sich die Ärzte nicht einig, ob und wann eine Hysterektomie durchgeführt werden soll. »Im Zweifelsfall wird herausgeschnitten«, das ist die gängige Vorgehensweise, und selbst dann sind sich Chirurgen und Gynäkologen uneins, ob auch gleich die Eierstöcke entfernt werden sollen oder nicht.« (1992, S. 180–181. B1)

Die Geschichte von Janet Burroway findet sich in einer von Joanna Goldsworthy herausgegebenen Anthologie, 1993, S. 13–15, (B1).

Seiten 73–80. Verstümmelung der Genitalien

Alice Walker hat *Possessing the Secret of Joy* im Jahre 1992 geschrieben, und ihr Buch wurde von den Medien begeistert aufgenommen. Der *Daily Telegraph* meinte zum Beispiel: »Die erzählerischen Fähigkeiten Walkers traten nie besser in Erscheinung, ihre Schilderung des Unerträglichen war nie so uneingeschränkt glaubhaft.« Der Roman hatte bereits zur Folge, daß dieses Thema bekannt wurde und man darüber diskutierte, und wäre daraus ein Film mit dem gleichen Erfolg wie bei *Die Farbe Lila* entstanden, hätte er eine entscheidende Rolle bei der Abschaffung dieser Praktiken spielen können.

Für die statistischen Daten über die Beschneidungspraktiken siehe *Warrior Marks*, ein Film von Pratibha Parmar. Siehe ebenfalls Fran Hosken, *Womens's International Network News*, Band 18, Nr. 4, Herbst 1992; Dr. Nahid Toubia, *Female Genital Mutilation: a Call for Global Action*, Women Inc., New York, zitiert von Efua Dorkenoo, 1994, (B1); und Efua Dorkenoo und Scilla Elworthy, 1992, (B1), erhältlich über die Gruppe für Minderheitenrechte, 379 Brixton Road, London SW9 7 DE, die uns freundlicherweise gestattete, die Illustrationen abzubilden.

Die Geschichte über Amina stammt von Angela Robson, »Torture, not culture«, im AIBS Journal, September/Oktober 1993, S. 8.

Awa Thiam von der senegalesischen Kommission zur Abschaffung sexueller Verstümmelung sprach am 14. Oktober 1993 im 4. Fernsehprogramm über *Warrior Marks*.

Das Zitat über die zweigeteilte Seele stammt von Alice Walker, 1992, S. 167, (B14), und jenes über die erigierte Klitoris, die die Überlegenheit des Mannes in Frage stellt, findet sich in *Warrior Marks*, wie auch das nächste über die Notwendigkeit, Kontrolle über die weibliche Sexualität zu erlangen.

Efua Dorkenoo war Mitautorin des Berichtes der Gruppe für Minderheitenrechte und überarbeitete ihn 1983, 1985 und 1992 mit Blick auf Neuauflagen. Manche der von ihr gelieferten Informationen sind höchst deprimierend. Es gab weitere Berichte über die Verstümmelung der weiblichen Genitalien, die in der westlichen Welt vorgenommen werden. Frühere Programme, die so vielversprechend schienen, wurden nun, zum Beispiel im Sudan und in Somalia, abgebrochen, da in beiden Ländern politische Unterdrückung und Bürgerkrieg herrschen. In den Ländern, in denen die Arbeit fortgesetzt wird, haben Maßnahmen zur wirtschaftlichen Umstrukturierung dazu geführt, daß Projekte zur Verbesserung der Lebensbedingungen von Frauen und Kindern stark unter Druck geraten sind. Die Resolutionen und Proklamationen von Regierungen und internationalen Organisationen haben bis jetzt nur geringe positive Auswirkungen auf das Leben der einfachen Frauen gehabt.

Dennoch gibt es so manche Anzeichen für positive Veränderungen. In einigen Ländern werden Gesundheits-, Wohlfahrts- und Bildungsprogramme für Frauen fortgeführt, und einflußreiche Mitglieder der Regierung und Gesellschaft haben sich gegen diese Verstümmelungspraktiken ausgesprochen. Gebildete Stadtbewohner in Afrika beginnen, diese Operation für ihre Töchter abzulehnen, und Männer heiraten vermehrt unbeschnittene Frauen. In England haben allgemeine Bildungspläne und einfühlsame und angemessene Maßnahmen zum Schutz von Kindern geholfen, Genitalverstümmelungen zu verhindern. Manche der darin einbezogenen afrikanischen Einwanderer und Flüchtlinge werden nach Afrika zurückkehren und ihren Landsleuten eine positive Botschaft und praktische Fähigkeiten mitbringen. Im Jahre 1993 wurde einem englischen Arzt die Approbation entzogen, weil er bereit war, Genitalverstümmelungen vorzunehmen.

Esther Ogunmodedes Artikel »Female Circumcision in Nigeria« (Die Beschneidung von Frauen in Nigeria) findet sich in Efua Dorkenoo & Scilla Elworthy, 1992, S. 32, (B1). Ihre Erkenntnisse bestätigen Fran Hoskens Aussage, daß die Operation heutzutage in immer jüngerem Alter durchgeführt wird, mit der Begründung, die Kinder sollten »zu jung sein, um sich zu widersetzen«. Fran Hosken ist nicht der Meinung, daß der Brauch ausstirbt, und sie besitzt die beste Reihe der veröffentlichten Informationen bezüglich all jener Länder, in denen diese Praktiken üblich sind. Sie war eine der ersten und besonders insistierenden Frauen aus dem Westen, die darüber geschrieben haben. 1982 veröffentlichte sie *The Hosken Report: Genital and Sexual Mutilation of Females*. Efua Dorkenoos jüngst erschienenes Buch ist *Cutting the Rose*, 1994, (B1).

Seiten 80–83. Geringe Selbstachtung und Machtlosigkeit

Das Zitat über das allmähliche Verkümmern der Selbstachtung stammt von Shere Hite, 1993, S. 266, (B6).

Die Beobachtung Jo Ryans über Depressionen bei Frauen stammen von ihrer Pam Smith Memorial-Vorlesung, in der Abteilung für angewandte Sozialwissenschaften, Polytechnic of North London, 1983, zitiert in Heather Hunts Referat. (Siehe oben S. xx .)

Das Zitat von Emma Jung stammt aus *Animus and Anima*, 1978, S. 20, (B8).

Das Schlußzitat ist von Charles E. Raven, *A Wanderer's Way*, London, 1928. Raven war von 1932 bis 1950 Regius-Professor des Divinity College in Cambridge.

Kapitel 3

Seiten 85–89. Die Macht zu tun, was Männer tun

Die Zahlen über Frauen in der Armee sind verschiedenen Quellen entnommen, darunter Aussagen von Fliegermajor E. G Jones, 1993, S. 37, (B4).

Die Angaben zu akademischen Abschlüssen von Mädchen stammen vom *Statistical Bulletin on Women in Post-Compulsory Education*, Erziehungsministerium, Dezember 1993, und der Kommentar über Frauenjobs stützt sich auf einen Artikel von Anne Coote, *Boys who can't grow up*, *Independent on Sunday*, 14. November 1993, und auf ihren Vortrag bei der Konferenz des Instituts for Public Policy Research, November 1993.

Über 20 Jahre lang wurde bei einer großen amerikanischen Umfrage, Yankelovich Monitor genannt, nach der Definition der Männlichkeit gefragt.

Und 20 Jahre lang blieb die bei weitem meistgenannte Definition unverändert. Sie lautete nicht, ein Führer, Athlet, Schwerenöter, Entscheidungsträger oder einfach »als Mann geboren zu sein«, sondern vielmehr folgendes: »ein guter Versorger der Familie zu sein«. (Susan Faludi, 1992, S. 87. B12)

Die angesprochene Untersuchung der ökonomischen Abhängigkeit von Frauen ist von Shere Hite, 1993. S. 376, (B6).

Die beiden Zitate über die Gewalttätigkeit junger Männer sind Aussagen von Bea Campbell, die sie bei der Konferenz des Institute for Public Policy Research, November 1993, machte, und von Marina Walkers zweitem Reith-Vortrag, *Boys will be Boys*, der am 2. Februar 1994 im 4. Radioprogramm gesendet wurde.

Die »Frau, die spricht«, ist Nancy Kline, 1993, S. 14, (B7). Der »Mann, der spricht«, ist Warren Farrell, Autor von *The Myth of Male Power: Why Men are the Disposable Sex,* Fourth Estate, London, 1994, der am 28. Januar 1994 von Ruth Picardie für den *Independent* interviewed wurde.

Angela Phillips ist Autorin von *The Trouble with Boys*, Pandora, London, 1993.

Seiten 89–92. Die Macht der sexuellen Anziehung und warum Männer Frauen fürchten

Bob Johnsons Beschreibung von Denny stammt aus »Knowing Why«, 1993, (B9).

Ich verdanke John Baldock die Beobachtungen über die Angst der Männer vor Frauen als Angst vor den tieferen Bewußtseinsebenen und John Hamwee die Hinweise auf die Macht des weiblichen Fortpflanzungssystems und das Gefühl der Männer, irrelevant zu sein.

Seiten 92–94. Macht über

Die Interviews mit Entscheidungsträgern wurden von Scilla Elworthy, John Hamwee und Hugh Miall zusammengefaßt und erschienen unter dem Titel »The Assumptions of Nuclear Weapons Decision Makers« bei Barnett & Lee, 1989, und in Scilla Elworthys unveröffentlichter Doktorarbeit, *British Nuclear Weapons Policy: why it has not changed with the end of the Cold War*, (B6).

Etwas Nettes passierte nach dem Treffen mit De Bellescize. Eine sehr starke Maori-Frau, Pauline Tangiora, die die Konferenz mit einem traditionellen Maori-Gruß eröffnet hatte, trat am Ende auf den Botschafter zu und überreichte ihm ein Buch über die Auswirkungen der Atomtests auf die Menschen im Pazifikraum. Dann bestand sie auf das traditionelle Freundschaftszeichen der Maori – den *hongi* –, bei dem man die Nasen gegeneinander reibt.

Seiten 95–97. Veränderungen im einzelnen Menschen

Das Erlebnis von Carol Cohn ist in »Sex and Death in the Rational World of Defense Intellectuals« 1987, (B6), beschrieben.

Das Zitat von Norman Dixon ist aus *Our Own Worst Enemy*, 1976, S. 203–236, (B6). Ein wenig später gebrauche ich das Wort »Ego«. Dieses Wort hat für verschiedene Leute ganz unterschiedliche Bedeutungen, deshalb ist es das Vernünftigste, wenn ich erkläre, was es für mich bedeutet: Ich verstehe es als den Teil meiner selbst, der vorwiegend an meinem Erfolg und meinem Weiterkommen – und letztlich an meinem Überleben – interessiert ist.

Seiten 97–101. Der männliche Teil einer Frau

Marie-Louise von Franz hat ein Kapitel unter dem Titel »Der Prozeß der Individuation« bei C. G. Jung, 1964, (B5), verfaßt.

Betty Reardons Ansicht über Frauen in der Politik stammen aus *Sexism and the War System*, 1985, S. 33, (B6).

Das Zitat, daß eine Frau in der Armee zu »einem der Jungs« wird, ist von Fliegermajor Jones, 1993, S. 35, (B6).

Seiten 103–104. Der große Unterschied
Der junge Mann von Walthamstow ist Ian, 16 Jahre alt, der für den *Observer*, 15. September 1993, von David Cohen interviewt wurde.

Seiten 104–106. Nicht »Aug' um Aug«
Das Zitat von Jean Shinoda Bolen stammt aus *Goddess in Everywoman*, 1987, S. 278–279, (B3).

Teil II

Seiten 107–111.
Hinsichtlich des Gebrauchs des Wortes »Hara« erläutert Barbara Walker folgendes:

> Von der Wurzel *har* kommt Hara, hebräisch sowohl für einen heiligen Berg als auch für einen schwangeren Bauch; und Hariti oder Hairiti, der »hohe Berg« des Paradieses sowohl in der vor-wedischen Kosmologie der Drawida als auch der alten iranischen Kosmologie; und Harmonia, eine »Tochter von Aphrodite«, eine Friedensbringerin, eine der Aufgaben der heiligen Hure ... Sie war mit Cadmus verheiratet. (Barbara Walker, 1983, S. 374. B5)

Übrigens wurden beide, als Harmonia starb und sie zusammen mit Cadmus ins Paradies einging, in Schlangen verwandelt. Walker meint, daß sie sich gleich gemacht wurden, zu den für immer verschlungenen männlichen und weiblichen Schlangen des magischen Caduceus, des schlangenumwundenen Merkurstabes, der ein Zeichen für das Leben war. Das ist ein geeigneter Hinweis darauf, daß die hara-Kraft nicht nur für Männer und Frauen gleichermaßen erreichbar, sondern wesentliche Vorraussetzung für Harmonie und Gleichgewicht zwischen unseren männlichen und weiblichen Aspekten ist.

Kapitel 4

Kawai'i ist ein hawaiianischer *kahuna*, was »Bewahrer der Geheimnisse« bedeutet. Die Traditionen der geheiligten Heilmethoden der *kahuna* sind über 10 000 Jahre alt.

Seiten 112–113. Was ist Selbstkenntnis?
Die Aussage, daß die nächsten hundert Jahre entscheiden werden, ob sich das Leben auf der Erde verändert oder nicht, geht auf José Stevens, 1994, S. xi, (B9), zurück.

Seiten 114–118. Sich gegenseitig verstehen
Das Zitat von Carl Rogers stammt aus seinem Buch *On Personal Power*, 1986, S. 231, (B7). Die Geschichte von der an Arthritis leidenden Studentin wird in *The Power Pack* erzählt, einem 1988 von neun Frauen ausgearbeiteten Programm, das Frauen zur Macht befähigen soll. Da es sich um ein Multimedia-Programm handelt, ist es für einen Verleger ein abenteuerliches Projekt und wurde deshalb bisher noch nicht veröffentlicht.

Seiten 118–120. Persönliche Macht und die Macht der Position
Das Gandhi-Zitat ist von M. K. Gandhi, 1983, S. 109–110, (B29; zitiert von Charlene Spretnak, 1993, S. 64, (B11).

Seiten 120–122. Die Macht zu benennen
Meiner Meinung nach ist mit dem Ausdruck: *Die Macht zu benennen,* hier etwas geringfügig anderes gemeint, als bei Mary Daly in *Beyond God the Father,* 1973, (B12). Sie beschäftigt sich mehr mit der Macht der Namensgebung, die ihrer Ansicht nach den Frauen geraubt wurde.

Die Geschichte über die Engländerin in Südamerika und die Frau im Auto werden in *The Power Pack* erzählt, einem unveröffentlichten multimedialen Ermächtigungsprogramm für Frauen.

Seiten 123–126. Zu dem heranwachsen, wofür wir bestimmt sind
Wenn ich dem Animus viel Aufmerksamkeit geschenkt habe, dann weil in Jolande Jacobis Worten:

> ... Infolge der patriarchalisch ausgerichteten Entwicklung unserer westlichen Kultur die Frau dahin tendiert zu glauben, daß das Maskuline an sich wertvoller sei als das Feminine; und diese Einstellung trägt wesentlich zur Stärkung der Macht des Animus bei. (1975, S. 117. B8)

Das Zitat von Marion Milner findet sich bei Joanna Field, 1987, (B9), und jenes von Marie-Louise von Franz bei J. G. Jung, 1964, S. 194.

Es gibt einen Abschnitt von Demetra George über die Göttin der Dunkelheit, die das Alte zerstört und uns zu Veränderungen zwingt, und dieser Abschnitt erschien mir hilfreich im Umgang mit den Schwierigkeiten, zu der Person zu werden, die wir eigentlich sein sollen:

> Weil wir die Dunkelheit nicht verstehen, sehen wir die destruktive Aktivität der Göttin der Dunkelheit als negativ und böse an. Das ist ein grundlegender Fehler. Mittels einer Krise zerstört die Göttin der Dunkelheit das Alte. Das zwingt uns zu Veränderung und drängt uns somit vorwärts zu einem neuen Leben. Ohne sie gäbe es keine Motivation und Herausforderung für ein Wachsen des Bewußtseins. Am Ende stellt sich heraus, daß das, was wir als ihre Bosheit gefürchtet haben, Teil des vitalen Prozesses ist, der nötig ist, um unser Leben zu etwas Wertvollerem und Bedeutungsvollerem zu transformieren. (Demetra George, 1992, S. 229, B3).

Seite 126–127. Schuld und Vorwürfe zehren uns auf...
Weitere Darstellung über den Umgang mit Schuld siehe Pat Rodegast & Judith Stanton, 1987 und 1989. (B11)

Zum Thema Verantwortung in Beziehungen zu übernehmen ist der Ratgeber von Gay und Kathlyn Hendricks, 1992, (B9) sehr empfehlenswert.

Seiten 127–130. Gefühle sind lebenswichtig
Die Ansichten von Betty Reardon finden sich in ihrem Buch *Sexism and the War System,* 1985, S. 88, (B6).

Der Hinweis auf Anne Baring und Jules Cashford bezieht sich auf *The Myth of the Goddess,* 1991, S. 678, (B3).

Das Zitat von Jean Shinoda Bolen ist aus *Goddesses in Every Woman,* 1985, S. 284, (B3).

Die Information über das Wort *kundalini* stammt von: John White, 1990, (B11); Swami Sivananda Radha, 1978, (B11); und Swami Rama, Rudolf Ballentine & Swami Ajaya, 1976, (B9).

Kapitel 5

Seite 131.
Das Anfangszitat handelt um die Spiritualität von Frauen und ist von John White, 1990, S. 183, (Bll), verfaßt.

Seiten 132–136. Sexuelle Anziehung und Macht
Ich danke Gerard Fairtlough für seine Hilfe bei diesem Abschnitt über sexuelle Anziehung. Einige der verwendeten Sätze sind wörtlich seine Kommentare. Wer sich damit eingehender befassen will, kann sich bei Osho, 1994, (B10), und Margot Anand, 1992, (B10) informieren. Einzelheiten über Workshops zu diesem Thema erfährt man von Skydancing UK, John Hawken, Lower Grumbla Farm, Newbridge, Cornwall, TR20 8QX. Ein Video mit dem Titel *Sacred Sex* kann von den Verteilungsstellen Zenith bezogen werden.

Seiten 137–141. Befreiung von sexueller Schuld
Die Anthropologin Peggy Reeves Sanday untersuchte 156 Volksstämme und fand aufschlußreiche Unterschiede in ihrer Beziehung zur Natur, die sich in der Rolle von Männern und Frauen widerspiegelt. Sanday stellt Gesellschaften je nach ihrer Beziehung zur Natur dar, sowohl in physischer Hinsicht, das heißt, wie die Nahrung beschafft wird, und aus eher kultureller Sicht, indem sie die Weltanschauungen dieser Gesellschaften betrachtet, mit anderen Worten, die Art und Weise, wie sie sich selbst als mit ihrer Umwelt in Einklang lebend verstehen. Jene Gesellschaften, in denen ein Großteil der Nahrung direkt aus der Erde oder dem Wasser kommt, in denen die Natur als Partner anstatt als Kraft betrachtet wird, die es zu dominieren gilt, und in denen Frauen als Repräsentantinnen der Kräfte der Natur angesehen werden, sind als gemäß einer »inneren Orientierung« lebend definiert. Väter übernehmen darin auch die Erziehung der Kinder, und Vergewaltigungen kommen selten vor. Dagegen stellte Sanday eine »äußere Orientierung« dort fest, wo die Natur als feindlich empfunden wird und wo Migration und Jagd zum Lebensstil gehört. Die Männer jagen, stellen Waffen her, sind gegenüber Geschlechtsgenossen und Frauen gewalttätig und suchen nach Macht, die »außerhalb« liegt. Männer und Frauen sind in der Regel voneinander getrennt, die Männer schließen die Frauen von bestimmten Bereichen und Ereignissen aus, Väter kümmern sich weniger um die Betreuung ihrer Kinder, und Vergewaltigungen sind nicht außergewöhnlich. (Peggy Reeves Sanday, 1981. B7)
In Anbetracht dieser Überlegungen stellt Charlene Spretnak hinsichtlich unserer westlichen Gesellschaft fest:

> Die Natur wird nicht als heilig oder als Partner betrachtet; die eigentliche Macht ist »über uns«, ein Gott im Himmel; und traditionell beanspruchen Männer zahlreiche kulturelle »Domänen« (die Priesterschaft, die höhere Bildung, die Rechtsprechung, die Medizin, die Regierung, die Welt der Kunst) für sich, um sich von den Frauen abzugrenzen. In einer kulturellen Ausrichtung, in der die elementare Macht des weiblichen Körpers – damit meine ich die Fähigkeit, in ihrem Leib Babies beiderlei Geschlechts heranwachsen zu lassen, im Rhythmus mit dem Mond zu bluten, Nahrung in Muttermilch zu verwandeln – von Männern als etwas Beängstigendes betrachtet wird, werden ungeheure Anstrengungen unternommen, um Frauen davon abzuhalten, neben ihrer beunruhigenden elementaren Macht auch kulturelle Macht an sich zu reißen. (Charlene Spretnak, 1993, S. 116. B11)

In England findet man *Sheela-na-gigs* in folgenden Kirchen: der Kirche St. Laurence in Church Stretton nahe Shrewsbury; der Kirche Holy Trinity in Holdgate nahe Shipton, das ebenfalls unweit von Shrewsbury liegt; der Kirche St. Mary und St. David in Kilpeck, in der Nähe von Hereford; der Kirche von Oaksey in Nord-Wiltshire: der Kirche St. Michael, Ecke Cornmarket Street gleich bei der Ship Street, Oxford; und in der Kirche St. Catherine, in Tugford, Shropshire.

> Ihr außergewöhnliches Vorkommen an christlichen Gebäuden scheint unerklärlich zu sein. Die Gelehrten streiten sich noch immer über die Ursprünge und Bedeutung von »Sheela-na-gigs«, und selbst der Name bleibt ein Zankapfel. Der Begriff »Sheela-na-gig« wurde für diese Art von Steinmetzarbeiten erstmals in den vierziger Jahren des 19. Jahrhunderts gebraucht, als ein irischer Altertumsforscher, der alte Bauten in der Grafschaft Tipperary katalogisierte, einen Bauern nach dem Namen der unzüchtigen weiblichen Darstellung an der örtlichen Kirche fragte. »Sheela-na-gig« soll der Mann geantwortet und keine weitere Erklärung dazu abgegeben haben. Der Altertumsforscher berichtete seinen Kollegen, von denen sich einige erinnerten, im Laufe ihrer Nachforschungen ähnliche Darstellungen gesehen zu haben, brav von diesen Funden. ... Viele Autoren sind nach eingehender Analyse der 115 noch vorhandenen Sheelas überzeugt, daß die Steinmetzarbeiten keltische Göttinnen darstellen, vor allem als alte Hexe oder altes Weib. (Anneli S. Rufus & Kristan Lawson, 1990, S. 105. B3)

Zahlreiche Autoren weisen darauf hin, daß die traditionelle Vorstellung von Maria Magdalena in den Evangelien kaum bestätigt wird und daß diese offenbar nur auf eine sehr spezielle Interpretation zurückgeht. Die gnostischen Evangelien stellen sie vielmehr als eine Jüngerin Jesu dar und deuten an, daß sie seine Geliebte war. Siehe zum Beispiel Marina Warner, *Alone of All Her Sex, the Myth and Cult of the Virgin Mary*, Picador, London, 1985, S. 229, (B14).

Für Informationen über die Schwarze Madonna siehe Ruth White, »The Black Madonna«, in *Caduceus*, Nr. 11, 1990. Schwarze Madonnen findet man in Frankreich in der Kathedrale von Chartres, in Le Puy, Marseille und Vezelay, in Einsiedeln in der Schweiz, in Tschenstochau in Polen, in Unserer Lieben Frau von Guadelupe in Mexiko und in vielen anderen Orten. In seiner Untersuchung *The Cult of the Black Virgin*, 1985, stellt Ean Begg eine Verbindung zwischen diesen Schwarzen Madonnen und der Königin von Saba her, die möglicherweise als erste von zahlreichen exotischen Frauen diese Schwarzen Madonnen inspiriert hat. Robert Graves erklärt ihren biblischen Satz, »Obwohl ich dunkel bin, bin ich schön«, und weist darauf hin, daß »dunkel« nicht immer die negativen Konnotationen hatte, die ihm heute – als das Nicht-Vorhandensein von Licht – anhaften. Graves erklärt uns vielmehr, daß die Königin damit sagt, sie sei so weise wie ein altes Weib und dennoch schön:

> Die Schwarze Göttin ist bislang wenig mehr als ein Wort der Hoffnung, das von den wenigen Leuten geflüstert wird, die bei der Weißen Göttin in die Lehre gegangen sind. Sie verspricht einen neuen Friedensbund zwischen Männern und Frauen, der der wahren Realität der Liebe entspricht und bei dem der patriarchalische Ehebund verschwinden wird. Anders als Vesta hat die Schwarze Göttin Gut und Böse, Liebe und Haß, Ehrlichkeit und Falschheit in Person ihrer Schwestern erfahren; und sie lehnt Schlangenliebe und Leichenfleisch ab. Treu wie Vesta, fröhlich und abenteuerlustig wie die Weiße Göttin, wird sie den Menschen zu jenem sicheren Instinkt der Liebe zurückführen, den er vor langer Zeit durch seinen intellektuellen Hochmut verwirkt hat. (Robert Graves, 1965. B3)

Dawn French wurde am 16. März 1994 im *Guardian* zitiert.

Die Bilder von Jenny Saville wurden in der Galerie Saatchi, 98a Boundary Road, London NW8 ORH ausgestellt, und sie wurde am 1. März 1994 im *Independent* zitiert.

Die Geschichte über die Frauen in Jukatan, Mexiko, ist aus der Zeitschrift *Elle*, September 1993.

Seiten 141–147. Menstruation

Der Hinweis auf Barbara Walkers *The Womens' Encyclopaedia of Myths and Secrets* betrifft den Abschnitt über Menstruation auf den Seiten 635-645. (B5)

Die Beschreibung des Chalice Well stammt von Kathy Jones, *The Goddess in Glastonbury*, Ariadne, Glastonbury, 1990, (B3).

Das Zitat von Lara Owens ist aus ihrem Buch *Her Blood is Gold*, 1993. Seite 89, (B1). In diesem Buch findet sich auf Seite 65 folgende Passage:

> Das war die Information, die ich gebraucht habe, um mir das nötige Selbstvertrauen zu geben, damit ich meine eigenen gynäkologischen Probleme überwinden konnte. Sie regte mich zu dem Versuch an herauszubekommen, ob ich die Macht der Menstruation fühlen konnte, wenn ich während meiner Blutung richtig darauf achtete. Die Menstruation als eine Quelle der Macht für Frauen zu verstehen war so völlig gegen meine bisherige Konditionierung, und trotzdem wußte ich in meinem Innersten, daß es zutreffend war. Mir wurde klar, daß in der Dichotomie zwischen dem, was unsere Kultur uns beibringt, und meiner instinktiven Reaktion auf diese uralte Weisheit: »Ja, natürlich!«, sehr viel Energie lag. Wenn man die Punkte findet, an denen sich eine Kultur von einer Naturwahrheit entfernt, dann hat man einen Schlüssel gefunden – einen Zugang zu den Krankheiten der Kultur. Ich verstand allmählich, daß in dem Widerspruch zwischen der von mir empfundenen Weisheit und Macht der Blutung und den Einstellungen der modernen Gesellschaft gegenüber der Gebärmutter, der Kern der Unterwerfung und Ablehnung der weiblichen Realität und Erfahrung zu finden ist.

Über die Erkenntnisse von Dr. Collee wurde am 13. Februar 1994 im *Observer* berichtet.

Die Aussagen von Lucy Goodison sind aus ihrem Buch *Moving Heaven and Earth*, 1992, S. 246, (B10).

Seite 147–149. Geburt und Fürsorge

Als eine Freundin meine Klagen über den Mangel an öffentlicher Anerkennung für die Mütter und Betreuerinnen von Kindern las, meinte sie: »Die UdSSR hat früher Mutterschaftsorden verliehen. Und was hatten die Frauen davon? Gar nichts!«

Mehr über die Mutter, die »gut genug« ist, findet man bei D. W. Winnicott, *Playing and Reality*, Pelican, London, 1974, (B8).

Seite 149–151. Männer und Geburt

Die Passage von Carol Cohn über die Vorstellungen des männlichen Gebärens durch die Entwicklung der Atombombe ist aus »Sex and Death in the Rational World of Defense Intellectuals«, 1987, (B6).

Michel Odent ist nicht der Meinung, daß Väter bei der Geburt dabei sein sollten. Siehe *Primal Health*, Century Hutchinson, Oxford, S. 138-143.

Wie man sich richtig mit Kindern befaßt, wird von Rachel Pinney in *Creative Listening* beschrieben, erhältlich über den Children's Hour Trust, 28 Wallace House, Caledonian Estate, Caledonian Road, London N7.

Seite 151–154. Weisheit und Freiheit
Der erste Abschnitt geht auf Barbara Walker, 1993, S. 641, (B5), zurück, und das erste
Zitat ist von Lara Owen, 1993, S. 97, (B1).

Seite 155–160. Das Klimakterium verstehen
Das Zitat von Germaine Greer ist aus *The Change*, 1992, S. 430–431, (B1).
    Einige der Anmerkungen über Rituale verdanke ich Juliet Batten, 1988, (B12). Als
ich an das große Fest nach dem Übergangsritual dachte, erinnerte mich dies an:
    Dieses heisere Frauenlachen
    wird aus dem Bauch getrommelt.
    Es lärmt durch Küchen,
    scheucht Krähen
    von einem Kadaver auf.
    Scharf wie Meerrettich im Mund, reinigt es
    die Nebenhöhlen und das Gehirn.
    (Aus »Womens's Laughter«, in Marge Piercy, 1973, S. 34)

Seiten 162–164. Tod
In dem Abschnitt über die Göttin des Todes und der Wiederbelebung wurde vieles von
Marija Gimbutas, 1989, S. 187–321, (B3), übernommen. Für Informationen über die
Einstellung der Buddhisten gegenüber dem Tod siehe Sogyal Rinpoche, 1992, (B11).

Kapitel 6

Seite 165.
Das Zitat ist von Thich Nhat Hanh, 1992, S. 5. Er wurde 1926 in Vietnam geboren
und ist Zen-Priester, Dichter und Friedensaktivist. Er führte die buddhistische Frie-
densdelegation Vietnams bei den Pariser Friedensgesprächen an und wurde von Martin Luther King für den Friedensnobelpreis vorgeschlagen. Seit 1966 lebt er in Frankreich im Exil und leitet ein Zentrum zur Unterstützung vietnamesischer Flüchtlinge,
Rosinendorf genannt.

Seite 166–167. Was Kraft von innen nicht ist
Nach Aussage der christlichen Kirchenvereinigung sind die Gemeinden der anglika-
nischen Kirche seit 1975 um 21 Prozent zurückgegangen – um 60 000 Gläubige in
den Jahren 1992/1993 (*Guardian*, 2. November 1993). Die anglikanische Kirche
bestreitet diese Zahlen und gibt an, daß die Zahl der sonntäglichen Kirchenbesucher
seit 1976 um 8,3 Prozent gesunken sei und um 18 000 Besucher in den letzten vier
Jahren – für diesen Zeitraum liegen verläßliche Zahlen vor.
    Zum Thema Buddhismus als nicht-theistischer Glaube sagt Rita M. Gross:

    Seine zentralen Lehren zeigen seinen Anhängern den Grund des menschlichen
    Leidens und die Heilung auf, und schreiben beides den menschlichen Einstellun-
    gen dem Leben gegenüber zu. Der Buddhismus ist nicht-theistisch, beziehungs-
    weise befaßt sich nicht mit der Existenz eines höheren Wesens, weil ein höheres
    Wesen nicht in der Lage wäre, das menschliche Leiden, so wie es von Buddhisten
    definiert wird, zu lindern. Ein höheres Wesen kann die Menschen nicht dazu ver-
    anlassen, ihre Einstellungen, die das Leiden hervorrufen, aufzugeben. Nur Men-
    schen sind zu dieser Leistung fähig. (Rita M. Gross, 1993, S. 7–8)

Seite 167–168. Was Kraft von innen sein kann

Zweifelsohne besteht ein Zusammenhang zwischen dem, was manche vielleicht als »psychologisch« bezeichnen, und dem, was manche mit »spirituell« umschreiben würden. Neuere Psychotherapien berücksichtigen diese Zusammenhänge und arbeiten damit. In beiden Bereichen haben wir es mit unseren tiefsten Gefühlen zu tun, was wir spüren, zu was wir fähig sind, unsere Kreativität, unsere Energie – kurz unser wertvollstes Gut. Die Sparten der Psychotherapie, die damit arbeiten, werden als »transpersonal« bezeichnet und definiert als »Erfahrungen, zu denen eine Erweiterung oder Ausdehnung des Bewußtseins über die normale Grenze des Ego und über die Begrenzung von Zeit und/oder Raum hinaus gehört.« (Stanislav Grof, 1979, S. 155. B8)

John Rowan, der ein verständliches und lehrreiches Buch über das Transpersonale verfaßt hat, versteht die Psychotherapie als Brücke zwischen Psychologie und Spiritualität. Er schreibt:

> Unsere Kultur hat eine eigenartige Einstellung zur Spiritualität, entweder lehnt sie sie als ein primitives Mißverständnis insgesamt ab oder betrachtet sie als etwas sehr Religiöses und ganz Besonderes, als die Domäne des Priesters oder des Heiligen. (John Rowan, 1993, S. 6. B9)

Das Zitat von Aminah Raheem ist aus *Soul Return*, 1991, S. 6–7, (B11).

Das Zitat von Ardis Whitman stammt aus »Secret Joys of Solitude« in Reader's Digest 122, Nr. 732, April 1983, S. 132, zitiert von Jean Shinoda Bolen, 1985, S. 308, Fußnote 7, (B3).

Selbst in dem Schönheitsmagazin *Harpers and Queen* wird Meditation empfohlen – siehe Leslie Kenton, 1992, S. 33–34, (B1).

Seite 168–171. Alles geht vorüber

In dem Abschnitt über Buddha und das Bewußtsein stütze ich mich auf Charlene Spretnak, 1993, S. 35–40, (B11). Eine ausgezeichnete kurze Lebensbeschreibung des Buddha und die klarste Erläuterung der zentralen Idee des Buddhismus, die ich je entdeckt habe, findet sich im 2. Kapitel ihres Buches – man liest es von Anfang bis Ende mit Vergnügen.

Ram Dass hat ein Buch mit dem Titel *Be Here Now* geschrieben. Und auf Tonband gibt es einen schönen Beitrag von ihm darüber, im Hier und Jetzt zu sein:

> Mach weiter, stärke den Zeugen – Sie verstehen, was ich mit Zeuge meine – er ist jener Teil unseres Bewußtseins, der lediglich *registriert*, wie die Dinge *sind*. Er urteilt nicht und versucht nicht, irgend etwas zu ändern ... er registriert nur, was ist. Er ist ein Teil von uns, der nur feststellt: »Ah, sie möchte eine Tasse Tee«, nicht: »Sie hat doch schon Tee gehabt!!«; oder: »Schon wieder will sie Tee!« Nichts dergleichen – nur »Ah, sie möchte eine Tasse Tee. Ah ... So.« (Ram Dass *Sex and Spirituality*. Die Kassette ist erhältlich über Open Gate Tapes, 1 Woodman's Cottage, Brockham End, Bath BA1 9BZ)

Die Textstelle von Osho über die Zeit geht folgendermaßen weiter:

> Wenn man von der Vergangenheit weitergeht, kommt man nie zur Gegenwart. Von der Vergangenheit bewegt man sich immer in die Zukunft; da kommt kein Moment der Gegenwart. Von der Gegenwart gelangt man tiefer und tiefer – wieder und wieder in die Gegenwart. Das ist das ewige Leben: (Osho, 1994, S. 30. B10)

Ich bin John Baldock für seine Anmerkungen über die Zeitlosigkeit zu Dank verpflichtet.

Seite 171–172. Die Vorzüge der Meditation
Das Zitat von Charlene Spretnak ist aus *States of Grace*, 1993, S. 45, (B11). In Anmerkungen zu dieser Passage erklärt sie Veränderungen im Nervensystem folgendermaßen:

> Die von Gerald Edelman, 1972 Nobelpreisträger für Physiologie oder Medizin, aufgestellte Theorie des sogenannten »Neural-Darwinismus« besagt, daß starke Reaktionen im Gehirn auf bestimmte Stimuli in den betroffenen Nervenzellen solche Reaktionen hervorrufen, wobei Gruppen gebildet werden, neuronale Gruppen, die in Schichten oder »Landkarten« angeordnet werden und miteinander interagieren. (siehe Israel Rosenfeld, *The Invention of Memory: A New View of the Brain* [Basic Books, New York, 1988]) Dr. Edelman geht davon aus, daß »jede Erfahrung im Leben eines Menschen sein Gehirn verändert und formt.« (David Hellerstein, »Plotting a Theory of the Brain«, *New York Times Magazine* [22. Mai 1988]) ...
>
> Bezüglich der strukturellen Plastizität des Nervensystems weisen Humberto Maturana und Francisco Varela, Forscher und Theoretiker auf dem Gebiet der Biologie der Wahrnehmung, darauf hin, daß es zu strukturellen Veränderungen nicht in den breiten, die Neuronengruppen verknüpfenden Verbindungssträngen kommt, die generell bei jedem Individuum einer Spezies gleich sind, sondern in den lokalen Charakteristika dieser Verbindungen. Dort [in den »letzten« Verästelungen und den Synapsen] führen molekulare Veränderungen zu Modifikationen in der Effizienz der synaptischen Interaktionen, die das Neuronennetz in seiner Funktion drastisch beeinflussen können (*The Tree of Knowledge* [Shambhala Books, Boston, 1988], 167). Siehe auch Sandra Blakeslee, »Memory Repair«, *New York Times 'Good Health Magazine*, 8. Oktober 1989.

Seite 172–173. Widerstand
In meinem Abschnitt über das Vertrauen in unsere innere Stimme stütze ich mich auf zahlreiche Quellen, hier aber insbesondere auf Merlin Stone, »The Goddess and Evolution« in *Green Egg*, Band XXI, Nr. 81, Beltane 88.

Andrew Greeley wird in John White, (Ed.) *Kundalini*, 1990, S. 16, (B11), zitiert.

Es gibt einen netten Kommentar von Paul McCartney zum Widerstand:

> Ich dachte immer, jeder, der etwas Verrücktes tut, ist verrückt. Dann wurde mir plötzlich klar, daß keineswegs jeder, der etwas Verrücktes tut, verrückt ist, und daß in Wahrheit die Leute, die behaupteten, sie seien verrückt, verrückt waren. (Zitiert in Andrew Leigh & Michael Maynard, 1993. B14)

Seite 173–175. Die Kritiker der Spiritualität
Merlin Stone analysiert die feministische Kritik an der Spiritualität in »The Word of God on the ERA«, *Sojourner Newspaper*, 1980, und das Zitat ist von ihr.

Ich bin Rosalind Armson für ihren Test der »Gültigkeit« der Spiritualität zu Dank verpflichtet.

Um einen Eindruck von der Vielzahl der Bücher, die über den spirituellen Aspekt der Frauenbewegung erschienen sind, zu erhalten, siehe Bibliographie.

Bei der Passage über Freuds Widerstand gegen die Spiritualität stütze ich mich auf John Rowan, 1993, S. 209, (Bg).

Seite 176–177. Als Mittler dienen
Es gibt bei Joanna Macy, 1993, S. 34–35 ... (B9), einen Abschnitt zum Thema »Als Mittel dienen«.

Seite 177–179. Änderung zuwege bringen
Jane Roberts beschreibt das Problem der gegenwärtigen Macht in *The Nature of the Psyche* (detusch: *Die Natur der Psyche. Ihr menschlicher Ausdruck in Kreativität, Liebe und Sexualität*. Ariston Verlag), 1979, S. 22, (B8).

Das Zitat von Robert Woodson ist aus dem *International Herald Tribune*.

Seite 179–180. Integrität erlangen
Nelson Mandela beschreibt in *Long Walk to Freedom*, 1994, (B14), wie er die Zeit der Gefangenschaft nutzte, um in sich zu gehen.

Kapitel 7

Seite 181.
Das Zitat aus dem Thomasevangelium ist aus Logion 22, zitiert von Anne Baring & Jules Cashford, 1991, S. 675–676, (B3).

Seite 182.
Zum Thema Polarisierung: Ich war einmal bei einer Versammlung, bei der die Leute ihre Bekannten mit Begeisterung jeweils einer von zwei »Menschentypen« zuordneten. Da sagte jemand: »Es gibt zwei Arten von Menschen auf der Welt: Leute, die andere Leute bestimmten Typen zuordnen, und Leute, die das nicht tun.«

Bei der Passage über die Körper-Geist-Dichotomie stütze ich mich auf Betty Reardon, 1985, S. 31, (B6).

Seite 182–184. Wir müssen nicht in einer Welt der Gegensätze leben
Die Passage, in der die Attribute neolithischer Gottheiten beschrieben werden, geht auf Tsultrim Allione, 1984, S. 24, (B13), zurück.

Der Hinweis auf die Mondgöttin stammt von M. Esther Harding, 1971, S. 111, B13).

Ich muß Anne Baring & Jules Cashford für ihre hervorragende Untersuchung in *The Myth of the Goddess*, 1991, S. 660, (B3), danken, da es sich dabei um die beste auffindbare Quelle über die Entwicklung nach der Zeit der Religionen der Mutter-Göttin handelt.

Linda Barlow bringt die dualistische Denkweise in ihrer unveröffentlichten Magisterarbeit für die Universität von Antiochia mit dem Titel *Ithaca: The Journey Home* wunderbar zum Ausdruck, wenn sie auf Seite 60 schreibt: »Die Macht der Liebe (die die Elemente zusammenführt) wird zur Liebe der Macht (die trennt und beherrscht).«

Seite 184–185. Die Spaltung der weiblichen Energie in dunkel und hell
Robert Graves stellt in *The Greek Myths*, 1955/ (B5), eine ganz andere Ansicht als die übliche über Medea dar. Auch Thomas Bulfinch hebt Medeas heilende Kräfte hervor und erzählt, wie sie Jasons Vater verjüngte (Thomas Bulfinch, *The Golden Age of Myth and Legend*, Bracken Books, London, 1985, S. 164.) Wie Marina Warner in ihrem ersten Reith-Vortrag im Jahre 1994 hervorhob, ist jede Wiederholung eines Mythos wie jenem von Medea so gültig und nützlich wie jede vorherige – sie trägt keineswegs zur »Wahrheit« bei. Medea verleitet zu Vorurteilen darüber, was es heißt, eine

Frau zu sein. Heute denkt man an sie vorwiegend als Mörderin ihrer Kinder. Diese Konzentration auf eine einzelne Greueltat und die Empörung darüber, wobei die Täterin eher als Dämonin denn als fehlbarer Mensch betrachtet wird, bestätigt die Erkenntnisse der Anwältin Helena Kennedy (1993, B6), nämlich daß Frauen für das gleiche Vergehen weit härter bestraft werden als Männer.

Seite 185–187. Das Ausschwingen des Pendels

Das Zitat von Marie-Louise von Franz ist aus *Das Weibliche im Märchen*, 1993, S. 186–187, (B5).

Zu den Quellen, auf die in diesem Abschnitt über die Ausbeutung der Natur zurückgegriffen wurde, gehören das *Green Globe Yearbook*, (Oxford University Press, Oxford, 1993), die Friends of the Earth, der Worldwide Fund for Nature und das World Conservation Maintenance Centre.

Es ist interessant, darauf hinzuweisen, daß die Hauptfiguren der wissenschaftlichen Revolution im 17. Jahrhundert ihr Ziel und ihre Pflicht ausdrücklich in der Ausbeutung der Natur sahen, die aus trägem Material besteht. Francis Bacon, einer der einflußreichsten Befürworter der modernen Wissenschaftsmethoden meinte, die Aufgabe der Wissenschaft sei »die Vergewaltigung der Natur«. Siehe Brian Easlea, 1981, Kapitel 4, (B6).

Seite 187–189. Holistisches Denken

Das Material dieses Abschnitts stützt sich großteils auf das Kursbuch zum Seminar des Fernstudiums über das Systemdenken von Rob Paton, Professor Jake Chapman und John Hamwee, 1985, S. 7, (B14).

Der Abschnitt über die chinesische und die westliche Medizin geht großenteils auf Peter Mole, 1992, S. 4–5, (B1), zurück.

Ein Zitat von Ervin Lazlo könnte helfen, das holistische Denken besser zu verstehen:

> Der Spezialist konzentriert sich auf das Detail und läßt die größere Stuktur, die den Kontext bildet, außer acht. Ein Wissenschaftler der neuen Generation konzentriert sich jedoch auf die Struktur aller Größen- und Komplexitätsebenen und ordnet das Detail in seinen Gesamtrahmen ein. Er unterscheidet Beziehungen und Situationen, nicht atomistische Fakten und Ereignisse. Mit dieser Methode kann er weit mehr über ganz verschiedene Dinge verstehen als der Spezialist, obwohl seine Kenntnisse allgemeiner und weniger genau sind… Um eine Ahnung von der Realität zu bekommen, müssen wir die Dinge als Systeme betrachten, mit eigenen Merkmalen und Strukturen … Wenn wir verstehen wollen, was wir sind und was uns in der sozialen Welt und der Natur erwartet, ist die Entwicklung einer allgemeinen Systemtheorie unerläßlich. Überall kommen »Systemwissenschaften« auf, da die heutigen Wissenschaftler auf vielen Forschungsgebieten organisierte Einheiten entdecken. Systemtheorien werden heute in fast allen Natur und Sozialwissenschaften angewandt und treten auch in den Humanwissenschaften immer stärker in den Vordergrund. (Ervin Lazlo, 1972, S. 13–14. B14)

Für weitere Lektüre über das holistische Denken siehe die hervorragenden Kursunterlagen des Fernstudiums, vor allem Kurs T 247, »Mit Systemen arbeiten«.

Auch Kunst und Symbole können sehr nützlich sein. Wir sind unser ganzes Leben hindurch so tief in Polarität verstrickt, in Dinge, die *entweder* dies oder das sind, daß es schwierig ist, dieses Denken zu überwinden. An dieser Stelle kommen Bilder zum tragen. Wir suchen nach einer Darstellung von *sowohl / als auch*, von sich Ergänzendem. Die beste bekannte Darstellung ist das Yin/Yang-Symbol:

Yin/Yang-Symbol

Jeder der beiden Teile, obwohl von unterschiedlicher Farbe, besitzt etwas vom anderen. Beide sind miteinander verflochten. Der jeweils größere oder »stärkere« Teil ergänzt den feineren, weniger starken des anderen.

Wenn wir ein wenig mit Bildern experimentieren, können wir beispielsweise Polarität mit zwei geraden parallelen Linien darstellen. So:

Wenn wir das Wesentliche – ihre Getrenntheit – beibehalten, aber etwas Fließendes hinzugeben, erhalten wir zwei Wellenlinien, also:

Wenn wir sie dann zusammenführen, erhalten wir:

Und eigenartigerweise entdeckte ich, als ich in der Enzyklopädie nachschlug, daß es sich dabei um ein sehr altes Symbol handelt – um den griechischen Caduceus, das aus zwei Schlangen bestehende Szepter –, das in der neuesten Form als Symbol der DNA wieder in Erscheinung trat.

Im vorhellenistischen Griechenland war der Caduceus oder Merkurstab an Heiltempeln, wie zum Beispiel jenem von Äskulap, Hygeia und Panakeia angebracht, deshalb ist er noch heute ein internationales Symbol für den medizinischen Beruf. Den Caduceus fand man auch in der heiligen Kunst der Azteken, wie eine Schlangengottheit auf einem Altar thronend. Auch die Indianer Nordamerikas kannten ihn. Ein Medizinmann der Navajo erklärte, daß es in der heiligen Höhle seines Stammes »eine Steinfigur von zwei ineinander geschlungenen Schlangen gab, deren Köpfe nach Osten beziehungsweise Westen gerichtet waren.«

Dem Caduceus entsprach im Hindu-Symbolismus der zentrale Geist des menschlichen Körpers, die Wirbelsäule, mit zwei mystischen Schlangen umwunden wie bei der genetischen Doppelhelix. (Barbara G. Walker, 1983, S. 131. B5)

In der Kunst weiß man sehr wohl, daß die Dinge nicht nur schwarz oder weiß sind. Es gibt mindestens 20 sehr schöne Grauschattierungen. Schon wenn wir aus dem Fenster blicken, wissen wir, daß es nicht nur Dunkelheit und Licht gibt. Wie ist es mit der Abenddämmerung? Und dem Morgengrauen? Sind das nicht genau die Momente, in denen die mysteriösesten und bewegendsten Dinge geschehen?

Seite 189–193. Wie wir zu uns selbst finden
Für den Abschnitt über die Chakras habe ich mich verschiedener Quellen bedient, aber ich stütze mich zu einem großen Teil auf die klare Darstellung von Aminah Raheem, 1991, S. 55, 64, 69, 116, 120–121, (B11). Der Abschnitt über das dritte Chakra stützt sich auf Swami Rama, Rudolf Ballantine & Swami Ajaya, 1976

Aminah Raheem (1991, S. 117) führt ebenfalls eine interessante Beobachtung über das dritte Chakra an:

> ... dieses Zentrum befaßt sich mit effektivem und positivem individuellen Verhalten, das einem erlaubt, für die persönlichen Bedürfnisse zu sorgen – Kleidung, Wohnung und die Sicherung und Aufnahme von Nahrung. Und wieder haben wir es mit den allergrundlegendsten Nahrungsbedürfnissen zu tun. Wenn diese befriedigt sind, fühlt sich der Mensch sicher und tüchtig und kann ein angemessenes eigenes Ego entwickeln. Werden sie aber nicht befriedigt, kann sich der Mensch minderwertig fühlen und einen Minderwertigkeitskomplex entwickeln, der entweder dominantes oder unterwürfiges Verhalten hervorrufen kann... Übertriebene Energie in diesem Chakra kann dazu führen, daß man seine eigenen Bedürfnisse und sein Ego über die aller anderen stellt. Ein solcher Mensch kann narzißtisch und tyrannisch werden und von persönlicher Macht besessen sein. (B11)

Seite 193–194. Sexualität und Ganzheit
Das Gedicht über Inanna und Dumuzi ist von Samuel Kramer, 1969, S. 59, (B11). Ein solches Ritual wurde über 2000 Jahre lang in Mesopotamien vollzogen. Zu diesem Ritual gehörte die sexuelle Vereinigung des Königs, der die Gemeinschaft repräsentierte, mit einer Verkörperung der großen Göttin Inanna – wahrscheinlich ihrer Oberpriesterin Dieses Gedicht bildet für mich eine Brücke zwischen der heutigen Einstellung und der natürlichen, unbewußten, instinktiven Ganzheit der Urzeiten.

Seite 194–196. Der/die innere Geliebte
In Carl Gustav Jungs *Erinnerungen, Träume und Reflexionen*, 1983, S. 412, (B8), gibt es folgende Passage:

> *Hierosgamos.* Heilige oder geistliche Hochzeit. Vereinigung archetypischer Figuren in den Wiedergeburtsmythen, antiken Mysterien, und auch in der Alchemie. Typische Beispiele sind die Darstellung von Christus und der Kirche als Bräutigam und Braut (sponsus et sponsa) und die alchemistische Vereinigung (coniunctio) von Sonne und Mond.

Seite 197–202. Beziehungen
Mehr darüber, wieso wir bestimmte Partner wählen, siehe Harville Hendrix, 1993, (B9).

Die Information über Kali stammt von Barbara Walker, 1983, S. 488, (B5).

Einzelheiten über den Wochenendkurs »Mastery« sowie andere Kurse und Workshops findet man im Abschnitt »Weitere Wege und Möglichkeiten«.

Das Zitat über den Ast ist von Thich Nhat, 1988, S. 34–35, (B1).

Kapitel 8

Seite 203.
Das Eingangszitat ist aus der Antwort von Ruth Benally Yinishye auf die Frage, warum sich ein Großteil des Navajo-Stammes, beziehungsweise der Dineh, wie sie

sich selbst nennen, weigert, dem Wiederansiedlungszwang der US-Regierung am Big Mountain im Norden Arizonas nachzukommen, in: Anita Parlow, 1988, S. 52, zitiert von Charlene Spretnak, 1993, S. 91, (B11).

Seite 204.
Der Ausdruck »bringt aus dem Inneren hervor« ist von M. Esther Harding, 1971, S. 111, (B13).

Seite 205–207. Die Chaostheorie
Ich bin John Hamwee für die Abschnitte über die Chaostheorie und das Denken über komplexe Systeme zu Dank verpflichtet. Er fügt hinzu:

> Unberechenbarkeit ist nicht gleichzusetzen mit fehlender Ordnung. Eine der angenehmen Überraschungen dieser Theorie liegt darin, die Ordnung in diesen komplexen Systemen zu erkennen. Es handelt sich nämlich um eine Ordnung von überwältigender Schönheit. Die vielleicht bekannteste Ordnung, beziehungsweise das bekannteste Muster, ist der berühmte Schmetterlingsflügel. Er entsteht folgendermaßen:
> Wenn man bei bestimmten Arten von Systemen den Zustand dieses Systems zu einem bestimmten Zeitpunkt auf einem Papier als Punkt darstellt, kann man natürlich nicht vorhersagen, wo dieser zu einem späteren Zeitpunkt sein wird. Aber man kann das Muster, die Ordnung vorausberechnen. Man kann voraussagen, daß man – nachdem man eine Million Punkte gemacht hat – am Ende das Muster des Schmetterlingsflügels erhält. Und dies immer. Wenn man das Ganze mit Hilfe eines Computers beschleunigt, sieht man, wie all die Punkte eine Zeitlang rechts um den leeren Raum kreisen. Plötzlich, unvorhersagbar, beginnen sich die Punkte links um den freien Raum zu bewegen. (Insider nennen die freien Räume »seltsame Attraktoren« – sie scheinen das System auf eigenartige Weise anzuziehen.) Nach einer Weile werden die Punkte – wieder unvorhersagbar – erneut um den rechten Raum kreisen. Wenn das Ganze dreidimensional dargestellt und dann ein Querschnitt durch einen der Punktschnüre gezogen wird, erkennt man erstaunlicherweise wieder das *gleiche Muster* des Schmetterlingsflügels. Ich werde mein Staunen nie vergessen, als ich dies das erste Mal sah. Es war, als wäre man einer der ersten Menschen, die ein Insekt oder ein Blatt durch ein Hochleistungsmikroskop betrachten. Dies ist, so dachte ich, ein flüchtiger Eindruck in die Beschaffenheit des Universums.

Ein Beispiel des Welleneffekts der Interferenz findet sich in Gwyn Prins und Robbie Stamp, 1991, S. 16:

> Die Beluga-Wale im Delta des St. Lawrence-Flusses im Nordosten Amerikas zählen zu den bedrohten Tierarten. Die Belugas stehen an der Spitze der Nahrungskette des Meeres, sie ernähren sich von Aalen, Heringen, Dickmaulfischen und Stint. Sie leben in Gewässern, in die sich die Flüsse großer Teile Ost- und Zentralnordamerikas ergießen. Damit ist der Gesundheitszustand der Belugas ein Indikator der Wasserqualität des St. Lawrence-Systems, die wiederum Hinweis auf den ökologischen Zustand der gesamten Region ist. Seit 1982 wurden 173 tote Beluga-Wale einer Autopsie unterzogen. In ihrem Tran wurden Werte von DDT und PCBs [Pestizide] entdeckt, *die zu den höchsten zählten, die je bei Meerestieren festgestellt wurden* ... Wir müssen das Schicksal der Belugas im St. Lawrence-Delta ohne jegliche Beschönigung untersuchen. (B6)

Seite 207–209. Schamanen und Hexen

Michael Harner ist der Autor von *The Way of the Shaman*, 1990, (B11), und ich habe mich auf seine Einführung und insbesondere die Seiten 15–16 gestützt. Der Abschnitt über Hexen als wirtschaftliche Rivalinnen der Ärzte geht auf Monica Sjoo und Barbara Mor, 1987, S. 203, (B3), zurück. Der Hinweise, daß Schamanen in der Domäne des Weiblichen wirken, stammt von Vicki Nobel, 1991, S. 13, (B3).

Seite 209–210. Andere Heiler, die Energie nutzen

Zum Thema der Entdeckung des Wechselspiels der Energie durch die moderne Physik knüpft Charlene Spretnak an das Zitat am Anfang dieses Kapitels an:

> *Die Erde kennt uns*. Ihre Atome sind sich unserer Atome bewußt (wie Bell in seinem Lehrsatz der Quantenphysik darstellt). Die Wirkung ihrer kleinen Wellen und Partikel wird durch unsere Anwesenheit beeinflußt (wie in Heisenbergs Unsicherheitsprinzip der Quantenphysik dargestellt). Die seit langem im Land verwurzelten Menschen haben ihre Tränen, ihren Atem, ihre Knochen, all ihre Elemente viele Male mit ihrem Lebensraum ausgetauscht – Sauerstoff, Kohlenstoff, Stickstoff, Phosphor, Sulfat und all die anderen Elemente. Hier kennt uns die Natur. (Charlene Spretnak, 1993, S. 91. (B11)

Sie erläutert dies folgendermaßen:

> Das Theorem von Bell besagt, daß die Realität nicht-lokal sein muß, zumindest teilweise. Die »lokale Realität« bezieht sich auf Ereignisse (oder Mikroereignisse), die Resultat örtlicher Ursachen sind, aber es wurde demonstriert, daß manche an einem Ort auftretenden Effekte mit Ereignissen (oder Mikroereignissen) korrelieren, die zum gleichen Zeitpunkt an anderer Stelle auftreten... Heisenbergs Unschärferelation besagt, daß die Resultate einer genauen Messung der Position eines Partikels oder seiner Geschwindigkeit durch die Intentionen der messenden Person beeinflußt werden. Position und Geschwindigkeit können nicht gleichzeitig genau gemessen werden; wenn man beschließt, die Position des Partikels zu messen, wird sich kein klares Moment ergeben und vice versa. Der Physiker John Wheeler meinte, daß das wichtigste Ergebnis der Quantenphysik die Erkenntnis gewesen sei, daß der »Beobachter« in Wahrheit ein »Teilnehmer« ist. (Zitiert bei Fritjof Capra, *The Tao of Physics*, Shambhala Publications, Boston, 1975, S. 141)

Weitere faszinierende Reflexionen zu diesem Thema findet man bei Danah Zohar, 1990, (B14).

Seite 210–212. Heilige Orte

Der von mir zitierte Brief wurde von Ingrid Thomas am 29. Juni 1993 geschrieben.

Das Erlebnis von José Alberto Rosa ist in *Power Spots*, 1986, S. 30, (B11), beschrieben.

Es lohnt sich, sich einen Moment Zeit zu nehmen und zu überlegen, um welche Energie es sich an diesen Orten handeln könnte. Auch hier tritt wieder die Schlange in Erscheinung. Laurie Cabot und Tom Cowan schreiben:

> Mir wurde klar, daß sich Energie schlangenförmig ausbreitet, daß DNA-Moleküle ebenfalls Spiralen sind und daß die elektromagnetische Energie entlang der Erdoberfläche in ähnlicher Weise verläuft. (Laurie Cabot und Tom Cowan, 1989, S. 2. B13)

Monica Sjoo und Barbara Mor greifen dieses Thema auf:

> Die Spiralkraft bildet ein Energienetzwerk über die gesamte Erdoberfläche und beeinflußt das Keimen und Wachsen von Bäumen und Pflanzen sowie von Tieren. Das ist die praktische Seite der Mythologie und des Symbolismus der Göttin: der Mond, Spiralen, Erde, Wasser – alles wirkt zum richtigen Zeitpunkt zusammen, um verschiedene Arten von Samen entsprechend der Mondphasen keimen zu lassen. Darüber hinaus ist der magische Erdstrom als die Kraft der Schlange bekannt – beziehungsweise in China als die Macht des Drachens. Die Beschwörung der Schlangenmacht ist ein bei Indianern, Hindus, Asiaten, Afrikanern und den Kelten im heidnischen Europa weit verbreiteter und uralter Ritus. Die ersten Nomadenstämme folgten »instinktiv« diesen geheiligten Serpentinenpfaden. Die Aborigines in Australien unternehmen rituelle Reisen entlang dieser Strömungswege »auf den Spuren der Götter«, die die ursprüngliche göttliche Landschaft schufen. Sie glauben, daß jeder Ort, an dem die Götter »anhielten«, zur manifesten Realität wurde, zu einem Spiralzentrum der Energie. (Monica Sjoo & Barbara Mor, 1992, S. 125, B3)

Seite 212–214. Heilige Sexualität
Eine weitere Besprechung dieses Themas findet sich bei M. Esther Harding, 1973, (B13), insbesondere auf den Seiten 158–162 und 170–182. Die Zitate von Monica Sjoo und Barbara Mor sind von den Seiten 159, 53 und 54.

Über die von James Prescott, Neurophysiologe am Institute of Humanitic Science in Los Gatos, Kalifornien, durchgeführte Untersuchung über religiöse Erfahrungen wird bei Mary Long, »Visions of a New Faith« in *Science Digest* 89 Nr. 10, November 1981, S. 41, berichtet.

Seite 214–219. Heilige Zeiten
Für Einzelheiten über Avebury siehe Michael Dames, 1976, (B3), und Kathy Jones, 1991, S. 64. Jones schreibt:

> Viele behaupten, daß der große heilige, aus Steinkreisen und Wegen bestehende Komplex in Avebury eine riesige Schlange in der Landschaft darstellt. Ihr Kopf befindet sich im Zentrum des Heiligtums. Ihr Körper schlängelt sich entlang der West Kent Avenue aus aufgerichteten Steinen, durch den großen zentralen Steinkreis von Avebury und weiter entlang der heute verschwundenen Beckhampton Avenue. Nach Angaben des Wünschelrutengängers Brian Ashley windet sich das Schlangenende durch die Erdwälle bei Knoll Down. Ähnliche Darstellungen der Erdschlange finden sich im Serpent Mound in Ohio, der von frühen amerikanischen Ureinwohnern errichtet wurde. (B3)

Der Abschnitt über männliche Initiationsriten stützt sich auf Joseph Campbells Gespräch mit Fraser Boa, 1989, S. 73–76, (B5), und dieser beruft sich wiederum auf die Briefe von George Catlin, der in den dreißiger Jahren des vergangenen Jahrhunderts Porträts der Häuptlinge dieser Stämme malte.

Die Schilderung, wie man in Ecuador dem Tod ins Auge sieht, stützt sich auf Michael Harner, 1990, S. 15–16, (B11).

Seite 220–221. Heiliges Wissen
Weitere Beschreibungen dessen, was Stammesangehörige wissen, findet man bei Marlo Morgan, 1995, und bei Paula Gunn Allen, 1992, S. 22–23, (B13).

Eine heutige Schamanin bezeichnet den Schamanen als »von Berufs wegen in Ekstase«:

... die direkte Erfahrung der Abstimmung unserer Körper auf den Erdkörper und das zu fühlen, was sie fühlt, kann *Ekstase* sein. Ekstase ist eine physikalische Reaktion des Körpers – Energie durchströmt den ganzen Körper, wobei es zu prickelnden und orgasmischen Empfindungen entweder am ganzen Körper oder lokalisiert kommt. Mircea Eliade bezeichnet den Schamanen in seinem noch unvollendeten Werk mit dem Titel *Shamanism* als »von Berufs wegen in Ekstase«. In früheren Zeiten waren die Schamanen überall Frauen. Sie wurden stets mit Weissagungen und mit den Erdbewegungen und -strömen in Verbindung gebracht, als ob diese nicht voneinander zu trennen seien. Weibliche Schamanen und Priesterinnen werden häufig nackt und in ihrer Körperlichkeit verwurzelt dargestellt, ganz offen sexuell, wobei sie singen und tanzen, um den Regen zu beschwören, sie heilen, gebären, machen Musik, winken, bepflanzen und erledigen die ganz normalen alltäglichen Arbeiten. Diese Figuren bleiben für die Gelehrten rätselhaft und verwirrend, die mit ihnen nichts anderes anfangen können, als sie als Fruchtbarkeitsdarstellungen und tanzende Mädchen zu interpretieren. (Vicki Noble, 1991, S. 51. B3)

Die Aussage, daß Schamanen in der Lage seien, mit Tieren zu sprechen, stützt sich auf Mircea Eliade, 1964, (B5)

Seite 221–226. Die heilige Gemeinschaft
Ich verdanke Anthony Wilson die Beobachtung, daß für einen Afrikaner das Zuhause vielmehr aus einer Gruppe von Menschen besteht als aus Steinen und Mörtel.

Das Zitat aus James Hillman ist aus seiner programmatischen Rede anläßlich des Recognition Award 1993 im Center for Psychology and Social Change, Harvard Medical School, November 1993. Hillman hat zahlreiche Bücher verfaßt, darunter (zusammen mit Michael Ventura) *We've Had a Hundred Years of Psychotherapy and the World is Getting Worse*.

Ich bin Felicity Wight für ihre Arbeit über Ladakh zu großem Dank verpflichtet. Das Zitat von Tashi Rabgyas ist einer Schrift mit dem Titel »Ökologie und die Weltsicht der Buddhisten« entnommen, die bei einer Konferenz zum Thema Ökologie und Prinzipien unterstützenswerter Entwicklungen, September 1986, vorgelegt wurde.

Seite 227–231. Was erfordert diese Art von Macht?
Das Dostojewskij-Zitat ist aus *Die Brüder Karamasow*, Buch V, Kapitel 3.

Das Zitat von Morris Berman ist aus *Coming To Our Senses*, 1990, (B11).

Marie-Louise von Franz, 1993, S. 175, (B5), brachte mich auf den Gedanken der »sorgfältig in die Details gehenden Beurteilungen«.

Seite 231–233. Was bedeutet diese Art von Macht für das Leben in der heutigen Welt?
In dem Abschnitt über weiße und schwarze Magie stütze ich mich auf Elizabeth Haich, 1972, S. 63, (B10).

Teil III

Seite 236.
In dem Abschnitt über die Unterschiede zwischen Wissen und Verständnis stütze ich mich auf das Begleitbuch zum Fernstudium, 1985, S. 9.

Kapitel 9

Seite 238.
Das erste Zitat ist von Carl Gustav Jung, das zweite von M. K. Ghandi, 1983, S. 384, zitiert von Charlene Spretnack, 1993, S. 65, (B11).

Seite 239.
Die statistischen Daten bezüglich des Terrors auf den Schulhöfen Sheffields stammen aus einer von Professor Peter Smith, Direktor der psychologischen Fakultät der Universität von Sheffield, durchgeführten und vom Bildungsministerium unterstützten Untersuchung.

Seite 239–241. Nachgiebigkeit und Passivität
Dieser und der folgende Abschnitt stützen sich großteils auf Anne Dicksons hervorragendes Buch *A Woman in Your Own Right*, 1982, (B12), und Claudia Steiners *The Other Side of Power*, 1981, (B7).
Das Gedicht ist Teil von »Burying Blues for Janis« bei Marge Piercy, 1973, (B14).

Seite 241–242. Eskalation
Das Zitat von Martin Luther King ist aus Coretta Scott King, 1983, S. 73, zitiert von Charlene Spretnack, S. 61, (B11).
In David Mamets Theaterstück *Oleanna* tyrannisiert jeder der beiden Hauptcharaktere nacheinander den anderen, übt jeder Macht über den anderen aus. Und wer gewinnt am Ende? Keiner. (Royal Court Writers' Series, erschienen bei Methuen Drama, 1993. B14)
Das von mir erwähnte Buch von Maomi Wolf ist *Fire with Fire*, 1993, (B7).
Das Zitat von Benjamin Hoff ist aus *The Tao of Pooh*, Mandarin, London, 1989, S. 87–88, (B14).

Seite 243–244. Seien Sie voll da
Der Abschnitt von George Elliot ist aus *Daniel Deronda*, Penguin Classics, London, 1988, S. 509.

Seite 244–246. Werden Sie sich Ihrer Gefühle bewußt
Ich gebrauche das Wort »topspin«: Es bedeutet, wenn wir etwas verdreht darstellen, das heißt, wenn wir den anderen beschuldigen oder anklagen. In diesem Fall könnte das Beispiel lauten: »Ständig bedrohst du mich und machst mich ganz verzweifelt.«
Jake und Eva Chapman führen Wochenendseminare für Paare durch, die an ihrer Beziehung arbeiten wollen. Wenn Sie Einzelheiten erfahren möchten, schreiben Sie an: The Old Manor House, Hanslope, Nr Milton Keynes, MK19 7DS.

Seite 247–248. Seien Sie verletzlich
Das Zitat von Marshall Rosenberg ist aus »A conversation with Guy Spiro« in *The Monthly Aspectarian*, April 1992, S. 3.

Das Zitat von Ben Okri ist einem Artikel mit dem Titel »The Town of the Dying«
im *Guardian,* September 1993, entnommen.

Der Hinweis auf die heftigen Reaktionen auf die Frauenbewegung ist von Susan
Faludi, 1992, S. 495, (B12).

Seite 247–248.

In sich zu ruhen, sich die wahren Gefühle einzugestehen, verletzlich und direkt zu
sein, zu sich selbst zu stehen, die Symbole zu verwenden, positiv zu denken und die
eigene Persönlichkeit zu entfalten – das erfordert jene Fähigkeit der genauen Wahrnehmung, die mit der Entspannung des Ego einhergeht. Wie ich in Kapitel 6 aufgezeigt habe, ist die Meditation dafür geeignet, weil sie es ermöglicht, die natürliche,
leuchtende Klarheit des Selbst hervortreten zu lassen. Diese Fähigkeit der tiefen
Erkenntnis wird von Buddhisten als der Ort betrachtet, in dem Buddha in uns
wächst, und wird daher »der Schoß der Buddhas« genannt. Siehe Tsultrim Allione,
1986, S. 23, (B13).

Seite 256–261. Suchen Sie die kreative Lösung

Das Zitat über die ausschließliche Beschäftigung mit der Macht ist von Ram Dass,
Questions and Answers, Tonbandkassette, erhältlich über The Open Gate, 1 Woodman's
Cottage, Brockham End, Bath, BA1 9BZ.

Die Beschreibung der Zusammenarbeit mit einem Paar stammt von Marshall Rosenberg, »A Conversation with Guy Spiro«, in *The Monthly Aspectarian,* April 1992, S. 2.

Die Fernsehdokumentation über die unzureichende parlamentarische Debatte
wurde im 4. Programm unter dem Titel »A Farewell to Arms«, *Dispatches,* am 27. Mai
1988 ausgestrahlt.

Seite 261–263. Sex

Dieser Abschnitt stützt sich auf Ros Coward, 1993, S. 150, (B12).

Seite 263–266. Sexuelle Gewalt

Zu den guten Autoren zum Thema Vergewaltigung zählen Susan Brownmiller, 1975,
(B12) und Pauline B. Bart und Patricia H. O'Brien, 1985, (B12). Bei Patricia
O'Briens Werk handelt es sich um eine Untersuchung über die unterschiedlichen
Reaktionen von Frauen auf Bedrohung und die Effektivität verschiedener Strategien
zur Vermeidung von Vergewaltigungen. Das Zitat ist von Seite 114 und bezieht sich
auf ein Buch von Frederick Storaska mit dem Titel *How wo Say No to a Rapist and
Survive,* Random House, New York, 1975.

Seite 266–268. Feminismus und Macht

Für Beispiele des liberalen Feminismus siehe Betty Friedan, 1974, (B6), und Zillah
Eisenstein, 1981, (B12).

Einen guten Überblick über den sozialistischen Feminismus bietet Kapitel 6 von
Alison M. Jaggar, 1983.

Für die weitere Lektüre über den radikalen Feminismus siehe zum Beispiel Koedt,
Levine & Rapone, 1973, (B12), Mary Daly, 1978, (812); und Adrienne Rich, 1986,
(B12).

Evelyn Fox Keller wird von Shere Hite, 1993, S. 377, (B6), folgendermaßen zitiert:

> Wir begannen damit, ein paar Fragen über die Gleichberechtigung zu stellen, und
> es war, als würde man ein Wollknäuel entwirren. Wir suchten nach dem Anfang,
> wir entwirrten, bis wir schließlich das ganze Ding auseinander hatten.

Das Zitat von Rosemary Radford Ruether ist aus *Gala and God*, 1993, S. 9, (B11).

Im folgenden werden einige Beispiele aufgeführt, was die heutigen Feministinnen zum Thema Macht zu sagen haben.

Germaine Greer ist heute so bekannt, daß man leicht vergißt, welch außergewöhnliche Rolle sie seit den sechziger Jahren bei der Markierung des Territoriums und der Prinzipien des Feminismus gespielt hat. Sie ist unerschrocken, eloquent und eindeutig. Auf Seite 114, (B6) von *The Female Eunuch*, 1985, schreibt sie:

> Wenn Frauen unter Emanzipation die Übernahme der maskulinen Rolle verstehen, dann ist uns wirklich nicht mehr zu helfen. Wenn die Frauen kein Gegengewicht zur Blindheit des männlichen Triebes bieten, wird die aggressive Gesellschaft in immer schnellerem Tempo auf ihre wahnsinnigen Extreme zusteuern. Wer wird dann die verschmähten animalischen Fähigkeiten wie Mitleid, Einfühlungsvermögen, Unschuld und Sinnlichkeit retten? ... Den meisten Frauen, die in der Männerwelt Machtpositionen errungen haben, ist dies gelungen, weil sie maskuline Methoden übernommen haben, was mit der Maskierung der Weiblichkeit durchaus nicht unvereinbar ist.

Camille Paglia stellt eine schwarze, hektische Welt voll Grausamkeit, stürmischer Sexualität, Lüsternheit und dionysischen Freuden dar; sie verschmäht Ruhe und alle verschwommenen und freundlichen Dinge. »Wäre die Zivilisation weiter in den Händen von Frauen gelegen, dann würden wir uns noch immer von Wurzeln ernähren.« Sie hält Prostituierte zwar für sexuell ausgebeutet, aber Herrinnen der Lage. Sie befürwortet den Allerweltsfeminismus, verabscheut die Zimperlichkeit der »political Correctness« und meint, daß Madonna die Verkörperung der »kosmischen sexuellen Macht der Frauen« sei. (Camille Paglia, 1994, B14)

Ros Coward kam nach Interviews mit Dutzenden von Frauen zu dem Schluß, daß die Frauen auch nach drei Jahrzehnten Feminismus noch immer Privilegien und Macht ihren Partnern überlassen. Sie untersucht die Konflikte der Frauen mit der männlichen Herrschaft und kommt zu dem Ergebnis:

> Die Mitschuld der Frauen zeigt sich in vielen Dingen. Manchmal äußert sie sich in der Duldung extremer Formen des Mißbrauchs wie Gewalt, sexueller Mißbrauch und sexuelle Ausbeutung. Aber zumeist ist es eine verborgene Mittäterschaft, indem wir unser eigenes Leben leben, das die Männer schützt und sie in ihren gewohnten Handlungsweisen noch bestärkt. (Ros Coward, 1993, S. 10. B12)

Susan Faludin beeindruckt mit der Zerstörung der im Laufe von Jahrzehnten in den amerikanischen und britischen Medien unterschwellig dargestellten Ansicht, daß der Feminismus die Frauen unglücklich gemacht habe. Sie zeigt ein historisches Muster der regelmäßig wiederkehrenden Reaktionen auf Fortschritte hinsichtlich der Rechte und des Status von Frauen auf. Aber sie hebt – wie auch Naomi Wolf – hervor, daß die Frauen in den achtziger Jahren die bereits errungene Macht nicht genutzt haben. Siehe Susan Faludi, 1992, (B12).

Nancy Kline beschäftigt sich vor allem mit dem »gläsernen Dach«, das verhindert, daß Frauen Machtpositionen erreichen, außerdem mit der Ausbildung und den Fähigkeiten potentieller weiblicher Führungskräfte. So weit, so gut. Aber ihr ganzer Ansatz basiert auf der Frage, wie Frauen ihre intellektuellen Fähigkeiten in einer von Männern diktierten Welt entwickeln und einsetzen können. Sie stellt die Werte, die diese Strukturen untermauern, nicht ernsthaft in Frage. Siehe Nancy Kline, 1993, (B7).

Shere Hite hat durch ihre revolutionäre Untersuchung über die weibliche und die männliche Sexualität einen gangbaren Weg in Richtung des fundamentalen Wandels aufgezeigt, von dem wir sprechen. Ihre Untersuchungen belegen, daß

> ... Frauen ... vor das Problem gestellt [sind], das ganze System neu entwerfen zu müssen. Wie wir gesehen haben, lösen viele das Problem (vorübergehend?), indem sie ein Doppelleben führen – sie teilen sich quasi auf, um das Leben normal weiterlaufen zu lassen. Doch während sich Frauen ernsthaft bemühen herauszufinden, welche Werte in beiden Systemen brauchbar sind, bemühen sich die meisten Männer nicht, sich der weiblichen »Ideologie« anzupassen. Sie sehen auch gar keinen Grund, warum sie das tun sollten. Sie meinen, die Frauen müßten *ihre* Ideologie übernehmen. (Shere Hite)

Auf den ersten Blick sind Naomi Wolfs Darstellungen recht faszinierend – sie legt überzeugend dar, daß Frauen »nicht länger Angst haben müssen, die Macht an sich zu reißen«. Doch mit der Zeit wird klar, daß ebendieses Machtspiel, in dem sie die Frauen ermuntert, ebensogut zu sein wie die Männer, dasselbe alte männliche Machtspiel ist. Und viele der Taktiken und Verhaltensweisen, die sie den Frauen nahelegt, sind die gleichen alten männlichen Taktiken und Verhaltensweisen, die uns dieses ganze Debakel eingebrockt haben – mit Ausnahme der zwei phantastischen Seiten über den Weg der »bösen Mädchen zur Gleichheit«. Siehe Naomi Wolf, 1993, S. 334–337, (B7).

Als Marilyn French 1985 *Beyond Power* (Jenseits der Macht) veröffentlichte, dachte ich: »Genau, das ist es«. Endlich zeigte eine Frau, daß die Gewalt, die Kriege und die Armut, die unsere Welt in die Selbstzerstörung treiben, aus den Wurzeln des Patriarchats erwachsen.

> Zweifellos hat das »männliche« Machtstreben tatsächlich zur Akkumulation gewaltiger Macht geführt. In Form bestimmter Denkstrukturen hat sich die patriarchalische Ideologie unseres westlichen Denkens so vollständig bemächtigt, daß wir uns großenteils gar keine Vorstellung mehr von anderen Denkweisen machen können. Mit Hilfe mechanistischer Strukturen der Verbreitung haben patriarchalische Methoden praktisch den ganzen Erdball erobert. Die hinter der patriarchalen Ordnung stehende Moral schlägt sich unmittelbar in der gegenwärtigen Situation auf dieser Erde nieder. Auf der einen Seite existieren so gewaltige Arsenale an Eroberungswaffen, daß uns allen die Vernichtung droht, auf der anderen ist die Natur am Ende, die Luft verschmutzt, das Wasser verseucht, das große Sterben der Bäume, Pflanzen und Tiere überall im Gange. (S. 416. B7)

Sie hat die Alternative durch den Wandel der Gesellschaft mit Hilfe der weiblichen Werte und durch den Austausch der Ethik der Macht durch jene der Lust beschrieben:

> Das große Ziel heißt Lust. Die Lust ist im Gegensatz zur Macht wirklich ein *endgültiges* Ziel, nicht nur Mittel zum Zweck auf dem Weg zu einem fernen Ziel. In der Lust sind all unsere gültigen Werte aufgehoben. Lust schließt nichts aus. (S. 869. B7)

Aber zu meinem großen Bedauern hielt das Buch nicht, was es versprach – das Schlußkapitel fehlte; Marilyn French hat uns nirgends gesagt, wie es zu diesem Wandel kommen könnte! Und das ist genau das, was ich seitdem herauszubekommen versuche.

Weitere feministische Autorinnen sind zum Beispiel Thelma J. Goodrich, 1991, (B12); Betty A. Reardon, 1985, (B6); Kathleen Newland, 1979, (B6); Monica Sjoo & Barbara Mor, 1987, (B3); Anne Dickson, 1982, (B10); Carol Gilligan, 1982, (B8); Deborah Tannen, 1991, (B14).

Kapitel 10

Seite 269.
Die Eingangszitate sind von Aung San Suu Kyi, 1991, S. 185, und Andrew Leigh & Michael Maynard, 1993, S. 21, (B14).

Seite 271–272. Realismus
Freud kam zu der Überzeugung, daß das menschliche Leben von zwei Leidenschaften beherrscht wird, Liebe und Zerstörung, und er bezeichnete sie als Lebens- und Todestrieb – wodurch er die Vorstellung, daß die menschliche Destruktivität angeboren ist, noch weiter zementierte. Siehe Erich Fromm, 1977, S. 1–10, (B6). Der Buddhist glaubt im Gegensatz dazu, daß das menschliche Bewußtsein von Natur aus völlig rein ist und nur als Reaktion auf Erlebnisse beschmutzt wird – und wenn das Bewußtsein anderer Menschen in irgendeiner Weise besudelt ist, kann es das unsere daher möglicherweise ebenfalls sein.

Als der Kommunismus in der Sowjetunion seinen Höhepunkt erreicht hatte, war es leichter, den Feind auszumachen; heute ist das Feindbild nebulös, in Gestalt vager, »böser Diktatoren«.

Das Zitat von Bertrand Russell ist aus *Power*, 1975, S. 207, (B7).

Kenneth E. Boulding (1990, S. 241. B7) stellt die Effektivität der Gewaltandrohung der Mächte in Zweifel.

Seite 273–275. Weshalb die realistische Position unhaltbar ist
Der Absatz über die zyklische Natur der Macht stützt sich auf Hugh Miall, 1992, S. 35. Ich bin Hugh Miall für seine Beschreibung der realistischen Position zu Dank verpflichtet, die die Grundlage für meinen ersten Absatz über dieses Thema bildete.

Seite 276–277. Jiu-Jitsu
Koichi Tohei ist der Autor von *This ist Aikido: With Mind and Body Coordinated*, Japan Publications, San Francisco und Tokio, 1975. Er wird von Shale Paul, 1987, S. 116, (B7), zitiert.

Seite 277–279. Gewaltlose direkte Aktion
Martin Luther King wird von Joseph Fahey »Conflicts Creation« in *Peace Review*, Bd. 5, Nr.4, Winter 1993, S. 414–415, zitiert.

Der Abschnitt über das *satyagraha* stützt sich auf Charlene Spretnak, 1993, S. 68. Interessanterweise sagte Gandhi, die Lektionen über Gewaltfreiheit habe ihm seine Frau erteilt.

Einerseits machte mich ihr entschiedener Widerstand gegen meinen Willen und andererseits ihre stille Hinnahme des Leidens, das meine Dummheit verursachte, letztlich über mich selbst beschämt und heilte mich von meiner Dummheit, nämlich zu denken, ich wäre geboren, um über sie zu herrschen. Und am Ende war sie meine Lehrerin in Gewaltfreiheit. (Geoffrey Ashe, 1968, S. 182, (B14), zitiert von Charlene Spretnak, 1993, S. 66. B11)

Der Schilderung über die Bontoc-Frauen, die den Bau des Dammes stoppten, stammt aus einem von mir veröffentlichten Bericht mit dem Titel *The Role of Women in Peace Movements, in the Development of Peace Research, and in the Promotion of Friendly Relations between Nations.* Er wurde der Weltkonferenz zum UNO-Jahrzehnt der Frauen, Kopenhagen, 1980, von der UNESCO vorgestellt.

Für weiteres Material über Gewaltfreiheit siehe Adam Roberts, 1969, (B2); H. A. Bedau, 1969, (B7); Gene Sharp, 1973, (B2), und viele andere.

Seite 279–284. Hebelpunkte für die Machtlosen

Die »Gewußt wie«-Geschichte ist aus dem Lehrbuch des Kurses »Technologie« des Fernstudiums, 1991, S. 45. Die Schilderung über die Forschungsgruppe aus Oxford ist eine adaptierte Version der Geschichte, die in dem gleichen Buch auf S. 19–26 erwähnt wird, und das Zitat am Ende ist von Seite 77.

Seite 284–285. Die Mittel müssen die gleichen sein wie das Ziel

Das Zitat ist von Anne Naess, 1965, S. 37, (B14), das aus *Young India*, 26. Dezember 1924 zitiert und bei Charlene Spretnak, 1993, S. 70, (B11), erwähnt wird

Die Geschichte von der vietnamesischen Nonne findet sich bei Chan Khóng, 1993, S. 198–199, (B14).

Seite 285–287. Über die Denkweise hinausgehen, die den Konflikt auslöste

Der erste Absatz stützt sich großenteils auf Adam Curle Another Way: *Positive Response to Contemporary Violence*, Jon Carpenter, Oxford, 1995.

Konfliktlösung hat sich in den USA in den letzten Jahren in den Ordnungs- und Strafsystemen, der Erziehung und der Entwicklung der Gesetzgebung und so weiter rasch verbreitet. Die Techniken der Konfliktlösung gehen davon aus, daß Disputanten zu Kompromißbereitschaft angeregt werden können, daß formale Mechanismen Auseinandersetzungen lösen sollten und daß Streitigkeiten unter verschiedenen Kulturen miteinander vereinbar seien. Dieser Ansatz kann in der Praxis bedeuten, daß größere Probleme unangesprochen bleiben, weil sie in Einzelfragen zergliedert werden. Nach Aussage einiger Kritiker ist die Konfliktlösung

... eine Gehirnwäsche, die ausgeklügelte psychologische Mechanismen einsetzt, um die Menschen ihre wirklichen Bedürfnisse verleugnen oder vergessen zu lassen. Die Mechanismen schaffen eine Illusion von Gerechtigkeit, wenn es darum geht, Koexistenz und Stabilität zu erzwingen. Die Gefahr besteht also darin, daß ein Streit Auslöser für eine Zweiklassengerechtigkeit für die Armen und Machtlosen ist. Stärkere Mächte dagegen werden in der Lage sein, sich der Konfliktlösung als Kontrollmechanismus zu bedienen. (Colin Rule, »Questioning Dispute Resolution«; in: *Peace Review*, Bd. 5, Nr. 4, Winter 1993, S. 411)

In dem Abschnitt über UN-Friedenswächter stütze ich mich auf A. B. Fetherston »UN Peacekeepers and Culture of Violence« in *Cultural Survival Quarterly*, Bd. 10, Nr. 1, 1995.

Über die Abhandlung der Multinationalen Stiftung für Friedens- und Zukunftsforschung wird von Jan Obey in »Conflict Mitigation in Former Yugoslavia« in *Peace Review*, Bd. 5, Nr. 4, Winter 1993, S. 428, berichtet.

Seite 287–290. Informieren Sie sich

Für Beispiele der Nachbarschaftsinformation siehe Tony Gibson, 1979, S. 21, (B2) und Teil II seines Buches.

Die Geschichte über Celltech und das Zitat sind von Gerard Fairtlough, 1994, S. 16–17, (B14).

Seite 291–292. Das Erlangte wieder hergeben

Das Zitat von Jean Baker Miller ist aus »Women and Power: Reflections Ten Years Later« in Thelma Jean Goodrich, Women and Power: *Perspectives for Familiy Therapy*, W. W. Norton & Company, New York, 1991, S. 39, (B12).

Seite 293–294. Sind an allen Konflikten zwei Parteien beteiligt?

Das lange Zitat von Adam Curle ist aus *True Justice*, 1981, S. 45, (B2), und die Begriffe Yin und Yang knüpfen selbstverständlich an das oben gesagte über das Verschmelzen unserer männlichen und weiblichen Seiten an.

Im folgenden Abschnitt über das transformationelle Denken stütze ich mich im wesentlichen auf Oliver Ramsbothams *The Missing Defence Debate*, Current Decisions Report Nr. 6, Oxford Research Group, 1991, S. 10.

Seite 295–299. Wie können Konflikte vermieden oder gelöst werden?

Die Hinweise auf die Schritte der Problemlösung und der Meditation der Quäker wurden von Hugh Miall *New Conflicts in Europe: Prevention and Resolution*, Current Decisions Report Nr. 10, Oxford Research Group, 1992, übernommen.

Das von mir erwähnte Buch von Adam Curle ist *Another Way: Positive Response to Contemporary Violence*, Jon Carpenter, Oxford, 1995.

Der Abschnitt über die Reporterinnen stützt sich auf Anne Sebba, 1993.
Elise Boulding ist:

> ... eine Quäkerin und Autorin zahlreicher Bücher, darunter The *Underside of History: A View of Women Through Time*. Sie gehörte der National Peace Academy Kommission von Präsident Carter an, legte den Grundstein für ein Programm für Forschungen in Konfliktlösung in Dartmouth, als sie dort die soziologische Fakultät leitete, und erarbeitete zusammen mit Warren Ziegler einen »Entwurf einer Welt ohne Waffen«. (Annie Cheatham & Mary Clare Powell, 1986, S. 216–217.)

Die Informationen über die philippinische Frauenorganisation stammt von Network Information Project, 30 Westwood Road, Southampton, SO2 1DN.

Einzelheiten über die Angebote von Marshall Rosenberg werden im Kapitel »Weitere Wege und Möglichkeiten« genannt.

Seite 299–301. Können strukturelle Konflikte nur durch strukturelle Veränderungen gelöst werden?

Die drei ersten Absätze in diesem Abschnitt über strukturelle Konflikte stützen sich auf Hugh Miall, 1992, S. 27, (B6).

Seite 301–303. Einander stützen (Kooperation)

Wenn das Argument des Allgemeinwohls nicht verlockend genug ist, dann könnte es interessant sein, auf den empirischen Beweis hinzuweisen, daß es dann auch jedem Individuum bessert geht. Das aus der Spieltheorie entwickelte XY-Spiel bietet jedem Spielerpaar die Möglichkeit, auf einer Reihe von Entscheidungen jeweils einzugehen oder diese abzulehnen. Über ein Jahrzehnt lang haben Tausende von Studenten es in Ferienkursen gespielt und erstaunt festgestellt, daß es für sie persönlich tatsächlich besser war, zu kooperieren als dagegen anzukämpfen (siehe Robert Axelrod, 1984, B2).

Ich bin Jim Howard für seinen Bericht über die Opferbereitschaft und Kooperation der tansanischen Arbeiter angesichts der Hilfsbedürftigkeit der ruandischen Flüchtlinge zu Dank verpflichtet. Experten für Internationale Beziehungen befassen sich inzwischen ebenfalls mit der Frage, welche Beziehungen Länder miteinander unterhalten können. Catherine Kelleher war außenpolitische Beraterin der Carter-Regierung und hält nun Vorträge in Brookings Institute. Sie schreibt:

> Notwendig ist ein Prozeß grundlegender Kooperation und Transparenz, um auf der Seite jeden Staates eine gewisse Verpflichtung zu gemeinsamem Handeln und der Verantwortlichkeit für die lebenswichtigen Bereiche der Bevölkerung zu entwickeln. Das Endergebnis kann die Bildung einer politischen Union – analog zum Prozeß des nationalen Zusammenschlusses oder einfach eine lose Konföderation oder Vertragsgemeinschaft sein. Auf militärischem Gebiet müssen zumindest die militärischen Unsicherheitsfaktoren beseitigt werden – im wesentlichen muß die Möglichkeit genommen werden, schnell und mit großer Stärke anzugreifen. (Catherine Kelleher, »A New Definition of Security«. aus: *Proceedings of the Forty-First Pugwash Conference on Science and World Affairs*, 1991)

Der Volkswirtschaftler Kenneth Boulding ordnete die Welt in drei Kategorien der Macht: Bedrohung, ökonomische Macht und integrative Macht. Diese integrative Macht ist der hara-Macht ähnlich, wird aber mehr durch intellektuelle Begriffe dargestellt. Der letzte Abschnitt seines Buches über die Macht trägt jene Art von Überschrift, die uns verleitet, sofort die entsprechende Seite aufzuschlagen: »Die Welt als Gesamtsystem, in dem niemand eine Machtposition hat«. Für eine Weltorganisation wie die UN ist, so schließt er, integrative Macht nicht genug: die UN hat nicht genügend Geld, um das Nötige zu tun, noch kann sie ausreichend Zwang ausüben, dieses einzufordern. Außerdem gibt es, so sagt er:

> ... das Problem der Androhung von Sanktionen. Das ist eine wichtige Frage der Gesetzgebung. Es können Situationen entstehen, bei welchen das Verhalten einzelner oder einer einzelnen Nation die Weltgemeinschaft gefährden kann. In diesem Fall haben legitimierte Sanktionen ihre Berechtigung, obwohl das Dauerproblem besteht, nach welcher Methode sie legitimiert werden. Im Idealfall werden diese Sanktionen von der Person oder der Nation, gegen die sie gerichtet sind, als legitimiert angesehen.
> Zur integrativen Macht gehört also, den Dissidenten in die Gemeinschaft zurückzuführen. Sanktionen und Drohungen allein können dies jedoch nicht bewirken. Auch hier bleiben Drohungen, wenn sie nicht mit integrativer Macht, die sie häufig zerstören, verbunden sind, unwirksam. (Kenneth E. Boulding, 1990, S. 249–250. B7)

Seite 304–305. Verbinden (gegenseitige Verbundenheit)
Für weitere Details darüber, wie die tibetanische Kultur durch das westliche Interesse an ihr beeinflußt wird, sieht *The Tibetan Review*, Januar 1994.
Das Zitat von Irina Tweedi ist aus *The Chasm of Fire*, 1979, S. 202 (B11).

Seite 305–306. Ertragen (Verantwortung und Beziehung)
Einer der von Carol Gillian Befragten antwortete:

Zur Moral gehört die Erkenntnis, daß es ein Wechselspiel zwischen dem Ich und dem anderen gibt und daß man Verantwortung für beide übernehmen muß. Ich gebrauche weiterhin das Wort *Verantwortung*; es drückt genau das Bewußtsein für unseren Einfluß darauf aus, was um uns herum vor sich geht.

Am Schluß ihres Buches schreibt sie:

> In der anderen Stimme von Frauen liegen die Wahrheit einer Ethik der Fürsorge, die Verbindung zwischen Beziehung und Verantwortung, und die Ursprünge von Aggression im Scheitern der persönlichen Beziehungen. (Carol Gillian, 1982, S. 19. B8)

Die von mir angesprochenen Anti-Atom-Aktionen sind erstmals von Sue Scott von der Women's Peace Alliance UK aufgezählt worden. Ihre Liste belegt 34 Großaktionen, das heißt Aktionen mit zwischen 300 und einer Million Teilnehmerinnen. Diese Liste wird bei Seager und Olson (Hrsg.) *Women in the World*, Pan/Pluto, London, 1986, S. 39, aufgeführt. Nach 1986 fanden noch viele weitere Aktionen dieser Art statt.

Eine Beschreibung der Verbindung zwischen sowjetischen und amerikanischen Frauen findet sich bei Annie Cheatham & Mary Clare Powell, 1986, Kapitel 11, (B12). Für eine Darstellung des Netzwerkes von Frauen aus Ost- und Westeuropa siehe Kapitel 4 und weitere Informationen sind über das NATO Alerts Netword, 115 Rue Stevin, Brüssel 1040, erhältlich.

Das Internationale Symposium über Frauen, Politik und Umweltaktionen wurde im Juni 1994 von russischen und amerikanischen Frauenorganisationen gemeinsam abgehalten, um Möglichkeiten zu finden, das Thema der nuklearen Verseuchung in beiden Ländern anzusprechen.

Es gibt mindestens drei Ost/West-Frauenorganisationen, die in Kroatien und Bosnien arbeiten, um Flüchtlingen zu helfen, den Überlebenden mit Rat und Tat zur Seite zu stehen und Selbsthilfeprojekte in die Wege zu leiten.

Das Zitat von Starhawk ist aus *Truth or Dare*, 1990, S. 268–270, (B11).

Seite 306–307. Sein (Klarheit)

Ich paraphrasiere Christina Feldman & Jack Kornfeld (Hrsg.) *Stories of the Spirit, Stories of the Heart*, Harper-Collins, New York, 1992, (B11). Ältere Frauen sind auf diesem Gebiet vielleicht besonders erfahren, weil eines der Dinge, die wir durch die Menopause lernen, die Gewöhnung daran ist, daß wir nicht im Mittelpunkt stehen. Desalb wiederhole ich mein Lieblingszitat von Germaine Greer:

> Wenn du jung bist, dreht sich alles um dich. Wenn du älter wirst ..., wird dir klar, daß sich alles nicht um dich dreht, und das ist der Beginn der Freiheit. (Germaine Greer, 1992, S. 423. B1)

Seite 308–309. Die Welt auf eigene Faust retten

Das Zitat von Joanna Macy ist aus *World as Lover, World as Self*, 1993, S. 44, (B9).

Seite 309–310. Überarbeitung und der Aktivist

Ich kann nicht herausfinden, woraus das Zitat von Thomas Merton entnommen wurde, es könnte aber aus *New Seeds of Contemplation*, 1972, (B11), sein.

Kapitel 11

Seite 321–322. Der Mann mit Hara-Macht
Dieser Abschnitt geht auf einen Beitrag von John Hamwee über Wege des neuen Denkens zurück.

Weitere Wege und Möglichkeiten

Dieser Abschnitt bietet Ihnen Namen und Adressen und in einigen Fällen Beschreibungen von Wegen, mit welchen die in diesem Buch dargestellten Ideen weiterverfolgt werden können. Es gibt jetzt so viele gangbare Wege, zum Beispiel in der Selbsterkenntnis, daß die Wahl der richtigen Methode eine Frage der persönlichen Vorliebe und des persönlichen Stils ist. Was ich tun kann, ist, einige Möglichkeiten aufzuzeigen, eine Vorstellung von den verschiedensten Ansätzen zu geben und Hinweise auf Bücher anzubieten und Adressen zu nennen, die beim ersten Schritt auf einem bestimmten Weg hilfreich sein können. Ich hoffe, damit jene Art von Wegen vorzuschlagen, die Macht verleihen anstatt zu entmachten – jene Therapie und Techniken, die die Entwicklung des einzelnen hin zu Gesundheit und Autonomie berücksichtigen.

Kapitel 3
Die Adresse von Forward ist: Africa Centre, 38 King Street, London WC2 8JT, Tel: 0171 379 68 89.

Kapitel 4
Wenn Sie weitere Informationen über *Kahuna*-Traditionen und -Körperarbeit wünschen, nehmen Sie Kontakt auf mit: Nicholas Janni, 43 Brookville Road, London SW6 7BH, Tel: 0171 386 83 82.

Selbsterkenntnis kann grundlegend auf drei Wegen erlangt werden: alleine an sich selbst arbeiten, mit einer anderen Person oder in einer Gruppe arbeiten.

Alleine
Einige der berühmtesten Vorreiter der Selbsterkenntnis erlangten sie allein. Aber sie waren zugleich die ersten, die auf damit verbundene Gefahren hinwiesen. Carl Gustav Jung, der sich selbst in die dunkelsten Bereiche des Unbewußten führte, warnte vor den damit möglicherweise verbundenen Schrecken:

> Es war ein unaufhörlicher Strom von Phantasien, der dadurch ausgelöst wurde, und ich tat mein Möglichstes, um die Orientierung nicht zu verlieren und einen Weg zu finden. Ich stand hilflos in einer fremdartigen Welt, und alles erschien mir schwierig und unverständlich. Ich lebte ständig in einer intensiven Spannung, und es kam mir oft vor, als ob riesige Blöcke auf mich herunterstürzten, ein Donnerwetter löste das andere ab. Daß ich es aushielt, war eine Frage der brutalen Kraft. Andere sind daran zerbrochen. Nietzsche und auch Hölderlin und viele andere. Aber es war eine dämonische Kraft in mir, und von Anfang an stand es für mich fest, daß ich den Sinn dessen finden mußte, was ich in den Phantasien erlebte. Das Gefühl, einem höheren Willen zu gehorchen, wenn ich dem Ansturm des Unbewußten standhielte, war unabweisbar und blieb richtunggebend in der Bewätigung der Aufgabe.

Dieses Exzerpt und die folgenden faszinierenden Seiten sind eine Warnung vor der Gefahr, sich allein – ohne Führer oder Begleiter – ins Unbewußte zu wagen.

Dies einmal vorausgeschickt, ist das Führen eines Tagebuchs ein guter Beginn für den Prozeß der Selbsterkenntnis, wenn man alleine oder mit anderen zusammenarbeiten möchte. Um aus einem Tagebuch den größtmöglichen Nutzen ziehen zu können, schlage ich die Lektüre folgender Bücher vor:

The Practice of Process Meditation, Dialogue House Library, New York, 1980, das das Führen eines Tagebuchs als Mittel zur spirituellen Erfahrung behandelt.

A Life of One's Own wurde von der Psychoanalytikerin Maria Milner als Versuch geschrieben, eine Antwort auf die Frage, »Was erwarte ich wirklich vom Leben?« zu finden. Sie erkennt durch Heranziehung ihrer eigenen, über viele Jahre geführten intimen Tagebücher Möglichkeiten des sich-Kümmerns, des Sehens und Handelns, was erstaunlich viel Freude bereitet – Wege, die jeder einschlagen kann. Sie faßt ihre Erkenntnisse im Sinne einer psychischen Bisexualität von uns allen zusammen, da sie erkannte, daß sie

> ... absolut nicht verstanden hatte, daß eine weibliche Einstellung gegenüber dem Universum intellektuell und biologisch genauso legitim war wie die männliche ... und sowohl für Männer als auch Frauen gleichermaßen nötig war. (London: Virago, 1987)

Eine der besten Möglichkeiten, um Phantasie und Kreativität zu wecken, ist die Nutzung von Mythos, Symbolen und Kunst. Es gibt darüber drei Bücher, die so faszinierend, so unendlich anregend sind, daß ich diese auf die berühmte einsame Insel mitnehmen würde. Das erste ist *Der Mensch und seine Symbole* von C.G. Jung. Besorgen Sie sich die am besten illustrierte Ausgabe – es lohnt sich. Einige der Bilder werden Sie Ihr Leben lang begleiten. Jung erklärt darin dem allgemeinen Lesepublikum seinen bedeutenden Beitrag zu unseren Kenntnissen über den menschlichen Geist, das heißt die Theorie des Symbolismus – insbesondere wie er sich in Träumen äußert.

Das zweite Buch ist *Das Weibliche im Märchen* von Marie-Louise von Franz. Dieses Buch zeigt, wie sich das Weibliche in deutschen, russischen, skandinavischen Märchen und jenen der Eskimos offenbart, darunter so bekannte Märchen wie »Dornröschen«, »Schneeweißchen und Rosenrot« und »Rumpelstilzchen«. Marie-Louise von Franz legt dar, daß manche Märchen Einblicke in die Psychologie von Frauen bieten, während andere die Probleme und Charakteristika der Anima, der verborgenen Weiblichkeit der Männer, reflektieren. Sie stellt die Archetypen und symbolischen Themen dar, die im Märchen, aber auch in Träumen und Phantasien in Erscheinung treten, zieht praktische Schlüsse aus den Geschichten und demonstriert ihre Anwendung an Fallstudien aus ihrer analytischen Praxis.

Das dritte ist *This Business of the Gods* von Fraser Boa. Das Buch basiert auf der Filmdokumentarreihe mit dem gleichen Titel, in der Joseph Campbell im Gespräch mit Fraser Boa Campbell, einem Experten auf dem Gebiet der Mythologie, auftrat und über die in Mythen und Legenden innewohnende Wahrheit diskutiert und der Frage nachging, wie diese dem einzelnen helfen kann, sein Leben besser zu meistern. Es ist höchst lesenswert.

Es gibt sieben allgemein informative Bücher über Selbsterkenntnis, die – je nach Temperament und persönlicher Situation – eine unschätzbare Hilfe bieten können:

- Thomas Harris' *I'm OK – You're OK* ist die millionenfach verkaufte Einführung in die transaktionelle Analyse, die sich für viele Menschen als Wendepunkt ihres Lebens erwiesen hat und einen erfrischend praktischen Ansatz zu den Problemen bietet, die wir alle in unserem alltäglichen Umgang mit uns selbst und anderen kennen. In einfühlsamer, nicht wissenschaftlicher Sprache erzählt Thomas Harris, wie man Kontrolle über sein Leben gewinnt und für seine Zukunft Verantwortung übernimmt – ganz gleich, was in der Vergangenheit geschehen ist.

- Das Buch von José Stevens, *Transforming Your Dragons*, ist eine Mischung aus praktischen und brillanten Erkenntnissen. Es zeigt genau, wie wir die beherrschenden Muster des Widerstandes erkennen und umgestalten können, die uns davon abhalten, so zu sein, wie wir wirklich sind. Dieses ganz ohne Verwendung fachsprachlicher oder schwülstiger Begriffe geschriebene unterhaltsame und interessante Buch gründet sich auf ein tiefes Verständnis dessen, wo wir als Menschen in unserer heutigen Welt stehen.

- Mary Elizabeth Marlow, *Handbook for the Emerging Woman – A Manual für Awakening the Unlimited Power of the Feminine Spirit* (Virginia: the Donning Company Publishers, 1988; und Shaftesbury: Element Books, 1994). Marlow verwendet die Archetypen der griechischen Göttinnen und der Elemente, um »jene unsere Qualitäten oder Aspekte, die in uns schlummern, zu erwecken, zu aktivieren oder zu lenken«. Sie setzt Vergegenwärtigungstechniken ein, um jene Erlebnisse oder Teile von uns zu heilen oder wieder in Einklang zu bringen, die für uns besonders schmerzhaft sind.

- Franklin Abbott (Hrsg.) *New Men, New Minds*, The Crossing Press, California, 1987, zeigt, wie sich Männer gegenseitig unterstützen können, um ihre Isoliertheit, ihre Ängste und ihre Bedürfnisse nach Kontrolle überwinden zu können; wie sie ihre tiefsten Sehnsüchte erfahren und wie sie am besten miteinander und mit sich selbst kommunizieren können; und wie sie sich, gleich den Frauen, einen sicheren und friedlichen Platz auf Erden schaffen können.

- Das Buch von Lucy Goodison, *Moving Heaven and Earth*, bietet mehrere nützliche Übungen, um an sich selbst zu arbeiten.

- Außerdem gibt es ein Buch über das Leben in der Familie, das so gut, klug und lustig geschrieben ist, daß es eigentlich in jeden Haushalt gehört: Robin Skynner & John Cleese, *Families an How to Survive Them* (deutsch: *Familie sein dagegen sehr*). Unter Berücksichtigung der neuesten Erfahrungen in der Familientherapie zeigt es, wie Verständnis zu Veränderungen führt, wie Tabus gebrochen werden können und wie die Entwicklung zu gesunden Beziehungen und Familien verlaufen kann.

- Wenn Sie durch Ihre Beziehung etwas über sich selbst lernen möchten, kann ich Ihnen eines der eindruckvollsten und nützlichsten Bücher empfehlen, das ich je gelesen habe: Conscious Loving von Gay & Kathlyn Hendricks. Es vermittelt überzeugende Einblicke, wie wir uns durch unsere intimen Beziehungen entweder blockieren oder aber Macht verleihen können, und zeigt anhand von Übungen, wie wir uns aus unseren eigenen Fesseln befreien können.

Natürlich gehen diese Vorschläge auf meine persönlichen Vorlieben zurück, und vielleicht finden Sie etwas, das Ihrem speziellen Anliegen besser entspricht, wenn Sie sich in einer Buchhandlung umsehen, die diese spezielle Art von Bücher führt. Doch eine Warnung: Hüten Sie sich vor Büchern, die irgendeine sofortige Lösung von irgend etwas versprechen. Wir müssen die Arbeit selbst tun, aber oft fällt uns das richtige Buch genau zum rechten Zeitpunkt, zu dem wir es brauchen, in die Hände.

Mit einer anderen Person zusammenarbeiten

In diesem Fall hängt es von der persönlichen Vorliebe – und dem Geldbeutel – ab, ob Sie sich mit einem anderen Laien gegenseitig beraten, oder ob Sie einen Experten für eine Art Therapie aufsuchen.

Gegenseitige Beratung

Die Techniken der gegenseitigen Beratung sind inzwischen als eine nützliche Möglichkeit für Leute anerkannt, die keine Therapie wünschen oder sich eine solche nicht leisten können, um gefahrlos mehr über sich selbst zu erfahren.

Dazu gibt es ein paar Grundregeln:

- Der anderen Person muß ebenso viel an der gegenseitigen Beratung gelegen sein wie Ihnen, und Sie müssen sich über einen vereinbarten Zeitraum hinweg zur Zusammenarbeit verpflichten.
- Zwischen Ihnen muß absolute Vertraulichkeit gesichert sein.
- Sie müssen sich einen ruhigen Ort für Ihre Arbeit suchen, wo Sie ungestört sind und sich bequem gegenübersitzen können.
- Bei jeder Sitzung sollte jeder von Ihnen eine bestimmte Zeit sprechen. Am Anfang vielleicht bloß fünf Minuten lang, und diese Zeitspanne wird dann später gesteigert. Entscheidend ist, daß der andere Sie nicht nur nicht unterbricht, sondern in keiner Weise reagiert – kein Nicken, keine Ermunterung oder Mißbilligung.
- Das einzige, was Ihr Gegenüber hinterher vielleicht tun kann, ist Ihnen ein Feedback darüber zu geben, wie er das, was Sie gesagt haben, verstanden hat. Und Sie können das gegebenenfalls korrigieren.

Der Grundgedanke ist für jeden von Ihnen, sich dazu zu bringen, tiefer in die Probleme und Fragen, vor die Sie gestellt sind, vorzudringen und Ihre eigenen Lösungen zu finden. Auch Schweigen ist durchaus in Ordnung. Oft kommt es vor wirklich wichtigen Dingen.

Hinweise zur Beratung:

Therapie

Die meisten Verfahren der Psychotherapie können auf einer Skala von Macht und Kontrolle dargestellt werden. Am einen Ende der Skala stehen orthodoxe Freudianer und orthodoxe Behavioristen, die an eine Politik der autoritären und elitären Kontrolle der Menschen »zu ihrem eigenen Wohl« glauben, um entweder eine bessere Anpassung an den Status quo, oder Glück, Zufriedenheit oder Produktivität oder alles zusammen zu erreichen. In der Mitte findet man die meisten der gegenwärtigen Schulen der Psychotherapie, verworren, unklar oder paternalistisch in der Handhabung ihrer Beziehungen (obwohl sie vielleicht ganz eindeutig sind hinsichtlich ihrer therapeutischen Strategien). Am anderen Ende der Skala steht der patientenorientierte, empirische und auf die Person konzentrierte Ansatz, der ständig die Fähigkeiten und die Autonomie der Person hervorhebt, ihr Recht, die Richtung zu bestimmen, die sie in ihrem Verhalten einschlagen will, und ihre letztendliche Eigenverantwortung in der therapeutischen Beziehung, wobei die Persönlichkeit des Therapeuten eine entscheidende, aber vorwiegend katalytische Rolle in dieser Beziehung spielt. (Carl Rogers, 1986, S. 20–21. B7)

Entscheidend ist, sich klar zu machen, daß man sich nur ändern kann, wenn man es wirklich möchte. Dazu gedrängt zu werden oder sich selbst zu drängen, ist gefährlich, und Sie werden in jedem Fall wiederkommen und eine neue Therapie machen müssen, wenn Sie beim ersten Mal nicht wirklich bereit dazu waren. Der Psychologe und Dozent Ram Dass nutzt dafür ein gutes Bild: Veränderungen zu erzwingen, so sagt er, ist wie wenn man einer Schlange die Haut abziehen würde – es ist besser abzuwarten, bis sie sie von alleine abstreift.

Natürlich ist eine Art Einführung in die verschiedenen Therapien nötig. Die beste, die ich gefunden habe, ist *Innovative Therapy in Britain* von John Rowan & Windy Dryden (Hrsg.), Open University Press, Milton Keynes, 1988. In diesem Buch sind Beschreibungen der etablierten innovativen Therapien zusammengefaßt, die im Laufe dieses Jahrzehnts große Bedeutung erlangt haben. Sie zeichnen sich ihren aktiven Ansatz aus und veranlassen den Klienten jene Schwierigkeiten aufzuarbeiten und zu erforschen, die ihn veranlaßt haben, Hilfe zu suchen. Jede Therapie wird durch einen fachkundigen Therapeuten vorgestellt und auch die theoretischen Grundlagen dargelegt.

Wie finde ich einen Therapeuten oder Berater?

Im deutschsprachigen Raum kann man mit der *Europäischen Vereinigung für Psychotherapie* Kontakt aufnehmen: Rosenbursenstrasse 837, A-1010 Wien, Österreich. Telefon 0043-1-5127090, Fax: 0043-22-5127091.

Rat und Hilfe vermittelt auch der *Psychotherapie-Informationsdienst* in Bonn, Telefon 0049-228-746699, eine Art Bürgerservice-Telefon.

Daneben können Sie sich auf den üblichen Wegen orientieren:

1. Ganz einfach das Telefonbuch, die Gelben Seiten.
2. Die Krankenkassen, die Listen der kassenärztlich zugelassenen Therapeuten führen.
3. Die psychologischen Institute der Universitäten, die über niedergelassene Therapeuten Bescheid wissen und auch über deren Spezialisierung Auskunft geben können.
4. Die Ärzte, die jedoch in der Regel nur mit wenigen Therapeuten zusammenarbeiten oder an diese überweisen.

In einer Gruppe

Es liegt in der Natur der Gruppentherapie, daß es sich dabei um eine intensive Erfahrung handelt, auf wenige Stunden oder Tage zusammengedrängt. Wenn der Gruppenleiter geschult oder geschickt ist und die Gruppenmitglieder in einer liebevollen und sicheren Umgebung »gehalten« werden, kann dies eine Möglichkeit sein, rasch weit in sich vorzudringen und Blockaden zu überwinden. Wenn die Atmosphäre jedoch nicht förderlich ist und die Gruppenleiter schlecht ausgebildet sind, kann die Therapie schädlich sein. Überprüfen Sie die Referenzen der Anbieter sorgfältig; erkundigen Sie sich, wieviele Jahre sie an Einzeltherapie oder Analyse gearbeitet haben (weil es ganz wichtig ist, daß sie auch lange genug an sich gearbeitet haben, um zu verhindern, daß ihre eigenen »Angelegenheiten« in die Gruppe hineingetragen werden). Erkundigen Sie sich auch nach ihren Orientierungen und Einstellungen, um sicherzugehen, daß sie dem Ihren entsprechen.

Die gleiche Skala wie die von Rogers auf Seite 305 – 306 kann auf die zwischenmenschlichen Beziehungen in Intensivgruppen angewandt werden. Es gibt so viele Arten – Bewußtmachungsgruppen, Workshops, Hilfsgruppen, Trainingsgruppen, Sensitivitätstraining, sensorische Bewußtseinsgruppen, Gestaltungsgruppen und so weiter –, daß eine Verallgemeinerung unmöglich ist. Das Hauptproblem ist, daß sich die Gruppenleiter in der Art der Behandlung enorm unterscheiden. Manche sind autoritär und bestimmend. Andere wiederum setzen Übungen und Spiele ein, um die von ihnen gewünschten Ziele zu erreichen. Andere zeigen wenig Verantwortungsgefühl für ihre Gruppenmitglieder – »Ich kümmere mich um meine Angelegenheiten, Sie um Ihre«. Andere wiederum bemühen sich, eher zu fördern als zu kontrollieren.

Welchen Weg Sie auch wählen, die in die Selbstfindung investierte Zeit und Energie hilft, Zeit und Energie zu sparen.

Ich gehe die Straße entlang.
Im Bürgersteig ist ein tiefes Loch
ich falle hinein.
Ich bin verloren ... ohne Hoffnung.
ist nicht meine Schuld.
Es dauert ewig, wieder herauszukommen.

Ich gehe die gleiche Straße entlang.
Im Bürgersteig ist ein tiefes Loch.
Ich tue so, als sähe ich es nicht.
Ich falle wieder hinein.
Ich kann nicht glauben, daß ich am gleichen Ort bin.
Aber es ist nicht meine Schuld.
Wieder dauert es lange herauszukommen.

Ich gehe die gleiche Straße entlang.
Im Bürgersteig ist ein tiefes Loch.
Ich sehe es dort.
Ich falle trotzdem hinein ... aus Gewohnheit.
Meine Augen sind offen,
Ich weiß, wo ich bin.
Es ist meine Schuld.
Ich komme sofort heraus.

Ich gehe die gleiche Straße entlang.
Im Bürgersteig ist ein Loch,
ich gehe um es herum.

Ich gehe eine andere Straße entlang.

(Dieses Gedicht findet sich in »Autobiography in Five Chapters' von Sogyal Rinpoche, 1992; man geht davon aus, daß es von Portia Nelson verfaßt wurde.)

Kapitel 5

Heute gibt es viele verschiedene Möglichkeiten, sowohl Krankheit vorzubeugen, als auch den Körper zu heilen, so zum Beispiel die Osteopathie, Shiatsu, Massage, Aromatherapie, Kräuterheilkunde, Homöopathie, Reflexologie und Ernährungstherapie. Es ist unmöglich, sie alle zu beschreiben, deshalb beschränke ich mich auf eine Darstellung derjenigen Methoden, die ich persönlich als hilfreich erlebt habe.

Akupunktur

Die Akupunktur ist eine vor über 5000 Jahren in China entwickelte holistische Therapie, die heute auch in der westlichen Welt häufig angewandt wird. Durch das Einführen sehr dünner Nadeln an bestimmten Körperpunkten oder durch das Verbrennen eines Krautes namens Moxa auf diesen Punkten wird im Körper die Lebenskraft, das »chi«, stimuliert, wodurch Gesundheit, Ausgeglichenheit und Harmonie in Körper, Seele und Geist zurückkehrt.

Zero Balancing

Das Zero Balancing ist eine neuere Technik der Körperarbeit. Durch den Einsatz sanften Fingerdrucks und lange gehaltener Dehnungen ermöglicht es die Lockerung von Spannungen tief im Körperinneren. Die Behandlung setzt an der Schnittstelle zwischen Physis einer Person und ihrer Energie an und harmonisiert die Beziehung zwischen diesen beiden. Zero Balancing verschafft einen Ruhepunkt, um den herum der Körper entspannt und Unbehagen und Schmerz abstreifen kann.

Yoga

In Indien gibt es mindestens fünf verschiedene Yoga-Formen, von welchen die im Westen am besten bekannten der Raja-Yoga (eine Yoga-Meditationsart, die auf dualistischen Prinzipien basiert) und der Hatha-Yoga sind (der das »Ha«, beziehungsweise die Sonne, mit »Tha«, dem Mond, das heißt das Maskuline mit dem Femininen in Einklang bringt).

Im Westen umfaßt das übliche Yoga Elemente aller dieser fünf Formen und wird von Sissel Fowler von der Oxford Yoga Group folgendermaßen beschrieben:

> Yoga ist eine uralte Methode der Selbstvervollkommnung: eine Möglichkeit, sowohl die Entwicklung und Selbsterkenntnis als auch die Gesundheit zu fördern. Der allgemeine Yoga hat zum Ziel, alle Ebenen des Seins – die physische, psychologische und spirituelle – zu integrieren und zu harmonisieren und zugleich eine harmonische Beziehung zur Umgebung und zu anderen Menschen herzustellen. Yoga weckt Potentiale und setzt Energien frei und führt damit zu einem erfüllteren, »volleren« Leben.

Besorgen Sie sich ein Exemplar von The Yoga Journal, PO Box 469018, Escondido, CA 92046-9018, USA. In dieser Zeitschrift werden regelmäßig *weltweit* Adressen aufgeführt.

McTimoney Chiropraktik

Das Ziel einer chiropraktischen Behandlung nach Mc Timoney ist, im Körper jedwede Störung des Nervenstroms zu beheben. Wenn ein Nerv gedrückt oder gedehnt wird, und sei es auch noch so geringfügig, dann wird die Information, die durch diesen Nervenstrang gelangt, verzerrt und dem betreffenden Organ oder Muskel werden falsche Informationen geliefert. Sobald diese Verzerrung behoben ist, kann der Körper wieder richtig funktionieren. Chiropraktiker untersuchen die Knochen des Schädels, des Thorax, der Wirbelsäule, des Beckens und der Gliedmaßen und renken sie vorsichtig wieder ein, wodurch Verzerrungen im ganzen Körper gelöst werden.

Wie man einen Spezialisten oder Lehrer findet In allen Disziplinen der Medizin und Therapie gibt es einige ganz große Kapazitäten und viele gute Kräfte. Es gibt aber auch einige, die weniger gut sind, und einige wenige Scharlatane.

Wenn Sie sich informiert und beschlossen haben, welche Methode Ihnen am meisten zusagt, fordern Sie telefonisch oder schriftlich eine Liste der qualifizierten in Ihrem Wohnort oder in der Nähe praktizierenden Spezialisten an. Bitten Sie zugleich um eine Broschüre, in der beschrieben wird, was Sie bei der Behandlung erwarten können. Ihre Beziehung zu dem Spezialisten ist von großer Bedeutung, und es lohnt sich, die Mühe zu machen, eine Person zu suchen, bei der Sie sich wirklich wohl fühlen. Denn schließlich vertrauen Sie diesem Menschen Ihren wertvollsten Besitz an – Ihr Wohlbefinden. Sollte es in Ihrer Gegend mehrere Spezialisten geben, empfiehlt es sich, mit einigen von ihnen am Telefon zu sprechen, einfach um herauszubekommen, wie sie sich anhören, bevor Sie einen ersten Termin ausmachen. Es ist schwierig, schon nach der ersten Sitzung zu sagen, ob man wirklich die »richtige« Person gefunden hat oder nicht, und es gibt ein paar Fragen, die Sie sich selbst stellen können und die vielleicht Ihre ersten Eindrücke klären und vertiefen helfen (es empfiehlt sich, eher Ihrer Intuition zu folgen als Ihrem Gehirn).

- Fühlen Sie sich wohl, wenn Sie dieser Person von sich erzählen? Fühlen Sie sich sicher?
- Erscheint Ihnen der Experte als jemand, der »zusammen« und für Sie da ist – das heißt, gibt es so etwas wie Ordnung und Ziel?
- Haben Sie das Gefühl, daß die Behandlung auf Sie persönlich abgestimmt ist und Sie anspricht?
- Wurde die Frage der Bezahlung direkt und offen angesprochen?
- Falls Sie Ihren Kummer ansprachen, zeigte der Spezialist Mitleid? Hatten Sie das Gefühl, daß Ihnen wirklich zugehört wurde und Sie respektiert wurden?
- Meinen Sie, daß dieser Spezialist fähig ist, Ihr mögliches Ich, die Person, die Sie zu sein anstreben, erkennen kann?

Wenn die Antwort auf all diese Fragen ein klares Ja ist, dann haben Sie wahrscheinlich einen Spezialisten gefunden, der zu Ihnen paßt. Ist es weniger eindeutig, so fahren Sie mit folgenden Fragen fort:

- Gab es irgend etwas, bei dem Sie das Gefühl hatten, der Spezialist versuchte, Sie zu beeindrucken?
- Hatten Sie das Gefühl, daß der Spezialist begierig darauf war, Sie als Patienten/in zu haben?
- Sagte er oder sie, was Sie denken sollten, anstatt Ihnen zu helfen, Ihren eigenen Weg zu finden?
- Fühlten Sie sich irgendwann defensiv?
- Wenn zu der Behandlung Berührungen gehören, fühlten Sie sich dabei irgendwann unbehaglich?

Sollte die Antwort auf eine dieser Fragen »Ja« lauten, dann wäre es wohl empfehlenswert, einen anderen Therapeuten aufzusuchen.

Hara-Stärkung durch Yoga

Hier sind einige zur Stärkung des hara nützliche Yoga-Übungen, die Sissel Fowler von der Oxford Yoga Group empfiehlt:

Die Hara-Atmung

Nehmen Sie eine kniende Position ein (vajrasana) und nehmen Sie ein Kissen oder Meditationshocker zwischen Gesäß und Fersen. Strecken Sie Ihre Wirbelsäule. Halten

Sie die Ellbogen auseinander und Ihre Hände über Ihr hara. Lassen Sie die Schultern locker. Konzentrieren Sie Ihren Blick auf einen festen Punkt. Atmen Sie langsam mit einem leichten Seufzer aus. Halten Sie inne, entspannen Sie sich. Warten Sie das reflexive Einatmen ab. Sie können mit dem Ausatmen von 1 bis 10 zählen.

Das Hara-Schaukeln

Nehmen Sie die gleiche Position ein, schließen Sie die Augen. Atmen Sie aus wie eben, aber ziehen Sie ihr Steißbein ein, so daß Ihr Rücken rund wird. Halten Sie inne und entspannen Sie sich, insbesondere die Schultern. Durch das reflexive Einatmen wird das Becken und der Rücken wieder gestreckt. Machen Sie langsame, rhythmische Bewegungen.

Kontraktion des Beckens (mula bandha)

Stellen Sie sich entspannt hin, die Füße leicht auseinander, die Hände auf Ihrem hara. Ziehen Sie Ihre unteren Gesäßmuskeln zusammen. Atmen Sie ein und ziehen Sie den Beckenboden (Perineum) in aufsteigender Bewegung zusammen. Atmen Sie aus und lassen Sie locker. Fühlen Sie das hara, während Sie diese Übung 5 bis 10 mal wiederholen.

Die Drachenatmung

Stellen Sie sich mit gebeugten Knien hin, die Hände auf Ihrem hara. Ziehen Sie Ihr Steißbein ein und machen Sie mula bandha. Atmen Sie ein und heben Sie die Arme. Halten Sie den Atem an. Konzentrieren Sie sich. Atmen Sie heftig aus, senken Sie dabei die Arme und kehren Sie in die Ausgangshaltung zurück. Warten Sie mit dem Einatmen und fühlen Sie die Energie in Ihrem Hara.

Kapitel 9

Gewaltfreie Kommunikation

Eine Liste von Publikationen, Tonbändern und Kassetten ist erhältlich über das Center for Nonviolent Communication, 3229 Bordeaux Street, Sherman, TX 75090, USA, Tel: 1 903 893 3886, Fax: 1 903 893 2935.

Möglichkeiten der Selbstverteidigung

Es gibt ein von Penny Gulliver produziertes Video mit dem Titel *Selbstverteidigung für Frauen* (*Self Defence for Women*), erhältlich über Video Seven Dimensions, 18 Armstrong Street, Middle Park, Victoria 3206, Australien.

Kapitel 10

Marshall Rosenberg hat folgende Bücher verfaßt (genaue Angaben finden sich in der Bibliographie): *A Modell for Nonviolent Communication*, ein Modell, das zum Ziel hat, die Menschen in die Lage zu versetzen, Gewalt zu verhindern und Mitleid zu wecken; das Buch enthält darüber hinaus Übungen, die den Leser die Überprüfung, ob sie das Dargestellte wirklich verstanden haben, ermöglichen; und *Nonviolent Communication Workbook*, gedacht für all jene, die nicht an einem Workshop teilgenommen haben, und anderen Leuten eine Einführung in die gewaltfreie Kommunikation

geben möchten. Dieses zweite Buch ist für Einzelpersonen oder Gruppen geeignet
und enthält Übungen und Darstellungen, die dazu beitragen, Fähigkeiten in der
Anwendung dieses Prozesses in alltäglichen Lebenssituationen zu entwickeln. *Intro-
duction to a Modell for Nonviolent Communication* ist eine Tonkassette von 60 Minuten
Spieldauer, in der das Modell gewaltfreier Kommunikation mittels Diskussionen,
Geschichten und Musik vorgestellt wird. Alles ist erhältlich über das Center for
Nonviolent Communication, 3229 Bordeaux Street, Sherman, TX 75090, USA,
Tel: 1 903 893 3886, Fax: 1 903 893 2935.

Bibliographie und Literaturhinweise

1 Der Körper

Dalton, Katharina, *Once a Month*, Fontana, London, 1982.

Dorkenoo, Efua, *Cutting the Rose*, Minority Rights Group, London, 1994.

Dorkenoo, Efua, and Elworthy, Scilla, *Female Genital Mutilation*: Proposals for Change, Minority Rights Group, London, 1992.

Goldsworthy, Joanna (ed) *A Certain Age: Reflecting on the Menopause*, Virago, London, 1993.

Greer, Germaine, *The Change; Women, Ageing and the Menopause*, Penguin, London, 1992.

Hosken, Fran, *The Hosken Report – Genital and Sexual Mutilation of Females*, Women's International Network News, Lexington, USA, 1982.

Kenton, Leslie, *10 Day Clean-Up Plan; De-toxify Your Body for Natural Health and Vitality*, Vermillion, London, 1992.

Mole, Peter, *Acupuncture; Energy Balancing for Body, Mind and Spirit*, Element Books, Shaftesbury, Dorset, 1992.

Owen, Lara, *Her Blood is Gold: Reclaiming the Power of Menstruation*, The Aquarian Press, London, 1993.

Phillips, Angela & Rakusen, Jill, *Our Bodies Ourselves*, 5th edition, Penguin, Harmondsworth, 1986.

Shreeve, Caroline M., *Overcoming the Menopause Naturally; How to Cope Without Artificial Hormones*, 4th edition, Arrow Books, London, 1990.

Shuttle, Penelope, & Redgrove, Peter, *The Wise Wound: Menstruation & Everywoman*, 2nd edition, Penguin, London, 1980.

2 Konfliktvermeidung und -lösung

Axelrod, Robert, *The Evolution of Cooperation*, Basic Books, New York, 1984.

Curle, Adam, *True Justice*, Swarthmoor Lecture, 1981.

De Bono, Edward, *Conflicts, A Better Way to Resolve Them*, Penguin, London, 1985.

Gandhi, M K, *Satyagraha in South Africa*, Tanam Press, New York, 1983.

Gibson, Tony, *People Power: Community and Work Groups in Action*, Penguin, Harmondsworth, 1979.

Olson, Mancur, *The Logic of Collective Action and the Theory of Groups*, Harvard University Press, Cambridge, Massachusetts, 1965.

Roberts, Adam (ed), *Civilian Resistance as a Natural Defence*, Penguin, London, 1969.

Rosenberg, Marshall B, *A Model for Nonviolent Communication*, New Society Publishers, Philadelphia, Pa., 1983.

Rosenberg, Marshall B, *Nonviolent Communication Workbook*, New Society Publishers, Philadelphia, Pa., 1983.

Sandole, Dennis, & von der Merwe, Hugo (eds), *Conflict Resolution Theory and Practice*, Manchester University Press, Manchester, 1993.

Sharp, Gene, *The Politics of Nonviolent Action*, Extending Horizons Books, Boston, 1973.

Wilbee, Brenda, *Taming the Dragons: Christian Women Resolving Conflict*, Harper-Collins, New York, 1992.

3 Die Göttin

Baring, Anne, and Coshford, Jules, *The Myth of the Goddess: Evolution of An Image*, Viking Arkana, London, 1991.

Bolen, Jean Shinoda, *Goddesses in Everywoman*, Harper & Row, New York, 1987.

Condren, Mary, *The Serpent and the Goddess: Women, Religion and Power in Celtic Ireland*, Harper-Collins, San Francisco, 1989.

Dames, Michael, *Silbury Treasure: the Great Goddess Rediscovered*, Thames and Hudson, London, 1976.

Daniel, GE & Crawford, OGS, *The Eye Goddess*, Phoenix House, London, 1957.

Edwards, Carolyn McVickar, *The Storyteller's Goddess*, Harper-Collins, New York, 1991.

Eisler, Riane, *The Chalice and the Blade*, Harper and Row, San Francisco, 1987.

Fleming, Andrew, »The Myth of the Mother Goddess« in *World Archaeology*, Vol 2, October 1969.

Frothingham, A L, *Medusa*, »Apollo and the Great Mother« AJA 15, no 3, 1911.

Frothingham, A L, »Medusa« 11 AJA 19, no 1, 1915.

Gadon, Elinor, *The Once and Future Goddess*, Harper-Collins, San Francisco, 1989.

George, Demetra, *Mysteries of Dark Moon: The Healing Power of the Dark Goddess*, Harper-Collins Publishers, New York, 1992.

Getty, Adele, *Goddess: Mother of Living Nature*, Thames & Hudson, London, 1990.

Gimbutas, Marija, *The Goddess and Gods of Old Europe 6500 – 3500 BC*, Thames & Hudson, London, 1974, 1982.

Gimbutas, Marija, *The Language of the Goddess*, Thames & Hudson, London, 1989.

Graves, Robert, *The White Goddess*, Faber & Faber, London, 1961.

Graves, Robert, *Mammon and the Black Goddess*, 4th edition, Cassell & Co Ltd., London, 1965.

Johnson, Buffie, *Lady of the Beasts: Ancient Images of the Goddess and her Sacred Animals*, Harper-Collins, New York, 1990.

Jones, Kathy, *The Ancient British Goddess; Her Myths, Legends and Sacred Sites*, Ariadne Publications, Glastonbury, 1991.

Matthews, Caitlín, *Voices of the Goddess; A Chorus of Sibyls*, Aquarian Press, Wellingborough, 1990.

Matthews, Caitlín, *The Elemnts of the Goddness*, 3rd edition, Element, Shaftesbury, 1993.

Mookerjee, Ajit, *Kali The Feminine Force*, Thames and Hudson, London, 1991.

Noble, Vicki, *Shakti Woman*, Harper-Collins, New York, 1991.

Pepper, Elizabeth, & Wilcock, John, *Magical and Mystical Sites*, Harper & Row, New York, 1977.

Perera, Sylvia Brinton, *Descent to the Goddess: a Way of Initiation for Women*, Inner City Books, Toronto, 1981.

Rufus, Anneli S & Lawson, Kristan, *Goddess Sites: Europe*, Harper-Collins Publishers, New York, 1990.

Sjoo, Monica, *New Age and Armageddon: The Goddess or the Gurus? Towards a Feminist Vision of the Future*, The Women's Press, London, 1992.

Sjoo, Monica & Mor, Barbara, *The Great Cosmic Mother; Rediscovering the Religion of the Earth*, Harper-Collins, New York, 1987.

Stone, Merlin, *When God Was am Woman*, Dorset Press, New York, 1976.

Ucko, Peter, *Anthropomorphic Figurines*, Andrew Smidla, London, 1968.

Von Cles-Reden, Sibylle, *The Realm of the Great Goddess*, Thames & Hudson, London, 1961.

Whitmont, Edward C, *Return of the Goddess*, Arkana, London, 1987.

Wombwell, Felicity, *The Goddess Changes*, Mandala, London, 1991.

4 Männerthemen

Jukes, Adam, *Why Men Hate Women*, Free Association Books, London, 1993.

Kimmel, Michael S, *Changing Men; New Directions in Research on Men and Masculinity*, Sage Publications, California, 1987.

Lederer, Wolfgang, *The Fear of Women*, Harcourt Brace Jovanovich, New York, 1968.

Monick, Eugene, Phallos, City Books, Inner City Books, Toronto, 1987.

Moore, Robert & Gillette, Douglas, *The King Within*, Anon Books, New York, 1992.

Rowan, John, *The Horned God; Feminism and Men as Wounding and Healing*, Routledge & Kegan Paul, London, 1987.

5 Mythos und Symbol

Birkhauser-Oeri, Sibylle, *The Mother: Archetypal Image in Fairy Tales*, Toronto, Canada, 1988.

Boa, Fraser, *This Business of the Gods … Joseph Campbell in Conversation with Fraser Boa*, Windrose Films Ltd, Ontario, Canada, 1989.

Campbell, Joseph, *The Mythic Image*, Princeton University Press, Princeton, 1974.

Campbell, Joseph, *The Hero with a Thousand Faces*, Paladin, London, 1988.

Campbell, Joseph with Moyers, Bill, *The Power of Myth*, Doubleday, New York, 1989.

Cassell Encyclopedia of Myths and Legends, Cassell, London, 1992.

Eliade, Mircea, *Images et Symboles, Paris*, 1952.

Fraser, James, *The Golden Bough*, Macmillan, New York, 1922.

Graves, Robert, *The Greek Myths* (2 vols), Penguin, London, 1955.

Hays, H R, *The Dangerous Sex: The Myth of Feminine Evil*, London, 1966.

Hooke, S H, *Middle Eastern Mythology*, Penguin, Harmondsworth, 1963.

Joines, K, *Serpent Symbolism in the Old Testament*, Haddonfield House, Haddonfield, 1974.

Jung, Carl, *Man and His Symbols*, Doubleday, New York, 1964.

Langdon, S H, *Semitic Mythology*, vol 5 of Gray, L H (ed), Mythology of All Races, Marshall Jones, Boston, 1931.

Larousse Encyclopedia of Mythology, Hamlyn, London, 1968.

Noonuccal, Oodgeroo and Oodgeroo, Kabul, *The Rainbow Serpent,* Australian Government Publishing Service, Canberra, 1988.

Slater, Philip, *The Glory of Hera: Greek Mythology and the Greek Family*, Beacon Press, Boston, 1968.

Von Franz, Marie-Louise, *The Feminine in Fairytales*, Shambhala, Boston, Massachusetts, 1993.

Walker, Barbara G, *The Woman's Encyclopedia of Myths and Secrets*, Harper-Collins, New York, 1983.

6 Politische Themen

Barnett, L & Lee, I (eds) *The Nuclear Mentality*, Pluto Press, London, 1989.

Burke, Patrick, *The Nuclear Weapons World: Who, Where and How*, Pinter, London, 1988.

Cohn, Carol, »Sex and Death in the Rational World of Defense Intellectuals«, in SIGN: *Journal of Women in Culture and Society*, Vol 12, No 4, 1987.

Commission on Global Governance, Open University Press, Oxford, 1995.

Dinnerstein, Dorothy, *The Rocking of the Cradle and the Ruling of the World*, The Women's Press, London, 1987.

Dixon, Norman, *Our Own Worst Enemy*, Jonathan Cape, London, 1976.

Easlea, Brian, *Science and Sexual Oppression: Patriarchy's Confrontation With Woman and Nature*, Weidenfeld and Nicolson, London, 1981.

Elshtain, Jean Bethke, *Women and War*, The Harvester Press, Brighton, 1987.

Elworthy, Scilla, *British Nuclear Weapons Policy: Why it has not Changed with the End of the Cold War*, unpublished, PhD thesis.

Freidan, Betty, *The Feminine Mystique*, Dell, New York, 1974.

Fromm, Erich, *The Anatomy of Human Destructiveness*, 2nd edition, Penguin, Harmondsworth, 1977.

George, Susan, *How the Other Half Dies: The Real Reason for World Hunger*, Penguin, London, 1976.

Greer, Germaine, *The Female Eunuch*, Paladin, London, 1971.

Hall, Catherine, *White, Male and Middle Class: Explorations in Feminism and History*, Polity Press, London, 1992.

Hite, Shere, *Women as Revolutionary Agents of Change 1972 – 1993*, Bloomsbury, London, 1993.

Howard, Michael, *The Causes of War*, Counterpoint, London, 1983.

Isaksson, Eva (ed), *Women and the Military System*, Harvester Wheatsheaf, London, 1988.

Jeffreys, Stella, *Anticlimax; A Feminist Perspective on the Sexual Revolution*, The Women's Press, London, 1993.

Jones, Squadron Leader E G, »Women in Combat – Historical Quirk or the Future Cutting Edge?« Trenche Gascoigne Prize Essay, in *RUSI Journal*, August 1993.

Jones, Lynn (ed) *Keeping the Peace*, London, Women's Press, 1983.

Kennedy, Helena, *Eve Was Framed: Women and British Justice*, Vintage, London, 1993.

McLean, Scilla, Elworthy, Scilla (ed), *The Role of Women in Peace Movements in the Development of Peace Research, and in the Promotion of Friendly Relations between Nations*, presented by UNES-CO to the World Conference of the United Nations Decade for Women, Copenhagen, 1980.

McLean, Scilla (later Elworthy), (ed), *How Nuclear Weapons are Made*, Macmillan, London, 1986.

Miall, Hugh, *Nuclear Weapons: Who's in Charge?*, Macmillan, London, 1987.

Miall, Hugh, *The Peacemakers; Peaceful Settlement of Disputes Since 1945*, Macmillan in association with the Oxford Research Group, London, 1992.

Newland, Kathleen, *The Sisterhood of Man: The Impact of Women's Changing Roles on Social and Economic Life Around the World*, W W Norton, New York, 1979.

Oxford Research Group *Current Decision Reports* Nos 6, 1991 and 10, 1992.

Prins, Gwyn & Stamp, Robbie, *Top Guns and Toxic Whales: The Environment and Global Security*, Earthscan, London, 1991.

Proceedings of the Forty-First Pugwash Conference on Science and World Affaires, Beijing, China, 17 – 22 September 1991.

Reardon, Betty A, *Sexism and the War System*, Teachers College Press, New York, 1985.

Roberts, Yvonne, *Mad About Women: Can There Ever be Fair Play Between the Sexes?*, Virago Press, London, 1992.

Robie, David (ed), *Tu Galala: Social Change in the South Pacific*, Pluto Press, Australia, 1992.

Rosenau, James N, *Turbulence in World Politics: A Theory of Change and Continuity,* Harvester Wheatsheaf, Hertfordshire, 1990.

Seager, Joni, (ed), *The State of the Earth*, Unwin Hyman, London, 1990.

Thompson, Dorothy, *Over Our Dead Bodies: Women Against the Bomb*, Virago Press, London, 1983.

United Nations, *The World's Women: Trends and Statistics 1970 – 1990*, United Nations, New York, 1992.

Vickers, Jeanne, *Women and War*, Zed Books, London, 1993.

Warnock Kitty, Bexley, Jo, and Bennett, Olivia (eds), *Arms to Fight: Arms to Protect*, Panos, London, 1995.

Women and Girls: The Key to Development, UK Committee for UNICEF, London, 1994.

7 Macht

Bedau, H A, (ed), *Civil Disobedience: Theory and Practice*, Pegasus, New York, 1969.

Beetham, David, *The Legitimation of Power*, Macmillan Education, London, 1991.

Boulding, Kenneth E, *Three Faces of Power*, Sage Publications, Newbury Park, 1990.

Dahl, Robert, »*The Concept of Power*« in *Behavioural Science*, 2, 1957.

French, Marilyn, *Beyond Power: Women, Men and Morals*, Jonathan Cape, London, 1985.

Kline, Nancy, *Women and Power: How Far Can We Go?*, BBC Books, London, 1993.

Lukes, Stephen, *Power*, Basil Blackwell, Oxford, 1986.

Mackenzie, W J M, *Power, Violence, Decision*, Penguin, Harmondsworth, 1975.

McClelland, David, *Power: the Inner Experience*, Irvington, New York, 1976.

Paul, Shale, *The Warrior Within: A Guide to Inner Power*, Delta Group Press, Colorado, 1987.

Pearson, Vida, *Women and Power: Gaining Back Control*, Pavic Publications, Sheffield, 1992.

Rogers, Carl, *On Personal Power: Inner Strength and its Revolutionary Impact*, 5th edition, Constable, London, 1986.

Russell, Bertrand, *Power: A New Social Analysis*, Unwin, London, 1975.

Sanday, Peggy Reeves, *Female Power and Male Dominance: On the Origins of Sexual Inequality*, Cambridge University Press, Cambridge, 1981.

Snow, C P, *Corridors of Power*, Penguin, London, 1964.

Spender, Dale, *Man Made Language*, 2nd edition, Routledge and Kegan Paul, London, 1985.

Steiner, Claude M, *The Other Side of Power: How to Become Powerful without being Power-Hungry*, Grove Press, New York, 1981.

Toffler, Alvin, *Power Shift: Knowledge, Wealth, and Violence at the Edge of the 21st Century*, 2nd edition, Bantam Books, London, 1991.

Wolf, Naomi, *Fire with Fire: The New Female Power and How it will Change the 21st Century*, Chatto & Windus, London, 1993.

Wrong, Dennis, *Power: Its Forms, Bases and Uses*, Blackwell, Oxford, 1979.

8 Psychologie

Gilligan, Carol, *In a Different Voice: Psychological Theory and Woman's Development*, Harvard University Press, Cambridge, Massachusetts, 1982

Grof, Stanislav, *Realms of the Human Unconscious*, Souvenir Press, London, 1979.

Hunt, Heather, *An Example of Early Intervention Mental Health Project within the National Health Service*, paper presented to the First International Seminar for Mental Disorders of Women, Rome, June 1988.

Jacobi, Jolande, *The Psychology of C G Jung*, Routledge and Kegan Paul, London, 1975.

Rowman & Allanheld, Jaggar, Alison M, *Feminist Politics and Human Nature*, Totowa, New Jersey, 1983.

Jung, Carl, Memories, *Dreams and Reflections*, Fontana, London, 1983.

Jung, Emma, *Animus and Anima*, Spring Publications, New York, 1978.

Lasch, Christopher, *The Minimal Self: Psychic Survival in Troubled Times*, Pan Books, London, 1985.

Mankowitz, Ann, *A Change of Life: A Psychological Study of Dreams and the Menopause*, Inner City Books, Toronto, 1984.

Miller, Alice, *Breaking Down the Wall of Silence: To Join the Waiting Child*, Virago, London, 1990.

Miller, Alice, *For Your Own Good: The Roots of Violence in Child-Rearing*, Virago, London, 1987.

Peck, M Scott, *The Road Less Travelled: A New Psychology of Love, Traditional Values and Spiritual Growth*, Rider, London, 1985.

Roberts, Jane, *The Nature of the Psyche: Its Human Expression*, Prentice Hall, New York, 1979.

Rogers, C R, *Carl Rogers on Encounter Groups*, Harmondsworth, Penguin, 1973.

Winnicott, D W, *Playing and Reality*, Pelican, London, 1974.

Woodman, Marion, *The Pregnant Virgin: A Process of Psychological Transformation*, Inner City Books, Toronto, 1985.

9 Selbsterkenntnis

British Association for Counselling, *Counselling and Psychotherapy Resources Directory*, BAC, Rugby, 1993.

Chapman, Jake, *Tell Me Who You Are*, Chapman, Hanslope, 1988.

Cooper, Diana, *The Power of Inner Peace*, Judy Piatkus, London, 1994.

De Castillejo, Irene Claremont, *Knowing Woman: A Feminine Psychology*, Shambala, Boston, 1990.

Dowling, Colette, *The Cinderella Complex: Women's Hidden Fear of Independence*, Summit Books, USA, 1981.

Field, Joanna, (Marion Milner) *A Life Of One's Own*, Virago, London, 1987.

Hall, Nor, *The Moon and The Virgin: A Voyage Towards Self-Discovery and Healing*, The Women's Press, London, 1980.

Harding, Mary Elizabeth, *Handbook for the Emerging Woman: A Manual for Awakening the Unlimited Power of the Feminine Spirit*, the Donning Company, Norfolk, Virginia, 1988.

Harris, Amy and Thomas, *Staying OK*, Pan Books, London, 1968.

Harris, Thomas, *I'm OK You're OK*, Pan Books, London, 1970.

Hendricks, Gay & Kathlyn, *Conscious Loving*, Bantam, New York, 1992.

Hendrix, Harville, *Getting the Love You Want*, Pocket Books, London, 1993.

Henley, Nancy M, *Body Politics; Power, Sex and Nonverbal Communication*, Simon & Schuster, New York, 1977.

Johnson, Bob, »Knowing Why« in *The Friend*, 22 October, 1993.

Knight, Lindsay, *Talking to a Stranger: A Consumers Guide to Therapy*, Fontana, London, 1986.

Kübler-Ross, Elisabeth, *On Death and Dying*, Tavistock Routledge, London, 1989.

Leonard, Linda Schierse, *The Wounded Woman: Healing the Father-Daughter Relationship*, Shambala, Boston, 1985.

Macy, Joanna, *World as Lover*, World as Self, Rider, London, 1993.

Marlow, Mary Elizabeth, *Handbook for the Emerging Woman: Manual for Awakening the Unlimited Power of the Feminine Spirit*, Element, Shaftesbury, 1994.

Martz, Sandra, (ed), *When I Am an Old Woman I Shall Wear Purple*, Papier Maché Press, San Francisco, 1987.

Rama, Swami, Ballentine, Rudolf, & Ajaya, Swami, *Yoga and Psychotherapy: Science and Philosophy of USA*, 1976.

Rogers, Natalie, *Emerging Woman*, Pesonal Press, Point Reyes, 1980.

Rowan, John, *The Transpersonal: Psychotherapy and Counselling*, Routledge, London, 1993.

Rowe, Dorothy, *Wanting Everything; the Art of Happiness*, Fontana, London, 1992.

Skynner, Robin, and Cleese, John, *Families and How to Survive Them*, Methuen, London, 1985.

Steinem, Gloria, *Revolution From Within*, Bloomsbury, London, 1992.

Stevens, José, *Transforming Your Dragons – How to Turn Fear Patterns into Personal Power*, Bear & Co, Santa Fé, 1994.

Swan, Bonita L, *Thirteen Steps: An Empowerment Process for Women*, Spinsters/Aunt Lute, San Francisco, 1989.

Whitfield, Charles, *Healing the Child Within*, Health Communications, Deerfield Beach, 1989.

10 Sexualität

Anand, Margot, *The Art of Sexual Ecstasy*, Aquarian Press, London, 1992.

Dickson, Anne, *The Mirror Within: A New Look at Sexuality*, Quartet Books, London, 1985.

Goodison, Lucy, *Moving Heaven and Earth: Sexuality, Spirituality and Social Change*, Pandora, London, 1992.

Haich, Elizabeth, *Sexual Energy and Yoga*, 2nd edition, George Allen & Unwin, London, 1972.

Henderson, Julie, *The Lover Within*, Station Hill Press, New York, 1986.

Hite, Shere, *The Hite Report on Female Sexuality*, Macmillan, New York, 1976.

Hite, Shere, *Women and Love*, Penguin, London, 1989.

Jolan Chang, *Le Tao de l'Art d'Aimer*, Calmann-Levy, Paris, 1977.

Leroy, Margaret, *Pleasure: The Truth about Female Sexuality*, Harper-Collins, London, 1993.

Lowen, Alexander, *Betrayal of the Body*, Collier Books, New York, 1976.

Osho, *Tantra, Spirituality and Sex*, Chidvilas, Boulder, 1994.

Qualls-Corbett, Nancy, *The Sacred Prostitute: Eternal Aspect of the Feminine*, Inner City Books, Toronto, 1988.

Rawson, Philip, *The Art of Tantra*, New York Graphic Society, Greenwich, Connecticut, 1973.

Rawson, Philip, *Erotic Art of the East*, G P Putnam's Sons, New York, 1968.

Sadock, B J, Kaplan, H I, & Freedman, A M, *The Sexual Experience*, Williams & Wilkins, Baltimore, 1976.

White, Ruth, *Sexuality and Spirituality* (ed by Lorna St Aubyn).

11 Spiritualität und Religion

Anderson, Bernard, *The Living World of the Old Testament*, 4th edition, Longman Group, London, 1978.

Armstrong, Karen, *The End of Silence: Women and Priesthood*, Fourth Estate, London, 1993.

Bancroft, Anne, *Weavers of Wisdom: Women Mystics of the Twentieth Century*, Penguin, London, 1989.

Begg, Ean, *The Cult of the Black Virgin*, Arkana, Penguin, London, 1985.

Berman, Morris, *Coming to Our Senses: Body and Spirit in the Hidden History of the West*, 2nd edition, Unwin Paperbacks, London, 1990.

Burkert, Walter, *Greek Religion Archaic and Classical*, 2nd edition, Basil Blackwell, Oxford, 1985.

Christ, Carol, *Diving Deep and Surfacing: Women Writers on a Spiritual Quest*, Beacon Press, Boston, 1980.

Christ, Carol & Plaskow, Judith (eds), *Womanspirit Rising: a Feminist Reader in Religion*, Harper & Row, San Francisco, 1979.

Dowell, Susan & Hurcombe, Linda, *Dispossessed Daughters of Eve: Faith and Feminism*, SCM Press, London, 1981.

Eliade, Mircea, *Shamanism: Archaic Techniques of Ecstasy*, Pantheon, Bollingen Series 76, New York, 1964.

Ereira, Alan, *The Heart of the World*, Jonathan Cape, London, 1990.

Freud Sigmund, *Moses and Monotheism*, Random House, New York, 1955.

Gross, Rita M, *Buddhism after Patriarchy: A Feminist History, Analysis, and Reconstruction of Buddhism*, State University of New York Press, Albany, 1993.

Harner, Michael, *The Way of the Shaman*, Harper-Collins, New York, 1990.

Kramer, Samuel, *The Sacred Marriage Rite*, Indiana University Press, Bloomington, 1969.

Kroll, Una, *Women as Spiritual Guides*, Guild Lecture No 19: June 1978.

Merton, Thomas, *New Seeds of Contemplation*, New Directions, New York, 1962.

Moore, Thomas, *Care of the Soul*, Judy Piatkus, London, 1992.

Morgan, Marlo, *Mutant Message Down Under*, Thorsons, London, 1995.

Needham, Joseph, *The Three Masks of the Tao*, Teilhard Centre for the Future of Man, London, 1979.

Plaskow, Judith & Christ, Carol P, *Weaving the Visions: New Patterns in Feminist Spirituality*, Harper-Collins, New York, 1989.

Radha, Swami Sivananda, *Kundalini Yoga for the West*, Timeless Books, Spokane, 1978.

Raheem, Aminah, *Soul Return: Integrating Body, Psyche and Spirit*, Aslan Publishing, California, 1991.

Rodegast, Pat & Stanton, Judith, *Emmanuel's Book: A Manual for Living Comfortably in the Cosmos*, Bantam Books, New York, 1987.

Rodegast, Pat & Stanton, Judith, *The Choice For Love*, Bantam, New York, 1989.

Rosa, José Alberto, with Altman, Nathaniel, *Power Spots: A Shamanic Way to Finding Personal Power*, Aquarian, Wellingborough, 1986.

Ruether, Rosemary Radford, *Gaia and God: An Ecofeminist Theology of Earth Healing*, SCM Press, London, 1993.

Sharma, Arvind, (ed), *Women in World Religions*, State University of New York Press, Albany, New York, 1987.

Sogyal Rinpoche, *The Tibetan Book of Livin and Dying*, Harper, San Francisco, 1992.

Spretnak, Charlene (ed), *The Politics of Women's Spirituality: Essays on the Rise of Spiritual Power Within the Feminist Movement*, Anchor Books, New York, 1982.

Spretnak, Charlene, *States of Grace: The Recovery of Meaning in the Postmodern Age*, Harper-Collins, San Francisco, 1993.

Starhawk, *Truth or Dare: Encounters with Power, Authority, and Mystery*, Harper-Collins, New York, 1990.

Strachan, Elspeth & Gordon, *Freeing the Feminine*, Labarum Publications, Dunbar, 1985.

Thich Nhat Hanh, *The Sun My Heart*, Rider, London, 1992.

Thich Nhat Hanh, *The Heart of Understanding*, Parallax Press, 1988.

Thich Nhat Hanh, *Peace is Every Step*, Bantam, New York, 1992.

Trevett, Christine, *Women and Quakerism in the 17th Century*, Sessions Book Trust, York, 1991.

Tweedie, Irina, *The Chasm of Fire: A Woman's Experience of Liberation through the Teachings of a Sufi Master*, Element Books, Wiltshire, 1979.

Weil, Simone, *Gravity and Grace*, 3rd edition, Routledge and Kegan Paul, London, 1972.

White, John (ed), *Kundalini: Evolution and Enlightenment*, Paragon House, New York, 1990.

Wilhelm, Richard, *The Secret of the Golden Flower*, Kegan, Trench and Tubner, London, 1965.

Williamson, Marianne, *A Return to Love*, Aquarian, London, 1992.

Williamson, Marianne, *A Woman's Worth*, Rider, London, 1993.

12 Frauenthemen

Aberdene, Patricia, & Naisbitt, John, *Megatrends for Women*, Random House, London, 1993.

Bart, Pauline B. & O'Brien, Patricia H, *Stopping Rape: Successful Survival Strategies*, Pergamon Press, Oxford, 1985.

Batten, Juliet, *Power from Within: A Feminist Guide to Ritual-Making*, Ishtar Books, Auckland, 1988.

Brownmiller, Susan, *Against Our Will*, Martin Secker & Warburg, London, 1975.

Brownmiller, Susan, *Femininity*, Paladin, London, 1986.

Cheatham, Annie & Powell, Mary Clare, *This Way Day Break Comes: Women's Values and the Future*, New Society Publishers, Philadelphia, 1986.

Coward, Ros, *Our Treacherous Hearts: Why Women Let Men Get Their Way*, Faber & Faber, London, 1993.

Daly, Mary, *Beyond God the Father*, Beacon Press, Boston, 1973.

Daly, Mary, *Gyn/Ecology: The Metaethics of Radical Feminism*, Women's Press, London, 1978.

De Beauvoir, Simone, *The Second Sex* (trans & ed. H M Parshley) Penguin, Harmondsworth, 1984.

Dickson, Anne, *A Woman in Your Own Right: Assertiveness and You*, Quartet Books, London, 1982.

Eisenstein, Zillah, *The Radical Future of Liberal Feminism*, Longmans, New York, 1981.

Faludi, Susan, *Backlash; The Undeclared War Against Women*, Vintage, London, 1992.

Figes, Eva, *Patriarchal Attitudes: Women in Society*, Virago, London, 1978.

Foerstal, Lenora (ed), *Women's Voices on the Pacific: The International Pacific Police Congress*, The Maisonneuve Press, Washington, 1991.

Goldenberg, Naomi M, *Returning Words to Flesh; Feminism, Psychoanalysis, and the Resurrection of the Body*, Beacon Press, Boston, 1990.

Goodrich, Thelma Jean (ed), *Women and Power; Perspectives for Family Therapy*, W W Norton & Company, New York, 1991.

Koedt, Levine & Rapone (eds), *Radical Feminism*, Quadrangle, New York, 1973.

Morgan, Robin (ed), *Sisterhood ist Powerful: An Anthology of Writings from the Women's Liberation Movement*, Vintage Books, New York, 1970.

Phelps, Stanley and Austin, Nancy, *The Assertive Woman*, Impact Publishers, California, 1975.

Rich, Adrienne, *Of Woman Born: Motherhood as Experience*, W W Norton, New York, 1986.

Ryan, Jo, *»Feminism and Therapy«*, Pam Smith Memorial Lecture, Department of Applied Social Sciences, Polytechnic of North London, 1983.

Spender, Dale, *For the Record: The Making and Meaning of Feminist Knowledge*, Women's Press, London, 1985.

13 Frauentraditionen

Allen, Paula Gunn, *Grandmothers of the Light*, Women's Press, London, 1992.

Allione, Tsultrim, *Women of Wisdom*, Arkana, London, 1986.

Boulding, Elise, *The Underside of History: A View of Women Through Time*, Westview Press, Boulder, 1976.

Briffault, Robert, *The Mothers*, Macmillan, New York, 1927.

Cabot, Laurie, with Cowan, Tom, *Power of the Witch: A Witch's Guide to her Craft*, Penguin, Harmondsworth, 1989.

Cameron, Anne, *Daughters of Copperwoman*, Women's Press, London, 1984.

Feldman, Christina, *Woman Awake: A Celebration of Women's Wisdom*, Arkana, London, 1989.

Harding, M Esther, *Woman's Mysteries: Ancient and Modern*, Rider, London, 1971.

Hope, Murry, *Essential Woman: Her Mystery, Her Power*, Harper-Collins, London, 1991.

O'Faolain, Julia, & Martines, Lauro (ed), *Not in God's Image: A History of Women in Europe from the Greeks to the Nineteenth Century*, Harper & Row, New York, 1973.

Rahesha, Namua, *The Serpent and the Circle*, Judy Piatkus, London, 1994.

14 Allgemeines

Ashe, Geoffrey, *Gandhi: A Study in Revolution*, William Heinemann, London, 1968.

Aung San Suu Kyi, *Freedom From Fear and Other Writings*, Viking Penguin, New York, 1991.

Avalon, Arthur, *Shakti and Shakta*, Dover Publications, New York, 1978.

Barr, Roseanne, *Roseanne: My Life As A Woman*, Collins, London, 1990.

Bello, W & Rosenfeld, S, *»Dragons in Distress: The Economic Miracle Unravels in South Korea, Taiwan, and Singapore«*, in *Food First Action Alert,* Spring/Summer, 1990.

Budge, Sir E A Wallis, *Egyptian Magic*, Dover Publications, New York, 1971.

Budge, Sir E A Wallis, *Gods of the Egyptians* (2 vols), Dover Publications, New York, 1969.

Bullough, Vern L, *The Subordinate Sex*, University of Illinois Press, Chicago, 1973.

Carr, E H, *The Twenty Years' Crisis 1919 – 1939*, Macmillan, London, 1939.

Chan, Khong, *Learning True Love: How I Lived and Practised Social Change in Vietnam*, Parallax Press, Berkeley, 1993.

Charlesworth, Kate, & Cameron, Marshall, *All That: the Other Half of History*, Pandora Press, London, 1986.

Dawkins, Richard, *The Selfish Gene*, Granada, St Albans, 1978.

Dawkins, Richard, *The Blind Watchmaker*, Penguin Books, London, 1986.

Dillard, Annie, *A Pilgrim at Tinker's Creek*, Harper & Row, New York, 1974.

Douglas, Mary, *Purity and Danger: An Analysis of the Concepts of Pollution and Taboo*, Arc Paperbacks, London, 1966.

Evans, Arthur, *The Palace of Minos Vol III*, Macmillan, London, 1930.

Fairtlough, Gerard, *Creative Compartments: A Design for Future Organisation*, Adamantine Press, London, 1994.

Harvey, Andrew, *A Journey in Ladakh*, Pan Books, London, 1983.

Hawkes, Jacquetta, & Wolley, Leonard, *Prehistory and the Beginnings of Civilisation*, History of Mankind: Cultural and Scientific Development, London, 1963.

Hawkes, Jacquetta, *Dawn of the Gods*, Chatto & Windus, London, 1968.

Hildegard of Bingen, *Illuminations,* Bear & Co, Santa Fé, 1985.

Hinde, Robert, »Aggression and War: Individuals, Groups and States« in *Behaviour, Society and International Conflict*, Vol 3, 1993.

Hoff, Benjamin, *The Tao of Pooh*, Mandarin, London, 1989.

Huffington, Arianna, *The Fourth Instinct*, Judy Piatkus, London, 1995.

Khanna, Summa, *Gandhi and the Good Life*, Gandhi Peace Foundation, Delhi, 1985.

King, Coretta Scott (ed), *The Words of Martin Luther King, Jr.*, Newmarket Press, New York, 1983.

Kirsta, Alex, *Deadlier Than The Male*, Harper-Collins, London, 1994.

Laszlo, Ervin, *The Systems View of the World*, Basil Blackwell, Oxford, 1972.

Leigh, Andrew, & Maynard, Michael, *Ace Teams: Creating Star Performance in Business*, Butterworth Heinemann, Oxford, 1993.

Mahanirvanatantra (trans. Sir John Woodroffe), Dover Publications, New York, 1972.

Mamatoto – A Celebration of Birth, Virago, London, 1991.

Mamet, David, *Oleanna*, Methuen Drama, London, 1993.

Mandela, Nelson Rohihlahla, *Long Walk to Freedom*, Little Brown, New York, 1994.

Marcuse, Herbert, *Eros and Civilisation*, Vintage Books, New York, 1955.

Mead, Margaret, *Male and Female*, 10th edition, Penguin, London, 1978.

Mead, Margaret, *Culture and Commitment: A Study of the Generation Gap*, 2nd edition, Panther Books, St Albans, 1977.

Mehta, Ved, *Mahatma Gandhi and his Apostles*, Penguin, London, 1977.

Mill, John Stuart, *The Subjugation of Women*, Prometheus Books, New York, 1986.

Moir, Anne, & Jessel, David, *Brainsex: The Real Difference between Men & Women*, Mandarin, London, 1991.

Montagu, Ashley, *The Natural Superiority of Women*, Collier Macmillan, London, 1968.

Naess, Anne, *Gandhi and the Nuclear Age*, Bedminster Press, Totowa, 1965.

National Institute of Economic and Social Research, *Discussion Paper No. 50*, October 1993.

Norberg-Hodge, Helena, *Ancient Futures; Learning from Ladakh*, Rider, London, 1991.

Open University, Rob Paton, Professor Jake Champman & John Hamwee, *T244 Technology: A Second Level Course: Managing in Organizations, Block V: Wider Perspectives,* The Open University Press, Milton Keynes, 1985.

Open University, *T247 Technology: A Second Level Course Block 7 Working with Systems; Decision Making*, The Open University, Milton Keynes, 1991.

Paglia, Camille, *Sexual Personae: Sex, Art and American Culture*, Penguin, London, 1994.

Parlow, Anita, *Cry, Sacred Ground*, The Christic Institute, Washington, 1988.

Piercy, Marge, *To Be of Use*, Doubleday and Company, New York, 1973.

Radcliff Richards, Janet, *The Sceptical Feminist*, Penguin, Harmondsworth, 1980.

Ramage, Janet, *Energy: a Guidebook*, Oxford University Press, Oxford, 1988.

Roux, George, *Ancient Iraq*, Allen & Unwin, London, 1964.

Scarf, Maggie, *Unfinished Business*, Ballantine Books, New York, 1980.

Sebba, Anne, *Battling for the News: The Rise of the Woman Reporter*, Hodder & Stoughton, London, 1993.

Simpson, G G, *The Meaning of Evolution*, Yale University Press, New Haven, 1949.

Tannen, Deborah, *You Just Don't Understand; Women and Men in Conversation*, Virago, London, 1991.

Tauroa, Hiwi, & Pat, Te Marae: *A Guide to Customs and Protocol*, Heinemann Reed, Auckland, 1987.

Taylor, Bridget, Brook, Lindsay & Jowell, Roger (eds), *British Social Attitudes: the 8th Report*, Dartmouth, 1991.

Waddington, C H, *Tools for Thought*, Paladin, Frogmore, 1977.

Walker, Alice, *Possessing the Secret of Joy*, Vintage, London, 1992.

Warner, Marina, *Alone of All Her Sex*, Picador/Pan, London, 1976.

Weber, Max, *Economy and Society*, University of California Press, Los Angeles, 1978.

Woolf, Virginia, *A Room of One's Own*, The Hogarth Press, London, 1978.

Zohar, Danah, *The Quantum Self: A Revolutionary View of Human Nature and Consciousness Rooted in the New Physics*, Bloomsbury, London, 1990.

Literaturhinweise

Eine Auswahl wichtiger Bücher zum Thema aus der Bibliographie der Autorin – hier in deutschsprachigen Ausgaben:

Beanavoir, Simone de: Das andere Geschlecht. Sitte und Sexus der Frau. Rowohlt Veralag, Reinbek 1992.

Bokun, Branko: Das neue Matriachat. Menschliche Auswege aus der Ellenbogengesellschaft. Ariston Verlag, Kreuzlingen/München 1994.

Capra, Fritjof: Das Tao der Physik. Die Konvergenz von westlicher Wissenschaft und östlicher Weisheit. O.W. Barth – Scherz Verlag, München 1995.

Cowan, Tom: Schamanismus. Eine Einführung in die tägliche Praxis. Ariston Verlag, Kreuzlingen/München 1997.

Daly, Mary: Jenseits von Gottvater, Sohn & Co. Aufbruch zu einer Philosophie der Frauenbefreiung. Verlag Frauenoffensive, München 1996.

Daly, Mary: Gyn/Ökologie. Die Metaethik des radikalen Feminismus. Verlag Frauenoffensive, München 1991.

Eliade, Mircea: Schamanismus und archaische Ekstasetechnik. Suhrkamp Verlag, Frankfurt/Main 1995.

Elsaesser-Valarino, Evelyn: Erfahrungen an der Schwelle des Todes. Wissenschaftler äußern sich zur Nahtoderfahrung. Ariston Verlag, Kreuzlingen/München 1995.

Franz, Marie-Louise von: C.G. Jung. Walter Verlag, Zürich/Düsseldorf 1996.

Franz, Marie-Louise von: Das Weibliche im Märchen. Adolf Bonz Verlag, Leinfelden-Echterdingen 1994.

French, Marilyn: Jenseits der Macht. Frauen, Männer und Moral. Rowohlt Verlag, Reinbek 1988.

Freud, Sigmund: Der Mann Moses und die monotheistische Religion. Schriften über die Religion. S. Fischer Verlag, Frankfurt/Main 1994.

Freud, Sigmund: Studienausgabe in zehn Bänden. S. Fischer Verlag, Frankfurt/Main 1989.

Friedan, Betty: Der Weiblichkeitswahn oder Die Selbstbefreiung der Frau. Ein Emanzipationskonzept. Rowohlt Verlag, Reinbek 1995.

Fromm, Erich: Anatomie der menschlichen Destruktivität. Rowohlt Verlag, Reinbek 1977.

Fromm, Erich: Die Kunst des Liebens. Ullstein Verlag, Berlin 1993.

Greer, Germaine: Die heimliche Kastration. Probleme der sexuellen Emanzipation. Ullstein Verlag, Berlin 1985.

Grof, Stanislav: Topographie des Unbewußten. LSD im Dienst der tiefenpsychologischen Forschung. Verlag Klett-Cotta, Stuttgart 1983.

Hawkes, Jacquetta: Die Liebe zu suchen. Ehrenwirth Verlag, München 1982.

Hite, Shere: Frauen und Liebe. Der neue Hite-Report. Goldmann Verlag, München 1991.

Hite, Shere: Hite-Report. Das sexuelle Leben der Frau. Goldmann Verlag, München 1994.

Hildegard von Bingen: Schriften. Georg Olms Verlag, Hildesheim 1991.

Jung, Carl Gustav: Erinnerungen, Träume, Gedanken. Walter Verlag, Zürich/Düsseldorf 1988.

Jung, Carl Gustav: Grundwerk. 9 Bände. Walter Verlag, Zürich/Düsseldorf 1984.

Kübler-Ross, Elisabeth: Interviews mit Sterbenden. Kreuz Verlag, Stuttgart 1994.

Mead, Margaret: Mann und Weib. Ullstein Verlag, Berlin 1992.

Mill, John Stuart: Die Hörigkeit der Frau. Ulrike Helmer Verlag, Königstein/Taunus 1990.

Roberts, Jane: Die Natur der Psyche. Ihr menschlicher Ausdruck in Kreativität, Liebe und Sexualität. Ariston Verlag, Kreuzlingen/München 1987.

Skynner, Robin, und Cleese, John: Familie sein dagegen sehr. Eine Lebensform im Dialog. Deutscher Taschenbuch Verlag, München 1994.

Thich Nhat Hanh: Mit dem Herzen verstehen. Theseus Verlag, Berlin 1995.

Weber, Max: Wirtschaft und Gesellschaft. Grundriß der verstehenden Soziologie. Verlag J.C.B. Mohr, Tübingen 1980.

Wiegel, Suzan H.: Das Handbuch der Kahuna-Medizin. Heilkunde und Naturheilmittel aus Hawaii. Ariston Verlag, Kreuzlingen/München 1995.

Woolf, Virginia: Ein Zimmer für sich allein. S. Fischer Verlag, Frankfurt/Main 1994.

Danksagung

Sehr viele Menschen haben bei der Entstehung dieses Buches mitgewirkt und mitgeholfen. In der englischen Originalausgabe habe ich sie alle namentlich genannt; für die in anderen Ländern in Übersetzungen erscheinenden Ausgaben beschränke ich mich darauf, sie insgesamt zu umarmen und ihnen zu danken. Ich danke besonders meinen ersten Lesern, die mich nach der Lektüre des Manuskripts mit Scharfblick, Ideen und Verständnis auf Dinge hinwiesen, die ich nicht sehen konnte, beispielsweise darauf, wieviel Zorn in den ersten Entwürfen verborgen war. Diese ersten Leser lehrten mich eine Menge. Nach der Lektüre versorgten mich viele von ihnen weiterhin mit Bildern, Zeitungsausschnitten und Informationen – eine Art des Engagements und der Untersützung, die mich sehr ermutigte.

Der Kontakt zu meinem englischen Originalverlag, Element Books, und seinen Mitarbeiterinnen und Mitarbeitern war immer persönlich, herzlich und effizient. Mein Lektor lenkte mich voll Sensibilität und Klugheit durch einige schwierige Änderungen.

Dankbar bin ich folgenden Autoren und Verlegern für die Erlaubnis, bereits gedrucktes Material zu verwenden: Marshall Rosenberg und dem Center for Nonviolent Communication für Auszüge aus *A Conversation with Marshall Rosenberg*, 1992; Parallax Press für die Auszüge aus *The Heart of Understanding* von Thich Nhat Hanh; Janet Burroway für Auszüge aus *A Certain Age: Reflecting on the Menopause* von Johanna Goldsworthy (Hrsg.), erschienen bei Virago, 1992; der Minority Rights Group für die Zeichnung einer verschlossenen Vulva aus *Female Genital Multilation* von Efua Dorkenoo und Scilla Elworthy, Minority Rights Group, International Report, 1992. Professor Nicholas Mann machte mir freundlicherweise die bemerkenswerte fotografische Sammlung des Warburg Institute zugänglich. – Evelyn Köhler übersetzte das Vorwort zur deutschen Ausgabe aus dem Englischen.

Viele der in dem Buch enthaltenen Ideen sind jetzt allgemein im Umlauf; ich bin den Menschen zutiefst dankbar, die sie bereits geäußert haben und mich zum Nachdenken brachten. Ich gab mir größte Mühe, ihnen entweder im Text oder in dem Teil mit der Überschrift »Zusätzliches Material und Anmerkungen« sowie in der Bibliographie zu danken.

Natur und Wissenschaft

Bestseller von Günter Ogger

(77136)

(77206)

(77152)

(03613)

Knaur

Für eine kindgerechte Welt

(77222)

(77224)

(77186)

(84088)

(82093)

Neue
Dimensionen